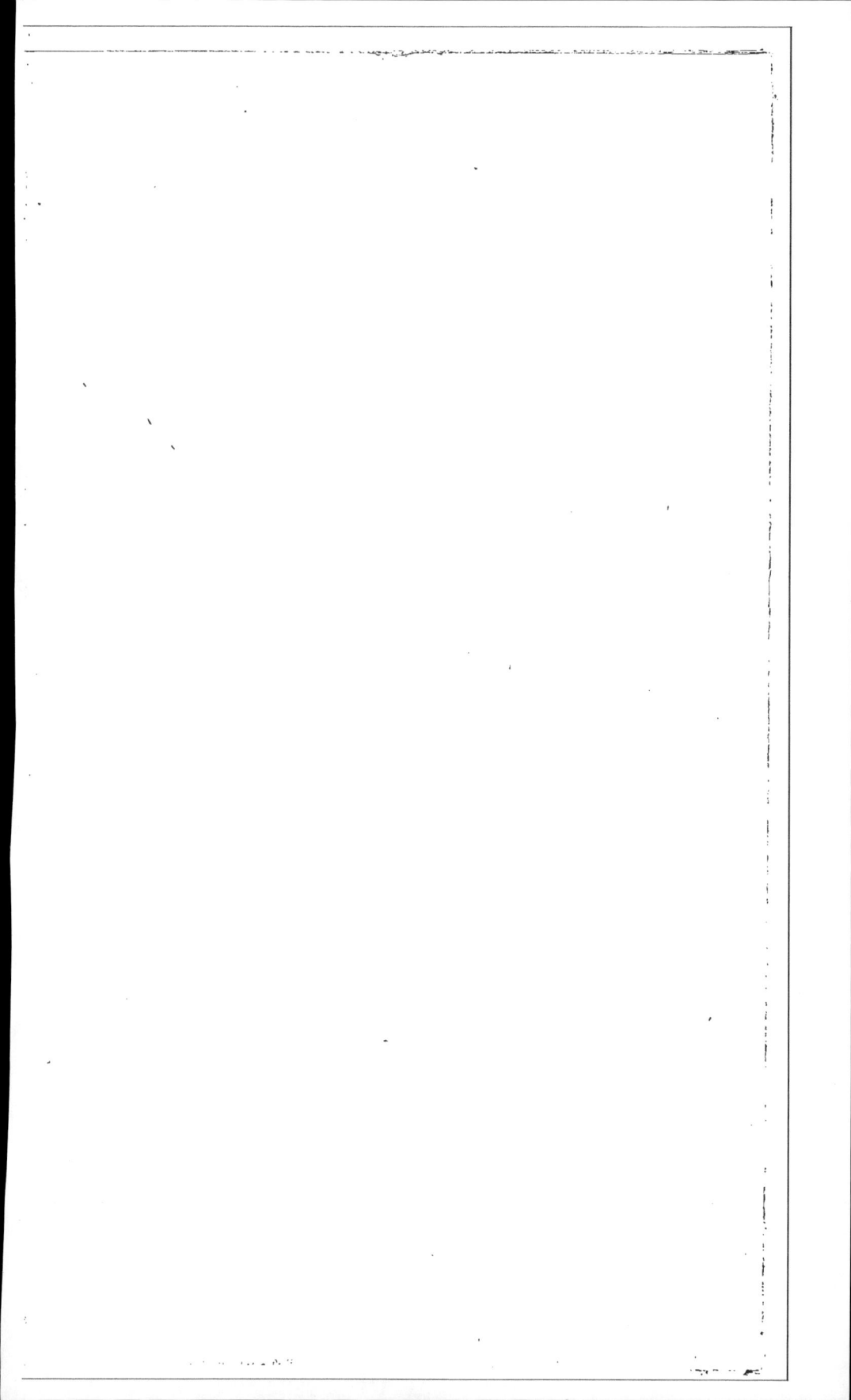

54365

COURS

DE

DROIT FRANÇAIS

SUIVANT LE CODE CIVIL.

Cet Ouvrage se trouve aussi,

A PARIS,

CHEZ VIDECOQ, PLACE SAINTE-GENEVIÈVE, Nº 6;
CHARLES BÉCHET, QUAI DES AUGUSTINS, Nº 57.

PARIS. — DE L'IMPRIMERIE DE RIGNOUX,
Rue des Francs-Bourgeois-St.-Michel, nº 8.

COURS

DE

DROIT FRANÇAIS

SUIVANT LE CODE CIVIL.

Par M. DURANTON,

PROFESSEUR A LA FACULTÉ DE DROIT DE PARIS,
MEMBRE DE LA LÉGION D'HONNEUR.

TOME SIXIÈME.

DEUXIÈME ÉDITION,
ABSOLUMENT CONFORME A LA PREMIÈRE.

PARIS,

· ALEX-GOBELET, LIBRAIRE,
RUE SOUFFLOT, N° 4, PRÈS L'ÉCOLE DE DROIT.

1828.

COURS

DE DROIT FRANÇAIS

SUIVANT LE CODE CIVIL.

LIVRE III.

DES DIFFÉRENTES MANIÈRES DONT ON ACQUIERT LA PROPRIÉTÉ (1).

~~~~~~~~~~~~~

Dispositions générales.

SOMMAIRE.

1. *Dans la division de la matière du Code civil , ses rédacteurs n'ont pas exactement suivi ceux des Institutes de Justinien.*
2. *La propriété des biens s'acquiert , sous le Code , par succession, donation entre-vifs ou testamentaire , et par l'effet des obligations.*
3. *Elle s'acquiert aussi par accession et par prescription : renvoi.*
4. *Les biens qui n'ont pas de maître appartiennent à l'État: renvoi.*
5. *Renvoi pour ce qui concerne la chasse et la pêche.*
6. *Et quant au trésor.*

---

(1) *Voyez* sur *la propriété* les observations préliminaires du titre II du deuxième livre, au tome IV de cet ouvrage , page 200.

VI.   I

1. Sous le rapport de la matière du droit, Justinien, comme nous l'avons dit (1), a divisé ses *Institutes* en trois parties principales : LES PERSONNES, LES CHOSES, ET LES ACTIONS.

Les rédacteurs du Code civil, qui ont tant emprunté au droit romain, n'ont cependant pas suivi à la lettre cette distribution du sujet. Ils l'ont bien pareillement divisé en trois parties principales, dont la première comprend, comme celle des *Institutes*, ce qui concerne l'état des personnes; mais ils ont intitulé la seconde : DES BIENS ET DES MODIFICATIONS DE LA PROPRIÉTÉ, et appelé la troisième : DES DIFFÉRENTES MANIÈRES DONT ON ACQUIERT LA PROPRIÉTÉ; et, dans cette dernière

_____

(1) *Voy.* au tome Ier, n° 28.

partie, ils ont rangé les *contrats*, qui n'étaient point dans la législation romaine une manière d'acquérir de plein droit la propriété des biens, mais seulement une des causes des obligations, et une source des actions pour les faire exécuter.

Nous avons déjà (1) expliqué les notables différences qui résultaient de la diversité de ces deux systèmes, et nous aurons encore souvent, surtout au titre *des Contrats et des Obligations conventionnelles en général*, occasion de leur donner de nouveaux développemens.

2. Ainsi, d'après notre Code civil, « la propriété « des biens s'acquiert et se transmet par succes- « sion, par donation entre-vifs ou testamentaire, « et *par l'effet des obligations.* » (Art. 711.).

3. « La propriété s'acquiert aussi par accession « ou incorporation, et par prescription. » (Art. 712.)

Nous avons parlé (2) avec étendue de la manière d'acquérir la propriété de telle ou telle chose par *accession*, et, pour ne pas nous répéter inutilement, nous renvoyons le lecteur à ce que nous avons dit à cet égard.

4. Suivant l'art. 713, « les biens qui n'ont pas de « maître appartiennent à l'État. »

Cette disposition a également été expliquée sous

---

(1) On peut se reporter à ce qui est dit à ce sujet au tome IV, n° 225 et suivans.

(2) Au tome IV, depuis le n° 344 jusqu'au n° 458,

plusieurs rapports (1), et elle le sera aussi bientôt sous celui des *successions.*

5. Nous avons pareillement développé les dispositions suivantes :

« Il est des choses qui n'appartiennent à per-« sonne, et dont l'usage est commun à tous.

« Des lois de police règlent la manière d'en jouir. » (Art. 714.) (2)

« La faculté de chasser ou de pêcher est égale-« ment réglée par des dispositions particulières. » (Art. 715.) (3)

6. « La propriété d'un trésor (4) appartient à « celui qui le trouve dans son propre fonds : si le « trésor est trouvé dans le fonds d'autrui, il appar-« tient pour moitié à celui qui l'a découvert, et pour « l'autre moitié au propriétaire du fonds.

« Le trésor est toute chose cachée ou enfouie, « sur laquelle personne ne peut justifier sa pro-« priété, et qui est découverte par le pur effet du « hasard. » (Art. 716.)

---

(1) *Voy.* au même tome IV, n° 195 , *et passim* depuis le n° 268 à 343 inclusivement.

(2) *Voy.* au même vol., n° 182, *et passim* jusqu'à 222; n° 268 *et passim* jusqu'à 343. *Voy.* aussi au tom. V ce qui concerne les *servitudes légales.*

(3) Tout ce qui est relatif à ces objets a été expliqué au tom. IV, n° 275 à 303.

(4) Nous avons donné aussi dans le même vol. , n° 308 à 318, les explications et les développemens qu'exigeait ce point.

7. « Les droits sur les effets jetés à la mer, sur
« les objets que la mer rejette, de quelque nature
« qu'ils puissent être, sur les plantes et herbages
« qui croissent sur les rivages de la mer, sont aussi
« réglés par des lois particulières (1). »

« Il en est de même des choses perdues, dont le
« maître ne se représente pas. » (Art. 717.) (2)

8. Telles sont les dispositions générales qui
ouvrent ce troisième et dernier livre du Code,
dont la matière consiste dans les différentes manières d'acquérir la propriété des biens. On voit
par là qu'il ne nous reste à expliquer que les manières d'acquérir :

Par succession,

Par donation entre-vifs ou testamentaire,

Par l'effet des obligations,

Et par l'effet de la prescription.

Ces objets seuls forment en effet la matière de ce
troisième livre; les autres manières d'acquérir la
propriété se trouvent régies par les dispositions du
second livre, titres 1 et 2, et par des lois particulières dont nous avons déjà retracé les principales
règles.

9. Cependant, dans un ouvrage de doctrine
comme d'application, il nous est impossible de
ne pas faire remarquer que ce troisième livre du

---

(1) *Voy.* encore à ce sujet, tom. IV, nᵒˢ 294, 305 à 307, et 331 à 334.
(2) *Voy.* enfin sur ce cas, *ibid.*, nᵒ 318 à 331.

Code renferme aussi plusieurs titres ou lois qui ne sont point relatives aux manières d'acquérir la propriété des biens.

Le commodat, par exemple, le dépôt, les diverses espèces de gages, le mandat dans les rapports du mandant et du mandataire, la contrainte par corps, n'ont que peu ou point de rapport avec les modes d'acquisition des biens, même en admettant dans la plus grande étendue possible les conséquences du nouveau principe, que la propriété des biens est acquise par le seul effet des obligations (art. 711-1138); car, que des contrats de commodat, de dépôt, etc., il naisse des actions pour les faire exécuter, ou pour obtenir des dommages-intérêts s'ils l'ont été mal, cela n'est l'objet d'aucun doute; mais ces obligations et ces actions ne sauraient, sans un renversement de toutes les idées reçues et des véritables principes, être considérées comme des droits de propriété, pas plus que le délit commis contre ma personne ou sur mes biens ne m'attribue un droit de cette espèce : ce sont uniquement des dommages-intérêts, et voilà tout. Ce sera le paiement de ces dommages-intérêts qui formera lui-même une manière d'acquérir la propriété, en transportant celle de la chose payée des mains de celui qui paiera dans les mains de celui qui recevra la chose. Ces obligations et ces actions ne sont donc point par elles-mêmes des manières proprement dites d'acquérir la propriété, comme le sont la donation ou le legs d'un corps certain, la vente, l'échange, la prescription et autres titres.

En effet, on ne peut concevoir la propriété sans un objet déterminé sur lequel elle réside : or, quel est cet objet dans le commodat, dans le dépôt, par exemple, dont l'acquisition ait lieu par l'effet du contrat? Ce n'est pas assurément la chose prêtée ou déposée; car, loin que le contrat doive la faire acquérir à l'emprunteur ou au dépositaire, ceux-ci doivent au contraire la restituer en nature et identiquement; et s'ils la restituent, si le contrat est exécuté selon sa teneur et ses caractères, les choses seront remises au même état que s'il n'y avait pas eu de contrat du tout. S'ils ne la restituent pas, ou s'ils ne la restituent que détériorée par leur faute, ils seront passibles sans doute de dommages-intérêts; mais ces dommages-intérêts, quoique nés à l'occasion du contrat, n'en sont point une conséquence nécessaire, comme la transmission de la propriété d'une chose donnée, léguée ou vendue, est une conséquence obligée de la donation, du legs ou de la vente; et d'ailleurs la propriété de la somme, qui sera payée en exécution, ne sera elle-même transférée que par le paiement qui en sera effectué. Jusque-là, il ne peut y avoir qu'une *créance*, c'est-à-dire le droit d'obliger un autre à vous payer, à vous rendre propriétaire de telle ou de telle autre chose : donc vous ne l'êtes pas, tant que ce paiement n'est pas réalisé. En un mot, il n'y a encore point de propriété acquise, nonobstant la règle de droit, *qui actionem habet ad rem recuperandam*, *ipsam rem habere videtur* (1); car cette règle n'est applicable, dans son véritable esprit, qu'à un corps certain et déterminé dont on a perdu la propriété par une cause quelconque, mais propriété qu'on peut recouvrer par l'effet d'une action donnée par la loi, comme dans le cas d'aliénation par suite de violence : aussi, dans les anciens principes, l'acheteur qui avait comme aujourd'hui une action contre le vendeur, pour obliger celui-ci à lui délivrer la chose vendue, n'aurait-il pu invoquer la maxime précitée pour se prétendre, avant la délivrance réelle ou fictive, propriétaire de l'objet, aux fins de pouvoir le revendiquer comme sien, des mains d'un autre acheteur, même postérieur en titre, auquel il avait été vendu et livré par le même vendeur (2).

Ces observations sont tellement exactes, que les auteurs du Code eux-mêmes ont posé en principe, dans l'art. 1238 (et nonobstant ce qu'ils avaient déjà établi, que la propriété s'acquiert par le seul effet des obligations, sans qu'il y ait besoin d'aucune tradition (3), art. 711-1138), que pour payer valablement il faut être propriétaire de la chose donnée en paiement, disposition qu'on ne doit même pas entendre littéralement de tous les cas, et dont nous expliquerons d'ailleurs le sens dans la

---

(1) L. 15, ff. *de Reg. juris.*

(2) L. 15, Cod. *de Rei vind.* Voy. au tom. IV, n° 225 et suiv.

(3) Ce qui n'est vrai et ne peut être vrai qu'à l'égard des corps certains et déterminés, comme tel fonds.

suite (1), mais disposition qui fait clairement voir
que celui à qui le paiement est fait n'est pas encore
propriétaire de la chose payée, puisque celui qui
paye doit l'être lui-même, afin de rendre tel le
premier.

On pourrait facilement étendre ces observations,
et démontrer par là que c'est mal à propos que
plusieurs des titres placés au troisième livre du
Code, sous la dénomination générique *des Manières
d'acquérir la propriété*, ne devaient cependant pas
y être compris, du moins sous cette dénomination.
La *contrainte par corps* notamment, qui n'est rien
autre chose qu'un mode d'exécution des jugemens,
uniquement dirigé contre la personne, n'a aucun
rapport avec l'acquisition des biens; et *le gage,
l'hypothèque* ou *le privilége*, n'en ont pas davantage, puisque leur effet se borne à donner au créancier le droit d'être payé sur le prix provenant de la
vente de l'objet qui en est affecté, par préférence
aux autres créanciers; tellement que toute convention qui lui attribuerait la faculté, à défaut de
paiement, de garder cet objet ou d'en disposer,
serait nulle et de nul effet. (Art. 2078-2079.)

Mais ces remarques de pure doctrine n'ont point
pour motif de critiquer la division générale qu'ont
adoptée les rédacteurs du Code; cette division remplit suffisamment l'objet qu'ils se sont proposé, mal-

---

(1) *Voy.* au surplus ce que nous avons déjà dit à cet égard,
tom. IV, n° 231.

gré les inexactitudes que nous venons de signaler, et qu'on peut justement lui reprocher. Nous n'insisterons donc pas davantage sur ce point, et nous terminerons la courte (1) analyse que nous donnons des *dispositions générales* de ce troisième livre par quelques autres observations, plus importantes peut-être, ne fût-ce que sous le seul rapport de la science.

10. Parmi les différentes manières d'acquérir la propriété, il en est d'après lesquelles l'acquisition au profit de l'un emporte nécessairement aliénation de la part de l'autre ; et il en est d'autres où il y a simplement acquisition sans aliénation, par conséquent sans aucune transmission.

Ainsi, la propriété *s'acquiert* et *se transmet* par succession, par donation entre-vifs ou testamentaire, et par l'effet des obligations. (Art. 711.)

Dans tous ces cas, il n'y a point d'acquisition sans transmission, sans aliénation : ce qui était à l'un cesse de lui appartenir, et devient la chose de l'autre, *res aliena*, chose étrangère par rapport au premier.

Ces modes d'acquisition sont *dérivés*, pour nous servir du langage de quelques docteurs (2).

Mais l'*occupation* est un mode d'acquisition *ori-*

(1) Cette analyse est courte sans doute, mais c'est parce que, comme nous venons de le dire, elle a déjà été faite en son lieu avec tous les développemens qu'elle comportait.

(2) De Grotius, *de Jure belli ac pacis*, lib. 2, cap. 3, §. 1 ; et d'Heinneiccius, *Elementa juris*, n° 341.

ginaire (1), qui ne suppose aucune transmission de la part d'une autre personne (2). Par elle, nous devenons propriétaire par notre seul fait, sans le concours d'une autre volonté.

Par l'*accession* j'acquiers aussi, dans plusieurs cas, la propriété de la chose accessoire, sans qu'il y ait transmission, aliénation de la part d'une autre personne : telle est l'acquisition des fruits produits par mon fonds, le croît de mon troupeau, les alluvions, etc. Cette manière d'acquérir est appelée *relative* par Puffendorf (3), qui divise les modes d'acquisition des biens en *simples*, par lesquels nous acquérons le corps lui-même ; et en *relatifs*, par lesquels quelque chose est ajouté à ce qui nous appartient déjà. Mais quand une chose appartenant à un tiers est unie à la mienne, et qu'elle en doit être considérée comme le complément ou l'ornement, j'acquiers par le fait de l'union cette même chose (art. 566 et suiv.), et, dans ce cas, il y a évidemment aliénation, transmission d'une personne à une autre. Ce mode d'acquisition doit donc être rangé parmi ceux que, d'après Grotius, nous avons appelés *dérivés*.

_____

(1) Les mêmes docteurs, *ibid.*

(2) Quoiqu'on rapporte à l'occupation le butin fait sur l'ennemi, ce qui est dit au texte n'est pas moins vrai ; car, par rapport à nous, l'ennemi est sans droit : il est considéré comme n'existant pas, suivant ce qui a été dit au tom. IV, n° 337.

Voy. au surplus, sur *l'occupation*, ce qui a été expliqué au même volume, depuis le n° 268 jusqu'à 343.

(3) *De Jure naturali et gentium*, lib. 4, cap. 6, §. 1.

11. Il est une autre distinction plus importante, à raison des effets.

Au nombre des manières dont on acquiert la propriété des biens, il en est une (1) qui est à titre *universel;* les autres sont toutes à *titre particulier* (2).

Celle à titre universel est l'hérédité, ou la transmission de tous les droits et de toutes les obligations d'une personne décédée à une ou plusieurs autres qui sont censées la représenter; ce qui comprend non-seulement le cas où la succession est dé-

---

(1) Dans le droit romain on en comptait six : 1° l'hérédité, testamentaire ou *ab intestat*, ce qui comprenait aussi l'hérédité laissée par fidéicommis ; 2° la possession des biens , ou l'hérédité déférée en vertu du droit prétorien, soit *ab intestat*, soit dans le cas d'un testament ; 3° l'acquisition par l'effet des adrogations ; 4° l'acquisition des biens pour conserver la liberté aux esclaves affranchis par le testament d'un défunt obéré ; 5° l'acquisition à l'encan du patrimoine d'un débiteur surchargé de dettes ; et 6° la dévolution des biens déférée en vertu du sénatus-consulte Claudien.

Ces deux derniers modes ont été abrogés par Justinien , qui a même grandement modifié le troisième. *Voy.*, au surplus, ses *Institutes.*

(2) En effet, la substitution fidéicommissaire elle-même ne constitue pas une manière d'acquérir à titre universel différente de l'hérédité, pas plus dans notre droit que dans le droit romain ; car , si elle ne s'ouvre jamais, il n'y aura eu qu'une seule transmission, et cette transmission c'est l'hérédité elle-même ; et si elle s'ouvre , il y aura bien eu en quelque sorte deux transmissions, l'une au profit du grevé, l'autre au profit des appelés , mais cette dernière ne sera pas moins censée venir, *rectâ viâ*, du disposant, et non du grevé; à tel point que ce qu'il aura fait concernant les biens ne sera point obligatoire pour les appelés, du moins généralement : en d'autres termes, il y aura transmission à deux degrés , mais ce sera toujours transmission de l'hérédité , quand bien même la charge de rendre ne s'exécuterait qu'au décès du grevé.

férée par la loi, mais encore celui où elle est con-
férée par la volonté expresse de l'homme, soit en
vertu d'un testament, soit par une institution faite
dans un contrat de mariage (1), ainsi que nous l'expliquerons dans la suite; tandis que l'acquisition
à titre particulier n'a qu'une ou plusieurs choses
pour objet; de là cette importante différence.

Dans l'acquisition à titre universel, l'acquéreur
prenant la totalité ou une quote-part des biens et
des droits qu'avait la personne d'où procède la transmission, il ne la reçoit que sous la tacite obligation d'acquitter proportionnellement les dettes de
cette personne, et les charges dont son patrimoine
se trouvera grevé; car, comme tous les biens d'un
débiteur forment le gage commun de ses créanciers
(art. 2092), parce qu'en réalité il n'y a de biens
que dettes déduites, son successeur à ces mêmes
biens est censé successeur à sa personne, et doit
en conséquence satisfaire à ses obligations.

Telle est la raison pour laquelle l'héritier légitime, le légataire universel ou à titre universel, le
donataire par contrat de mariage de tout ou partie
des biens que le donateur laissera à son décès, sont
tenus des dettes du défunt, soit pour le tout, soit
pour une part correspondante à celle qu'ils ont dans
l'institution (art. 870, 1220, 1009, 1012, 1084,
1085), suivant ce qui sera développé dans la suite.

----

(1) *Nam quicumque in universum succedit, loco heredis habetur.*
L. 128, ff. *de Reg. juris.*

Au lieu que l'acquisition, même à titre gratuit, d'un ou plusieurs objets particuliers, ne soumet point par elle-même l'acquéreur à l'obligation personnelle de payer aucune dette du disposant. (Art. 1024.)

12. Ce n'est pas le moment d'agiter la question de savoir si, sous le Code, le légataire universel doit être, sous ce rapport, tellement assimilé à l'héritier légitime, qu'il y ait nécessité pour lui d'accepter sous bénéfice d'inventaire, afin de n'être pas tenu des dettes *ultrà vires*, ou s'il lui suffira toujours d'abandonner aux créanciers les biens, dûment constatés, de l'hérédité; cette question trouvera sa place au titre *des Donations et Testamens.* Notre unique objet maintenant est de faire sentir la différence qu'il y a entre le mode d'acquisition à titre universel et le mode à titre particulier. Le premier suppose dans celui qui transmet une plus grande affection pour celui qui reçoit, que ne le fait supposer le second; et, en effet, puisque ce mode est une dévolution de tous les droits, ou du moins d'une quote-part de ces mêmes droits, il substitue, comme on vient de le dire, le successeur au défunt; mais par cela même il le substitue tant passivement qu'activement, tant pour les dettes et charges que pour les biens ; tandis que la transmission d'une ou plusieurs choses seulement ne fait qu'un successeur à ces choses, et nullement à la personne de celui qui les transmet, lors même que c'est à

titre purement gratuit; car l'effet de l'acte doit naturellement se borner à ce qui en est l'objet.

13. L'achat même d'un droit d'hérédité ne peut être considéré comme une acquisition à titre universel; car par elle l'acheteur n'acquiert que cette partie des biens de l'héritier vendeur : c'est ce dernier qui a acquis à ce titre, et l'acheteur, quoiqu'il ait reçu l'universalité d'un patrimoine, en considérant les biens par rapport au défunt, n'a réellement acquis que des choses particulières, quel qu'en soit le nombre, par rapport à son auteur direct et immédiat. En l'absence de toute convention contraire dans la vente, il est sans doute tenu d'acquitter toutes les dettes de l'hérédité (art. 1698), lors même qu'elles dépasseraient l'actif, et il doit garantir le vendeur des poursuites des créanciers et des légataires, envers lesquels celui-ci demeure obligé par son acceptation et sa qualité d'héritier; mais il reste étranger à toute autre dette qui concernait ce dernier. Son acquisition est donc à titre particulier, comme celle de toute autre collection de biens, par exemple, d'un troupeau, avec cette différence toutefois que les biens de l'hérédité vendue se diminuant virtuellement de la somme de dettes dont ils sont affectés, suivant la règle *bona non intelliguntur, nisi œre alieno deducto,* il doit, de droit commun, acquitter ces mêmes dettes, sans répétition.

14. Quant à la confiscation générale, elle est abolie

par la Charte (art. 66); mais elle n'a même jamais
été une manière d'acquérir à titre universel distincte
de l'hérédité; car c'était simplement le fisc au lieu
des parens, ou des individus du choix de l'homme,
qui recueillait les biens, et voilà tout.

L'abolition de cette mesure odieuse, qui poursui-
vait le père jusque dans ses enfans, qui punissait
ceux-ci d'une faute qui n'était point la leur, et qui
tant de fois même a été le véritable motif de la
proscription de classes entières, est un des plus
grands bienfaits dont nous sommes redevables à
l'auguste fondateur de la Charte qui nous régit.
Antonin-le-Pieux, Marc-Aurèle et Trajan avaient
souvent su mettre un frein à cette avidité du fisc, de
s'enrichir des dépouilles des familles; Louis XVIII,
de glorieuse mémoire, a su faire davantage : il a
fermé toute voie à ces déplorables spoliations.

Mais il ne faut pas confondre avec la confiscation, à jamais abolie, l'acquisition au profit du fisc
en vertu du droit de déshérence, comme dans le
cas prévu à l'art. 33 du Code civil, relativement aux
biens que laisse un mort civilement, et qu'il avait
acquis depuis la mort civile.

Nous allons maintenant passer à l'explication de
la matière des *successions*, dont il serait superflu
de faire sentir l'importance.

TITRE PREMIER.

Des Successions (1).

———

Observations préliminaires, et distribution générale du sujet.

SOMMAIRE.

15. *Ce qu'on entend par* succession.

16. *Ce mode de transmission des biens, quoiqu'ayant son principe dans le droit naturel, a néanmoins été soumis à des règles bien différentes chez les divers peuples.*

17. *Toutefois, la conservation des biens dans les familles a été presque partout le principe dominant.*

18. *D'abord, chez les Romains, les biens dont le défunt n'avait pas disposé étaient attribués aux agnats, et, dans la suite, par le droit prétorien, aux cognats eux-mêmes.*

19. *Les novelles 118 et 127 de Justinien sont la base du sys-*

———

(1) On peut consulter sur cette matière, parmi les anciens auteurs qui l'ont traitée, Lebrun, dont l'ouvrage, quoique diffus, renferme néanmoins d'excellentes observations ; celui de Pothier, mais qui n'ayant été imprimé qu'après sa mort est moins estimé que la plupart de ses autres traités.

Parmi les modernes, le commentaire de M. Chabot de l'Allier, M. Delvincourt, dans son *Cours de droit civil*, ainsi que M. Toullier dans le sien, et les répertoires de MM. Merlin et Favard de Langlade, au mot *succession*, surtout celui de ce dernier, qui, plus dégagé de l'ancien droit, lequel n'est plus pour nous en grande partie que de l'histoire sur cette matière, est beaucoup plus complet sur les objets dont il traite d'après les principes nouveaux, et offre un guide aussi beaucoup plus sûr. On y trouve un grand nombre de *tableaux* généalogiques, s'appliquant à la plupart des cas les plus compliqués, et qui sont très-bien faits. Nous avons suppléé à ces tableaux par d'autres démonstrations.

VI.

tème adopté par le Code, sauf toutefois de nombreuses
modifications.

20. *Par elles Justinien supprima toute différence entre les
émancipés et les non émancipés,* les agnats *et les* cognats.

21. *Indication sommaire des notables changemens que le Code
a introduits à l'ancien droit coutumier, sous le rapport de
l'origine et de la nature des biens.*

22. *Dans la dévolution de la succession, nos législateurs ont
généralement considéré l'affection présumée du défunt.*

23. *D'après cela, on a déféré les biens par préférence aux
descendans.*

24. *A défaut de descendans, on les a déférés aux ascendans.*

25. *Néanmoins on a modifié ce second ordre en faveur des
frères ou sœurs et de leurs descendans.*

26. *Le troisième ordre d'héritiers est celui des collatéraux.*

27. *Cependant, quand la succession est déférée aux ascendans ou aux collatéraux, on a cru devoir la diviser en
deux parts égales entre les parens des deux lignes respectivement.*

28. *Cette division ne se fait pas, parce qu'elle n'est pas utile,
quand les collatéraux sont des frères ou sœurs germains,
ou descendans d'eux.*

29. *On ne donne ici qu'une idée générale des règles sur la dévolution.*

30. *Pourquoi, puisque ce n'est qu'à défaut de dispositions de
l'homme que la loi règle la transmission de ses biens,
n'a-t-on pas d'abord tracé les règles des donations et
des testamens ?*

31. *Dans notre droit, et à la différence du droit romain, la
succession* ab intestat *peut très-bien concourir avec celle
qui est déférée par testament.*

32. *Les règles sur les successions sont très-multipliées, et elles
devaient l'être pour prévenir les difficultés que présentait
la matière.*

33. *Division générale du sujet.*

15. De toutes les manières de transmettre et d'acquérir la propriété des biens, la plus importante et la plus étendue, celle que les lois de tous les peuples ont environnée de plus de faveur, c'est sans contredit l'*hérédité*, ou la *succession*, c'est-à-dire la transmission de tous les droits et de toutes les obligations d'une personne décédée à une ou plusieurs autres (1).

16. Cependant quoique ce mode de transmission des biens ait évidemment son principe et son fondement dans le droit naturel, puisque rien ne saurait être plus juste et plus raisonnable que la substitution des enfans aux droits de leur père après sa mort, néanmoins il est peu de matières sur lesquelles le droit particulier de chaque peuple ait établi des règles plus variées, et même quelquefois plus contradictoires. C'est pour cette raison, sans doute, que chez tous les peuples policés on a presque constamment rangé le droit de succéder au nombre des droits civils en le refusant aux parens étrangers (2). Le système politique de

---

(1) *Heredias nihil aliud est quàm successio in universum jus quod defunctus habuit.* L. 24, ff. *de Verb. signif.* L. 6, §. 2, ff. *de Reg. juris.*

On entend aussi parfois, par *hérédité* ou *succession*, les biens qui la composent. C'est ainsi notamment qu'à l'article 1696 il est dit: celui qui vend une *hérédité, etc.*, pour signifier le droit aux choses qui composent l'hérédité, mais non pour signifier le mode de transmission des biens par cette voie, dont on s'occupe dans le présent titre, pour en régler les effets.

(2) La loi du 14 juillet 1819, dont nous parlerons bientôt, est basée sur d'autres principes.

chaque État a toujours, en effet, plus ou moins influé sur celui de la dévolution des biens par voie d'hérédité, et le droit civil, en cette matière, s'est en général adapté au droit politique, soit comme moyen, soit comme but.

17. Toutefois, la conservation des biens dans les familles a toujours été l'objet principal de l'attention des législateurs. Soit que l'on se reporte aux institutions que Moïse donna aux Hébreux, soit que l'on jette un coup-d'œil sur celles que Lycurgue et Solon tracèrent aux deux premiers peuples de la Grèce, soit enfin que l'on consulte la loi des douze Tables, qui formait la base de la législation romaine, l'on demeure convaincu de cette vérité, qui est d'ailleurs trop authentique pour avoir besoin d'une plus grande démonstration.

18. Par la composition de la famille *civile* (1), les Romains n'attribuèrent même d'abord les biens qu'à ceux qui faisaient encore partie de cette famille au moment de la mort du défunt, quand il n'en avait pas disposé par testament; et ce n'a été que plus tard, et successivement, que les préteurs élevant, par leurs *édits*, une sorte de législation à

---

(1) Par *famille civile* nous entendons parler des rapports *civils* qui existaient entre le père de famille et ses enfans ou petits enfans placés sous sa puissance, parce qu'il ne les avait pas émancipés; mais nous ne prenons pas ces mots par opposition aux rapports qui existaient alors, comme aujourd'hui, entre le père et ses enfans *naturels*, c'est-à-dire nés hors mariage.

côté de la véritable, accordèrent aux enfans sortis
de la famille par l'émancipation, et, à leur défaut,
à d'autres parens (1), la possession des biens, mais
avec les principaux effets attachés à la dévolution
de l'hérédité légale elle-même.

19. L'historique des différens systèmes qui se
sont succédé à ce sujet dans la législation romaine
jusqu'à Justinien, c'est-à-dire dans une période
de plusieurs siècles, exigerait des développemens
très-utiles, sans doute, pour la connaissance du droit
romain, mais sans beaucoup d'intérêt pour l'explication de notre loi sur les *successions.* Il nous suffira
de dire, quant à présent, que ce sont les *novelles* 118
et 127 de cet empereur (2), généralement suivies
dans celles de nos anciennes provinces qui étaient
régies par le *droit écrit* (ou le droit romain), qui
en sont la base quant à l'ordre général adopté par
les rédacteurs du Code dans la dévolution des biens
aux parens.

20. Ces *novelles*, dont nous aurons successivement occasion de faire connaître les principales
dispositions, en signalant aussi les points dans lesquels on s'en est écarté, abrogeaient (3) ainsi toute
distinction entre les enfans émancipés et ceux qui

---

(1) Il y avait plusieurs cas *de possession des biens*, ils étaient même
très-nombreux : on peut voir à cet égard les *Institutes* de Justinien.
Nous ne pouvons entrer dans les détails de cette matière.

(2) *Voy.* aussi la novelle 84.

(3) C'est la 118e qui a fait cette abrogation.

ne l'avaient point été, de même qu'entre les *cognats*
et les *agnats*. Elles déféraient les biens généralement aux plus proches parens, d'après l'affection
présumée du défunt, et sans considérer la nature
des choses ni leur origine (1); et c'est aussi un des
principes fondamentaux de notre loi sur la matière.
(Art. 732).

21. Ainsi, il n'y a plus, comme jadis dans nos
pays coutumiers, des héritiers aux meubles et des
héritiers aux immeubles; des héritiers aux *propres*
et des héritiers aux *acquéts* (2). On ne voit plus
aujourd'hui tel parent qui aurait été anciennement

---

(1) La novelle 84 attribuait aux frères consanguins les biens qui
étaient venus au défunt du côté paternel, et aux frères utérins,
ceux qui lui étaient provenus du côté maternel. Mais cela a été
changé par la novelle 118, qui toutefois consacrait le privilége du
double lien.

(2) On appelait *acquéts* les immeubles qui avaient été acquis par
le défunt, et qui lui étaient advenus à tout autre titre que celui de
succession. Comme les biens meubles, ils appartenaient communément aux plus proches parens.

On appelait *propres* les immeubles que le défunt avait recueillis
par succession.

On distinguait : les propres *réels* et les propres *fictifs* ; les propres
conventionnels; les propres *anciens*, c'est-à-dire, ceux qui avaient déjà
la qualité de *propres* lorsque le défunt les avait lui-même recueillis ;
les propres *naissans*, c'est-à-dire, ceux qui n'avaient acquis cette
qualité que dans la personne du défunt ; les propres *paternels* et
les propres *maternels* ; enfin les propres de *ligne*, c'est-à-dire, ceux
affectés aux parens d'un seul côté, et les propres sans *ligne*, c'est-à-
dire, ceux qui venaient de la succession d'une personne qui était
parente au défunt des deux côtés.

Ces nombreuses distinctions entre les biens d'un défunt donnaient
lieu a une multitude de difficultés et de procès, dans une matière
qui offre par elle-même un si grand nombre de points difficiles.

appelé à l'hérédité dans telle localité, si elle s'y était
ouverte, et qui en aurait été écarté par d'autres,
souvent en degré plus éloigné, si elle se fût ouverte dans la localité voisine. C'était surtout en cette
matière que se faisait sentir l'impérieux besoin d'une
loi uniforme pour toute la France, et l'abrogation
de toutes ces coutumes diverses, contradictoires,
qui faisaient, sous ce rapport, cent peuples d'un
même peuple. Aujourd'hui, la dévolution des biens
à tel ou tel parent plutôt qu'à tel ou tel autre, ne
dépend plus de ce qui n'est bien souvent que l'effet
du hasard ou de circonstances particulières, le
choix du domicile : en quelque lieu que le défunt
ait fixé le sien, sa succession sera toujours régie
par les mêmes principes, ses héritiers seront toujours les mêmes individus; tandis qu'anciennement,
comme la dévolution des biens par voie d'hérédité
se règle par la loi du domicile du défunt au moment de sa mort, et que cette loi variait à l'infini
à raison de la diversité des coutumes, des statuts
locaux, le changement de domicile d'un moment à
l'autre faisait passer les biens à tel qui n'y aurait
eu aucun droit, ou qui n'y aurait eu que des droits
moins avantageux, si le défunt n'eût pas fait ce
changement.

22. Ce que nos législateurs, qui ont en cela généralement imité Justinien, ont uniquement considéré dans la dévolution ou transmission des biens
par voie de succession, c'est l'affection présumée

du défunt pour ceux qui lui tenaient par le sang. Ils ont, en quelque sorte, fait son testament, quand il n'a pas jugé à propos d'en faire un lui-même, pour désigner plus positivement les objets de son affection particulière : tout l'esprit de la loi sur la matière repose sur cette idée vraie et naturelle , qui a pour elle l'expérience générale des tems et des lieux , nonobstant les différences que la diversité des systèmes politiques ont pu apporter dans celui des successions.

23. Mais les philosophes ayant généralement remarqué que nous avons une plus vive affection pour ceux qui nous doivent le jour, que pour ceux à qui nous le devons, nos biens, après notre mort, doivent par conséquent passer aux premiers, de préférence aux seconds. Ils en ont d'ailleurs plus généralement besoin , puisque , plus jeunes, ils ont eu moins d'occasions d'en acquérir. Aussi le premier ordre d'héritiers se compose-t-il des enfans et descendans du défunt : des *descendans,* qui remplacent leurs pères et mères, s'ils ont le malheur de les avoir perdus, ou si ceux-ci, pour autre cause, ne peuvent arriver à la succession.

24. Le second ordre se compose des ascendans, parce qu'après cette première affection vient celle que nous avons pour les auteurs et la source de notre sang. Et comme cette affection est encore naturel-lement plus forte envers nos ascendans les plus proches qu'envers les plus éloignés, ce n'est qu'à

défaut des premiers que les biens sont dévolus aux seconds.

25. Néanmoins l'amour fraternel est généralement aussi vif que celui que nous portons à nos ascendans, même du premier degré. L'habitude d'être ensemble jusqu'à un âge plus ou moins avancé, ces jouissances et ces chagrins partagés par tous les enfans d'un même père, cette existence commune, et cette intimité qui en est ordinairement la suite, donnent à cet amour une force aussi grande, que celle de l'amour que le respect, la reconnaissance, et d'autres sentimens encore, nous suggèrent pour nos ascendans; et telle est la raison pour laquelle nos législateurs ont voulu que les frères et sœurs du défunt, et leurs enfans et descendans qui les représentent, concourussent avec les ascendans du premier degré, et dussent même exclure ceux d'un degré plus éloigné.

26. Enfin, à défaut de descendans et d'ascendans, l'affection ne pouvant ni descendre ni remonter, elle se reporte naturellement sur les parens collatéraux, et la succession, par une conséquence du principe qui a présidé à sa dévolution, passe aux plus proches de ses parens.

27. Cependant, comme les biens du défunt ont pu lui provenir de ses parens dans l'une et l'autre ligne, que c'est même ce qui arrive le plus fréquemment, on a conclu de cette observation qu'il était juste de diviser d'abord en deux parts égales

toute succession échue à des ascendans ou à des
collatéraux : moitié pour les parens de la ligne
paternelle , moitié pour ceux de la ligne maternelle , sans préjudice encore du droit qu'ont les
ascendans donateurs de succéder seuls aux choses
par eux données à leurs enfans ou descendans
décédés sans postérité , dans les cas et sous les
conditions exprimés par la loi. Par cette division
on a corrigé , du moins en partie , ce qu'il pouvait
y avoir de fâcheux dans le passage trop brusque,
dans une famille , des biens qui provenaient d'une
autre famille.

28. Cette division ordonnée par la loi dans toute
succession échue à des collatéraux ou à des ascendans , ne se fait toutefois qu'implicitement, ou même
est superflue quand la succession est seulement
déférée à des frères ou sœurs germains ou descendans d'eux; car ils prennent dans un partage par
tête ou par souche la même portion que si l'hérédité était préalablement divisée en deux parts
égales. Mais quand les frères et sœurs , ou leurs
descendans, n'étaient unis au défunt que d'un seul
côté, soit paternel, soit maternel, et qu'il y a aussi
des germains , ou des descendans d'eux , la division,
au moins fictive, dont il vient d'être parlé, s'opère
dans les effets par le droit qu'ont les frères ou neveux de cette dernière classe, de prendre part dans
les deux lignes, tandis que les consanguins ou les
utérins ne prennent part chacun que dans leur ligne.

29. Mais ce sera par le développement successif de la matière que toute la théorie de la loi pourra facilement se démontrer ; nous n'avons d'autre but ici que d'indiquer le principe d'où l'on est parti pour régler la dévolution de l'hérédité , et de signaler les motifs sur lesquels il est fondé.

30. Comme ce n'est que d'après la présomption d'affection du défunt envers ses parens , et par suite d'après celle de sa volonté, que la loi défère sa succession aux personnes qu'elle indique, l'ordre des idées semblait demander que les rédacteurs du Code donnassent, dans la distribution des matières, la priorité à la loi des *donations et testamens*, sur celle des *successions ab intestat*. Aussi c'était cet ordre qu'avaient suivi les rédacteurs des Institutes de Justinien. Mais on peut néanmoins justifier la classification qu'ont adoptée les auteurs de notre Code civil , en disant que chez nous (où les testamens sont beaucoup moins fréquens qu'à Rome) la dévolution légale est la plus commune, la plus générale ; que, fondée sur la présomption de volonté des défunts, à raison de leur affection pour leurs parens, c'est comme si c'étaient eux-mêmes qui eussent disposé de leurs biens ; que telle est la règle commune , mais que lorsqu'ils y ont dérogé par la manifestation d'une volonté différente, alors c'est une exception à cette règle : or toute exception suit la règle, et ne la précède pas. D'ailleurs ordinairement il y a des enfans ou descendans , ou des ascendans,

et la loi actuelle leur réservant une quotité des
biens, c'est à eux que les héritiers testamentaires,
même de fait institués pour l'universalité de l'hérédité, doivent demander la délivrance, parce que
les premiers sont saisis par la loi, comme on le verra
bientôt. C'était donc une raison de plus pour traiter
de la succession légitime avant de traiter de celle
qui est déférée en vertu d'une disposition spéciale
de l'homme.

31. Au reste, la succession testamentaire peut,
chez nous, concourir avec la succession légitime
ou déférée par la loi, tandis que dans le droit romain, à l'exception des militaires, nul ne pouvait
avoir tout à la fois des héritiers de l'une et de
l'autre classe (1).

32. Pour être complète et régir tous les cas qui peuvent se présenter dans cette importante matière,
la loi sur *les successions* devait nécessairement comprendre un grand nombre de dispositions, et ses
rédacteurs en ont établi l'économie et la distribution de la manière suivante, qui embrasse parfaitement tout le sujet, à l'exception toutefois des règles
sur la *pétition d'hérédité*, dont il n'est pas parlé
dans le Code, si ce n'est à l'art. 137, au titre *des*

---

(1) *Nemo*, *nisi sit miles*, *partim testatus*, *partim intestatus*, *decedere
potest.* L. 7, ff. de *Reg. juris.* Vinnius, sur le §. 5, INSTIT. *de heredib. instit.*,
donne une explication plus ou moins satisfaisante de cette règle,
dont on avait cependant cru devoir s'écarter en faveur des militaires,
parce que, dit Justinien à l'endroit cité, on ne considère, dans leurs
testamens, que leur seule volonté.

absens (1), et qui auraient cependant mérité d'être développées sous celui dont nous traitons maintenant.

33. Ainsi, ils ont divisé ce titre en six chapitres ou objets principaux.

Le premier traite de l'ouverture des successions et de la saisine des héritiers ;

Le second, des qualités requises pour succéder ;

Le troisième, des divers ordres de successions ;

Le quatrième, des successions irrégulières ;

Le cinquième, de l'acceptation et de la répudiation des successions ;

Et le sixième, du partage et des rapports.

Nous suivrons cette division générale, qui nous paraît exacte, et nous ferons, comme le Code, mais quelquefois un peu différemment, les subdivisions qui nous paraîtront utiles.

CHAPITRE PREMIER.

De l'ouverture des successions, et de la saisine des héritiers.

Nous traiterons d'abord de l'ouverture des suc-

_____

(1) *Voy.* à ce sujet ce qui a été exposé au tom. Ier, n° 545, jusqu'à la fin du volume. Mais nous aurons encore occasion de parler de la pétition d'hérédité, et de renvoyer à l'endroit cité pour les développemens.

cessions, et ensuite de la saisine des héritiers. Ce sera l'objet des deux sections suivantes.

SECTION PREMIÈRE.

De l'ouverture des successions.

SOMMAIRE.

sonnes qui ont péri ensemble, fussent toutes réciproquement présomptives héritières les unes des autres.

34. Suivant l'article 718 les successions s'ouvrent par la mort naturelle et par la mort civile.

La succession est ouverte par la mort civile, d'après l'article 719, du moment où cette mort est encourue, conformément aux dispositions de la section II du chapitre II du titre *de la Jouissance et de la Privation des droits civils.*

35. Comme nous avons suffisamment développé la théorie de la loi sur ce point au tome 1er de cet ouvrage, nous nous bornerons à rappeler ici succinctement les principes généraux de l'ouverture des successions par cette cause.

Quand la condamnation à une peine emportant mort civile est contradictoire, la mort civile est encourue du moment précis de l'exécution du jugement, soit réelle, soit par effigie (art. 26); par

conséquent, l'ouverture de la succession et la dévolution des biens se sont opérées, à l'instant même,
au profit des héritiers les plus proches à ce moment.

Cet article 26 dit, il est vrai, que la mort civile
n'est encourue qu'à compter *du jour* de l'exécution, soit réelle, soit par effigie; d'où quelques
personnes ont voulu conclure qu'elle était encourue du commencement du jour, comme d'autres
ont pensé qu'elle ne l'était que de la fin de ce jour;
mais nous avons démontré (tome 1er, n° 221), que
ces mots, *du jour*, devaient s'entendre du moment
même de l'exécution, et, à l'appui de cette interprétation, nous avons invoqué la loi du 20 prairial
an 4 (1), qui, quoique antérieure au Code civil, en
est néanmoins un très-bon commentaire sur le point
en question, surtout si on la rapproche des articles 720, 721, 722, fondés sur le même principe.

36. Lorsque la condamnation a eu lieu par contumace, comme la mort civile n'est encourue qu'à
l'expiration des cinq ans qui ont suivi l'exécution du

---

(1) Cette loi porte que « lorsque des ascendans, des descendans et
« autres personnes qui se succèdent *de droit*, auront été condamnés
« au dernier supplice, et que, mis à mort dans une même exécution,
« *il devient impossible de constater leur prédécès*, le plus jeune est
« présumé avoir survécu. »
Et cependant, d'après les systèmes que nous réfutons, les parens
seraient censés morts simultanément, et aucun des deux ne succéderait par conséquent à l'autre, ce qui intervertirait nécessairement
l'ordre de dévolution des biens par voie de succession.

jugement par effigie (art. 27), la succession n'est réellement ouverte qu'à cette époque.

37. Mais elle l'est avec des effets irrévocables, quand bien même le condamné se représenterait ou serait arrêté après les cinq ans, quoique avant les vingt ans depuis la date de l'arrêt (époque où la peine étant prescrite, il ne peut plus purger la contumace, même à l'effet de rentrer dans la vie civile pour l'avenir : art. 635-641 Cod. d'inst. crimin., et 32 Cod. civ.), et qu'il serait absous, ou acquitté, ou condamné à une peine n'emportant pas mort civile; car, comme dans cette situation il ne peut rentrer dans la vie civile que pour l'avenir, sans préjudice des effets que la mort civile a produits pour le passé (art. 30 Cod. civ., et 476 Cod. d'inst. crim.), au nombre desquels est l'ouverture de la succession au profit des héritiers (art. 25 Cod. civ.), la conséquence nécessaire est que la succession a été irrévocablement dévolue à ceux qui étaient appelés par la loi pour la recueillir à l'époque où la mort civile a été encourue, c'est-à-dire à l'expiration des cinq ans qui ont suivi l'exécution du jugement par effigie (1).

_____

(1) Nous avons démontré ce point jusqu'à la dernière évidence, au tom. Ier, n°s 229-236 et 237, où nous réfutons l'opinion con_ traire de plusieurs jurisconsultes, notamment celle de l'un d'eux, qui fait une distinction entre le cas où le condamné qui ne se re.. présente ou qui n'est arrêté qu'après les cinq ans, est *acquitté*, et le cas où il est seulement *absous*, lui rendant ainsi ses biens dans le premier, mais non dans le second : distinction qui n'est nullement fondée sur l'esprit de la loi.

38. Voilà pour le cas de mort civile.

Quant à celui de mort naturelle, il n'y a pas de difficulté lorsque la mort est constante, et qu'il est constant aussi que la personne appelée par la loi à la succession a survécu au décédé. Mais ces deux faits ne sont pas toujours certains, et cependant il est quelquefois important de connaître le jour, même le moment précis du décès d'une personne; car tel, par exemple, qui aurait été exclu d'une succession par un parent plus proche, si elle s'était ouverte hier, y sera au contraire appelé si elle ne s'ouvre qu'aujourd'hui, parce que ce parent plus proche, qui vivait hier, est venu à mourir avant celui de la succession duquel il s'agit, et qu'il n'a pu en conséquence en transmettre les biens à ses propres héritiers, faute de les avoir lui-même recueillis; car, pour succéder à quelqu'un, il faut nécessairement exister à l'époque où s'ouvre la succession, c'est-à-dire au moment du décès de la personne (art. 725); le tout sans préjudice du cas où il y a lieu à la représentation; mais alors ce sont les représentans, et non le représenté, qui sont héritiers.

39. La mort d'un individu peut être très-vraisemblable, mais sans être certaine, sans pouvoir être prouvée : ce cas est celui de l'*absence*, dont les règles ont été développées au tome 1er, au titre *des Absens*. De ces règles, les unes concernent les biens de l'absent lui-même; les autres sont rela-

tives au cas où une succession à laquelle il était appelé par son degré de parenté est venue à s'ouvrir, sans que ceux qui voudraient y exercer ses droits puissent prouver qu'il existait au moment de l'ouverture de ladite succession. Nous nous dispenserons de les retracer ici, afin d'éviter toute répétition inutile.

40. D'un autre côté, la mort d'une personne peut être très-certaine, sans cependant qu'on puisse toujours prouver à quel moment précis elle a eu lieu.

Trois cas en effet peuvent se présenter, dans lesquels cette preuve peut manquer, ou être très-difficile à administrer.

41. Premièrement, il est possible que le corps de la personne n'ait point été retrouvé, parce qu'elle a péri dans une mine (1), carrière, ou tourbière, ou dans un naufrage, un incendie, etc. : comme il n'y a pas eu d'inhumation, ni par cela même d'acte de décès, la preuve du moment précis où il a eu lieu ne peut être administrée que par d'autres voies, telles que les procès-verbaux qui ont pu être dressés, le témoignage des personnes qui ont été témoins de l'accident ; et souvent encore cette preuve ne pourra-

---

(1) Dans le cas où l'on n'a pu retrouver les cadavres de ceux qui ont péri dans les mines, il est dressé procès-verbal par le maire ou autre officier public, qui le transmet au procureur du roi, à la diligence duquel, et sur l'autorisation du tribunal, cet acte est annexé au registre de l'état civil. Décret du 3 janvier 1813 (Bull. 8531), contenant des dispositions relatives à l'exploitation des mines, ainsi qu'il a été dit au tom. Ier, n° 330.

t-elle établir avec une rigoureuse exactitude ce moment.

42. Secondement, lorsque, même dans un cas ordinaire de décès, l'heure où il a eu lieu n'a pas été indiquée dans l'acte qui en a été dressé. L'article 79, qui trace les formalités de ces sortes d'actes, ne parle point en effet de cette mention, ni même de celle du *jour,* quoique ces énonciations eussent dû cependant paraître d'une grande importance : aussi, dans les formulaires qui ont été remis aux officiers de l'état civil pour leur servir de guide dans la rédaction des actes, n'ont-elles point été oubliées; mais, de fait, elles ont pu avoir été négligées dans un acte. Dans ce cas, ceux qui auront intérêt à prouver que le décès a eu lieu tel jour, à telle heure, pourront le prouver, soit par témoins, car c'est un fait nu, soit par des preuves morales, ou, en d'autres termes, par un concours de circonstances propres à justifier de leur prétention à cet égard. Et dans le cas même où deux personnes héritières l'une de l'autre seraient mortes, non dans le même événement (car ce serait le troisième cas, qui va être expliqué), mais le même jour, sans qu'aucun des actes de décès fît mention de l'heure où il a eu lieu, les preuves dont il vient d'être parlé manquant, ou paraissant aux juges insuffisantes, on devrait appliquer la présomption de survie qui donne ouverture à la succession dans l'ordre de la nature ; en conséquence, le plus jeune

serait présumé avoir survécu au plus âgé, quand même ils seraient de sexe différent (1).

Au surplus, si la mention, dans l'acte de décès, du jour et de l'heure du décès, fait preuve par elle-même, cette preuve du moins peut être combattue par d'autres; et nonobstant la disposition générale de l'article 45, qui porte que les extraits délivrés conformes aux registres font foi jusqu'à inscription de faux, il ne serait pas nécessaire, du moins selon notre opinion, de s'inscrire en faux contre la fausse énonciation du jour et de l'heure du décès dans un acte de l'état civil; car, comme nous l'avons dit en parlant de ces actes (2), l'article 79 ne prescrit pas ces énonciations, qui peuvent être très-fautives dans beaucoup de cas, en admettant même que les déclarans les aient faites de bonne foi; dès-lors la loi n'en a pas fait une formalité substantielle de l'acte: c'eût été laisser aux déclarans une trop grande influence sur les droits des parties intéressées. Il est vrai qu'elles auraient eu la ressource de l'inscription de faux; mais c'est toujours un moyen pénible et dont le succès est douteux : il était donc plus sage de ne point les réduire à l'employer en

_____

(1) On sent, en effet, que si dans le cas où deux personnes périssent dans le même événement, la faiblesse de l'âge de l'une d'elles, ou son âge trop avancé relativement à celui de l'autre, ainsi que la différence de sexe, peuvent exercer de l'influence sur la décision de la question de survie, cette influence est nulle quand il s'agit de personnes qui sont mortes de mort naturelle ou dans des événemens divers.

(2) Tom. Ier, n° 323.

pareil cas, et d'écarter de la substance de l'acte
l'énonciation des jour et heure du décès, afin que
cette mention qui y est ordinairement faite, et qui
est même très-utile, parce qu'elle est le plus
souvent conforme à la vérité du fait, pût être,
dans les cas contraires, combattue par d'autres
moyens que l'inscription de faux, du moins que
l'inscription de faux principal, quoique les déclarans vécussent encore, et que la prescription du
fait de la fausse déclaration ne fût point encore acquise. D'ailleurs, ils ont pu être de bonne foi, et
cependant avoir fait une déclaration fautive. On
peut donc la combattre par le témoignage contraire
des personnes qui attesteraient que le décès a eu
lieu un autre jour, ou à une autre heure, que ceux
qui sont mentionnés dans l'acte (1). Tout au moins
on peut le faire, dans tous les cas, par la simple inscription de faux incident, celle qui est dirigée
uniquement contre la pièce.

(1) Notre opinion trouve encore un appui dans l'esprit qui a présidé à la rédaction du décret du 4 juillet 1806 (*Voy.* tom. Ier, n° 329),
relatif à la présentation, à l'officier de l'état civil, d'un enfant mort
dont la naissance n'a pas été enregistrée. L'officier doit bien inscrire
dans l'acte la déclaration des témoins touchant les noms, prénoms,
qualité et demeure des père et mère, et la désignation des an, jour
et heure auxquels l'enfant est sorti du sein de sa mère, mais sans
qu'il puisse néanmoins résulter des diverses énonciations qui pourraient être faites, aucun préjugé sur la question de savoir si l'enfant
a eu vie ou non. Aussi ne doit-il pas exprimer qu'un tel enfant est
décédé, mais seulement qu'il lui a été présenté sans vie. On voit par
là combien ces déclarations ont paru suspectes; eh bien! celle de
l'heure du décès d'une personne, dans mille et mille circonstances,
peut être aussi fautive, puisqu'elle n'est pas soumise à la contradiction lorsqu'elle est faite.

43. Le troisième cas est celui prévu aux articles 720-721 et 722, ainsi conçus (1) :

« Si plusieurs personnes, respectivement appe-
« lées à la succession l'une de l'autre, périssent
« dans un même événement, sans qu'on puisse re-
« connaître laquelle est décédée la première, la
« présomption de survie est déterminée par les cir-
« constances du fait, et, à leur défaut, par la force
« de l'âge ou du sexe.

« Si ceux qui ont péri ensemble avaient moins
« de quinze ans, le plus âgé sera présumé avoir
« survécu.

« S'ils étaient tous au-dessus de soixante ans, le
« moins âgé sera présumé avoir survécu (2).

« Si les uns avaient moins de quinze ans, et les
« autres plus de soixante, les premiers (3) seraient
« présumés avoir survécu.

---

(1) C'est la célèbre question *de commorientibus*, qui a été traitée par presque tous les auteurs avec beaucoup d'étendue.

(2) Sans distinction de sexe. Cette distinction n'a lieu que dans le cas où les deux individus avaient plus de quinze ans et moins de soixante, et que la différence d'âge n'était pas de plus d'une année.

(3) D'où résulte cette conséquence contraire à la nature des choses, et même avec le système général de la loi sur ces cas, qu'un enfant de quelques jours sera présumé avoir survécu à un homme de soixante ans et quelques jours; qu'il aura lutté plus long-tems que lui contre le danger commun, contre la mort. Mais il fallait cependant établir des classifications, à raison des âges, pour laisser moins de prise à l'arbitraire; et les eût-on multipliées davantage, il y aurait toujours eu dans tel ou tel cas quelque chose à reprocher à la vraisemblance de telle ou telle présomption que la loi en aurait fait résulter. D'ailleurs, les circonstances du fait devant d'abord servir de guide au juge avant de recourir à ces présomptions, celle qui est

« Si ceux qui ont péri ensemble avaient quinze
« ans accomplis, et moins de soixante (1), le mâle
« est présumé avoir survécu lorsqu'il y a égalité
« d'âge, ou si la différence n'excède pas une année.

« S'ils étaient de même sexe, la présomption de
« survie, qui donne ouverture à la succession dans
« l'ordre de la nature, doit être admise : ainsi le
« plus jeune est présumé avoir survécu au plus
« âgé. »

44. Il convient de donner quelques exemples de
cas où ces règles seront applicables, à défaut, bien
entendu, de la preuve positive de la survie de tel ou
tel d'entre ceux qui ont péri dans le même événement, ou de circonstances (2) du fait propres à la dé-

---

l'objet de ces observations sera généralement moins fautive qu'on ne
serait porté à le croire au premier aperçu.

Le Code ne décide pas explicitement le cas où l'un des individus
aurait moins de quinze ans et l'autre plus, mais moins de soixante
ans ; mais il décide implicitement la question de survie en faveur de
ce dernier, par cela même qu'il ne la décide en faveur du premier que
dans le cas où le parent aurait plus de soixante ans. Il suppose évidemment que la personne âgée de moins de quinze ans a moins de
force que celle qui est au-dessus de cet âge, mais qui n'a pas encore soixante ans ; il présume que celui qui a seize ans, par exemple,
est plus fort que celui qui n'en a que cinq, puisqu'il présume que
celui-ci est plus fort que celui qui n'en a que quatre.

(1) A plus forte raison, si les uns avaient plus de soixante ans
quand les autres en avaient moins, les plus jeunes seraient-ils présumés avoir survécu ; mais la différence de sexe ne ferait pas fléchir
la présomption, tandis que, lorsque tous étaient âgés de quinze ans
accomplis, mais de moins de soixante, le mâle, comme il est dit au
texte, est présumé avoir survécu lorsqu'il y a égalité d'âge, ou lorsque la différence n'excède pas une année.

(2) Nous donnerons plus bas quelques exemples de ces circonstances.

montrer. Nous choisirons les plus simples et les
plus faciles à saisir.

Supposons que Pierre et Paul, frères consanguins, c'est-à-dire nés du même père, mais non de
la même mère, et n'ayant aucun descendant ni l'un
ni l'autre, aient péri dans un naufrage, dans la
ruine d'un bâtiment ou dans une mine, sans qu'on
puisse établir quel est celui qui a survécu à l'autre.

Si, d'après les présomptions ci-dessus, l'on doit
décider que c'est Paul, sa succession, dans laquelle
s'est confondue celle de Pierre, par l'effet de la
maxime *le mort saisit le vif,* que nous expliquerons
bientôt, sa succession, disons-nous, appartiendra
pour moitié à son plus proche parent paternel, qui
est bien aussi celui de Pierre; mais elle appartiendra
pour l'autre moitié à son plus proche parent maternel, qui est étranger à ce dernier, puisque celui-ci
est né d'une autre mère. En sens inverse, si c'est
Pierre qui est censé avoir survécu, sa succession,
qui comprend par la même raison celle de Paul,
sera dévolue pour moitié à son plus proche parent
paternel; mais, pour l'autre moitié, à son plus
proche parent maternel, qui est étranger à Paul.
Ainsi, dans la première hypothèse, les parens maternels de Pierre n'auraient rien ni dans l'une ni
dans l'autre succession, tandis que les parens maternels de Paul auraient la moitié de tous les biens
réunis; et dans la seconde supposition, ces derniers
seraient exclus, et les parens maternels de Pierre
auraient la part affectée à leur ligne.

Ces décisions, comme de raison, seront les mêmes si l'on suppose que les deux frères, au lieu d'être consanguins, étaient utérins, c'est-à-dire nés de la même mère et de pères différens; en ce sens, que la moitié de la succession du survivant, comprenant celle du prédécédé, appartiendra à son plus proche parent maternel, et l'autre [moitié à son plus proche parent paternel, qui est étranger au prédécédé.

Elles seront applicables aussi au cas où les individus étaient cousins-germains paternels ou maternels, n'importe, ou cousins à des degrés plus éloignés.

Que l'on suppose aussi que Paul ait son père et un frère utérin; qu'il meure dans le même événement avec son père sans laisser d'enfans ni d'autre ascendant : si l'on décide qu'il est mort le premier, son père lui a succédé pour un quart, et a transmis ce quart, confondu dans sa propre succession, à ses plus proches parens paternels et maternels, qui sont étrangers au frère utérin. Mais si l'on doit décider, au contraire, qu'il est mort le dernier, il a recueilli la succession de son père, et l'a transmise en totalité avec la sienne propre, dans laquelle elle s'est confondue, à son frère utérin. Les résultats sont donc bien différens, et ils varient pour ainsi dire à l'infini, à raison des divers cas qui peuvent se présenter.

45. Mais faut-il du moins, pour que ces pré-

somptions de survie soient applicables, même en
matière de succession légitime ou *ab intestat*, que
ceux qui ont péri dans le même événement fussent
réciproquement appelés à l'hérédité l'un de l'autre,.
comme semble le vouloir l'art. 720, qui exprime
positivement cette circonstance? En d'autres termes,
s'il n'est pas de rigueur que les parens fussent au
même degré par rapport à l'auteur commun, faut-il
du moins qu'ils fussent réciproquement héritiers
présomptifs les uns des autres au moment de leur
mort.

Ainsi, que l'on suppose que Primus et Secundus,
cousins-germains paternels, par exemple, aient péri
dans le même événement; que Secundus ait laissé
des enfans, et qu'il y ait dans la même ligne un
autre cousin-germain né d'un autre père, Tertius.

Dans ce cas, ceux qui ont péri n'étaient pas *réciproquement* appelés à la succession l'un de l'autre;
ils n'étaient point, au moment de leur mort, respectivement héritiers présomptifs, puisque les en-
fants de Secundus étaient au contraire appelés à
lui succéder de préférence à tous autres; il n'y
avait que Secundus qui fût, avec l'autre cousin
paternel, appelé à succéder à Primus dans cette
ligne : en un mot, la réciprocité n'existait pas.

Si l'on doit décider que, même dans ce cas aussi,
les présomptions de survie tracées aux articles 721
et 722 sont applicables, et si, d'après ces présomptions, Secundus est censé avoir survécu à Primus, ses enfans sont appelés, *jure transmissionis*

(art. 781), à la portion qu'il aurait prise, s'il ne fût pas mort, dans la succession de son cousin prédécédé, c'est-à-dire à la moitié de la part affectée à la ligne paternelle, ou au quart de toute la succession; au lieu qu'ils n'auraient eu aucun droit si leur père fût mort le premier, attendu qu'à ce degré la représentation n'est pas admise, et que la succession est déférée aux plus proches parens dans chaque ligne, à l'exclusion des plus éloignés (article 734) : or, les enfans de Secundus étaient parens de Primus au cinquième degré, tandis que le cousin-germain existant, Tertius, l'était au quatrième.

Mais nous ne doutons pas que, à défaut de preuve positive de la survie, et de circonstances du fait propres à l'établir, les présomptions ci-dessus ne soient également applicables à l'espèce. Par ces mots, *réciproquement appelés à se succéder*, le législateur a voulu exprimer les cas les plus ordinaires, mais non une condition nécessaire de ses dispositions. Ces mots sont *énonciatifs* et non *restrictifs;* il n'y a en effet aucune raison plausible de différence entre ce cas et ceux que nous avons d'abord donnés comme exemples. On ne voit pas pourquoi, dans ceux-ci, le plus jeune ou le plus âgé serait présumé avoir survécu, et en conséquence avoir recueilli la succession de son parent prédécédé, tandis qu'il en serait différemment dans celui maintenant en question. On ne concevrait pas comment la circonstance que l'un des cousins décédés a laissé des enfans pût influer sur la conséquence qu'il y a à tirer, relativement à la question de survie, de ce que l'un étant plus âgé que l'autre, il a dû pour cette raison succomber avant ou après lui. Si, dans l'espèce, les parens maternels du prédécédé d'après ces présomptions, qui auraient intérêt à ce qu'il eût survécu, n'en pourraient cependant récuser les effets vis-à-vis des parens paternels de celui qui est censé mort le dernier et avoir recueilli la succession de l'autre ; par la même raison, le cousin vivant ne doit pas pouvoir davantage le faire vis-à-vis des enfans de celui que nous supposons avoir survécu, pour pouvoir prendre à lui seul toute la part attribuée à sa ligne. Nous convenons bien, et nous le dirons nous-mêmes tout-à-l'heure avec plus de développement, que le législateur ne s'est déterminé, à défaut de preuve de la survie ou de circonstances propres à la démontrer, à recourir aux présomptions qu'il a établies dans ces articles 721 et 722 (présomptions si fragiles de leur nature !), que pour que l'ordre ordinaire des successions ne fût point interverti, pour que telle hérédité ne passât point à tel parent, qui n'y aurait pas été appelé si la survie de l'un de ceux qui ont péri ensemble eût pu être justifiée ; mais précisément dans l'espèce ci-dessus, nous entrons parfaitement dans son esprit : car, ce qu'il a voulu dans tel ou tel cas, il a dû le vouloir aussi sous peine d'inconséquence dans un cas semblable. Or, donner au parent existant toute la part attribuée à sa ligne, parce que les enfans de l'un des décédés ne peuvent prouver que leur père a survécu à l'autre, ce serait véritablement aussi intervertir l'ordre des successions, si en effet celui qui est mort avec lui l'a précédé, et lui a par cela même transmis une portion de son hérédité. L'unique point est donc de savoir si, d'après les règles précédemment exposées, leur père Secundus est ou non présumé avoir survécu à son cousin Primus avec lequel il a péri. D'ailleurs si, au lieu du cousin vivant, on suppose que celui-ci était décédé au moment de la mort des deux autres, mais ayant laissé des enfans, assurément ces enfans prétendraient bien, et seraient bien en droit de prétendre, si les présomptions de survie étaient en leur faveur, qu'ils doivent au moins concourir, dans la ligne à laquelle ils appartiennent, avec les enfans du cousin qui a péri dans l'événement, pour la succession de l'autre ; car ils seraient au même degré que ces derniers ; et cependant, pas plus dans cette hypothèse que dans celle en question, ceux qui ont péri ensemble n'auraient été *respectivement* appelés à se succéder, puisque l'un d'eux avait des enfans au moment de sa mort.

46. Ce que nous disons ici peut être encore fort important sous un autre rapport. Admettons que deux frères, dont l'un a des enfans, aient péri dans le même événement, sans qu'on puisse établir la survie de l'un ou l'autre par preuves positives, ou par des circonstances du fait. Dans l'espèce, le frère ayant enfans était bien appelé à la succession

de son frère, mais réciproquement celui-ci n'était
pas appelé à la sienne, en ce sens du moins qu'au
moment du décès il n'était pas son héritier présomptif : cependant il n'est point indifférent de savoir quel est celui qui a survécu à l'autre ; car, si c'est
celui qui n'avait pas d'enfans, et que sa succession
soit bonne, tandis que celle de son frère est sur-
chargée de dettes, les enfans de ce dernier peuvent,
même en renonçant à son hérédité pour se dispenser d'en payer les dettes, venir, par droit de représentation de leur père, à celle de leur oncle,
attendu que la représentation est admise à ce degré et dans ce cas (art. 742 et 744). Au lieu que
si leur père a survécu à son frère, comme il a recueilli le droit, que ce droit s'est aussitôt confondu
dans son patrimoine, par l'effet de la maxime *le
mort saisit le vif,* ils ne peuvent point accepter la
succession de leur oncle sans accepter celle de leur
père, et sans par conséquent en payer les dettes ;
car ce serait accepter pour partie cette dernière hérédité, et la répudier pour partie, ce qui est inadmissible. Tout ce qu'ils pourraient faire, ce serait,
en acceptant la succession de leur père, si cela leur
convenait, d'user ensuite du droit qu'il avait lui-
même au moment de sa mort, d'accepter ou de répudier celle du frère supposé prédécédé (art. 781).
Mais ils ne peuvent point, dans l'hypothèse, et par
représentation de leur père, à la succession duquel
ils voudraient renoncer, venir à celle de leur oncle ;
car on ne représente pas les personnes qui étaient

vivantes au moment de l'ouverture de la succession, mais seulement celles qui étaient mortes naturellement ou civilement à cette époque (art. 744).
Or, ils ne prouvent pas que leur oncle a survécu à
leur père, que celui-ci était mort au moment du
décès de celui-là; et il ne leur suffirait pas d'alléguer simplement que, rien ne prouvant la survie de
l'un des décédés, ils sont par cela même censés
être morts au même instant, que *neuter alteri supervixit,* comme disent les lois romaines : car, même
dans cette supposition, la représentation ne serait
point admise, attendu que leur père n'eût point
encore été mort au moment du décès de leur oncle,
la simultanéïté excluant nécessairement l'antério-
rité. En conséquence, les créanciers de leur père
seraient bien fondés, lors même qu'ils n'accepteraient sa succession que sous bénéfice d'inventaire,
à se faire payer sur les biens des deux patrimoines,
qui maintenant, on le répète, ne forment plus
qu'une seule et même hérédité.

Comment en effet ces enfans, si leur père n'a-
vait, par exemple, que trente ou quarante ans au
moment de l'événement, quand leur oncle en avait
soixante et plus, pourraient-ils prétendre, avec
quelque apparence de raison, que c'est cependant
ce dernier qui a lutté le plus long-tems contre la
mort, que c'est lui qui a survécu, et qu'ils ont
en conséquence le droit de représenter leur père,
prédécédé suivant eux, pour venir à la succession
de cet oncle, qui est opulente, en répudiant celle de

leur père qui est mauvaise, ou en n'acceptant cette dernière que sous bénéfice d'inventaire? Ne serait-ce pas donner un démenti à toute la théorie de la loi sur la matière? Nous ne saurions en faire le moindre doute. L'existence de ces enfans est une circonstance qui doit être absolument sans influence sur la question de savoir quel est celui des deux frères qui a survécu à l'autre. Nous le répétons : en admettant, pour un moment, que ces mêmes enfans fussent fondés à méconnaître l'effet des présomptions de survie consacrées par ces art. 721 et 722, par cela seul que les décédés n'étaient pas, à cause d'eux, *réciproquement* appelés à se succéder, et par conséquent à prétendre que c'est aux créanciers de leur père à prouver qu'il a survécu à son frère, qu'il a recueilli sa succession; ces enfans, disons-nous, n'arriveraient tout de même pas à leur but, qui est de recueillir l'hérédité de leur oncle par représentation de leur père, suivant eux prédécédé, car ils seraient obligés de prouver ce prédécès : or, précisément la preuve est impossible; et c'est à raison de cette impossibilité que la loi a établi les présomptions dont il s'agit. Tout ce qu'ils pourraient prétendre, ce serait uniquement que les deux frères ont péri au même instant, qu'aucun d'eux n'a survécu à l'autre ; et, en pareille hypothèse, la représentation est inadmissible, car celui que l'on veut représenter doit avoir prédécédé la personne à la succession de laquelle on veut venir par ce moyen, et, en cas de contestation sur ce point, à le prouver : mais les créanciers, au contraire, ont le droit d'invoquer ces mêmes présomptions.

47. Il en est de même, à plus forte raison, des créanciers de celui qui serait présumé avoir survécu dans le cas littéralement prévu à l'art. 720, c'est-à-dire lorsque les *commorientes* étaient réciproquement appelés à se succéder, avec des droits semblables ou différens, n'importe. Le survivant, leur débiteur, ayant recueilli, en tout ou partie, l'hérédité du prédécédé, son patrimoine s'en est accru d'autant; et tous les biens d'un débiteur, décédé ou vivant, n'importe, sont le gage commun de ses créanciers (art. 2093), qui, pour cette raison, peuvent exercer tous ses droits, à l'exception de ceux qui sont exclusivement attachés à sa personne (art. 1166). Or, le droit d'accepter une succession n'est pas de ce nombre, puisque si l'héritier y renonce au préjudice de ses créanciers, ceux-ci peuvent se faire autoriser à l'accepter de son chef, jusqu'à concurrence du montant de leurs droits. (Art. 788.)

Cette décision est applicable aussi aux légataires du survivant, à ses donataires de biens à venir, à ceux, en un mot, qui avaient des droits de cette nature, subordonnés à la condition de son décès. Ayant recueilli le droit, il le leur a transmis : en conséquence, leurs créanciers pourraient l'exercer, conformément à l'art. 1166 précité.

48. Mais doit-on conclure de ce qui précède que les présomptions du survie rappelées plus haut sont applicables en toute autre matière que celle des successions légitimes ou *ab intestat?*

Ainsi le testateur et son légataire, qui n'était point son héritier légitime, périssent dans le même événement, sans qu'on puisse reconnaître quel est celui qui a survécu à l'autre. On peut même supposer que les deux individus s'étaient réciproquement institués héritiers ou légataires universels (1).

Ainsi encore, le donateur et le donataire, par contrat de mariage, de biens à venir, ont trouvé la mort dans le même événement (2).

On peut supposer la même chose à l'égard du donateur et du donataire de biens présens, avec stipulation du droit de retour pour le cas du prédécès de ce dernier;

Et à l'égard d'époux qui s'étaient fait, par leur contrat de mariage, des avantages pour le cas de survie, ou qui avaient stipulé un préciput ou la totalité de leur communauté au profit du survivant, ou de l'un des deux seulement, etc.

Pour ne nous expliquer d'abord que sur le premier cas, celui où le testateur et son légataire ont péri dans le même événement, sans qu'on puisse reconnaître lequel a survécu, nous dirons sans

_____

(1) Par des actes séparés, à cause de la disposition de l'art. 968.

(2) Nous supposons que le donataire n'a pas laissé d'enfans du mariage, et qu'il n'était pas héritier présomptif du donateur.

hésiter que ces présomptions ne sont point applicables, parce que les présomptions légales n'exercent leur empire que dans les cas pour lesquels elles
ont spécialement été établies : « La présomption
« légale, porte l'art. 1350, est celle qui est attachée
« par une loi spéciale à certains actes ou à certains
« faits; » d'où il suit qu'étant étrangères au cas d'un
testateur et de son légataire, quoique morts dans
le même événement, puisqu'elles sont placées au
titre *des Successions légitimes* ou *ab intestat*, on
reste, à l'égard de ces personnes, dans le droit commun : or, le droit commun veut que l'effet d'un
legs quelconque soit subordonné à la condition
de survie du légataire : « Toute disposition testa-
« mentaire, dit l'art. 1039, sera caduque, si celui
« en faveur de qui elle est faite n'a pas survécu (1)
« au testateur. » L'accomplissement de cette condition
donc être prouvé par ceux qui réclament le legs,
non seulement parce qu'ils sont demandeurs, mais
encore parce que la condition est essentiellement
inhérente au legs; comme la désignation du légataire ou de la chose léguée est nécessaire pour sa
validité. Et de même que le légataire est obligé de

___

(1) Que l'on remarque que la loi ne dit pas que le legs sera caduc
si le légataire a *prédécédé* le testateur, ce qui pourrait jusqu'à un certain point donner lieu à la question de savoir si ce n'est pas plutôt à
celui qui est grevé du legs à prouver qu'il en est affranchi par le
prédécès du légataire, et par conséquent à prouver ce prédécès; du
moins ce serait matière à dispute; mais qu'elle dit : « Si celui au pro-
« fit de qui elle a été faite n'a pas *survécu* au testateur. » C'est donc la
survie de celui-ci qui doit être prouvée.

produire le testament qui le gratifie, de démontrer
que la disposition s'applique bien à lui, que c'est
telle chose qui lui a été léguée, et qu'il a obéi à la
condition que le testateur a jugé à propos de lui
imposer (1); de même celui qui réclame le legs
comme ayant été recueilli par ce légataire doit
prouver l'accomplissement de la condition légale
qui y était attachée, c'est-à-dire la survie de ce
dernier.

Il n'y a, à cet égard, aucune distinction à faire
entre le cas où il s'agirait d'un légataire universel et
qu'il n'y aurait point d'héritiers au profit desquels
la loi fait la réserve d'une certaine quotité des biens;
et le cas d'un légataire à titre particulier; car le premier n'est toujours saisi par la mort du testateur
(art. 1006) qu'autant que toutes les conditions requises pour la validité du legs sont accomplies, et
qu'autant, par conséquent, que ceux qui réclament
le droit de son chef prouvent cet accomplissement,
puisque, en droit, *non probatum et non esse, idem
est.*

Il n'y a non plus aucune différence entre le cas
d'un seul testateur et de son légataire qui ont péri
dans le même événement, et celui où les deux personnes avaient fait réciproquement leur testament
en faveur l'une de l'autre. Bien que, dans l'ordre
ordinaire des choses, et que le plus communé-

___

(1) En admettant qu'elle ne fût pas impossible, ni contraire aux
lois et aux bonnes mœurs. (Art. 900.)

ment, l'une aura survécu à l'autre pendant un instant de raison, et que d'après cela l'une des deux dispositions ne dût pas être caduque, néanmoins elles le seront toutes deux, *quia neuter alteri supervixit*, puisqu'on ne peut en effet prouver lequel des deux testateurs a survécu, et qu'autrement on s'exposerait à déférer les biens à ceux qui ne devraient pas les avoir. Ainsi, ni les héritiers de l'un des testateurs, ni ceux de l'autre ne pouvant prouver que leur auteur a survécu à celui qui l'avait institué, et les présomptions de la loi ne s'appliquant pas au cas, ils doivent être écartés réciproquement, faute de justification de l'accomplissement de cette condition essentielle. Les deux successions seront déférées suivant l'ordre ordinaire et légal, par conséquent, dans nos mœurs, d'après le mode le plus digne de faveur

Il n'y a pas en effet nécessité, comme dans les cas où l'hérédité est déférée par la loi, et où, suivant la maxime *le mort saisit le vif et son hoir le plus proche*, la succession doit passer de suite sur la tête du plus proche parent, pour que l'ordre de dévolution ne soit point interverti, pour que les biens n'aillent pas où ils ne devaient point aller; il n'y a pas nécessité, disons-nous, que l'hérédité d'un testateur passe aux héritiers du légataire : loin que l'ordre ordinaire de la dévolution des biens par voie de succession fût par là mieux conservé, il serait, au contraire, changé, abandonné. Le législateur n'avait donc pas les mêmes motifs d'établir les pré-

somptions de survie, tirées de la force de l'âge ou du
sexe, pour le cas de testament comme pour celui de
succession légitime : aussi ne l'a-t-il pas fait. Nous
voyons même, dans l'art. 135, une disposition toute
contraire; car, suivant cet article, « quiconque ré-
« clamera un droit échu à un individu dont l'exis-
« tence ne sera pas reconnue devra prouver que le-
« dit individu existait quand le droit a été ouvert ;
« jusqu'à cette preuve, il sera déclaré non recevable.
La loi fait ensuite, il est vrai, exception pour le cas
où plusieurs personnes ont péri dans le même événement, en ce sens du moins qu'à défaut de preuve de
la survie ou de circonstances du fait propres à la
rendre manifeste, elle établit des présomptions qui
tiennent lieu de preuve; mais, encore une fois, elle
ne les a établies que pour le cas où ces personnes
étaient appelées à se succéder suivant les règles des
successions légitimes. Aussi la loi du 29 prairial an IV,
dont il a été précédemment parlé, n'établissait-elle
la présomption de survie qu'entre «ascendans, descendans et autres personnes qui se succèdent *de
droit* (1). »

Sans doute, dans le cas où le testateur aurait

(1) Duplessis , qui a traité cette question dans une de. ses consul-
tations, que l'on trouve au tome Ier de *ses OEuvres* , pag. 772 de la
5e édition (Paris, 1754), et où il rapporte et analyse les différens
textes du droit romain qui y ont plus ou moins de rapport; Duplessis
s'exprime de la manière suivante : « Dans la question *de commorienti-*
« *bus*, on n'use jamais de la fiction de survie, sinon en cas de néces-
« sité , et quand il n'y a point d'autre voie de régler le différent. C'est
« de là que naît la distinction entre l'hérédité et le legs. Un père et un

substitué vulgairement à son légataire une personne qui vivrait encore, le legs ne serait point
caduc, s'il ne l'était d'ailleurs pour autre cause, car
le substitué est précisément appelé au défaut de l'institué. Mais les héritiers de ce dernier ne pourraient
pas plus invoquer contre le premier les présomptions
dont il s'agit, pour prétendre que leur auteur a
survécu au testateur, par conséquent que le droit
leur appartient, que la substitution s'est évanouie,
qu'ils ne pourraient le prétendre vis-à-vis des héritiers du testateur lui-même.

. Une foule de lois romaines (1) statuent sur le
cas où deux individus dont l'un, ou quelquefois

« fils sont morts dans le même naufrage; comme ils sont héritiers né-
« cessaires l'un de l'autre par la loi et par le sang, il faut nécessaire-
« ment feindre que l'un a survécu à l'autre pour régler à qui appar-
« tiendra leur hérédité, afin qu'elle ne demeure pas vacante... Mais il
« n'en est pas de même des legs : il est bien nécessaire qu'un homme
« ait des héritiers, mais il n'est pas nécessaire qu'il ait des légataires;
« c'est pourquoi si le testateur et le légataire meurent en même tems
« et dans un même accident, comme il n'y a point alors de légataire
« qui puisse venir dire : J'ai survécu, j'ai gagné le legs ; et comme ses
« héritiers ne peuvent point alléguer ni justifier de survie pour pré-
« tendre qu'il leur ait été transmis, le legs demeure caduc ; car enfin
« l'héritier du sang est saisi de la succession dès le moment du décès
« du défunt, par la règle *le mort saisit le vif.* Les légataires, au con-
« traire, n'ont qu'une simple action pour venir demander la délivrance
« du legs, et, dans cette action, il faut qu'ils prouvent la survie pour
« fonder leur demande; ils y sont obligés par la règle générale, qui
« veut que tous demandeurs fassent les preuves nécessaires pour éta-
« blir leurs prétentions, et, faute de preuve, on les exclut, etc. » Tel
est aussi le sentiment de la plupart des jurisconsultes qui ont traité la
question, et l'ancienne jurisprudence était conforme à leur doctrine:
elle favorisait toujours les héritiers du sang dès qu'il y avait quelque
doute sur le fait de survie des légataires.

(1) *Voy.* notamment au titre *de Rebus dubiis*, ff., les LL. 8, 9, 16.

un tiers, ayant des droits subordonnés à la condition du prédécès de l'autre, ont péri dans le même
événement, sans qu'on puisse démontrer quel est
celui qui a survécu. Nous n'en ferons pas l'analyse,
ce serait superflu; mais nous pouvons dire du moins
qu'il n'y en a aucune qui soit dans l'espèce d'un
légataire mort avec le testateur dans le même accident. Elles sont pour la plupart, sur des cas de
substitutions, fidéicommissaires ou autres; dans
des espèces où un mari et sa femme ont péri ensemble, et qu'un tiers avait stipulé la reprise de la
dot au cas de dissolution du mariage par la mort
de la femme, ou que les époux s'étaient fait des
donations pendant le mariage, donations qui devenaient caduques par le prédécès du donataire, et
dans d'autres cas analogues. Mais ce qui est bien
à remarquer, c'est que ces lois n'établissent pas
comme le Code le fait en matière de successions
légitimes, des présomptions régulières, une sorte
de droit commun; elles statuent généralement en
fait, et l'esprit qui y domine, c'est la conservation
des biens dans la famille: aussi Cujas, s'expliquant
sur les présomptions de survie tirées de l'âge, dit-il
dans son commentaire sur le titre du Digeste *de
Rebus dubiis*, vers la fin: *Conclusio, duobus pariter
mortuis, non videtur alter alteri supervixisse; exci-*

§. 1; 17, 18, 22 et 23. Les LL. 34 et 17, §. 7, ff. *ad senat. Trebell.* La
L. 26 ff. *de Pactis dotal.* Les LL. 34 et 42, ff. *de Vulgari et pup.
subst.* La L. 26, ff. *de mortis caus. don.* Et la L. 32, §. 14, ff. *de donat.
inter vir. et ux.*

piuntur parentes et liberi (1), *si pater et filius simùl moriantur, videtur filius supervixisse* (2) : *hoc suggerit ordo naturæ.*

49. Quant aux donations, M. Chabot de l'Allier (3) qui est de notre sentiment, sur le cas du testament, soit simple, soit réciproque, ne fait aucune distinction (4), relativement à l'application des présomptions de survie, entre les donations de

(1) Et nous ajouterons : *Et autres personnes qui se succèdent de droit;* addition qu'a rendue nécessaire notre maxime de droit français, *le mort saisit le vif et son hoir le plus proche.*

(2) Cela n'est vrai dans notre droit que sous les distinctions établies par la loi ; mais toujours est-il qu'en principe Cujas n'admettait les présomptions de survie tirées de l'âge qu'entre les ascendans et les descendans, et non entre les testateurs et leurs légataires. Nous ferons, au reste, remarquer que les héritiers *volontaires*, dits *extranei*, soit *ab intestat*, soit testamentaires, n'acquérant l'hérédité que par l'*adition* qu'ils en faisaient, la question *de commorientibus*, à l'effet de savoir si l'institué, qui avait péri avec le défunt, avait transmis le droit à ses représentans, ne pouvait pas s'élever à l'égard de ces héritiers volontaires ; et telle est la raison pour laquelle les lois romaines sont muettes sur ce point.

(3) Dans son *Commentaire sur les successions* d'après le Code civil, art. 720, 721 et 722.

(4) Il dit toutefois que, dans son premier ouvrage sur *les Successions*, « il lui était échappé par méprise de confondre le testament et « la donation, mais qu'il faut, au contraire, en distinguer avec soin « la nature et les effets. » Nous n'en doutons pas en ce qui touche la donation de biens présens, avec stipulation du droit de retour; mais nous pensons aussi, pour les donations de biens à venir, autrement dites *institutions contractuelles*, que relativement à la question de savoir si les présomptions de survie seront applicables au cas où le donateur et le donataire, qui n'a pas laissé d'enfans du mariage, ont péri dans le même événement, ces donations doivent être assimilées aux legs ou institutions testamentaires, ainsi que nous allons le démontrer.

biens à venir par contrat de mariage, et celles de
biens présens avec stipulation du droit de retour
pour le cas du prédécès du donataire. Il pense que,
pour les unes comme pour les autres, c'est aux héritiers du donateur à prouver sa survie pour que le
retour ou la caducité se soient opérés en faveur de
leur auteur, et par suite à leur profit.

Nous ne saurions partager cette opinion. Nous
tombons sans peine d'accord avec ce jurisconsulte
que quand il s'agira d'une donation de biens présens
faite avec stipulation du droit de retour, au cas du
prédécès du donataire (art. 951), ce sera aux héritiers du donateur à prouver que leur auteur a survécu, attendu que le donataire a été saisi purement
et simplement du droit avec tous ses effets, nonobstant la stipulation du droit de retour; car cette stipulation n'avait pas un effet *suspensif*, comme si
la donation eût seulement été faite pour le cas où
le donataire survivrait au donateur, ce qui obligerait celui-ci ou ses représentans de prouver l'accomplissement de la condition de survie; elle avait
uniquement pour objet de *résoudre* l'effet de la
donation au cas prévu; la propriété de l'objet donné
avait passé sur la tête du donataire, quand bien
même la tradition n'en eût pas encore été faite
(art. 938). Or, c'est à celui qui prétend qu'un
droit plein et parfait dès le principe a ensuite été
résolu à son profit par un événement quelconque,
à justifier de sa prétention; comme ce serait à
celui qui, n'ayant eu d'abord qu'un droit suspendu

par une condition, prétendrait que la condition s'est-accomplie, à justifier de son allégation à cet égard. Dans l'espèce, les héritiers du donateur ne pouvant faire leur justification qu'en prouvant le prédécès du donataire, puisqu'il n'y a aucune présomption légale qui tienne lieu de preuve, et qu'en matière de présomptions légales, il n'y a pas lieu d'argumenter d'un cas à un autre, c'est donc le cas de dire, à défaut de cette preuve, *neuter alteri supervixit* (1); et par conséquent la condition du retour ne s'est point réalisée.

Mais quand il s'agit de donations de biens à venir, ou institutions contractuelles (2), il est permis, nous

_____

(1) *Voy.* les lois. 8, ff. *de Rebus dubiis;* 32, §. 14, ff. *de Donat. inter vir. et uxor :* et 26, ff. *de Mortis causâ donat.*, précitées. Dans ces lois il s'agit de donations faites entre époux pendant le mariage, lesquelles étaient interdites en principe : aussi la propriété des objets donnés ne passait-elle point à l'époux donataire, et le donateur pouvait toujours révoquer sa libéralité. Mais d'après un sénatus-consulte rendu sous Antonin, le prédécès du donateur sans avoir révoqué confirmait la donation; et quand les deux époux avaient péri en même tems, on décidait qu'elle devait produire son effet : *magis placuit valere donationem*, dit la loi 26, *de Mortis causâ donat.*, eo maximè, *quod donator non supervivat, qui rem condicere possit.*

(2) Nous supposons, comme nous l'avons dit, 1° que le donataire n'a pas laissé d'enfans du mariage; car autrement ces enfans étant appelés, au cas du prédécès de leur père, à la disposition par une sorte de substitution vulgaire (art. 1082), la question perdrait son importance, du moins sous le rapport sous lequel nous l'envisageons maintenant; mais elle présenterait encore de l'intérêt sous un autre point de vue, parce qu'en effet si l'on devait décider que le donataire a prédécédé, les enfans ne seraient point obligés d'accepter sa succession pour recueillir les biens compris dans la disposition : *secùs* dans le cas contraire; 2° qu'il n'était pas héritier présomptif du

le croyons, de différer d'opinion avec M. Chabot.

Cet auteur se fonde uniquement sur ce que « le
« donataire est saisi de son droit dès le moment de
« la donation, sauf à ne l'exercer qu'à la mort du
« donateur : d'où il suit que c'est aux héritiers du
« donateur à prouver qu'il a survécu au donataire
« pour qu'ils puissent faire déclarer caduc ou révo-
« qué le droit dont le donataire était propriétaire
« dès le moment de la donation. »

Sans doute le donataire de biens à venir est saisi
du droit dès le moment de la donation, mais en
quel sens? en ce sens qu'elle est irrévocable (article 1083); mais il n'est saisi que sous ce rapport,
et encore sous les conditions déterminées par la loi,
ainsi que nous avons déjà eu occasion de le dire (1),

---

donateur, parce qu'autrement les présomptions de survie seraient
admissibles. S'il l'eût été, mais pour une part moindre que celle qui
lui a été donnée, nous ne les appliquerions pas moins, parce qu'il
serait inconséquent de les admettre en partie et de les rejeter en
partie.

(1) Tom. I.er, n° 249, où nous établissons que la mort civile du
donateur, survenue depuis la donation, ne saurait en faire perdre
le bénéfice au donataire, car il ne doit pas souffrir du fait d'un
autre. Un droit qui lui était acquis, en ce sens que le donateur ne
pouvait pas le lui enlever, n'a pu lui être ravi indirectement par
le fait de ce même donateur. Mais nous n'avons pas entendu dire
par là que le donataire, qui n'est réellement qu'un héritier institué
d'une manière irrévocable, ne dût pas lui-même réunir en sa personne toutes les conditions requises dans les héritiers au moment
où s'ouvre l'hérédité, c'est-à-dire au moment de la mort du donateur, puisque *viventis nulla est hereditas :* or, une de ces conditions
dans l'héritier, c'est de vivre à cette époque. Aussi s'il était mort
civilement, ne recueillerait-il pas, les enfans du mariage viendraient
à sa place; et s'il n'y en avait pas, la disposition serait caduque.

et une de ces conditions, la plus essentielle, c'est sa survie (ou celle des enfans du mariage); autrement la donation est *caduque.* C'est l'expression dont se sert la loi (art. 1089); c'est la même que celle qu'elle emploie pour qualifier le legs qui ne produit aucun effet par le prédécès du légataire (art. 1039). Il ne s'agit point, dans ce cas, d'un retour des biens donnés, d'une simple résolution de la donation, ni encore moins d'une révocation; il s'agit d'une *caducité,* et une disposition est caduque quand son effet a manqué par le prédécès du donataire ou du légataire.

Il est vrai que l'art. 1089, qui la prononce, ne dit pas, comme l'art. 1039, que la donation est caduque si le donataire n'a pas survécu au donateur, mais bien qu'elle est caduque si le donateur a survécu au donataire et à sa postérité; ce qui semblerait mettre la preuve du fait qui a amené la caducité à la charge des héritiers du donateur; mais cette rédaction, que la fin de l'article amenait naturellement, pour être plus coulante, ne veut pas dire autre chose si ce n'est que la donation est caduque si le donataire ou sa postérité n'a pas survécu au donateur; car celui-ci n'a pas donné seulement avec faculté de reprendre les biens si le donataire ainsi que sa postérité (du mariage en faveur duquel la donation a eu lieu) le prédécédaient, puisqu'il a conservé la propriété, la disposition, la jouissance et la possession des biens; il a donné à quelqu'un qui ne devait recueillir

qu'après sa mort, par conséquent qui devait lui
survivre pour que le don eût effet.

L'institution contractuelle, ou la donation des
biens qu'une personne laissera à son décès, n'est
rien autre chose que le don irrévocable de l'hérédité, ainsi que la définissent les auteurs qui en ont
traité; et pour que cette hérédité soit acquise à
l'institué, ne faut-il pas, lorsqu'elle est déférée par
la loi, que celui qui est appelé soit capable de la
recueillir? Cela est si vrai que, sans la disposition
spéciale qui appelle les enfans au cas où le donataire a prédécédé le donateur, la donation serait
caduque, et les enfans n'en profiteraient point.
Donc le droit n'est pas, comme on le dit, pleinement acquis dès le jour du contrat; autrement la
mort du donataire, survenue depuis, ne le ferait
pas évanouir; il passerait, ce droit, à ses héritiers
quelconques, même à l'État s'il n'avait pas d'héritiers. En un mot, il n'y a d'autre différence entre
le donataire de biens à venir ou héritier contrac-
tuel, et l'héritier testamentaire, si ce n'est que le
premier ne peut être privé du bénéfice de la disposition par le fait du donateur, qui ne peut plus
changer de volonté à cet égard, sauf encore le
droit qu'il a, par la nature même de cette disposition, d'aliéner les biens à titre onéreux, parce que,
par cette aliénation, il n'est pas censé diminuer
son patrimoine au préjudice de la donation, puisqu'il reçoit ou est censé recevoir l'équivalent de ce
qu'il aliène. Mais dans l'une comme dans l'autre

institution, la survie de l'institué est une condition essentielle, et dont par conséquent l'accomplissement doit être prouvé par quiconque réclame le
bénéfice de la disposition; et cette preuve n'est
point suppléée par les présomptions de survie men-
tionnées aux articles 721 et 722, lors même qu'elles
seraient favorables à la prétention des héritiers du
donataire, puisqu'elles n'ont point été appliquées
à ce cas par la loi. Nous le déciderions ainsi quand
bien même le donateur n'aurait pas laissé d'héritiers du nombre de ceux au profit desquels la loi
établit une réserve, et que la donation serait de
l'universalité des biens laissés au décès; car pour
que le donataire eût été saisi en pareil cas, ils aurait
toujours fallu qu'il eût survécu au donateur. A plus
forte raison dans le cas où il y a des héritiers ayant
droit à une réserve, ou que la donation n'est que
d'une quote-part des biens, comme ce sont alors
les héritiers du sang qui sont saisis, que c'est aux
représentans du donataire à former leur demande
en délivrance, et à justifier ainsi que leur auteur a
recueilli le droit, à plus forte raison, disons-nous,
la question est-elle encore moins douteuse.

Enfin nous ne croyons pas qu'il soit exact
de dire que le donataire est *propriétaire du droit
dès le moment de la donation.* Si cela était vrai,
il pourrait l'aliéner, y renoncer, faire des traités
à ce sujet, puisqu'on peut en faire même sur
un droit simplement éventuel, conditionnel. Car
ce serait renoncer à une succession future, pactiser

sur une telle succession, et c'est ce qui est formellement interdit par la loi (art. 791,1130). Nous disons sur une *succession future;* et en effet, quand bien même la chose ne serait pas évidente, le doute serait levé par l'article 1085 qui voit bien là une succession, puisqu'il dit à la fin : « En cas d'ac-« ceptation, il (le donataire) ne pourra réclamer « que les biens qui se trouveront existans au jour du « décès du donateur, et il sera soumis au paiement « de toutes les dettes et charges de *la succession.* » Aussi la loi ne dit-elle pas à l'égard des donations de biens à venir, comme elle le dit au sujet des donations de biens présens (art. 938), que le donataire est propriétaire des biens donnés par le seul fait de l'acceptation de la donation. Il n'a en effet qu'une simple espérance, que le donateur ne peut lui ravir, il est vrai; mais cette espérance, qui est un droit, tel quel, nous l'avouons, n'est point un droit *de propriété.* Sans doute les donations par contrat de mariage sont dignes de faveur, mais cette faveur ne s'étend qu'au donataire et à ses descendans, et nullement aux autres parens; la conservation des biens dans la famille du donateur est digne aussi de faveur, et voilà pourquoi la donation devient caduque si le donataire et sa postérité l'ont prédécédé. Or, dans le système que nous combattons, tout parent quelconque de ce donataire, même l'État à défaut de parent, aurait cependant les biens sans être astreint à prouver que le donataire a survécu au donateur, et sans que les héritiers de

VI.   5

66   Liv. III. *Manières d'acquérir la Propriété.*

celui-ci pussent, de fait, écarter cette prétention,
en prouvant la survie de leur auteur, puisque nous
raisonnons dans la supposition que cette preuve
est impossible.

50. Quant aux avantages que des conjoints qui
ont péri ensemble ont pu se faire par leur contrat
de mariage (1), et qu'ils ont subordonnés à la condition de survie de celui en faveur duquel ils ont
eu lieu; comme aussi quant aux stipulations qui
attribuaient un préciput ou la totalité de la communauté en faveur du survivant, ce que nous
venons de dire démontre assez qu'il n'y a pas lieu,
pour établir la survie, de recourir aux présomp-

---

(1) Nous ne parlons pas ici des donations qu'ils ont pu se faire
pendant le mariage, donations qui sont toujours révocables à la
volonté du donateur (art. 1096); car la question de savoir si elles
deviennent aussi caduques par le prédécès de l'époux donataire,
comme les donations *inter virum et uxorem* des Romains man-
quaient de sortir leur effet pour cette cause, est une question distincte, et qu'il faudrait d'abord préjuger affirmativement pour que,
même dans la supposition que les présomptions de survie des art. 721
et 722 seraient applicables entre conjoints donataires, il y eût intérêt
à distinguer, d'après ces présomptions, quel est celui des époux
morts dans le même événement, qui a survécu à l'autre. Mais ce
n'est point le moment de la discuter; nous le ferons en son lieu.
Seulement, nous dirons dès à présent que, puisque la loi qui s'est
expliquée sur la révocabilité, a gardé le silence sur la caducité par
suite du prédécès du donataire, quand elle s'est d'ailleurs expliquée
formellement dans d'autres cas sur la caducité pour cette cause, ce
serait, ce nous semble, ajouter à ses dispositions, que de la prononcer
dans l'espèce; et ce serait y ajouter dans un sens suivant lequel il
n'est pas permis de le faire, puisque tout ce qui tend à détruire
l'effet des actes est de droit étroit.

tions consacrées, en matière de successions légitimes, par les articles 721 et 722 précités. Les
héritiers de celui des époux qui a stipulé les
clauses du contrat de mariage relatives à ces avantages, ne pouvant prouver que leur auteur a survécu, ce sera alors le cas de dire *neuter alteri supervixit*, et la condition aura défailli. En conséquence, les gains de survie seront réputés non
avenus, et la communauté se partagera suivant le
droit commun, qui est toujours le plus favorable
dans le doute.

51. Nous avons dit qu'en matière de successions
légitimes, il fallait décider la question de survie,
avant tout, par la preuve positive du fait : comme
si des personnes dont le témoignage est irréprochable et concordant viennent attester qu'il est à
leur connaissance que Paul est mort avant Pierre,
ou si des procès-verbaux rédigés avec soin, et
non suspects sous d'autres rapports, constatent ce
fait, etc.; qu'à défaut de preuve positive de la survie de l'un des décédés, il fallait recourir aux circonstances du fait, et que les circonstances manquant ou se neutralisant par leur gravité réciproque,
il fallait bien alors s'abandonner aux présomptions
de survie telles qu'elles sont établies par la loi,
malgré leur extrême fragilité.

Mais ces circonstances varient à l'infini. On
donne ordinairement comme exemple le cas où
deux individus ont péri dans la ruine d'un bâti-

ment : celui qui a été vu le dernier sera généralement présumé avoir survécu, parce qu'il est certain qu'il existait encore quand il est incertain si l'autre vivait à ce moment; le cas aussi d'une inondation, quand l'une des peronnes habitait le rez-de-chaussée de la maison envahie par les eaux, tandis que l'autre se trouvait à un étage supérieur; ou bien le cas d'un incendie qui est prouvé avoir commencé au rez-de-chaussée : dans l'une et l'autre supposition, la personne qui était à l'étage supérieur au moment de l'accident sera généralement présumée avoir péri la dernière. Mais l'induction qu'il y a à tirer de ces circonstances peut être plus ou moins atténuée par d'autres qu'il est impossible de prévoir, et dont l'appréciation est dans le domaine du juge. Dans le cas où le péril aurait atteint simultanément les deux individus, on pourrait prendre aussi en considération l'état particulier de foiblesse où l'un des deux se trouvait par l'effet d'une maladie grave ou d'une complexion débile; car par *circonstances du fait,* nous ne pensons pas que la loi ait eu uniquement en vue celles qui sont seulement relatives à l'événement lui-même, mais bien aussi celles qui étaient relatives à la situation particulière où se trouvait la personne. C'était le sentiment de nos anciens jurisconsultes qui ont traité de ces présomptions de survie, et les tribunaux y conformaient leurs décisions, surtout dans l'intérêt de la partie qui leur paraissait plus digne de faveur, c'est-à-dire dans l'intérêt des parens les plus proches.

52. Sur le cas singulier où deux jumeaux ont péri ensemble, si les actes de naissance énonçaient quel est celui qui est sorti le premier du sein de la mère, il faudrait bien le regarder comme l'aîné (1), laissant à la physiologie la question, oiseuse en droit, de savoir quel est celui qui a été conçu le premier. Si les actes ne s'expliquaient pas, le témoignage des parens pourrait suppléer à leur silence sur ce point : les registres et papiers domestiques de ceux-ci, dans lesquels ils auraient marqué quel est celui des enfans qui est né avant l'autre, seraient encore une preuve plus sûre, si la date de cette mention n'était point suspecte. A défaut de ces preuves, les tribunaux jugeraient ce cas extraordinaire, que n'a point prévu le Code, d'après les circonstances, en décidant que celui qui était généralement regardé comme le plus robuste a survécu (2).

(1) Les lois romaines le décidaient ainsi, et avec raison ; car la naissance est un fait positif quant à son époque, et la conception un fait purement conjectural. *Voy.* Les L. 15 et 16 ff. *de Statu hominum.*

(2) M. Chabot de l'Allier est, à peu de chose près, de notre sentiment sur ce point.

SECTION II.

De la saisine des héritiers.

SOMMAIRE.

53. *La loi règle l'ordre de succéder entre les héritiers.*
54. *Mais elle ne saisit pas tous ceux qu'elle appelle aux biens : elle distingue.*
55. *La* saisine *est l'effet d'une ancienne maxime de notre droit français.*
56. *Elle était inconnue dans le droit romain, suivant lequel la transmission s'opérait cependant, dans certains cas, au profit du représentant de l'héritier, quoique celui-ci fût mort avant d'avoir fait acte d'héritier.*
57. *Principal effet de la maxime* le mort saisit le vif.
58. *Conséquence du principe en ce qui concerne le droit des créanciers du défunt, de poursuivre aussitôt le parent appelé par la loi à lui succéder.*
59. *Suite.*
60. *Renvoi, à l'art. 789, de l'examen d'une question importante et controversée.*
61. *Un autre effet de la saisine, est que les héritiers continuent la possession du défunt.*
62. *C'est à eux que les donataires et légataires doivent, du moins en général, s'adresser pour obtenir la délivrance de leurs dons ou legs.*
63. *Quoique la loi ne donne pas le droit de saisine aux enfans naturels ni au conjoint, il ne faut néanmoins pas douter qu'ils ne transmettent leur droit à la succession, quoiqu'ils soient morts avant d'avoir obtenu ou même demandé l'envoi en possession.*

53. La loi qui n'est, ainsi que nous l'avons dit, que l'expression de la volonté présumée de l'homme quant à la transmission de ses biens après sa mort, règle l'ordre de succéder entre les héritiers légitimes; à leur défaut, les biens passent aux enfans naturels; à défaut de ceux-ci, au conjoint survivant, et, s'il n'y en a pas, à l'État. (Art. 723.)

54. Mais il existe une différence entre les héritiers légitimes, d'une part, et les enfans naturels, le conjoint et l'État, d'autre part : c'est que les héritiers légitimes sont saisis de plein droit des biens, droits et actions du défunt, sous l'obligation d'acquitter toutes les charges de la succession; au lieu que les enfans naturels, l'époux survivant et l'État, doivent se faire envoyer en possession par justice, dans les formes qui sont déterminées à cet effet. (Art. 724.)

Nous verrons bientôt, au surplus, si, de ce que les enfans naturels et l'époux survivant sont obligés de se faire envoyer en possession, ils sont privés du principal effet de la saisine, du droit de transmettre la succession non encore acceptée à leurs propres héritiers, en supposant bien entendu qu'ils aient survécu au défunt. Pour nous faire bien comprendre, il convient d'abord d'expliquer les effets de la saisine, que la loi n'attribue explicitement qu'aux héritiers légitimes seulement.

55. La *saisine* dont nous parlons ici n'est rien autre chose que l'effet de la maxime de notre an-

cien droit français coutumier : *le mort saisit le vif et son hoir* (1) *le plus proche,* c'est-à-dire qu'en mourant le défunt a investi son plus proche parent de tous ses droits, l'a *saisi* de sa succession.

En sorte que, lors même que l'héritier est venu à mourir sans avoir encore accepté ni répudié l'hérédité, sans en avoir même connu l'ouverture, comme dans les cas prévus aux articles 720, 721 et 722, que nous venons d'expliquer, il a recueilli le droit et l'a transmis à ses propres héritiers, qui peuvent l'accepter ou le répudier de son chef. (Article 781.)

56. C'est une notable différence des principes du droit romain sur ce point; car, dans cette législation, il ne suffisait pas, en thèse générale (2), pour

---

(1) Vieux mot qui vient de *heres*, héritier.

(2) Nous disons *en thèse générale,* parce qu'il y avait trois exceptions.

1° A l'égard des héritiers *siens,* c'est-à-dire des enfans et autres descendans du défunt qui étaient sous sa puissance au moment de sa mort, et qui ne devaient pas retomber sous la puissance d'un autre au moment, non pas de la mort du défunt, mais au moment où il était devenu certain qu'il était mort *intestat,* époque qui pouvait être différente de la première, comme on le voit clairement au §. 7. INSTIT. *de hered. quæ ab intest. defer.* Ces enfans continuaient la personne de leur auteur; l'hérédité de celui-ci leur était acquise de plein droit, et ils la transmettaient à leurs héritiers, quoiqu'ils ne l'eussent pas appréhendée; seulement, ils avaient, d'après le droit prétorien, la faculté de s'en abstenir pour n'être pas tenus d'en payer les dettes. Et à ce sujet, le préteur leur donnait une *exception* contre l'action des créanciers et légataires.

2° Dans le cas prévu à la L. unique Cod. *de his qui antè apert. tab. heredit. transmitt.,* et qui est une disposition introduite par Théodose. Par la loi Papia-Poppea il était établi que celui qui était institué

qu'un individu eût recueilli la succession d'un
autre, soit *ab intestat*, soit en vertu d'un testament, et l'eût transmise, confondue dans la sienne,

---

héritier pour une part de l'hérédité, ne pouvait faire adition d'hérédité qu'après l'ouverture du testament, *apertis tabulis* : de là, s'il
mourait auparavant, sa part devenait caduque et était attribuée au
fisc. Cette loi ne s'appliquait pas, il est vrai, aux enfans du testateur
jusqu'au troisième degré : ceux-ci pouvaient faire adition même
avant l'ouverture du testament, pourvu qu'ils sussent qu'ils étaient
institués ; et il est clair aussi qu'elle ne s'appliquait pas aux enfans
héritiers *siens*, puisque ceux de cette qualité auraient transmis l'hérédité en vertu du *jus suitatis*. Mais comme les descendans sortis de
la puissance du testateur, ou qui n'étaient pas ses héritiers siens,
parce qu'ils devaient retomber sous la puissance d'un autre, mouraient souvent avant l'ouverture du testament, sans savoir s'ils y
étaient ou non institués, et en conséquence ne transmettaient pas le
droit à leurs héritiers, même à leurs enfans, Théodose a voulu,
par la loi précitée, qu'ils le transmissent à ces derniers, mais à eux
seulement ; et ce droit est appelé par les docteurs *ex potentiâ san-
guinis.* Il consistait dans la faculté pour les enfans de faire adition
d'hérédité, comme pouvait le faire leur père.

La troisième exception, qui, on doit le dire, a réduit la règle à bien
peu de chose, a été introduite par Justinien dans la loi 19 au Code,
de Jure deliberandi. Cet empereur a décidé que tout héritier, soit *ab
intestat*, soit testamentaire, qui mourrait dans l'année à partir du
jour où il a eu connaissance de l'ouverture de la succession à son
profit, sans l'avoir acceptée ni répudiée, transmettrait à ses héritiers
le droit d'accepter pendant le tems qui restait à courir de cette même
année : à plus forte raison, celui qui était mort sans savoir que la
succession lui était déférée, par exemple dans le cas où il avait péri
avec le défunt dans un même accident, transmettait-il à ses héritiers
le droit de faire adition pendant le tems qu'il aurait eu lui-même
pour cela.

Mais dans les hérédités déférées par le droit prétorien, il n'y
avait pas lieu au droit de transmission. Si celui qui était appelé à la
possession des biens mourait avant de l'avoir demandée, quoique
dans le délai fixé à cet effet, sa part accroissait à ceux qui étaient
appelés avec lui, et à leur défaut, au degré subséquent : il y avait
lieu à appliquer l'édit *successorium.*

à ses propres héritiers, qu'il lui eût survécu, ayant d'ailleurs dans sa personne toutes les conditions relatives à la capacité de succéder ; il fallait de plus qu'il eût avant sa mort accepté l'hérédité, qu'il en eût fait *adition*. Jusque-là, il était bien héritier ; mais cette qualité ne lui donnait que le droit d'acquérir l'hérédité, et ce droit lui était personnel, en ce sens qu'il fallait la manifestation de sa volonté particulière pour acquérir les biens et être soumis aux charges qui les affectaient, en un mot, pour être le représentant du défunt. De là la règle *hereditas non adita non transmittitur*, règle qui ne souffrait d'autres exceptions (1) que celles que nous avons expliquées, et dont les deux dernières n'avaient même été introduites que dans les derniers tems de la législation.

57. Nous nous sommes éloignés de ces principes. Chez nous, *le mort saisit le vif*, et le droit qui en résulte est transmissible, dans tous les cas, comme tout autre droit : aussi les créanciers de celui à qui une succession est échue, et qui n'en réclame pas les biens, qui même y renonce à leur préjudice, peuvent-ils se faire autoriser à l'accepter de son

_____

(1) L'esclave du testateur, institué par lui, étant son héritier *nécessaire*, il est clair qu'il n'avait pas, pour acquérir l'hérédité, à faire adition ; aussi, mourant après le testateur, et après l'accomplissement de la condition, s'il lui en avait été imposé une, il transmettait l'hérédité à ses propres successeurs, comme partie de son patrimoine ; mais ce cas n'est qu'une exception de la même sorte que celle relative aux héritiers *siens et nécessaires*.

chef, jusqu'à concurrence de leurs droits (art. 788);
tandis que dans les principes de la législation romaine ils n'auraient pas eu le droit d'attaquer la
renonciation, parce que, en n'acceptant pas l'hérédité, en la répudiant même formellement, le débiteur ne se dépouillait pas d'un droit acquis, ne
diminuait pas ainsi son patrimoine à leur préjudice;
seulement il négligeait de l'augmenter. Or, les lois ne
donnaient action aux créanciers d'un débiteur insolvable, pour faire annuler ses actes, qui leur préju-
diciaient, que lorsqu'il avait réellement diminué
son patrimoine par ces actes, et encore sous certaines distinctions (1).

58. De ce que, dans notre droit, les héritiers légitimes sont saisis, *ipso jure*, par la mort du défunt, il résulte que les créanciers de celui-ci peuvent
aussitôt les poursuivre, à proportion de la part
héréditaire de chacun, ainsi qu'il sera ultérieurement expliqué, sauf aux héritiers poursuivis, s'ils
sont encore dans les délais pour faire inventaire et
délibérer, à user de l'exception dilatoire que leur
donne le bénéfice d'inventaire, et à faire par là
surseoir à l'instruction et au jugement de la cause
jusqu'à l'expiration des délais, comme il sera dit
plus loin. Mais, poursuivis après ces délais, ils
doivent les frais faits jusqu'à leur renonciation, à

---

(1) *Voy.* au ff. le tit. *quæ in fraud. credit.* Mais nous aurons plus
d'une fois occasion de revenir sur ce point, surtout au titre *des obligations conventionnelles en général.*

moins qu'ils ne justifient qu'ils n'ont pas eu connaissance du décès, ou que les délais ont été insuffisans,
soit à raison de la situation des biens, soit à raison
des contestations survenues, auquel cas tous les
frais restent à la charge de la succession. (Art. 797,
798, 799, analysés et combinés.)

En vain diraient-ils qu'ils se sont abstenus de
toucher aux biens de l'hérédité; ils n'en doivent
pas moins, sauf le cas d'exception ci-dessus, les
frais faits légitimement contre eux jusqu'à leur renonciation : ils étaient saisis, ils étaient investis de
la qualité d'héritiers, et comme la renonciation à
une succession ne se présume pas (art. 784), qu'ils
n'avaient point encore, on le suppose, renoncé
pour se décharger des effets de la saisine, les créanciers ont dû naturellement s'adresser à eux pour
obtenir le paiement de leurs créances, puisqu'ils ne
pouvaient s'adresser à d'autres. Si la saisine a de si
puissans avantages pour les héritiers, il n'y a rien de
surprenant qu'elle puisse avoir aussi quelques légers
inconvéniens, qu'ils sont d'ailleurs généralement
à même de prévenir en renonçant aussitôt qu'ils
ont connaissance de l'ouverture de la succession à
leur profit, ou en l'acceptant sous bénéfice d'inventaire dans les délais que la loi a fixés à cet effet.

59. C'est une question que de savoir si, après la
renonciation des héritiers du premier degré, qui
sont en conséquence censés n'avoir jamais été héritiers (art. 785), ceux du degré subséquent aux-

quels la succession est par cela même dévolue
(art. 786), devront, comme saisis au défaut des
premiers, les frais faits par les créanciers jusqu'à
leur renonciation; et ainsi de suite des héritiers des
degrés ultérieurs, quand ceux des degrés précédens
ont renoncé : cette question sera traitée ultérieurement. Pour sa solution, il y aura à examiner si
du moins l'héritier du degré subséquent n'a pas
personnellement un délai pour faire inventaire et
délibérer, qui ne commencerait à courir pour lui
que du jour de la renonciation de l'héritier du
degré précédent, et même du jour où il a connu
cette renonciation; et si, poursuivi après ce délai,
il ne peut pas du moins justifier qu'il a ignoré,
soit le décès lui-même (comme aurait pu en
justifier celui qui a renoncé), soit la renonciation de ce dernier, soit l'insuffisance du délai, à
raison de la situation des biens, ou à raison des difficultés survenues.

60. Nous aurons à voir aussi, sur l'art. 789, qui
porte que « la faculté d'accepter ou de répudier une
« succession se prescrit par le laps de temps requis
« pour la prescription la plus longue des droits im-
« mobiliers, (1) » si l'effet de la saisine est tel qu'a-
près la prescription celui qui en est investi reste
irrévocablement héritier pur et simple, et comme

---

(1) C'est-à-dire, par trente ans depuis son ouverture (art. 2262),
sans préjudice des interruptions telles que de droit, pour minorité
(art. 2252.) ou autre cause.

tel soumis à l'obligation de payer les dettes et
charges de la succession, avec le droit d'en réclamer les biens qui ne seraient point encore prescrits
par des tiers, ou par l'État qui les aurait recueillis
comme biens vacans ; ou si cet individu, qui ne s'est
point du tout immiscé, peut encore se prétendre
étranger à l'hérédité, attendu qu'il n'a point voulu
l'accepter, que nul n'est tenu d'accepter une succession, et que c'est réellement l'acceptation qui impose
l'obligation, non pas de payer les frais de poursuite,
mais les dettes elles-mêmes ; ou bien s'il sera déchu
du droit de se prétendre héritier vis-à-vis des détenteurs des biens et des débiteurs de la sucession
qui n'auraient pas encore prescrit, parce qu'il ne
peut plus accepter, quand cependant il pourrait
être poursuivi avec effet par les créanciers, parce
qu'il ne peut plus renoncer ; enfin, si, dans la supposition où l'on tiendrait qu'il est héritier, sans
pouvoir désormais renoncer, parce que la saisine
ne peut plus être dépouillée, il a du moins encore
la faculté d'user du bénéfice d'inventaire, et surtout
si cette faculté doit lui être accordée dans le cas,
très-possible à se réaliser, où il n'aurait pas connu
le décès, même sa parenté avec le défunt, qui
est né, qui a vécu et qui est mort en pays lointain.
Nous discuterons, disons-nous, ces questions ultérieurement.

61. Un autre effet de la saisine, c'est que les héritiers en faveur desquels elle existe peuvent se

mettre de suite en possession des biens du défunt,
et en disposer; qu'ils continuent celle qu'il avait
lui-même soit à l'égard de ses propres biens, soit à
l'égard de ceux qui appartenaient à des tiers, mais
dont, comme nous le disons, il avait la possession
au moment de sa mort. Et cette possession est continuée par l'hérédité avant l'acceptation des héritiers (1), parce que l'hérédité représente le défunt,
et les héritiers de celui-ci. Mais une fois acceptée, il
n'y a plus d'hérédité, il n'y a que des biens qui
sont confondus avec ceux de l'héritier, sans préjudice du cas où l'acceptation n'a eu lieu que
sous bénéfice d'inventaire, cas dans lequel la confusion n'a pas lieu, ainsi qu'on le verra plus loin.
(Art. 802.)

62. Puisque les héritiers légitimes sont saisis de
plein droit des biens et droits du défunt, sous
l'obligation de payer les dettes et charges de la
succession, c'est à eux que les donataires et légataires doivent s'adresser pour obtenir la délivrance
des dons et legs : il n'y a d'exception à cette règle
que pour le cas où le défunt a institué un ou plusieurs légataires universels, et qu'il n'a pas laissé
d'héritiers auxquels la loi fait la réserve d'une certaine quotité des biens; et par analogie parfaite,
mais dans la même hypothèse, que pour le cas

---

(1) Si d'ailleurs un tiers ne l'acquiert pas par les moyens autorisés
par la loi.

aussi où il a donné à quelqu'un par le contrat de
mariage de celui-ci, tous les biens qu'il laisserait
à son décès : car ces légataires et ces donataires
universels sont saisis de plein droit. (Art. 1004,
1006, 1011, 1014, 1082).

63. mais de ce que l'art. 724 n'accorde pas la
saisine aux enfans naturels, ni au conjoint survivant, ni à l'État; qu'il exige même formellement
qu'ils se fassent envoyer en possession par justice (1), il ne faut toutefois pas conclure de cette
disposition que l'enfant naturel et le conjoint lui-
même (2) ne transmettraient point le droit, s'ils
venaient à mourir avant de s'être fait envoyer en
possession : car le Code, en prescrivant cette mesure, n'a point entendu les priver du droit de transmission au profit de leurs héritiers. La succession
a été ouverte en leur faveur, et cela a suffi pour
que ce droit fût transmissible. La loi dit que les
biens leur *passent*, et ils leur passent de plein droit
quant à la propriété, et l'envoi en possession n'est
qu'une mesure de sureté et de conservation dans
l'intérêt des héritiers s'il en existait. Nous voyons
dans l'art. 759 que les enfans et descendans de
l'enfant naturel peuvent, dans le cas du prédécès
de celui-ci, réclamer les droits qu'il aurait eus

---

(1) Quand il y a des héritiers légitimes, l'enfant naturel s'adresse à
eux, et non pas à la justice, pour obtenir la quotité de biens qui lui
est attribuée.

(2) Nous ne parlons pas de l'état, car il ne meurt pas.

s'il eût survécu à son père ou à sa mère ; à plus forte raison, ces mêmes enfans et descendans, disons même ces représentans quelconques, doivent-ils pouvoir exercer les droits, et réclamer même toute l'hérédité, s'il y a lieu, quand il meurt après l'ouverture de la succession, quoiqu'avant d'avoir obtenu l'envoi en possession, avant même de l'avoir demandé. Et puisque la loi dispose à l'égard du conjoint, comme à l'égard de l'enfant naturel, nous en concluons que ce que l'on doit décider à l'égard du second, doit être admis à l'égard du premier, c'est-à-dire, que le droit de transmission existe dans l'un comme dans l'autre.

CHAPITRE II.

Des qualités requises pour succéder.

SOMMAIRE.

64. *Il ne suffit pas de se trouver le plus proche parent d'une personne décédée pour pouvoir lui succéder, il faut aussi être capable de recueillir sa succession, et n'être pas indigne de la recueillir.*

65. *L'incapacité et l'indignité procèdent de causes tout-à-fait différentes.*

64. Les lois ne défèrent les biens qu'à ceux qui peuvent en avoir besoin et qui sont d'ailleurs dignes de les recueillir ; aussi ne suffit-il pas de se trouver

VI.   6

le premier dans l'ordre de parenté pour être appelé
à la succession d'une personne; il faut, de plus,
être capable de lui succéder sous les autres rapports,
réunir en soi les conditions requises par la loi;
et, même avec ces conditions, on peut encore être
écarté de l'hérédité comme indigne, à cause de l'ingratitude dont on s'est rendu coupable envers le
défunt ou envers sa mémoire.

65. De là il est évident que l'incapacité et l'indignité procèdent de causes tout-à-fait différentes:
l'incapacité empêche celui qui en est atteint d'arriver à l'hérédité, d'être saisi du droit; en sorte qu'il
n'est pas besoin d'une action judiciaire pour lui enlever les biens, car il ne les a jamais eus.

L'indignité, au contraire, suppose que celui qui
en est frappé avait dans sa personne toutes les qualités requises pour succéder au défunt: elle ne l'a
point empêché d'être saisi (1), s'il était d'ailleurs
du nombre des héritiers auxquels la loi accorde la
saisine, c'est-à-dire du nombre des héritiers réguliers, des héritiers légitimes. Mais, à cause de son
indignité, les biens peuvent lui être enlevés sur la
demande de ceux qui étaient appelés avec lui ou

---

(1) Il est même telle cause d'indignité qui ne peut exister que postérieurement à l'ouverture de la succession, par conséquent, postérieurement à l'époque où l'héritier se trouve saisi; c'est le cas où
l'héritier majeur instruit du meurtre du défunt ne l'a pas dénoncé à
la justice.

après lui dans l'ordre de successibilité, ainsi qu'on le verra bientôt.

D'après cela, il convient de ne point confondre ces deux causes d'exclusion (1). Nous les traiterons séparément dans les sections suivantes.

SECTION PREMIÈRE.

Des causes d'incapacité de succéder.

SOMMAIRE.

66. *Causes de l'incapacité de succéder : texte de l'article 725.*

§. Iᵉʳ.

De celui qui n'était pas encore conçu au moment de l'ouverture de la succession.

67. *Celui qui n'était pas encore conçu au moment de la mort du défunt ne lui succède pas.*
68. *Application du principe.*
69. *Autre exemple, tiré du cas où l'enfant légitimé était bien conçu et même né au moment du décès du défunt , mais non encore légitimé à cette époque.*
70. *L'enfant simplement conçu est réputé né pour recueillir les successions qui s'ouvrent avant sa naissance, pourvu qu'il naisse viable.*

---

(1) Ce mot n'est peut-être pas le mot propre pour les caractériser toutes deux; mais le Code l'emploie aussi bien pour signifier la non-admission (art. 444) que pour signifier l'expulsion : ce n'est, au surplus, que dans ce dernier sens qu'il s'applique à l'indigne, car l'indigne est exclus (art. 727), et dans le premier, à l'incapable.

71. *Pour décider s'il était conçu au moment de l'ouverture d'une hérédité,* on doit *supposer que la gestation a pu durer trois cents jours, mais pas davantage ; qu'elle a pu ne durer que cent quatre-vingts jours, mais pas moins.*

72. *Suite.*

73. *Quand, au décès d'un individu, sa femme est enceinte, il est nommé un curateur* ad ventrem : *renvoi.*

§. II.

De l'enfant qui ne naît pas viable.

74. *La loi ne s'occupe pas de ceux qui ne naissent pas en vie.*

75. *Ni même de ceux qui naissent en vie, mais qui ne naissent pas viables, c'est-à-dire, avec l'aptitude à vivre.*

76. *Ce qu'on doit entendre par* viable.

77. *Suite.*

78. *Comment s'administre la preuve du fait, que l'enfant mort peu de momens après sa naissance est néanmoins né viable, qu'il a pu recueillir une succession ou autres droits, et les transmettre.*

§. III.

De l'incapacité du mort civilement, relativement au droit de succéder.

79. *Depuis l'exécution réelle ou par effigie du jugement de condamnation à une peine emportant mort civile, celui qui l'a subie est incapable de recueillir une succession. Renvoi à d'autres parties de l'ouvrage.*

80. *Si la condamnation est par contumace, l'incapacité de recueillir commence à l'expiration des cinq ans qui ont suivi l'exécution du jugement par effigie, et elle durera tant que durera la mort civile.*

§. IV.

De l'étranger, relativement à la capacité de succéder en France.

66. « Pour succéder, porte l'art. 725, il faut « nécessairement exister à l'instant de l'ouverture « de la succession.

« Ainsi, sont incapables de succéder, 1° celui « qui n'est pas encore conçu ; 2° l'enfant qui n'est « pas né viable; 3° celui qui est mort civilement. »

Nous expliquerons ce qui concerne chacun d'eux dans un paragraphe particulier, et dans un quatrième nous parlerons de l'étranger.

§. Ier.

De celui qui n'était pas encore conçu au moment de l'ouverture de la succession.

67. S'il faut exister pour recueillir une succession, pour remplacer le défunt, il est clair que celui qui n'était pas encore conçu au moment de

la mort de ce dernier n'a pu lui succéder, car le néant n'est capable de rien, et qu'il ne le pourra pas davantage lorsqu'il naîtra, puisque le défunt serait pendant un certain tems sans représentant, ou qu'il faudrait enlever les biens à ceux qui les ont recueillis comme étant alors ses plus proches parens; mais il n'en saurait être ainsi, ni sous l'un ni sous l'autre rapport : la dévolution des biens par voie d'hérédité ne saurait rester en suspens: *le mort saisit le vif et son hoir le plus proche*, et il le saisit d'une manière irrévocable, parce qu'un droit légalement acquis ne saurait être transporté d'une personne à une autre sans la volonté de la première. Or, le plus proche parent au moment de l'ouverture de la succession était celui que la loi appelait à la recueillir, et à qui elle la déférait elle-même. Un événement postérieur ne saurait donc la lui ravir sans injustice. Rien ne serait certain en cette matière s'il en était autrement.

68. Il suit de ces principes que si un de mes frères meurt sans enfans ni descendans, sa succession, en supposant notre père et notre mère vivans, appartiendra pour moitié à ceux-ci (art. 748); l'autre moitié à mes autres frères ou sœurs, ou descendans d'eux, et à moi; et s'il nous survient un autre frère qui n'était point encore conçu au moment de l'ouverture de la succession, il n'y pourra prétendre aucun droit; car, pour succéder, il faut être vivant au moment où s'ouvre l'hérédité.

69. Ainsi encore, un fils renonce à la succession de son père, ou en est exclu pour cause d'indignité : la succession, à défaut d'autres enfans du défunt, est dévolue à ses ascendans ou à des collatéraux, n'importe le degré de parenté de ces derniers, fussent-ils au douzième : il naît ensuite au fils un enfant qui n'était point encore conçu au moment de l'ouverture de l'hérédité ; cet enfant ne pourra point la réclamer de ceux qui l'ont recueillie, quoique le premier ordre de successibilité soit la ligne descendante, qui, en quelque degré que soit le descendant, est toujours préférée aux ascendans et aux collatéraux ; car il faut pour les descendans comme pour tous autres héritiers, la capacité de recueillir au moment de l'ouverture de la succession, par conséquent il faut être conçu à cette époque ; or, dans l'espèce, le petit-fils du défunt ne l'était point encore. On multiplierait facilement les exemples.

Nous n'en citerons plus qu'un dont nous avons déjà rapporté l'espèce au tome III, n° 183, où, suivant un arrêt de cassation (1), les enfans légitimés n'ont aucun droit sur les successions des parens morts *avant* le mariage qui a produit leur légiti-

_____

(1) Du 11 mars 1811. (Sirey, 1811, part. 2, pag. 129.)
Il s'agissait de la succession d'une sœur utérine, morte quinze jours avant le second mariage de sa mère, duquel résultait la légitimation tacite d'un frère né cent quarante-deux jours seulement depuis ce mariage, par conséquent évidemment conçu lors de l'ouverture de l'hérédité de la sœur. Cet enfant a été écarté, et avec raison.

mation, quoiqu'ils fussent conçus et même nés lors du décès de ces mêmes parens, attendu que cette conception antérieure au mariage n'étant pas légitime, c'est, aux yeux de la loi, comme si elle n'eût pas existé, à l'effet d'attribuer à l'enfant des droits de successibilité sur les biens des parens de ses père et mère; car la légitimation ne peut procurer à l'enfant le bénéfice de la légitimité qu'à partir seulement du mariage qui la lui confère, sans effet rétroactif, puisqu'en disant que les enfans légitimés par le mariage subséquent auront les mêmes droits que s'ils étaient nés de ce mariage, l'art. 333 les considère comme s'ils en étaient nés en effet. Or, les successions ouvertes avant cette époque ayant été recueillies par les parens qui se trouvaient en degré utile, la légitimation postérieure de l'enfant n'a pu leur enlever un droit qui leur était acquis. La loi ne défère jamais les successions sous condition, c'est-à-dire, s'il ne survient pas un jour de plus proches parens, légitimes ou légitimés : elle les défère purement et simplement, d'une manière irrévocable.

70. Mais comme en droit l'enfant conçu est réputé né toutes les fois qu'il y va de son intérêt (1), la loi n'exige pas, pour qu'un enfant puisse succéder à ses parens, qu'il soit déjà né au moment de l'ouverture de la succession; il suffit qu'il soit conçu

---

(1) L. 7, ff. *de statu hominum.*

et qu'il naisse ensuite viable. Si, aux yeux d'une secte de philosophes de l'antiquité, et des physiologistes, le *fœtus* n'est qu'une partie du corps de la mère, *pars viscerum matris,* aux yeux du législateur c'est un être vivant, une personne qui aura bientôt besoin des biens, et qui a par conséquent capacité suffisante pour les recueillir, du moins de droit.

71. Toujours en supposant qu'il naisse viable, l'unique point à considérer est donc de savoir s'il était déjà conçu au moment de l'ouverture de la succession à laquelle l'appelait la proximité du degré de parenté.

Nos lois sur la paternité et la filiation, conformes en ce point aux lois romaines (1), supposent, 1° qu'un enfant peut naître viable en naissant le cent quatre-vingtième jour ou plutôt depuis celui de sa conception, ou, en d'autres termes, que la gestation peut ne durer que cent quatre-vingts jours; 2° qu'elle peut durer trois cents jours.

La première de ces deux propositions se démontre par l'art. 314, qui, en disant que le mari ne pourra, dans les cas qu'il énonce, désavouer l'enfant né avant le cent quatre-vingtième jour du mariage, fait clairement entendre qu'il pourra le désavouer hors de ces cas, mais qu'il ne peut non plus désavouer l'enfant qui est né ce cent

_____

(1) *Voy.* au tom. III le titre *de la paternité et de la filiation,* où nous citons ces lois en les rapprochant des dispositions du Code civil.

quatre-vingtième jour, ou plus tard. S'il ne peut le désavouer, c'est donc que la loi suppose que l'enfant a pu être conçu de ses œuvres depuis son mariage.

La seconde proposition se démontre par l'art. 315, qui, en disant que la légitimité de l'enfant né trois cents jours après la dissolution du mariage, pourra être *contestée* (1), témoigne par cela même que cet enfant n'est pas né du mari, qu'il a été conçu depuis la mort de celui-ci : autrement on ne permettrait pas aux héritiers de ce dernier de contester la légitimité dudit enfant. Elle se démontre surtout par l'art. 312, suivant lequel « le mari « peut *désavouer* l'enfant s'il prouve que, pendant « le tems qui a couru depuis le trois centième « jusqu'au cent quatre-vingtième jour avant la « naissance de cet enfant, il était, soit par cause « d'éloignement, soit par l'effet de quelqu'acci- « dent dans l'impossibilité physique de cohabiter « avec sa femme ». Car la loi ne l'admettrait pas à désavouer l'enfant sur cette seule preuve, si elle supposait que la conception de cet enfant a pu avoir lieu avant le trois centième jour antérieure-ment à sa naissance, puisque l'impossibilité phy-sique de cohabitation dans laquelle serait, depuis, tombé le mari, n'empêcherait point qu'il n'en fût réellement le père. Mais elle suppose, au contraire, que la conception n'a pas eu lieu avant le trois

---

(1) *Voy.* au tom. III, n° 56 et suiv., dans quel sens ce mot doit être entendu.

centième jour antérieurement à la naissance, et par conséquent que la gestation ou la grossesse n'a pas duré plus de trois cents jours. D'où il faut tenir comme règle certaine que l'enfant qui naît plus de trois cents jours depuis la mort d'un membre de sa famille n'était point encore conçu à cette époque, et qu'il ne peut lui succéder; comme aussi, ainsi qu'on l'a dit plus haut, que celui qui naît avant le cent quatre-vingtième jour du mariage de sa mère ne peut, lors même qu'il n'est point désavoué, succéder à un parent mort avant le mariage, parce qu'il n'est légalement censé conçu, à l'effet de pouvoir recueillir les successions des parens de ses père et mère, que depuis le mariage seulement. Jusque là ce n'était qu'un enfant naturel, qui, à ce titre, n'était point appelé à ces successions. En un mot, la légitimation tacite dont cet enfant est l'objet, n'a pas plus d'effet rétroactif que n'en a la légitimation des enfans nés avant le mariage. Et fût-il né après le cent quatre-vingtième jour depuis la célébration, par exemple, au bout de neuf mois, il ne succéderait pas davantage à ce parent, puisqu'on ne peut jamais supposer une conception légitime antérieure au mariage des père et mère.

72. Nous croyons ces points incontestables; mais est-il également incontestable que l'enfant qui n'est pas né plus de trois cents jours depuis la mort d'un parent, peut néanmoins être écarté

de la succession, comme n'étant point encore conçu au moment où elle s'est ouverte, s'il n'est né que dans le dixième mois depuis cette époque? La présomption légale de la durée possible de la gestation pendant trois cents jours, est-elle applicable en faveur de l'enfant aussi bien en matière de succession qu'en matière de filiation, en ce sens qu'elle ne puisse même être combattue?

M. Chabot s'exprime ainsi sur ce point : « Sans « doute on doit bien décider *en faveur de l'en-*« *fant* que, s'il n'y a pas eu plus de trois cents « jours d'intervalle depuis l'ouverture de la suc-« cession jusqu'à la naissance, il doit être *présumé* « conçu au moment où la succession s'est ouverte, « mais la preuve est admissible contre cette pré-« somption : en la rejetant indéfiniment, on s'ex-« poserait à une foule de méprises et d'injustices. « C'est aux gens de l'art que cette preuve doit « être confiée; le plus souvent, ils sont en état « de juger, en examinant l'enfant et la mère au « moment de la naissance, quelle est l'époque à « laquelle remonte la conception; seulement, s'il « y a des doutes, c'est en faveur de l'enfant qu'il « faut décider. »

Mais nous croyons précisément qu'il y a toujours des doutes, et que les gens de l'art ne peuvent jamais décider avec certitude si un enfant a été porté deux cent quatre-vingt-quinze, deux cent quatre-vingt-dix, deux cent quatre-vingts jours, ou s'il l'a seulement été pendant deux cent soixante-quinze ou deux cent soixant-dix, qui est le tems ordinaire de la gestation, du moins suivant l'opinion commune. Nous pensons, au contraire, qu'admettre la preuve contre la présomption c'est s'exposer à des méprises et à des injustices, parce que c'est livrer le droit de l'enfant à l'arbitraire, ou tout au moins aux chances d'un genre de preuve rempli d'incertitude, puisqu'il est couvert d'obscurité. Doit-on ramener en matière de succession les disputes, les controverses, les différens systèmes que la loi a voulu proscrire en matière de filiation? c'est ce que nous ne pensons pas. Si elle s'est décidée en faveur de l'enfant né dans les trois cents jours depuis la mort du mari, à l'effet de lui assurer tout-à-la-fois la légitimité, et la succession de ce dernier, pourquoi s'écarterait-on de ses règles quand il s'agirait seulement de la succession d'un autre parent? Pourquoi l'enfant né le deux cent quatre-vingt-dix-neuvième jour (et même le trois centième, selon nous) depuis la mort du mari de sa mère, succéderait-il à ce dernier, quand il serait possible, en admettant la preuve contre la présomption, de l'écarter de la succession d'un oncle paternel mort quinze jours et plus après le décès de son frère? Par exemple, ne répugnerait-il pas à la raison qu'un enfant né dans les derniers jours d'octobre 1827 fût légalement présumé avoir été conçu le premier janvier précédent, à l'effet d'avoir pu recueillir la succession de son père, mort à cette dernière époque, sans qu'on pût attaquer cette présomption, quand cependant, en admettant qu'elle pût être attaquée et qu'elle le fût avec succès, il serait censé n'avoir pas été conçu au quinze janvier de la même année, époque du décès de son oncle? La Cour royale de Paris et celle de cassation ont jugé (1), dans notre sens, que la successibilité, en général, est une conséquence de la légitimité; que l'enfant réputé légitime est habile à succéder, de droit, à ses parens morts depuis l'époque à laquelle on peut, pour le faire réputer légitime, faire remonter l'époque de sa conception.

73. Lorsqu'au décès d'un individu, sa femme se déclare enceinte, il est nommé un curateur qu'on appelle curateur *ad ventrem* (art. 393), pour administrer les biens du mari, et surtout afin qu'il n'y ait pas de supposition de part. Nous avons suffisamment développé ce point au tome III de cet ouvrage, n° 428 et suivans, où nous disons que, généralement, cette mesure ne paraît pas nécessaire lorsqu'il existe d'autres enfans du mariage.

§. II.

De l'enfant qui ne naît pas viable.

74. Nous avons dit que l'enfant simplement conçu n'est appelé à succéder que sous la condi-

---

(1) Arrêts du 29 juillet 1819 et du 8 février 1821. (Sirey, t. XXI, part. 1re, pag. 404.)

tion qu'il naîtra viable. Ce n'est que dans cette attente que la loi le regarde comme capable de recueillir des biens, puisque les biens ne sont utiles qu'à ceux qui peuvent vivre; elle ne s'occupe pas des autres. Aussi l'enfant qui vient mort au monde n'est pas réputé enfant, ce n'est point une personne (1).

75. Mais la loi n'exige pas seulement que, pour avoir la capacité de succéder à quelqu'un, un enfant ne naisse pas mort, elle veut aussi qu'il naisse *viable*, c'est-à-dire avec les conditions nécessaires pour vivre, avec l'aptitude à vivre; que sa conformation soit telle qu'en le voyant on ne puisse dire : Il n'est né que pour mourir de suite, et non pas pour vivre. Tel est l'esprit de la loi. Car, quoiqu'un enfant eût eu vie après être sorti du sein de sa mère, qu'il en eût donné la preuve par quelques faibles cris ou vagissemens, ou par quelques mouvemens de ses membres, ou enfin par sa respiration plus ou moins forte, néanmoins s'il n'était pas conformé de manière à pouvoir vivre, parce qu'une partie notable du tems de la gestation lui aurait manqué (2), ou parce que la nature ne lui aurait jamais donné,

---

(1) *Qui mortui nascuntur, neque nati, neque procreati videntur; quia nunquàm liberi appellari potuerunt.* L. 129, ff. *de verb. signif.*

(2) M. Chabot dit que la naissance avant le cent quatre-vingtième jour de la *conception* n'est pas légalement présumée être celle d'un enfant viable, suivant l'art. 314 du Code.

Mais nous ferons observer que l'époque précise de la conception ne pouvant être connue, la décision de cet auteur reste sans objet;

à aucune époque de la grossesse, la force nécessaire pour vivre, ou parce qu'enfin s'éloignant
encore plus de ses voies ordinaires, elle lui aurait
refusé les formes humaines les plus essentielles (1),
l'enfant, bien que né en vie, ne serait cependant
pas né *viable;* il ne serait pas né avec la capacité
pour vivre : la *viabilité*, ou, en d'autres termes,
l'aptitude à vivre, mais à vivre pour ne pas mourir
aussitôt, ou pour vivre dans la société des hommes,
lui aurait manqué, et la condition sous laquelle la
loi l'appelait à succéder aurait défailli.

76. Il ne s'agit donc plus, dans l'état de notre

---

car en admettant qu'il s'agit d'un enfant né avant le cent quatre-
vingtième jour du mariage, et d'une succession ouverte même depuis
le mariage, l'enfant ne serait pas écarté comme né non viable, mais
comme n'étant, lors de l'ouverture du droit, que *partus naturalis
tantùm*, ainsi qu'il a été dit précédemment.

(1) *Non sunt liberi, qui contrà formam humani generis converso more
procreantur; veluti si mulier monstrosum aliquid aut prodigiosum enixa
sit.* L. 14, ff. *de statu hominum.*

Mais nos auteurs s'accordent à penser que celui qui a l'essentiel
de la figure humaine jouit de tous les droits d'enfant, quoiqu'il eût
d'ailleurs quelque chose de difforme; qu'il en serait de même, encore qu'il lui manquât un ou plusieurs membres. *Si*, dit la L. 12,
§. 1, ff. *de lib. et posth.*, *non integrum animal editum sit, cum spiritu
tamen, an adhùc testamentum rumpat? et hoc tamen rumpit.* Il en serait
de même aussi s'il s'unissait quelques membres étrangers à un corps
humain; comme si la nature avait agencé des pieds d'animal au
corps d'un homme ayant la tête de l'homme. Mais si, à la place
de cette partie, la plus noble de toutes, la nature, par une de ses
déplorables aberrations, dont on a vu des exemples, s'avisait de
substituer une tête d'animal, cet être serait rangé dans la classe des
monstres, et non dans celle des hommes. *Voy.* au surplus Lebrun,
des successions, liv. 1, chap. 4, sect. 1; Ricard, *des dispositions condi-
tionnelles*, tom. II, chap. 5, nᵒ 100 et suiv.

législation, de savoir si un enfant qui a fait quelques mouvemens après être sorti du sein de sa
mère a eu vie, ce qui n'est pas douteux si ces
mouvemens n'ont pas été uniquement causés par
la distension des chairs, ou par la sortie de l'air
qui était renfermé dans le corps, question du domaine des gens de l'art; mais il s'agit de savoir si
cet enfant est né avec l'aptitude pour vivre, s'il est
né viable, en un mot : car la loi ne dit pas que le
mort-né ne peut succéder; elle dit que l'enfant qui
ne naît pas viable n'a pas eu la capacité de recueillir une succession pour la transmettre à
d'autres. Par là se trouve écartée la question,
agitée dans les lois romaines, et ensuite entre nos
anciens jurisconsultes, de savoir si l'enfant qui
était sorti du sein de sa mère avec la vie, avait pu
succéder, quoiqu'il n'eût émis aucun son. Car il
faudra toujours en revenir à cette autre question,
plus positive, plus précise, l'enfant est-il né
viable ?

Dans la L. 3 Cod. *de posthum. hered. instit.,*
Justinien agite et résout la première, qui,
disons-nous, ne porte pas sur le point de la difficulté tout entière. Il dit d'abord que les anciens
jurisconsultes avaient beaucoup disputé sur la
question de savoir si, par sa naissance, un enfant
qui avait été prétérit dans le testament de son
père, rompait le testament, quoiqu'il n'eût poussé
aucun cri, qu'il n'eût émis aucun son? il rapporte,
en l'approuvant, l'opinion des Sabiniens qui pen-

VI.   7

saient qu'en naissant vivant, l'enfant annulait le
testament du père, bien qu'il n'eût fait entendre
aucun son ; et il décide enfin que si l'enfant naît
avec une conformation régulière (*perfectè natus*),
il annulle le testament et succède à son père, quoiqu'il soit mort sur-le-champ, soit en tombant à
terre au sortir du sein de la mère, soit en échap-
pant des mains de ceux qui l'ont reçu, pourvu
toutefois qu'il soit sorti tout entier vivant *(si vivus
ad orbem totus processit)*, et qu'il ne soit d'ailleurs
pas né avec les formes d'un monstre, *(ad nullum
monstrum declinans vel prodigium)*.

Mais, nous le répétons, l'enfant pourrait être
sorti tout entier vivant du sein de sa mère, n'avoir
que les formes humaines, et cependant n'être pas
né *viable*, si, quoique d'ailleurs tous ses membres
fussent régulièrement formés *(perfectè natus)*, la
nature ne lui avait donné qu'une constitution tellement débile, lui avait, à tous les momens de la
gestation, imprimé une si grande faiblesse, qu'il
fût évident qu'il n'était nullement apte à parcou-
rir le cercle de la vie, même la plus courte.

Au surplus, nous tombons d'accord avec Justinien, s'il a entendu seulement par ces mots,
perfectè natus, une constitution ordinaire, une
conformation régulière aussi bien sous le rapport
de la force, que sous celui de la disposition et de
la forme des membres ; nous tombons d'accord,
disons-nous, que l'enfant ainsi régulièrement conformé et constitué, et qui est sorti tout entier du

sein de sa mère avec la vie, a eu qualité pour
succéder, quoiqu'il soit mort par suite de l'un des
acccidens dont il parle, parce qu'en effet un tel
enfant était viable : l'événement qui lui a ravi la
vie n'ayant aucun rapport avec la viabilité dont
il était doué en naissant.

77. Nous allons plus loin. Quand bien même
cet enfant serait mort de suite naturellement,
sans qu'aucun accident ou imprudence des personnes qui l'ont reçu l'eût privé de la vie, il
aurait encore été capable de succéder si, comme
nous le supposons, il était né avec une constitution telle qu'on ait pu raisonnablement espérer
qu'il vivrait. Mais, encore une fois, quand même
un enfant aurait vécu quelques instants, quelques
heures même, si, évidemment, sa conformation,
sous le rapport de la force aussi bien que sous
celui du développement et de la régularité des formes, ne permettait pas d'espérer qu'il dût vivre, il
aurait bien eu la vie, mais non la viabilité, qui est
quelque chose de plus; et il n'aurait jamais succédé aux parens de ses père et mère morts durant
la grossesse, ni à sa mère morte dans l'enfante-
ment. C'est dans ce sens qu'il faut entendre le décret du 4 juillet 1806 (1), quand il dit qu'il ne
peut résulter des déclarations de ceux qui ont pré-

(1) Nous avons rapporté les dispositions de ce décret au tome Iᵉʳ,
nº 329, et *suprà*, nº 42.

senté à l'officier de l'état civil un enfant mort dont
la naissance n'a point été enregistrée, aucun préjugé sur la question de savoir si l'enfant *a eu vie
ou non;* car par là le décret, qui a seulement
voulu combler une lacune du Code civil, n'a point
entendu déroger à la disposition de ce code, qui
exige qu'un enfant naisse viable pour pouvoir succéder, et qui n'exige pas uniquement qu'il ait eu
vie, autrement il eût dû dire simplement : celui
qui est né mort est incapable de succéder; mais
ses termes offrent un tout autre sens.

78. La question de droit ainsi résolue, il peut
se présenter de graves difficultés sur la preuve à
faire que l'enfant, qui n'existe plus maintenant,
qui est peut-être déjà inhumé depuis plus au moins
de tems, a cependant vécu et est né viable; qu'il
a pu recueillir une succession ou autres droits, et
les transmettre : cette preuve, qui ne peut résulter,
ainsi que nous l'avons dit, des déclarations qui
auraient été insérées dans l'acte rédigé par l'officier de l'état civil quand l'enfant, dont la naissance n'a pas été enregistrée, lui a été présenté
mort, cette preuve est à la charge de ceux qui prétendraient que cet enfant a eu la capacité de succéder,
qu'il a succédé et qu'il leur a transmis la succession; car celui qui réclame un droit du chef d'un
autre, qui l'a selon lui recueilli, doit prouver que
ce dernier l'a en effet recueilli, par conséquent,
qu'il réunissait dans sa personne, lors de l'ouver-

ture de ce droit, toutes les conditions requises par la loi : or, une des conditions de la capacité à l'effet de succéder, c'est d'avoir été vivant et viable au moment de l'ouverture de la succession.

Cette preuve résultera donc des témoignages des accoucheurs, chirurgiens, médecins ou sages-femmes qui auront reçu l'enfant, ou donné des soins à la mère dans l'accouchement, ainsi que du témoignage des autres personnes qui auraient vu cet enfant : les tribunaux pèseront la gravité de ces témoignages, suivant le degré de lumières de ceux qui les feront, et la confiance qu'ils mérite-ront d'ailleurs sous d'autres rapports : s'ils sont con-traires les uns aux autres, les juges se détermineront par ceux de ces témoignages qui leur paraîtront du plus grand poids. Si les témoignages se neutralisent par leur force réciproque, la preuve n'étant point faite, l'enfant n'aura pas recueilli et n'aura pas transmis.

§. III.

De l'incapacité du mort civilement, relativement au droit de succéder.

79. D'après ce que nous avons exposé sur *la mort civile* au tome premier, et dans celui-ci, *suprà*, n° 34 et suivans, nous n'avons que peu de choses à dire sur l'incapacité de succéder dont sont frappés les morts civilement. Nous nous bornerons donc à un simple résumé de nos décisions à cet égard.

Ainsi, si l'individu a été condamné contradictoirement à une peine emportant mort civile,
toute succession échue depuis l'exécution, soit
réelle, soit par effigie, du jugement de condamnation, ne saurait lui appartenir, ni être transmise
par lui à ceux qui recueilleront la sienne (Art. 25).

80. S'il a été condamné par contumace, toute
succession ouverte depuis l'expiration des cinq
ans qui ont suivi l'exécution, par effigie, du jugement, mais avant sa comparution volontaire ou
forcée en justice, ne saurait d'avantage lui être
dévolue, quand bien même il rentrerait depuis
dans la vie civile par un jugement d'absolution
ou d'acquittement, car il n'y rentrerait que pour
l'avenir, et sans préjudice des effets que la mort
civile a produits pour le passé, dans l'intervalle qui
s'est écoulé depuis l'expiration des cinq ans jusqu'à sa comparution en justice (art. 30, Cod. civ.
et 476, Cod. d'inst. crim.). La succession resterait
à ceux qui l'ont recueillie à son défaut.

§. IV.

De l'étranger, relativement à la capacité de succéder en France.

81. Le Code civil porte, dans son article 726,
« un étranger n'est admis à succéder aux biens que
« son parent, étranger ou français, possède dans
« le territoire du royaume, que dans les cas et de

« la manière dont un Français succède à son parent
« possédant des biens dans le pays de cet étranger,
« conformément aux dispositions de l'art. 11, au
« titre *de la jouissance et de la privation des droits*
« *civils* ».

Et cet article 11, que nous avons expliqué au
tome premier, est ainsi conçu : « l'étranger jouira
« en France des mêmes droits civils que ceux qui
« sont ou seront accordés aux Français par les
« traités de la nation (1) à laquelle cet étranger
« appartiendra. »

82. Ainsi d'après ces articles il fallait, pour
qu'un étranger pût succéder à son parent étranger
ou français, quant aux biens que ce parent possédait en France, 1° une capacité de nation à
nation, et qui ne pouvait résulter que des traités
faits entre le gouvernement français et le gouvernement de cet étranger; 2° une capacité particulière résultant des lois françaises, car assurément, dans les cas où un Français lui-même n'aurait
pu succéder en France, parce qu'il ne réunissait
pas dans sa personne les conditions nécessaires
relativement à la capacité, telles que nos lois les

---

(1) Il faut, pour l'exactitude , *par les traités faits avec la nation,* etc. ;
car une nation a des lois à elle ; mais les traités sont nécessairement
l'ouvrage de deux ou plusieurs gouvernemens. Dans le *projet,* il y
avait *par les lois et les traités de la nation :* on supprima le mot *lois* ,
parce qu'on voulut la réciprocité, et on a laissé le surplus de la rédaction qui , quoiqu'incorrecte, est néanmoins suffisamment claire.

établissent, l'étranger, dans les mêmes cas, ne l'aurait pu d'avantage; et 3° que les lois du pays de cet étranger eussent admis un Français à succéder, en pareil cas, à l'étranger dans le pays de cet étranger. Aussi l'étranger n'était-il admis, par le Code civil, à succéder à son parent français ou étranger, quant aux biens qu'il avait laissés en France, c'est-à-dire quant aux immeubles (car ce sont les seuls biens qui soient uniquement régis par la loi française (art. 3), les meubles, comme n'ayant pas, à proprement parler, de situation, l'étant par celles du domicile du défunt (1), en quelque pays qu'ils se trouvent, de fait), que de la même manière dont un Français aurait succédé à ce parent possédant des biens dans son pays, par conséquent pour la même quotité que celle qu'aurait eue le Français dans le pays de l'étranger, quoique cet étranger eût dû en avoir une plus forte s'il eût été Français; par conséquent encore, aux seuls biens de même origine que ceux auxquels un Français, en pareil cas, aurait été appelé dans le pays de l'étranger. En sorte que si le Français eût dû, d'après les lois de ce pays, et à l'égard d'une succession qui s'y serait ouverte, être écarté par un autre parent, par réciprocité ce parent aurait été écarté, d'après le Code civil, quant aux immeubles situés en France, par le Français. De même, si le Français n'eût pu, toujours

---

(1) *Voy.* tom. Ier, n° 90.

d'après les lois du pays de l'étranger qui se serait présenté à la succession ouverte en France, venir, par représentation d'un parent prédécédé, à une succession ouverte dans le pays de cet étranger, ce dernier n'aurait pu pareillement venir par ce mode à la succession ouverte en France; sans toutefois qu'on dût conclure, en sens inverse, que si le Français eût pu, d'après ces mêmes lois, représenter tel parent qu'il n'eût pu représenter en France d'après les lois françaises, l'étranger eût été admis à le représenter dans le même cas; car le Code avait bien sans doute voulu établir, au moyen des traités, une parfaite réciprocité, mais non pas donner à un étranger, dans une succession ouverte en France, des droits qu'il n'a pas accordés à un Français placé dans le même cas, dans le même degré de parenté.

83. Est intervenue la loi du 14 juillet 1819, dont voici les dispositions :

« Art. Ier. Les articles 726 et 912 du Code civil « sont abrogés : en conséquence, les étrangers « auront le droit de *succéder*, de disposer et de « recevoir de la même manière que les Français, « dans toute l'étendue du royaume.

« Art. 2. Dans le cas de partage d'une même « succession entre des cohéritiers étrangers et « français, ceux-ci prélèveront sur les biens si- « tués en France une portion égale à la valeur des « biens situés en pays étranger dont ils seraient

« exclus, à quelque titre que ce soit, en vertu des
« lois et coutumes locales. »

84. Cette seconde disposition a pour objet de
maintenir, autant que possible, l'égalité de droits
entre les divers cohéritiers, et d'empêcher, à cet
effet, que les cohéritiers étrangers ne profitent pas
tout à la fois, au détriment des cohéritiers français,
de l'avantage de la loi française et des avantages
particuliers que leur attribueraient les lois ou les
coutumes de leur pays, où seraient situés des biens
de la même hérédité. De là, si l'on suppose une
succession composée de 300,000 fr. de biens, dont
100,000 sont situés en pays étranger et 200,000 en
France, et qu'un statut local attribue à l'un des
héritiers sur les biens situés dans le pays étranger,
un droit d'aînesse qui s'élève à la moitié de ces
biens, ou des biens nobles qui s'élèvent à cette
quotité, les héritiers français prélèveront 50,000 f.
sur les biens de France, et le partage des autres
biens situés, soit en France, soit en pays étranger,
aura lieu conformément aux règles ordinaires; que
si, d'après les lois du pays étranger, les Français
sont totalement exclus des biens qui y sont situés,
ils prendront, par préciput, sur ceux de France,
une valeur correspondante, s'ils sont suffisans.

SECTION II.

Des indignes de succéder.

SOMMAIRE.

85. *Division de la section.*

§. Ier.

Des cas d'indignité.

86. *Ces cas sont au nombre de trois.*
87. *Il n'est pas permis d'en ajouter d'autres.*
88. *Est indigne celui qui a été condamné pour avoir donné ou tenté de donner la mort au défunt.*
89. *Il en est de même du complice de l'auteur direct du crime.*
90. *Mais il faut, à l'égard de l'un comme à l'égard de l'autre, qu'il y ait eu condamnation pour ce fait.*
91. *Ainsi, celui qui était en démence au moment du fait, ou qui y a été poussé par une force majeure, n'est point indigne, puisqu'il n'y a ni crime ni délit.*
92. *Il en est de même de celui qui n'a commis l'homicide que dans un cas de légitime défense de soi-même, ou parce que l'homicide était légalement ordonné.*
93. *Et de celui qui, âgé de moins de seize ans, a été déclaré avoir agi sans discernement.*
94. *De celui aussi qui n'a causé la mort du défunt que par imprudence, inattention, maladresse ou négligence, quoi-qu'il y ait, dans ce cas, condamnation à une peine correctionnelle.*
95. *De celui là même aussi qui a donné la mort volontai-rement, mais dans un cas où le meurtre est déclaré excu-*

sable par la loi , bien qu'il y ait également, dans ce cas, condamnation à une peine correctionnelle.

96. Quid, *du cas où la mort a été donnée en duel ? Le cas se décide par une distinction.*

97. *Dans le cas même de meurtre proprement dit , si l'héritier meurt avant ou durant les poursuites, on ne peut pas dire qu'il a été indigne , puisqu'il n'a point été condamné.*

98. *Une fois condamné pour meurtre ou tentative de meurtre sur le défunt, les lettres de grâce qu'il obtiendrait ne le relèveraient pas de l'indignité.*

99. *Si la condamnation à une peine emportant mort civile a eu lieu par contumace , et que le condamné ne la purge point dans les cinq ans , il a encouru l'indignité quand bien même il rentrerait dans la vie civile dans la suite.*

100. *Mais s'il meurt dans les cinq ans , il n'est pas censé avoir été condamné , et il n'a point été indigne.*

101. *Dans cette hypothèse, s'il était mort avant celui de la succession duquel il s'agit , ses enfans pourraient très-bien le représenter , si l'on était d'ailleurs dans un des cas où la loi admet la représentation.*

102. *L'héritier qui a porté contre le défunt une accusation capitale jugée calomnieuse est indigne de lui succéder.*

103. *On entend chez nous par* accusation *, une plainte ou une dénonciation en justice.*

104. *Par accusation* capitale *, on doit incontestablement entendre toute accusation dont l'effet aurait pu être d'entraîner une condamnation quelconque à une peine emportant mort civile.*

105. *Doit-on aussi entendre par là une accusation dont l'effet aurait pu être une condamnation à une peine afflictive et infamante , mais sans entraîner la mort civile , ou même seulement infamante ?*

106. *Résolution de la question.*

107. *Il faut que l'accusation soit jugée calomnieuse ; de quelles manières elle a pu l'être.*

108. *Le défunt a pu , en ne la faisant pas juger, faire grâce de l'indignité à son accusateur.*

109. *Mais il ne le peut plus dès qu'il y a un jugement qui a déclaré l'accusation calomnieuse.*

110. *L'héritier majeur qui, instruit du meurtre du défunt , ne l'a pas dénoncé à la justice , est indigne , à moins que le meurtrier ne fût son proche parent. Difficulté que présente l'exercice de cette exception.*

111. *Anciennement il fallait que l'héritier majeur se constituât le vengeur du défunt , c'est-à-dire , qu'il se portât , dès le principe , partie civile au procès criminel ; le Code n'exige rien autre chose de lui , si ce n'est qu'il dénonce le meurtre.*

112. *Cette dénonciation n'est même pas prescrite à l'héritier mineur pour éviter l'indignité ; toutefois , sous une distinction.*

113. *La loi n'a pas fixé de délai pour faire la dénonciation ; c'est un point laissé à la sagesse du juge , de voir si l'héritier attaqué en indignité pour ne l'avoir faite que tardivement, pouvait la faire plus tôt.*

114. *On ne peut faire valoir contre un individu une cause d'indignité, relativement à la succession d'une autre personne que celle envers laquelle il s'était rendu coupable , quand bien même la première de ces personnes aurait recueilli la succession de la seconde.*

§. II.

Des effets de l'indignité.

115. *L'indignité ne peut être prononcée que par jugement.*

116. *L'action pour la faire prononcer est purement civile. A quel tribunal elle doit être portée.*

117. *La loi n'ayant fixé aucun délai pour l'exercer , elle dure par conséquent trente ans.*

118. *Elle peut être exercée par tous ceux qui sont ou seraient appelés à recueillir le droit qu'aurait l'indigne.*

119. *Les donataires et légataires peuvent aussi l'exercer dans certains cas.*

120. *Les héritiers et représentans de ceux qui avaient cette action peuvent également l'exercer du chef de ces derniers. Quid à l'égard des créanciers du parent qui ne l'exerce pas ?*

121. *L'indigne est tenu de restituer, avec la succession, tous les fruits qu'il a perçus.*

122. *Il ne pourrait invoquer la prescription de cinq ans pour se dispenser de restituer ceux qu'il a perçus antérieurement à cinq ans au jour de la demande.*

123. *Il doit aussi les intérêts de toutes les sommes qu'il a touchées, quoiqu'il n'en eût pas lui-même retiré.*

124. *S'il était débiteur du défunt, sa dette, éteinte par confusion en tout ou partie, renaît contre lui.*

125. *S'il était créancier, sa créance, dans notre droit, et à la différence du droit romain, renaîtrait à son profit.*

126. *Généralement les actes qu'il a faits avec des tiers de bonne foi, relativement aux biens de la succession, doivent être respectés par ceux qui l'ont exclu.*

127. *On veut excepter les donations, mais cette exception n'est pas fondée.*

128. *Elle ne le serait pas surtout à l'égard des donations faites par contrat de mariage.*

129. *Les enfans de l'indigne, venant de leur chef, ne sont pas exclus pour la faute de leur père : texte de l'art. 730.*

130. *Motifs de la loi sur ce point, en dérogeant à l'ancienne jurisprudence. Divers exemples de cas dans lesquels l'art. 730 s'applique sans difficulté.*

131. *Dans les cas où les enfans de l'indigne prédécédé ne peuvent venir à la succession que par le secours de la représentation, parce qu'il y a des héritiers du même ordre qui*

sont à un degré plus proche , l'article les exclut : discus-
sion à cet égard.

132. *Si les enfans d'un individu coupable d'un fait d'indignité*
envers son père, ne peuvent le représenter dans la suc-
cession de ce dernier, leur aïeul, ils peuvent du moins ,
s'il est prédécédé, le représenter dans celle de leur
bisaïeul.

133. *Si deux fils se sont rendus indignes de succéder à leur*
père, et qu'ils soient prédécédés l'un et l'autre , lais-
sant, l'un , un enfant, et l'autre des petits enfans
seulement, mais ni frères ni sœurs, ni descendans
d'eux, rien n'empêche ces petits enfans de représenter
leur père prédécédé, dans la succession de leur bi-
saïeul , pour venir concurremment avec l'enfant de
l'autre indigne , et avoir à eux tous la part qu'aurait eue
leur père.

85. On a dit plus haut qu'il ne suffit pas, pour succéder, de réunir en sa personne toutes les conditions de capacité, et d'être le plus proche parent du défunt, mais qu'il faut encore n'être pas indigne de le représenter, de recueillir son patrimoine.

Nous verrons d'abord quels sont les cas dans lesquels un héritier peut être exclu de la succession comme indigne;

Et ensuite nous parlerons des effets de l'indignité.

§. Ier.

Des cas d'indignité.

86. Ces cas, d'après l'art. 727, sont au nombre

de trois (1), ou, en d'autres termes, « sont indignes
« de succéder, et, comme tels, exclus des suces-
« sions :

« 1° Celui qui serait condamné pour avoir donné
« ou tenté de donner la mort au défunt ;

« 2° Celui qui a porté contre le défunt une accu-
« sation capitale jugée calomnieuse ;

« 3° L'héritier majeur qui, instruit du meurtre
« du défunt, ne l'aura pas dénoncé à la justice. »

87. Ces cas d'indignité sont les seuls, et encore
le dernier n'en est point un pour l'héritier qui se
trouvait proche parent du meurtrier, ainsi qu'il sera
expliqué ultérieurement. Il n'est donc pas permis de
déclarer un héritier indigne pour toute autre cause
que celles qui viennent d'être énoncées. Son inimitié
avec le défunt, quelque forte qu'elle eût été, et
quelque graves qu'en eussent été les causes, le
tort qu'il lui aurait causé dans sa personne, dans son
honneur ou dans ses biens, par d'autres faits que
ceux exprimés ci-dessus, et qui suffiraient pour
faire prononcer la révocation, pour cause d'ingratitude, d'une donation entre-vifs (art. 955), ou
d'une disposition testamentaire (art. 1046), ne sauraient fonder une action en indignité contre lui
pour l'exclure de la succession. La loi ne s'étant
écartée de ses règles ordinaires, touchant la dévo-

---

(1) Il y en avait un plus grand nombre dans l'ancienne jurisprudence, et bien davantage encore dans le droit romain.

lution des biens par voie d'hérédité, que dans tels cas, parce qu'il lui a paru juste et convenable de punir l'héritier qui s'y trouverait, l'on ne saurait, sans blesser son esprit, étendre par analogie ses dispositions exceptionnelles à d'autres faits encore. Elle ne les a point jugés assez graves pour motiver d'autres dérogations à ses principes généraux, qui veulent que le plus proche parent ait les biens du défunt. En un mot, elle juge les cas d'indignité par d'autres principes que ceux de révocation pour cause d'ingratitude.

Reprenons successivement chacune des causes d'indignité.

88. Est indigne *celui qui serait condamné pour avoir donné ou tenté de donner la mort au défunt.*

La nature, ainsi qu'on l'a dit bien souvent, se soulève à l'idée que le meurtrier pût recueillir la dépouille de sa victime; et comme la tentative du crime, manifestée par des actes extérieurs, et suivie d'un commencement d'exécution dont l'effet n'a été suspendu que par des circonstances indépendantes de la volonté de son auteur, est considérée comme le crime lui-même (art. 2, Cod. pén.), l'indignité est encourue pour la tentative du meurtre comme pour le meurtre réel ; aussi l'article 727 dit-il : « Celui qui serait condamné pour « avoir donné ou *tenté* de donner la mort au dé- « funt. »

89. Le complice de l'auteur direct du crime étant

aussi coupable que lui, puisque les lois pénales lui infligent la même peine (art. 59, Cod. pén.), du moins généralement, il doit être pareillement déclaré indigne s'il est condamné.

90. Mais la loi ne permet de déclarer indigne l'individu qui a donné ou tenté de donner la mort au défunt qu'autant qu'il a été condamné pour ce fait, parce que la condamnation seule démontre que ce fait est un crime qu'elle a voulu punir; d'où il suit que toutes les fois qu'elle ne voit point un crime dans ce fait, comme il n'y a point de condamnation, ou du moins qu'il n'y a point de condamnation pour crime, il n'y a point d'indignité.

91. Ainsi, lorsque l'héritier était en démence au moment de l'action, ou lorsqu'il a été contraint à la commettre par une force à laquelle il n'a pu résister, comme il n'y a ni crime, ni délit même (article 64 *ibid.*), il est clair qu'il ne saurait être déclaré indigne.

92. Ainsi encore, lorsque l'homicide était commandé par la nécessité actuelle de la légitime défense de soi-même ou d'autrui, ou qu'il était ordonné par la loi et commandé par l'autorité légitime, comme il n'y a non plus ni crime ni délit (art. 327, 328 *ibid.*), il ne peut pas davantage y avoir lieu à déclarer l'héritier indigne pour cette cause.

93. Il en serait de même si l'héritier était âgé

de moins de seize ans quand il a donné la mort au défunt, et s'il était décidé qu'il a agi sans discernement; car alors il serait *acquitté*, quoiqu'il pût, selon les circonstances, être conduit et détenu dans une maison de correction pendant tel nombre d'années que le jugement déterminerait (art. 66 *ib.*); il n'y serait pas détenu pour crime, mais par mesure de sûreté et de précaution.

94. Dans le même ordre d'idées, si la mort du défunt a eu lieu par maladresse, imprudence, inattention, ou négligence de l'héritier, sans aucune intention de sa part, celui-ci n'est pas non plus indigne de lui succéder, quoiqu'il soit *condamné*, d'après l'art. 319 du même Code, à la peine d'emprisonnement de trois mois à deux ans, et à l'amende portée par cet article; car il n'est pas condamné pour fait de meurtre, comme le veut l'art. 727 du Code civil, pour qu'il soit déclaré indigne; il est condamné pour simple *homicide* involontaire, et la loi n'a pu vouloir punir un malheur comme un crime (1).

---

(1) La L. 3, ff. *de his quæ ut indig. auferr.*, porte, il est vrai, que l'héritier qui par son *imprudence* a causé la mort du défunt doit être privé des biens de celui-ci; mais cette loi n'est d'aucune autorité sous notre Code : 1° parce que, d'abord, il y est question d'une hérédité testamentaire; or, les causes qui peuvent, chez nous, priver l'héritier de l'homme, ou tout légataire quelconque, du bénéfice de la disposition, n'ont pas besoin d'être aussi graves que celles qui doivent exclure l'héritier appelé par la loi : c'est ce que nous avons déjà dit; 2° le fisc profitant, dans le droit romain, des biens enlevés aux héritiers et aux légataires pour cause d'indignité, comme de ceux

95. Bien plus, si l'homicide, même commis volontairement, est néanmoins excusable d'après la loi, celui qui l'a commis, bien qu'il soit condamné à une peine, parce qu'en effet il n'est point absolument innocent comme celui qui était en démence au moment de l'action, ou qui a usé de la légitime défense de lui-même; celui qui l'a commis, disons-nous, ne doit pas être déclaré indigne : tels sont les cas prévus aux art. 321 et 322 du Code pénal (1); mais le parricide n'est jamais excusable. (Art. 323 *ibid.*)

Il y a en effet, entre l'homicide commis dans l'un de ces cas, et le meurtre commis librement, une différence énorme. Il y a meurtre, il est vrai, parce que la mort a été donnée volontairement, aussi la loi pénale l'appelle-t-elle *meurtre;* mais la provo-

---

dont ils étaient privés sous prétexte de caducité des dispositions, on avait sans mesure, et dans son intérêt, multiplié ces causes, tandis que chez nous elles sont, au contraire, fort restreintes, et avec raison.

(1) Et peut-être même aussi ceux qui sont prévus aux art. 324 et 325 du même Code.

Lebrun, *des Successions*, liv. 3, chap. 9, n° 2, est d'un sentiment bien contraire; il décide généralement, que lors même que l'homicide est excusable, il suffit pour faire déclarer l'héritier indigne, parce que, dit-il, il serait d'un trop dangereux exemple de lui permettre de succéder, et que d'ailleurs il y a toujours quelque faute de sa part, soit pour provocation, soit par n'avoir pas assez su se modérer. M. Espiard, son continuateur, modifie la décision pas trop absolue de cet auteur, et pense que lorsque l'héritier a mis dans sa défense une raisonnable modération, le surplus est un malheur qui ne doit pas le rendre indigne. Au reste, les termes de notre Code ne permettent guère de prendre pour un guide sûr les opinions plus ou moins concordantes des anciens auteurs sur ce point.

cation qui l'a causé lui enlève le caractère de criminalité, en le rendant *excusable*, pour lui laisser seulement celui de simple délit, punissable d'une peine correctionnelle, et voilà tout (art. 326 *ibid.*). L'héritier n'est donc pas condamné pour un meurtre ordinaire, pour avoir, sans aucune cause légitime, donné la mort au défunt, puisqu'autrement on lui appliquerait la peine du meurtre; il n'est, en réalité, condamné que comme coupable d'un simple délit, puisqu'on ne lui inflige que la peine d'un délit, et non celle d'un crime. Nous dirons en outre, avec M. Chabot, qu'il est déjà assez malheureux de s'être trouvé dans une déplorable circonstance, sans qu'on aggrave, par une déclaration d'indignité, le poids du chagrin qu'elle doit lui causer. Sa volonté n'a pas été libre et entière; il a été poussé, entraîné, forcé peut-être au fait d'homicide par un crime que commettait ou que vouloit commettre sur lui celui qui a succombé.

96. Comme la mort donnée en duel peut avoir, tantôt les caractères de l'assassinat, tantôt ceux du meurtre, et tantôt ceux du simple homicide commis dans l'état de la nécessité de la légitime défense de soi-même, on ne peut décider, en général, dans l'état actuel de nos mœurs, qu'il doit faire déclarer celui qui en est auteur indigne de succéder à l'individu qui a succombé. La jurisprudence des Cours royales offre, il est vrai, plusieurs arrêts qui ont jugé qu'il y a meurtre punissable

comme *meurtre* ordinaire, dans le fait d'avoir
donné la mort à quelqu'un en duel ; mais la Cour
de cassation, adoptant des principes contraires, et
se fondant sur ce que la loi pénale ne contient
aucune disposition contre le duel, et qu'on peut le
considérer comme une situation de légitime défense de soi-même, pourvu d'ailleurs qu'il n'y ait
eu de la part de celui qui en est sorti vainqueur
aucune fraude criminelle, que les usages reçus en
pareille occurence aient été fidèlement observés
par lui ; la Cour suprême, disons-nous, ne voit
point de meurtre punissable d'après la loi dans la
mort donnée en duel. D'après cela, comme l'auteur du fait n'est pas condamné comme coupable
de meurtre, et que la loi exige qu'il soit condamné
pour ce fait pour être indigne de succéder à son
parent, il est clair qu'il n'a point encouru l'indignité ; mais que si, à raison des circonstances du
fait, il était condamné comme meurtrier par un
arrêt passé en force de chose jugée, la peine de
l'indignité lui serait justement appliquée.

97. Puisqu'il faut que l'héritier ait été *condamné*
pour avoir donné ou tenté de donner la mort au
défunt, à l'effet d'être exclu de sa succession comme
indigne, il s'ensuit que s'il meurt avant, ou même
pendant les poursuites, ou s'il parvient à prescrire
l'action criminelle, celle en indignité n'a plus de
base, et il aura recueilli la succession et l'aura
transmise, confondue dans son patrimoine, à ses

propres héritiers, quand bien même son crime passerait pour constant et de notoriété publique ; car il n'a pas été condamné (1) ; il pouvait, en réalité, n'être pas l'auteur du fait, ou il a pu avoir donné la mort au défunt dans un cas de légitime défense de soi-même, ou par simple imprudence, etc.

98. mais une fois condamné, les lettres de grâce qu'il obtiendrait ensuite ne le relèveraient pas de l'indignité. Elles ne portent jamais atteinte aux droits acquis à des tiers (2) ; or, des tiers avaient, par la condamnation, le droit de l'exclure à leur profit de la succession dont il s'agit.

Il en serait de même de la prescription de la peine ; car elle suppose qu'il y a eu condamnation, puisqu'elle ne commence son cours que de la date de l'arrêt. (Art. 635, Cod. d'instr. crim.)

99. Si la condamnation a eu lieu par contumace, qu'elle soit à une peine emportant mort civile (3), et que le condamné reparaisse en jus-

---

(1) Nous nous sommes encore éloigné en ce point des principes du droit romain. Suivant la L. 9, ff. *de jure fisci*, la mort de l'accusé, arrivée pendant l'appel du jugement criminel, qui lui avait même été favorable, n'empêchait pas le fisc de poursuivre le recouvrement de ce qui avait été acquis à cet accusé par son crime. Ainsi, quoique le crime fût éteint par sa mort, on jugeait néanmoins encore le fait par rapport aux biens.

(2) *Voy.* ce que nous avons dit à cet égard, tom. Ier, n° 240.

(3) Ce qui a dû avoir lieu, quoiqu'il n'y ait pas eu assassinat ou tentative d'assassinat, mais seulement meurtre ou tentative de meurtre, puisque ces derniers crimes emportent la peine des travaux forcés à perpétuité, quand, encore, ils n'ont été précédés, accom-

tice ou soit arrêté dans les cinq ans qui ont suivi l'exécution du jugement par effigie, ce jugement étant anéanti de plein droit (art. 29, Cod. civ.), il est clair qu'il ne peut plus servir de base à l'action en indignité. Il n'y a plus de condamnation; elle ne pourrait résulter que d'un nouveau jugement.

Mais si le condamné ne reparait ou n'est arrêté qu'après les cinq ans, le jugement conserve, pour le passé, tous ses effets (art. 30, *ibid.*); en conséquence, le condamné fût-il absous par le nouveau jugement qu'il a dû subir, le fait d'avoir donné ou tenté de donner la mort au défunt n'en serait pas moins, quant à la question d'indignité, irrévocablement établi, puisque de l'exécution du premier jugement serait résultée la mort civile elle-même, qui aurait produit tous ses effets dans l'intervalle écoulé depuis les cinq ans jusqu'à la comparution du condamné, lequel ne rentrerait dans la vie civile que pour l'avenir seulement.

100. Il ne peut y avoir de difficulté sérieuse que pour le cas où il mourrait dans les cinq ans : aura-t-il transmis la succession à ses propres héritiers? ou bien ceux qui concouraient avec lui, ou qui venaient après lui dans l'ordre de successibilité, sont-ils en droit d'invoquer contre ces mêmes héritiers le jugement de *condamnation*, quoique rendu

pagnés, ou suivis d'aucun autre crime ou délit (art. 2 et 304 Cod. pén.), et que la peine des travaux forcés à perpétuité entraîne la mort civile. (Art. 18, *ibid.*)

par contumace, ou du moins de faire constater, par les tribunaux civils, le fait qui aurait produit l'indignité à son égard, et de les exclure comme venant exercer les prétentions d'un indigne ?

Le jugement n'ayant été rendu que par contumace, c'est-à-dire sans que l'individu ait été entendu dans ses moyens de défense et de justification, il ne doit être d'aucun poids, pas plus en ce qui concerne le fait prétendu d'indignité que pour les autres effets qu'il pouvait produire. Il est anéanti *ipso facto*, aux termes de l'art. 31 du Cod. civil, et le condamné est mort dans l'intégrité de ses droits. Cette condamnation tombant, l'on n'est plus par conséquent dans le cas prévu par la loi, qui ne prononce l'exclusion d'un héritier pour cause d'indignité, sur le fondement qu'il aurait donné ou tenté de donner la mort au défunt, qu'autant qu'il a été *condamné* pour ce fait. Dès lors s'applique ce qui a été dit plus haut, sur le cas où l'héritier est mort avant une condamnation quelconque, et on ne peut pas plus opposer à ses héritiers le prétendu fait d'indignité, qu'on n'aurait pu le leur opposer si leur auteur fût mort avant toute poursuite, cas dans lequel, bien certainement, n'ayant jamais été indigne, comme n'ayant jamais été *condamné* pour avoir donné ou tenté de donner la mort au défunt, il n'aurait pu être question d'exclure ses héritiers comme représentans d'un indigne, comme venant exercer les droits d'un indigne. En un mot, pour que les héritiers de celui qu'on accuse d'avoir donné ou tenté de donner la mort à la personne de la succession de laquelle il s'agit, et qui se présentent pour exercer ses droits, dussent être exclus comme il aurait pu l'être lui-même, il aurait au moins fallu que la loi se fût bornée à dire que celui-là serait indigne de succéder, et, comme tel, exclu de la succession, qui *aurait donné ou tenté de donner la mort au défunt* : alors on aurait peut-être pu prétendre que ce fait pouvait être contradictoirement établi avec ses héritiers (1); mais la loi n'est pas ainsi conçue : elle porte que celui-là est indigne de succéder, qui a été *condamné* pour avoir donné ou tenté de donner la mort au défunt. Or, comme dans l'espèce il n'y a plus de jugement de condamnation, puisqu'il est anéanti *ipso jure,* que celui sur qui il frappait est réputé mort dans l'intégrité de ses droits, et qu'enfin les dispositions de la loi, en matière d'indignité, sont de droit étroit, parce qu'elles dérogent aux principes généraux sur l'ordre de dévolution des biens par voie de succession, on ne doit pas les étendre, ces dispositions, au cas dont il s'agit, mais, au contraire, ne les appliquer qu'aux cas rigoureusement prévus.

101. Aussi nous ne faisons pas le moindre doute, même en admettant pour le moment (ce que

---

(1) Nous examinerons plus loin la théorie sur laquelle cette prétention pourrait être fondée.

nous discuterons bientôt) que le droit refusé par l'art. 730, aux enfans de l'indigne, de venir par représentation de leur père, doive s'entendre de la représentation spéciale, de cette fiction de la loi qui fait entrer une personne dans la place et le degré d'une autre qui est prédécédée (art. 739); nous ne faisons pas le moindre doute, disons-nous, que si celui de la succession duquel il s'agit avait survécu au parent accusé (mais non condamné) d'avoir tenté de lui donner la mort, les enfans de ce dernier ne pussent venir par représentation de leur père prédécédé , si l'on était dans un des cas où la représentation est admise, et qu'ils en eussent besoin pour rapprocher leur degré de parenté avec le défunt; car ils ne représenteraient point un indigne, puisque leur père ne l'aurait point été, n'ayant pas été condamné pour avoir tenté de donner la mort au défunt, ou ne l'ayant été que par un jugement de contumace qui a été anéanti de plein droit par la mort du condamné, arrivée dans les délais donnés par la loi pour purger la contumace, ce qui l'a fait réputer mort dans l'intégrité de ses droits.

102. Le second cas d'indignité, celui où se trouve l'héritier *qui a porté contre le défunt une accusation capitale jugée calomnieuse*, exige la réunion de ces quatre circonstances : 1° qu'il y ait eu accusation ; 2° que l'accusation ait été capitale ;

3° qu'elle ait été jugée; et 4° qu'elle ait été jugée calomnieuse.

103. Par *accusation*, on ne peut entendre chez nous, où c'est le ministère public qui accuse, qu'une plainte ou une dénonciation (1); mais il faut au moins l'une ou l'autre; car l'injure la plus grave, l'imputation la plus odieuse dans des écrits, dans des lieux ou réunions publics, sans aucune plainte ou dénonciation en justice, n'aurait point le caractère de l'accusation dont entend parler la loi; et fût-elle jugée calomnieuse par les tribunaux, elle ne ferait encore point encourir à son auteur la peine d'indignité.

104. Par accusation *capitale* on doit incontestablement entendre, non seulement celle qui pourrait avoir pour effet de faire prononcer la peine de mort contre celui qui en est l'objet, mais encore celle qui serait de nature, si elle était prouvée, à attirer sur lui une autre peine qui entraînerait aussi la mort civile, qui lui ferait perdre le *caput civile* : la peine des travaux forcés à

(1) Ces mots, au reste, n'ont pas la même signification. Celui qui se *plaint* d'un crime ou d'un délit fait bien sans doute une *dénonciation*; mais celui qui, sans se porter partie civile ou plaignante, vient déclarer à la justice qu'un crime ou un délit a été commis envers lui, ne fait qu'une *dénonciation*, et non pas une *plainte* (voy. les art. 63 et 66 du Cod. d'inst. crim.); à plus forte raison, celui qui vient révéler à la justice un crime ou un délit commis envers un autre, n'est-il que simplement dénonciateur, puisqu'il ne peut se *plaindre*, se porter partie civile. (Voy. l'art. 30, *ibid.*)

perpétuité, ou celle de la déportation. (Art. 18 ,
Cod. pén.) (1).

105. Mais l'accusation d'un crime emportant
une peine qui , sans entraîner la mort civile , est
néanmoins afflictive et infamante, comme les travaux forcés à tems et la réclusion (art. 7, *ibid.*);
ou même seulement infamante, comme le carcan,
le bannissement et la dégradation civique (art. 8,
ibid.) , est-elle, dans le sens de la loi , une accusation *capitale* , une cause d'indignité ?

Non certainement, si l'on s'attache à la définition
que le droit romain donne de ces mots (2), quoique, d'après la novelle 115, on admît , comme
juste cause d'exhérédation , toute dénonciation
contre le défunt en matière criminelle : *Si in crimi-
nalibus causis accusaverit.* Mais les causes d'exhérédation , si multipliées dans cette novelle , ne
sont point toutes des causes d'indignité, et l'exhérédation est inconnue dans l'état actuel de la législation. L'indignité elle-même ne peut être prononcée que dans les cas formellement exprimés
par la loi; toute extension de ses dispositions, en
pareille matière, serait du plus grand danger, parce
qu'elle ouvrirait la porte à l'arbitraire.

(1) *Is demùm videtur capitis accusasse, qui tali judicio appetit, cujus
pœna aut supplicium habuit, aut exilium, quod sit vice deportationis,
ubi civitas amittitur.* L. 14 , §. 3 , ff. *de bonis libert.*

(2) *Licet capitalis latinè loquentibus omnis causa existimationis vi-
deatur, tamen appellatio* CAPITALIS, *mortis vel amissionis civitatis in-
telligenda est.* L. 103 , ff. *de verb. signif.*

106. Sans doute, il eût peut-être été à désirer que le législateur eût étendu sa sévérité à d'autres accusations calomnieuses que celles qui, si elles étaient prouvées, entraîneraient la peine de la perte de la vie naturelle ou civile; mais ce n'est pas de la loi telle qu'on eût pu la désirer qu'il s'agit, c'est de la loi faite, de la loi existante. Or, s'il paraît, d'une part, contraire au bon ordre, à la morale, que celui qui a porté contre le défunt une accusation calomnieuse qui aurait pu faire condamner ce dernier à la peine des travaux forcés à tems, pendant vingt ans peut-être, ou à celle de la réclusion, peines qui sont toujours précédées de l'exposition publique par l'application au carcan, et quelquefois de la marque ou flétrissure; d'autre part aussi est-il entré dans la volonté du législateur de regarder comme accusation *capitale*, toute accusation susceptible d'entraîner une peine seulement infamante (1), comme, par exemple, la simple dégradation civique? Et s'il est permis d'en douter, quand on songe que la condamnation à la peine de la réclusion elle-même, à laquelle serait

---

(1) Suivant MM. Delvincourt et Chabot, si l'accusation était de nature à attirer, au cas qu'elle fût fondée, une peine afflictive et infamante, et même seulement infamante, comme celle du carcan, elle devrait être regardée comme devant faire encourir l'indignité, si elle était jugée calomnieuse. M. Toullier pense, au contraire, qu'on ne doit entendre par accusation *capitale* que celle qui peut faire perdre la vie naturelle ou civile, le *caput naturale vel civile*, et nous partageons ce sentiment, tout en pensant que la loi aurait dû aller plus loin.

condamné l'héritier pour avoir fait des blessures où
porté des coups au défunt, qui auraient causé une
maladie ou une incapacité de travail personnel
pendant plus de vingt jours (art. 3o9, Cod. pén.),
n'entraînerait point l'indignité, parce qu'il n'y aurait pas eu meurtre ni tentative de meurtre; il est permis également de douter que la loi ait entendu que
l'on pût scinder ses dispositions à cet égard, regarder
comme accusation *capitale*, telle accusation qui aurait pu avoir pour effet de faire condamner l'accusé
à une peine afflictive et infamante, ou même seulement infamante, tandis que l'on ne devrait pas,
dans son esprit, considérer comme capitale, telle
autre accusation de la même classe. S'il faut admettre qu'une accusation calomnieuse d'un fait qui,
de sa nature, ne devrait entraîner que telle peine,
seulement infamante, est une cause d'indignité, il
faut aussi, pour éviter toute distinction arbitraire
entre des cas sur lesquels la loi n'en a fait aucune,
décider que toute accusation d'un fait capable, s'il
était prouvé, de donner lieu à une condamnation infamante quelconque, même à celle de la
simple dégradation civique, doit pareillement entraîner la peine de l'indignité; qu'elle est *capitale*
dans le sens de la loi, et c'est ce que nous n'oserions penser. Nous aimons donc mieux nous attacher au sens naturel, populaire et légal des mots
accusation capitale, et ne voir ce caractère que
dans celle qui aurait pu faire perdre à l'accusé, s'il

eût succombé, la vie naturelle ou civile (1), quoique la perte de la liberté, et surtout celle de l'honneur, soient les plus grandes qui puissent nous affliger.

107. Il faut que l'accusation soit *jugée*, et *jugée calomnieuse*. Elle a pu être jugée telle, soit par le jugement qui a acquitté l'accusé, et sur la demande en dommages-intérêts que celui-ci a dû, pour les obtenir, former avant le jugement, s'il a connu son dénonciateur avant qu'il fût rendu ; soit par la Cour d'assises, mais avant la fin de la session, s'il ne l'a connu que depuis le jugement, mais dans le courant de la session ; soit enfin par le tribunal civil, s'il n'a connu le dénonciateur qu'après la clôture de la session (art. 359, Cod. d'instr. crim.). Elle a pu l'être aussi par les tribunaux correctionnels depuis le jugement qui a statué sur l'accusation, parce que la calomnie est un délit dont les peines sont spécifiées aux art. 371, 373 et 374 du Code pénal ; mais les dommages-intérêts ne peuvent être réclamés par l'accusé renvoyé devant la Cour d'assises, et acquitté par elle, que par l'une des voies tracées à l'art. 359, Cod. d'instruct. crim. précité. Que si le tribunal de première instance a déclaré qu'il n'y avait pas lieu à suivre sur la plainte ou la dénonciation, ou si la Cour royale, chambre des

---

(1) Qui aurait fait qu'il y aurait eu une *tête* (*caput*, d'où dérive *capital*) de moins dans la société.

mises en accusation, a décidé qu'il n'y avait pas lieu à renvoi devant les assises, l'accusé peut à son tour porter sa plainte devant les tribunaux correction-nels, dans les trois ans du jour du délit (art. 638, Cod. d'inst. crim.), et y conclure à des dommages-intérêts contre son dénonciateur, pour fait de ca-lomnie, sans préjudice de la peine portée contre les auteurs de ce délit.

108. Il résulte de là que le défunt a pu faire grâce à l'accusateur de la peine d'indignité future en n'intentant pas contre lui son action en calom-nie dans les délais, et suivant les distinctions ci-dessus, parce qu'alors elle est prescrite (même article); et ses héritiers ne pourraient ensuite intenter une action, base nécessaire de celle en in-dignité, puisqu'il ne pourrait plus lui-même l'in-tenter s'il vivait encore.

109. Mais dès qu'il y a un jugement qui a dé-claré l'accusation calomnieuse, il n'est plus au pouvoir du parent qui a été accusé, même en se réconciliant avec le calomniateur, de le relever de l'indignité que la loi fait peser sur sa tête, non-seulement parce qu'il priverait de la sorte ses autres héritiers du droit de l'exclure, mais encore mieux parce que l'ordre public est intéressé à ce qu'un individu qui a réellement été dans un cas d'indignité n'en soit pas relevé. Vainement dirait-on que l'indignité ne saurait avoir lieu qu'à l'époque de l'ouverture de la succession; cela est vrai sans

VI.

doute sous un rapport, mais cela ne détruit pas ce fait, que l'héritier a été dans le cas d'être déclaré indigne comme *jugé* coupable d'avoir porté contre le défunt une accusation capitale calomnieuse. Or, ce fait jugé, établi, imprime à l'individu, et d'une manière indélébile, la qualité d'indigne, lorsque le moment sera venu de le déclarer tel ; car le jugement qui prononcera l'indignité ne sera rien autre chose qu'une déclaration que ce parent est indigne de succéder au défunt, et qu'il l'a toujours été depuis qu'il a été jugé calomniateur à son égard.

110. Le troisième cas est celui de l'*héritier majeur qui, instruit du meurtre du défunt, ne l'a pas dénoncé à la justice.*

Mais, suivant l'art. 728, « le défaut de dénoncia-« tion ne peut être opposé aux ascendans et des-« cendans du meurtrier, ni à ses alliés *au même* « *degré* (1), ni à son époux, ni à son épouse, ni à

_____

(1) MM. Delvincourt et Chabot transportent ces mots à la fin de l'article, en les mettant au pluriel, *aux mêmes degrés ;* et c'est avec raison, parce qu'ils doivent s'appliquer aussi aux alliés en ligne collatérale, puisque l'alliance identifie avec la famille ; qu'ils sont d'ailleurs improprement employés au singulier et à l'égard des ascendans et descendans considérés collectivement, puisque par rapport à eux il n'y a que des *lignes* et non des degrés, et surtout il n'y en a pas qu'un seul. Si le frère de ma femme ou le mari de ma sœur a donné la mort à mon auteur, puis-je être tenu, sous peine d'indignité, de plonger dans le désespoir l'une ou l'autre en faisant une déclaration qui va probablement conduire son époux, mon beau-frère, à l'échafaud ? non, très certainement.

« ses frères ou sœurs, ni à ses oncles ou tantes, ni
« à ses neveux et nièces. »

Le motif de la loi, en établissant ces exceptions,
est si sensible qu'il n'a besoin d'aucun commentaire; cependant, il faut le dire, il peut se présenter tel cas où l'héritier, poursuivi en indignité,
sera réduit à l'impuissance morale d'en faire usage,
précisément pour obéir au vœu de la nature, qui
lui recommande impérieusement de ne pas dénoncer son parent, et à l'esprit de la loi, qui le dispen-
sait même de dénoncer simplement le meurtre. Ce
cas sera celui où un autre parent, placé dans le degré
de successibilité, et sachant peut-être que l'héritier
a connu le meurtrier, le poursuivra en indignité
pour n'avoir point dénoncé le meurtre, aux fins de
lui enlever la succession. En pareille circonstance,
l'héritier ne peut repousser l'action que par l'exception consacrée par l'art. 728; mais pour pouvoir
invoquer cette exception avec succès, il est par
cela même obligé de prouver qu'elle s'applique à
lui, en d'autres termes, que le meurtrier est son
parent ou son allié, en sorte que lui, qui n'était
pas même obligé de dénoncer simplement le meurtre, se trouve dans la cruelle alternative de se
voir exclu comme indigne, ou de déclarer quel est
le meurtrier, de pousser malgré lui son parent à
l'échafaud. Nous avons donc raison de dire qu'il
peut être réduit à l'impuissance morale d'user
de l'équitable exception établie par la loi; et s'il
obéit généreusement aux honorables motifs qui le

portent à garder le silence sur le nom du meurtrier, et que le jugement qui le déclarera indigne
acquière l'autorité de la chose jugée, nous ne
voyons guère comment il pourrait ensuite le faire
réformer, lorsque le meurtrier, venant à être publiquement connu, il n'aurait plus, lui héritier, de
raison pour taire son nom, et ne pas invoquer cet
art. 728. Il n'y aurait guère que la requête civile,
en supposant que le parent qui a fait déclarer l'indignité connaissait aussi quel était le meurtrier,
spéculant ainsi sur le sentiment d'honneur et d'hu-
manité tout à la fois, qui devait déterminer l'héritier exclu à garder le silence; car les tribunaux
verraient, à n'en pas douter, un dol personnel dans
une telle conduite, et par conséquent une ouverture à requête civile (art. 480, 1ᵉʳ Cod. de procéd.);
mais encore faudrait-il que la requête civile fût
exercée dans les délais de droit.

111. Anciennement il fallait que l'hériter instruit du meurtre, et connaissant d'ailleurs le
meurtrier, se constituât le vengeur du défunt
pour éviter l'indignité (1); il devait être partie au
procès criminel. Le Code, ainsi que nous l'avons
dit, n'exige rien autre chose si ce n'est la dénonciation du meurtre. On a dû penser, en effet,
que l'héritier n'oserait souvent pas diriger une

(1) *Voy.* Rousseau de Lacombe, au mot *indignité*, n° 4, et les
autorités par lui citées.

plainte directe contre celui-là même qu'il croirait
fortement être l'auteur du crime, dans la crainte
des suites d'une accusation de cette nature, si elle
venait à n'être pas prouvée, et peut-être aussi dans
la crainte des vengeances des parens du meurtrier.
On a dû surtout penser qu'appelé ensuite comme
témoin dans le procès criminel, il donnerait,
sous peine de faux témoignage, tous les renseignemens qui seraient à sa connaissance sur le fait
du meurtre et sur l'individu qu'il en croirait être
l'auteur. Quoi qu'il en soit, la loi actuelle ne lui
prescrit que de dénoncer le meurtre en sa qualité
d'héritier, et de dire la vérité tout entière en sa
qualité de témoin, s'il est appelé en témoignage.
Mais ce dernier rôle, s'il le remplit fidèlement, ne
l'expose point à une condamnation en dommages-
intérêts envers l'accusé qui serait acquitté, comme
l'y exposerait la qualité de plaignant ou de dénonciateur de la personne.

112. Cette dénonciation du meurtre n'est même
pas prescrite à l'héritier mineur. Les mineurs n'ont
pas le discernement assez formé pour comprendre
toute l'étendue des obligations que la loi impose
aux autres citoyens. On a pensé d'ailleurs que
celui qui ne peut, même par des actes formels,
aliéner son patrimoine, ne devait pas pouvoir par
son seul silence, quelque blâmable qu'il pût être,
si lui, mineur, était d'un âge déjà assez avancé, se
dépouiller d'une succession qui lui était acquise.

Toutefois, plusieurs personnes estiment que, si le mineur parvenait à sa majorité avant que la justice eût connu le meurtre et commencé à diriger ses poursuites, il devrait alors s'empresser de le dénoncer, s'il y avait encore possibilité de le constater et d'en faire punir les auteurs, sinon qu'il pourrait encore être déclaré indigne. Nous partageons ce sentiment. Le raisonnement que ferait valoir cet héritier pour écarter l'action en indignité, et qui consisterait à dire que la succession lui a été légitimement acquise pendant tout le tems qui s'est écoulé depuis son ouverture jusqu'à sa majorité, et qu'ainsi sa conduite postérieure, quelque blâmable qu'elle puisse paraître aux yeux de la morale, ne doit pas suffire pour lui faire enlever un droit légitimement acquis dès le principe; ce raisonnement n'aurait pas plus de force dans sa bouche que dans celle d'un majeur qui n'aurait appris que quelque tems après l'ouverture de la succession que le défunt est mort par l'effet d'un meurtre, et qui se serait dispensé de le dénoncer à la justice. Ce dernier aurait bien aussi acquis légitimement le droit dès le principe, et néanmoins ce droit pourrait incontestablement lui être enlevé.

113. La loi n'a pas fixé de délai pour faire la dénonciation, parce qu'en effet les circonstances peuvent varier beaucoup, à raison de l'absence ou d'une maladie grave de l'héritier au moment de la

découverte du meurtre, ou parce que le défunt
était lui-même en voyage au moment de sa mort,
ou parce qu'il a péri par un crime secret, comme
dans le cas d'empoisonnement, ou pour toute autre
cause; en sorte que la question de savoir si la déclaration qu'il ferait ensuite devrait être considérée
comme tardive, comme faite seulement pour
échapper à l'action en indignité, est tout entière
abandonnée à la prudence des magistrats, puisque
l'art. 727, d'une part, ne fixe pas de délai pour
faire cette dénonciation, et que, d'autre part, il
serait facilement rendu illusoire si l'héritier était
toujours à tems de la faire. On sent bien, au reste,
que de ce que la justice, instruite par la clameur
publique ou par ses agens, de l'existence du
meurtre aussitôt ou presqu'aussitôt qu'il a été
commis, aurait fait de suite des actes pour le constater, et même déjà lancé des mandats avant que
l'héritier eût fait sa dénonciation, cela ne suffirait
généralement pas pour la faire considérer ensuite
comme tardive, comme n'ayant pas rempli le but
de la loi; et qu'il en serait ainsi quoique l'héritier
eût été prévenu par la dénonciation d'un autre
parent, quand d'ailleurs il n'y aurait aucune négligence à lui reprocher; autrement, en pareille circonstance, l'hérédité pourrait devenir le prix de la
course. Tout ce qu'il y a à dire de plus sûr et de
plus positif sur ce point, c'est que l'héritier ne
doit apporter aucune négligence dans l'accomplissement du devoir que lui prescrit la loi et que lui

commande aussi le lien qui l'attachait au défunt. Une coupable indifférence à mettre la justice à même de punir le meurtrier de ce dernier le rend seul indigne de lui succéder; en conséquence il doit s'abstenir de toucher aux biens de la succession tant qu'il n'a pas rempli ce devoir sacré; mais on ne regarderait toutefois pas comme une immixtion certains actes ou certains faits essentiellement conservatoires, et que commandaient les circonstances.

114. Telles sont les causes d'indignité, et, comme on l'a dit, il n'est pas permis de les étendre; il n'est pas permis non plus de les faire valoir à l'égard de la succession d'une autre personne que celle envers laquelle l'héritier s'est rendu indigne; en sorte qu'exclu aujourd'hui par Paul de la succession de Philippe, il pourra encore un jour recueillir celle de Paul, qui comprendrait cependant les biens de Philippe (1) : ce ne sera plus la même

---

(1) La L. 7, ff. *de his quæ ut indig.*, décide en ce sens. Suivant cette loi, celui qui a été déclaré indigne de la succession de Titius pour avoir attaqué de faux le testament de ce dernier, peut ensuite succéder à Sempronius qui a recueilli cette même succession : *Quia*, dit la loi, *non principaliter in Titii hæreditatem succedit.*

Dans l'ancienne jurisprudence on le décidait bien ainsi, mais seulement, à ce qu'il paraît, quand l'homicide était *excusable*, comme lorsque le mari avait tué sa femme qu'il avait surprise en adultère; il pouvait ensuite succéder aux enfans qu'il avait eus d'elle. Hors l'homicide commis *in casu permisso*, celui qui avait tué ne pouvait profiter ni directement ni indirectement des biens. *Voy.* au surplus Lacombe, *verb. indignité*, n° 5.

hérédité; la loi aura reçu satisfaction par son exclusion de la succession de celui envers lequel il s'était rendu coupable.

§. 11.

Des effets de l'indignité.

115. Comme l'indignité a besoin d'être établie, d'être prouvée contre celui que l'on veut exclure pour cette cause, il s'ensuit qu'elle ne peut être prononcée que par jugement, et qu'elle est par conséquent la matière d'une action judiciaire.

116. Cette action est purement civile, parce qu'elle n'a rapport qu'aux biens; et, comme telle, elle ne peut être portée que devant les tribunaux civils. Le tribunal compétent pour en connaître est celui du domicile de l'héritier, parce que c'est une action personnelle, fondée sur un fait personnel, et qu'en matière personnelle l'action doit régulièrement être portée au tribunal du défendeur. (Art. 59, Cod. de procéd.) Cependant, si la question d'indignité s'élevait incidemment sur une demande en partage de la succession, ou sur une action en pétition d'hérédité, elle devrait être jugée par le tribunal saisi de la demande principale(1), c'est-à-dire par celui du domicile du défunt (*Ibid.*); et c'est ce qui aura presque toujours lieu.

---

(1) D'après la règle générale, susceptible, au surplus, de quelques modifications, que le juge du principal est aussi le juge des in

117. La loi n'ayant fixé aucun délai particulier pour exercer cette action, et ne s'agissant point d'une nullité ou rescision de contrat, elle est soumise, quant à sa durée, à la règle générale, et par conséquent elle dure trente ans. (Art. 2262.) C'est d'ailleurs une sorte de pétition d'hérédité.

118. Elle peut être exercée par les héritiers du même degré dans la même ligne, si la succession se divise d'abord par lignes; ou, si l'héritier était seul de son degré dans sa ligne, ou que les autres du même degré eussent tous renoncé, elle le serait par ceux qui viendraient après lui dans l'ordre de successibilité : à tel point que s'il n'y avait pas d'autres parens au douzième degré au plus dans la ligne à laquelle appartient l'indigne, ou que tous ceux qui en font partie eussent renoncé, ceux de l'autre ligne auraient cette action, au moyen de la dévolution d'une ligne à l'autre quand la première manque. (Art. 755.) D'où il peut arriver qu'un fils indigne soit exclu par un collatéral au douzième degré, par un enfant naturel reconnu, par le conjoint survivant, et même par l'État.

119. Les donataires et légataires peuvent aussi provoquer l'indignité de l'héritier qui, ayant droit à une réserve, veut leur faire subir une réduction que lui seul aurait le droit de demander, ou de

---

cidens élevés à son occasion, ainsi que des exceptions présentées pour écarter la demande.

demander aussi forte (1); car, comme nous le démontrerons dans la suite, pour pouvoir prétendre
à une réserve, et même la retenir par ses mains,
il faut être héritier; or, l'action en indignité a précisément pour objet de dépouiller celui qui en
était investi par la loi, de cette même qualité.

120. De plus, les héritiers et représentans de
ceux qui avaient l'action en indignité et qui sont
morts dans le délai utile pour l'exercer, auraient
recueilli le droit qu'il avait à cet égard, parce
qu'on ne voit pas pourquoi ce droit ne serait pas
transmissible, comme celui auquel il était attaché.
Quant aux créanciers de celui qui serait appelé au
défaut de l'indigne, et qui garde le silence, il y a
plus de difficulté à décider qu'ils peuvent exercer
l'action à sa place, surtout s'il déclare qu'il y
renonce. On peut dire, contre leur prétention,
qu'une telle action a pour effet inévitable de jeter
le trouble et le désordre dans la famille; que, sous
ce rapport, si elle n'est pas non-transmissible aux
héritiers de ceux à qui elle compète, elle est du
moins censée réservée exclusivement à leur personne par rapport à leurs créanciers, et que c'est
en conséquence, non pas le principe, mais la dis-

---

(1) On sent en effet que si, à raison de l'existence d'autres parens
ayant droit à la réserve, et qui se portent aussi héritiers, cette réserve devait être la même, les donataires et légataires n'auraient
pas d'intérêt à se prévaloir de l'indignité de l'un des réservataires,
et par conséquent il n'y aurait point d'action à leur profit.

position exceptionnelle de l'art. 1166, qui est applicable. On peut dire surtout que ce n'est point là une renonciation faite au préjudice des créanciers, puisque la succession n'était point échue à leur débiteur, ce qu'exige l'art. 788 pour qu'ils puissent se faire autoriser en justice à l'accepter jusqu'à concurrence de leurs droits. Telle serait assez notre opinion.

121. L'héritier exclu de la succession comme indigne est tenu de rendre tous les fruits et les revenus dont il a eu la jouissance depuis l'ouverture de la succession. (Art. 729) (1).

122. Il ne pourrait invoquer la prescription de cinq ans, établie par l'article 2277, pour se dispenser de restituer les fruits perçus antérieurement à cinq ans, parce que, premièrement, cette prescription ne s'applique point aux restitutions de fruits, ainsi que nous avons déjà eu occasion de le dire (2); et, secondement, parce que l'art. 729 veut qu'il rende tous les fruits et revenus qu'il a perçus depuis l'ouverture de la succession indistinctement.

123. Il devrait aussi les intérêts de toutes les sommes qu'il a touchées, soit des débiteurs de la succession, soit pour vente d'objets de l'hérédité, quand bien même il n'en aurait retiré aucun re-

---

(1) *Voy.* la L. 1 Cod. *de his quib. ut indig. hæredit. auferruntur.*
(2) Tom. IV, n. 363.

venu, parce qu'il les a gardées entre ses mains ou qu'il les a placées sans intérêts : il est possesseur de mauvaise foi, et il doit être traité comme tel (1).

124. S'il était débiteur du défunt, sa dette, qui avait été éteinte par confusion, s'il était seul, ou pour sa part héréditaire, s'il avait des cohéritiers (art. 1220 et 1300 combinés), renaîtrait contre lui, comme s'il n'y avait pas eu confusion.

125. Quant à ses créances sur le défunt, elles avaient été éteintes aussi par la confusion, jusqu'à concurrence de sa part héréditaire, et, dans le droit romain, elles ne renaissaient pas, parce que, dit Papinien, dans la L. 17. ff. *De his quœ ut indig. auferr.* (2) : *Nec probè desideraturum actionem confusam restitui.* Nous ne croyons pas qu'il en dût être ainsi dans notre droit; ce serait ajouter une nouvelle rigueur à la disposition de la loi, qui se borne à priver l'indigne de la succession et de tous les produits qu'il en a pu retirer. Le but de la loi est de le remettre absolument dans la même position que s'il n'eût jamais été héritier; c'est un exclu, et voilà tout. On s'enrichirait à ses dépens;

---

(1) La L. 1, Cod. *de his quib. ut indig.* précitée, le porte formellement, et ce sont les mêmes principes, quoiqu'avec moins de développemens, que le Code a adoptés sur cette matière, du moins généralement. Mais il ne devrait pas les intérêts des intérêts, ni les intérêts des fruits par lui vendus. *Voy.* la loi 18, ff. *de his quœ ut indig. auferr.*

(2) La L. 8, au même titre, est dans le même sens.

or, l'esprit du Code, s'éloignant des principes du droit romain, suivant lequel on pouvait, dans certains cas, licitement s'enrichir aux dépens d'autrui, ne permet jamais qu'il en soit ainsi chez nous (1). Il ne doit y avoir qu'une propriété incommutable qui produise une confusion dont les effets soient incommutables. D'ailleurs, on cessera de s'étonner de la rigueur du droit romain, si l'on songe que c'était le fisc qui profitait des biens enlevés aux indignes, et qu'il eût fallu rétablir contre lui les actions qui avaient été éteintes par la confusion. Ajoutons enfin que, dans cette législation, l'indignité ne faisait pas réputer les indignes comme n'ayant pas été héritiers; les lois se bornaient à leur enlever les biens; tandis que dans la nôtre, l'héritier coupable de l'un des faits qui constituent l'indignité, est indigne de succéder, et, comme tel, exclu de la succession (2). On peut donc plus aisément supposer que ses actions contre le

---

(1) *Voy.* notamment les art. 555 et 1381, articles qui s'éloignent positivement des dispositions des lois romaines sur ces mêmes cas; car elles n'accordaient aucune indemnité à celui qui avait construit sciemment sur le fonds d'autrui, ni à celui qui, ayant reçu sciemment ce qui ne lui était pas dû, avait fait des dépenses sur la chose reçue; tandis que notre Code leur en accorde une, ou permet du moins au premier d'enlever ses matériaux.

(2) Il ne faut toutefois pas donner à cette observation plus d'étendue que nous ne voulons lui en donner nous-mêmes; car nous ne prétendons pas dire par là que l'héritier indigne, et exclu comme tel, est absolument censé, comme celui qui renonce, n'avoir jamais été héritier; nous allons, au contraire, raisonner tout à l'heure dans une tout autre supposition.

défunt n'ont jamais été éteintes, du moins leur rétablissement, qui est fondé sur les principes de l'équité, doit être bien plus facile. L'indigne est suffisamment puni de la perte de la succession (1).

126. Mais l'indigne a pu faire des actes relatifs aux biens de l'hérédité avant d'être déclaré indigne: il a peut-être vendu, donné, ou hypothéqué les immeubles; il a peut-être aussi plaidé, transigé avec des tiers au sujet de ces mêmes biens, etc.; tous ces actes pourront-ils être regardés comme non avenus par celui qui l'a exclu de la succession?

D'abord, on tombe généralement d'accord (2) que, lorsque les tiers étaient de bonne foi au moment des actes, parce qu'ils ignoraient que celui avec lequel ils traitaient se trouvait dans un cas d'indignité, ce qu'ils ont fait avec lui, et par des actes à titre onéreux, doit être maintenu par le parent qui l'a exclu, sauf à ce parent, héritier maintenant, à le poursuivre en indemnité, s'il y a lieu. Cette doctrine est fondée en raison, et elle est tout-à-fait conforme aux principes du droit: l'indigne exclu a été héritier jusqu'à son exclusion; c'était lui qui était saisi en vertu de l'art. 724: dès lors il disposait

_____

(1) Lacombe, au mot indignité, n° 10, dit aussi que les lois romaines, qui ne restituaient pas les actions de l'indigne contre le défunt, et qui avaient été éteintes par confusion, ne sont point suivies en France; et Lebrun, *des successions*, liv. 3, chap. 9, n° 25, le dit pareillement.

(2) C'est le sentiment de MM. Chabot, Delvincourt, et Toullier.

de choses qui lui appartenaient encore (1). Aussi adoptons-nous pleinement cette doctrine, quoique nous professions que les ventes faites par le possesseur, même de bonne foi, de l'hérédité, par l'héritier apparent, ne sont point obligatoires pour le véritable héritier, tant que la prescription n'est pas venue consolider la propriété dans la main des acquéreurs (2). Mais, la raison de différence entre les deux cas est sensible : dans celui-ci, les aliénations ont été faites par un individu sans titre, parce qu'un titre reconnu faux n'en est pas un ; tandis que dans celui-là, elles l'ont été par celui qui, saisi de la succession, et non encore exclu, était encore propriétaire des objets aliénés au moment où il les aliénait. On peut donc, sous le rapport de la révocabilité, assimiler ces dernières aliénations à celles qui ont été faites par un donataire jugé ingrat, avant l'inscription de la demande en révocation dont parle l'art. 958, aliénations que le donateur

(1) Il serait même possible qu'il eût fait des actes avant de s'être mis dans le cas d'être déclaré indigne : par exemple, s'il n'eût appris que quelque tems après l'ouverture de la succession, et depuis ces actes, que le défunt a péri par suite d'un meurtre, et qu'il ne l'eût point dénoncé à la justice ; dans ce cas, les actes dont il s'agit auraient été faits en tems de bonne foi, et l'indignité n'en pourrait pas moins être prononcée.

(2) Point extrêmement controversé. L'on peut voir à ce sujet la discussion à laquelle nous nous sommes livré, au tome Ier, no 551 et suivans, en expliquant les art. 135, 136 et 137 ; elle n'est pas sans intérêt à raison des graves autorités que nous combattons, et de la démonstration des erreurs dans lesquelles elles sont tombées touchant l'application des lois romaines à la question.

est obligé de respecter, sauf son action contre le donataire.

127. Mais pour les aliénations à titre gratuit, M. Chabot dit que les donations d'immeubles faites avant le jugement d'indignité, peuvent être révoquées par celui qui l'a obtenu, nonobstant la bonne foi des donataires; qu'il y a lieu à appliquer à ces donataires la maxime *resoluto jure dantis, resolvitur jus accipientis ;* et que si cette règle leur est applicable, et non aux acquéreurs à titre onéreux, c'est parce que les premiers combattent pour faire un gain, *certant de lucro captando;* tandis que les derniers combattent pour éviter de perdre, *certant de damno vitando,* position infiniment plus favorable en droit que la première, et qui doit être protégée par la possession.

D'abord, on peut répondre que la distinction qu'il y a à faire, en droit, dans certain cas, entre ceux qui combattent pour éviter une perte, et ceux qui combattent pour faire un gain, trouverait difficilement son application à l'espèce; car, en réalité, celui qui a exclu l'indigne recueille, par cette exclusion, un droit qui ne lui était d'abord pas dévolu; il fait aussi par là un lucre, bien certainement : il est, sous ce rapport, dans une position semblable à celle des donataires dont il s'agit, qui ont même de plus sur lui l'avantage de la possession ; or *in pari causâ, melior est causa possessoris.*

VI. 10

128. L'équité réclamerait d'ailleurs une distinction entre les donations qui auraient été faites par l'indigne en faveur du mariage des donataires, et les autres. Le mariage n'ayant peut-être eu lieu qu'en considération de la donation, l'attente des époux, que nous supposons toujours de bonne foi, et de leur famille, ne doit point être déçue. C'est sur ce motif que la loi déclare que la révocation pour cause d'ingratitude n'a pas lieu à l'égard des donations faites par contrat de mariage (art. 959.); l'action en indemnité demeure au surplus réservée à l'héritier actuel contre l'indigne exclu.

129. Il ne nous reste plus à parler sur l'indignité, et relativement à la succession du défunt, que des enfans de l'indigne. L'art. 730 statue sur ce qui les concerne en ces termes :

« Les enfans de l'indigne, venant à la succession « de leur chef, et *sans le secours de la représen-* « *tation*, ne sont pas exclus pour la faute de leur « père; mais celui-ci ne peut, en aucun cas, ré-« clamer sur les biens de cette succession l'usu-« fruit que la loi accorde aux pères et mères sur les « biens de leurs enfans.»

130. La pensée dominante des auteurs du Code a été évidemment d'abroger le système injuste de l'ancienne jurisprudence, qui punissait les enfans de l'indigne pour les fautes de leur père, en les excluant même des successions auxquelles

leur degré de parenté les aurait appelés de leur chef (1).

Ainsi, dans le cas où un fils serait condamné pour avoir donné ou tenté de donner la mort à son père, ses enfans recueilleraient la succession de leur aïeul, quand bien même celui-ci aurait laissé ses père et mère. Peu importe que ceux-ci fussent parens du défunt au premier degré, tandis que les enfans du meurtrier le seraient seulement au deuxième; car la dévolution de la succession se fait d'abord par *ordres*, ainsi qu'on le verra bientôt, et le premier ordre est celui des enfans et descendans; en sorte que la proximité du degré de parenté n'est nullement à considérer dans l'espèce, parce que les parens sont d'ordres divers.

Ainsi encore, un individu s'est rendu coupable d'un fait d'indignité envers un de ses cousins-germains, dont il était héritier présomptif; il a des enfans, et il existe dans la même ligne des petits enfans d'un autre cousin-germain du défunt, qui se trouvent les plus proches parens de celui-ci dans leur branche. Les enfans de l'indigne les excluront, parce qu'ils sont plus proches parens d'un

---

(1) On voit dans Lebrun, *des successions*, liv. 3, chap. 9, n° 10, des arrêts qui ont jugé, 1° que les enfans d'une femme qui avait fait assassiner son frère mort sans enfans, n'ont pu succéder à ce dernier, quoiqu'il n'y eût pas de plus proches parens; 2° qu'une petite fille n'a pu recueillir la succession de son aïeul, parce que c'était la mère qui l'avait fait assassiner. La succession fut déférée à des collatéraux. Ce dernier arrêt est connu au palais sous le nom d'arrêt *la Morineau.*

degré ; car, comme ici la succession est dévolue à des héritiers du même ordre, que la représentation n'a pas lieu en faveur des petits-enfans du cousin-germain prédécédé , pour monter à un degré égal à celui des enfans de l'indigne , attendu que la représentation n'est pas admise à ce degré ; et comme enfin ce n'est que la proximité de parenté qu'il y a à considérer dans le même ordre, ces enfans , disons-nous , auront à eux seuls la totalité de la moitié affectée à leur ligne.

Que si l'on suppose, au contraire, que c'est l'indigne qui a des petits-enfans, quand l'autre cousin-germain prédécédé a laissé des enfans : comme ceux-ci sont parens du défunt à un degré plus rapproché que ces mêmes petits-enfans, ils les excluront.

Enfin , si les degrés sont égaux, ils partageront par tête la part attribuée à la ligne à laquelle ils appartiennent les uns et les autres.

De cette manière, les enfans ou descendans de l'indigne ne sont point exclus pour la faute de leur auteur ; ils sont, par rapport à leurs cousins, comme si elle n'avait pas eu lieu.

Remarquez aussi qu'il est indifférent, dans toutes ces hypothèses , que celui qui s'est rendu coupable du fait d'indignité soit mort avant le défunt, naturellement ou civilement, et par conséquent avant d'avoir été déclaré indigne de lui succéder (car le jugement sur l'indignité ne peut avoir lieu qu'après l'ouverture de la succession , quoique le fait puisse être constaté auparavant), ou qu'il lui ait survécu sans avoir même encouru la mort civile, mais étant ensuite déclaré indigne : la position de ses enfans et descendans, vis-à-vis de leurs parens dans la même ligne, sera absolument la même dans les deux cas : dans l'un et l'autre, ils les primeront ou ils seront primés par eux, ou enfin ils viendront tous conjointement, suivant leur degré respectif de parenté avec le défunt, comme il a été dit ci-dessus.

Ces cas n'offrent donc aucune difficulté ; mais il peut s'en présenter d'autres qui méritent quelques observations.

131. Que l'on suppose, en effet, qu'un fils soit condamné pour avoir tenté de donner la mort à son père; qu'il ait des frères ou sœurs, et des enfans.

Que l'on suppose aussi qu'un frère se soit rendu coupable envers un de ses frères d'avoir porté contre lui une accusation capitale jugée calomnieuse, et qu'il ait également des enfans.

Dans l'une et l'autre hypothèse, il est clair que si le coupable a survécu à son père ou à son frère, sans être encore frappé, pour le premier fait, d'une peine emportant mort civile, c'est lui qui est réellement exclu de la succession à cause de son indignité, et non ses enfans, qui n'y étaient point appelés, puisque leurs oncles ou tantes sont à un degré de parenté plus proche, et que ces mêmes enfans, abstraction faite de ce que leur père est indigne,

ne peuvent le représenter pour monter à un degré égal à celui de leurs oncles ou tantes, attendu
qu'on ne représente pas les personnes vivantes au
moment de l'ouverture de la succession, mais seulement celles qui étaient mortes naturellement ou
civilement à cette époque (art. 744); or, leur père
n'était, à cette époque, mort ni naturellement ni
civilement. Il n'y a pas non plus de difficulté sur
ce cas, et si c'était uniquement ce qu'a voulu dire
l'art. 730 par ces mots : « Les enfans de l'indigne
« *venant de leur chef et sans le secours de la repré-*
« *sentation* ne sont pas exclus pour la faute de leur
« père, » sa disposition serait fort simple et en
même temps fort juste (1), car la peine de l'indignité ne porterait que sur celui qui l'a méritée; ses
enfans en seraient sans doute punis indirectement,
en ce qu'à sa mort ils ne trouveraient pas une succession aussi opulente qu'elle eût pu l'être sans sa
faute; mais ce n'est point de cette dernière succession qu'il s'agit : tout autre crime de leur
père eût pu également le dépouiller de ses
biens.

Mais supposons qu'il ait précédé son père ou son

---

(1) Il semble que M. Toullier l'ait entendue en ce sens, car il dit :
« Les fautes étant personnelles, les enfans de l'indigne ne sont pas
« exclus de la succession pour la faute de leur père, pourvu qu'ils
« puissent venir à la succession de leur chef et sans le secours de
« la représentation; car *on ne peut représenter une personne vivante;*
« d'ailleurs la représentation ne peut donner plus de droits que n'en
« aurait eu le représenté. » Ainsi, cet auteur suppose que l'indigne
a survécu quand la loi dit que ses enfans ne peuvent le représenter.

frère (1); supposons même qu'il fût mort seulement civilement à l'époque du décès du premier; alors, ses enfans pourront-ils le représenter dans l'une ou l'autre succession, pour monter à un degré égal à celui de leurs oncles ou tantes?

Il paraît, au premier coup d'œil, que cette question n'en est pas une, puisque l'art. 730 dit : « Les « enfans de l'indigne venant de leur chef, *et sans le* « *secours de la représentation*, ne sont pas exclus « pour la faute de leur père. » Donc, dira-t-on, ce n'est qu'autant qu'ils n'ont pas besoin de ce secours qu'ils ne sont pas exclus pour la faute de leur père, et ils sont exclus s'ils ne peuvent venir que de cette manière; si, de leur chef, ils ne sont pas à un degré de parenté qui les appelle par lui-même à l'hérédité. D'ailleurs, ces mots de l'article, *et sans le secours de la représentation*, n'auraient aucun sens, s'il ne fallait pas les entendre précisément du cas où la représentation est possible, c'est-à-dire du cas où celui qu'il s'agirait de représenter est mort naturellement ou civilement au moment de l'ouverture de la succession, puisqu'on ne représente pas les personnes vivantes à cette époque (art. 744.) Enfin, la représentation ne peut pas

---

(1) Ainsi, il n'y aura pas lieu à la question que nous agitons dans le cas où l'héritier a donné la mort au défunt, ni dans celui où il n'a pas dénoncé le meurtre commis sur la personne de ce dernier; mais seulement dans ceux où il a été condamné pour avoir tenté de lui donner la mort, ou qu'il a porté contre lui une accusation capitale jugée calomnieuse, les seuls où l'on puisse supposer qu'il lui a survécu.

donner plus de droit que n'en aurait eu celui qu'on veut représenter, s'il fût venu lui-même à l'hérédité : voilà pourquoi les représentans sont tenus au rapport auquel il aurait lui-même été assujéti, encore qu'ils eussent renoncé à sa succession (article 848), et qu'ainsi ils n'eussent pas profité, même indirectement, de l'objet donné.

Ces raisons sont assurément très fortes; cependant nous avons long-temps douté que la loi dût être entendue ainsi, parce qu'elle nous paraissait injuste envers les enfans de l'indigne, et démentir ses propres principes, qui sont de ne les point punir pour la faute de leur père, et, en outre, parce que le bénéfice de la représentation vient d'elle, et non de l'homme : aussi avons-nous vu nos doutes partagés par de bons esprits.

Nous nous disions : la pensée dominante des auteurs du Code, relativement aux enfans de l'indigne, a été de ne les point punir pour la faute de léur père, de les laisser par conséquent dans la même position que si cette faute n'eût point été commise : or, si elle ne l'eût pas été, par exemple, s'il n'eût point porté contre son frère une accusation capitale jugée calomnieuse, ses enfans, en le supposant prédécédé, comme nous le supposons, auraient incontestablement pu le représenter pour venir à la succession de ce frère avec leurs autres oncles ou tantes; et s'ils doivent en être exclus, ce ne peut être évidemment que parce qu'il aurait pu l'être lui-même s'il eût survécu, en d'autres termes, à raison de sa faute (1); en sorte que la loi les punit dans un cas pour cette même faute, et ne les punit pas dans les autres. Elle est moins rigoureuse, sans doute, que l'ancienne jurisprudence, en ce qu'elle les admet du moins, s'ils peuvent venir de leur chef, et sans le secours de la représentation; mais elle est moins conséquente; elle est même encore injuste à leur égard, parce qu'elle n'a pas fait pour eux tout ce qu'elle aurait dû faire; elle oublie d'ailleurs que c'est d'elle, et non de l'homme, que l'on tient le bénéfice de la représentation, puisqu'on peut représenter celui-là même à la succession duquel on a renoncé (art. 744, 848), cas dans lequel assurément on ne considère que le sang transmis, et non la transmission d'un droit. Or, quel motif empêchait donc d'avoir aussi égard au sang transmis par l'indigne à ses enfans, à l'effet de pouvoir, non pas exercer ses droits sur la succession de son père ou de son frère, car il n'en a jamais eu, étant prédécédé, mais de pouvoir simplement monter à son degré pour concourir avec leurs oncles ou tantes, comme si, relativement à cette même succession, il n'eût jamais été dans la famille? Supposition, disions-nous, d'autant plus raisonnable qu'il n'a en effet jamais dû être compté.

---

(1) Car s'il eût commis envers tout autre un crime de nature à emporter même mort civile, et qu'il eût été condamné à la peine d'où dérive cette mort, ses enfans auraient fort bien pu le représenter dans la succession de leur oncle, puisqu'on représente aussi les morts civilement. (Art. 744.)

Nous répondions au texte de l'art. 730, et à l'argument tiré de ce que ce texte n'aurait aucun sens si on ne devait pas l'entendre de la représentation proprement dite, c'est-à-dire de l'exclusion des enfans qui voudraient venir à la place de leur père prédécédé (puisqu'on ne représente pas une personne vivante, et dès-lors qu'il eût été inutile de porter une disposition pour prévenir un cas qui n'eût pu se présenter); nous y répondions, disons-nous, avec la loi elle-même, par l'art. 787, qui porte qu'on ne vient jamais par représentation d'un héritier qui a *renoncé*, ce qui suppose cependant nécessairement qu'il a survécu; car on ne peut renoncer à une succession non ouverte, parce qu'il n'y a point encore de succession (art. 791 et 1130). Or, si la loi a pu se servir improprement du mot *représentation* après avoir déjà défini ce qu'elle entendait par là, après avoir dit qu'on ne représente pas les personnes vivantes, elle a bien pu également employer ce terme dans un sens impropre avant d'en avoir encore parlé, avant d'avoir défini les conditions, les caractères et les effets de la représentation, surtout en en parlant incidemment et à l'égard d'enfans qu'elle déclarait, dans la même disposition, ne vouloir pas punir pour la faute de leur père, et qu'elle punirait cependant réellement pour cette même faute s'ils ne pouvaient prendre part, avec leurs oncles ou tantes, à la succession de leur aïeul ou de leur oncle, quand leur père, toujours supposé prédécédé, n'y vient point, et n'y vient

point, non pas par l'effet de l'indignité qui aurait
pu être prononcée contre lui s'il eût survécu, mais
par une autre cause, son prédécès.

Nous étions encore touché de la considération
qu'il n'est peut-être pas conforme aux principes
du droit, à ceux mêmes de la matière, de prononcer l'indignité d'un individu après sa mort, et seulement vis-à-vis de ses enfans. S'il en était autrement dans l'ancienne jurisprudence, on le conçoit
facilement, puisque les enfans étant punis pour la
faute de leur père, ils étaient eux-mêmes indignes
de succéder dans les mêmes cas que ceux où il
aurait été exclu. Mais aujourd'hui on ne les punit
pas pour la faute de leur père; et en admettant, ce
qu'il faut bien nécessairement admettre pour qu'il
puisse être question d'indignité, que leur père ait
été, avant sa mort naturelle ou civile, condamné
pour avoir tenté de donner la mort au défunt, ou
pour avoir porté contre lui une accusation capitale
jugée calomnieuse, c'est encore un point très délicat, que de savoir si l'on peut venir faire prononcer contre eux l'indignité, si l'on peut leur opposer
un jugement dans lequel ils n'ont point été parties.
Ce n'est pas tout, ces mêmes enfans ne peuvent-
ils pas répondre qu'on ne peut les exclure comme
représentans d'un indigne, qu'autant que leur père
a été indigne : or, l'indignité ne peut réellement
exister que lorsque la succession est ouverte, et à
cette époque il est possible qu'il ne soit plus question d'indignité, vis-à-vis du coupable du moins,

précisément parce qu'il se trouverait *incapable*, parce qu'il serait, par exemple, mort civilement; car, comme on l'a dit, l'indignité présuppose la capacité, et c'est parce qu'il s'agit, dans les cas prévus par la loi, d'en détruire les effets, que l'héritier est exclu pour cause d'indignité. Ainsi, pensions-nous, on opposerait aux enfans une indignité qui n'a jamais été prononcée contre leur père, qui n'a même jamais pu l'être, puisqu'il n'existait déjà plus à l'époque où seulement il aurait pu être question de l'écarter lui-même pour sa faute, s'il eût survécu au défunt et s'il se fût présenté à sa succession.

Après avoir ainsi flotté entre les deux manières d'entendre ces mots de l'art. 730 : « Les enfans de « l'indigne venant de leur chef, et *sans le secours* « *de la représentation*, ne sont pas exclus pour « la faute de leur père, » nous nous sommes enfin déterminé pour l'opinion commune, qui, dans les espèces ci-dessus, les exclut de la succession de l'aïeul ou de l'oncle, en la déférant en totalité aux frères et sœurs de celui qui, s'il eût survécu, eût pu être écarté pour fait d'indignité. Nous regrettons toutefois que la loi n'ait pas assez fait pour ces mêmes enfans; qu'elle les ait réellement, dans ce cas, punis pour la faute de leur père; il fallait simplement les empêcher de venir prendre à sa place, et concurremment avec leurs oncles ou tantes, les droits qu'il aurait eus lui-même s'il n'eût point été indigne et si d'ailleurs il eût été capable de succéder parce qu'il n'était mort ni naturellement ni civilement à l'époque de l'ouverture de la succession. En les empêchant de le *représenter*, dans ce cas, rien n'eût été plus juste ni plus conforme aux principes du droit, parce qu'en effet l'indignité de leur père ne devait pas leur profiter. Mais nous avons été entraîné à l'opinion commune surtout par la disposition de l'art. 848, qui veut que les enfans du donataire, à la succession duquel ils ont même renoncé, soient tenus du rapport, s'ils ne viennent que par représentation, ce qui démontre qu'ils sont absolument à son lieu et place, et que, bien que le bénéfice de la représentation vienne de la loi, puisqu'on représente même celui à la succession duquel on a renoncé, néanmoins, l'effet de la représentation est de n'attribuer que les mêmes droits, absolument, que ceux qu'aurait eus le représenté s'il eût survécu, avec capacité entière, à celui de la succession duquel il s'agit (art. 739); par conséquent, ceux qui veulent venir par représentation d'une personne qui aurait pu être déclarée indigne, peuvent être écartés pour la même cause, de même qu'on ne peut venir représenter celui qui a renoncé (art. 787), ou, en d'autres termes, exercer les droits qu'il a abdiqués.

132. Mais comme les effets de l'indignité sont purement relatifs à la succession de celui envers lequel le fait a été commis, il s'ensuit que les enfans d'un individu coupable d'indignité envers son père

qui a encore le sien , et qu'ils n'ont pu représenter
dans la succession de leur aïeul, ouverte depuis la
mort naturelle ou civile de leur père, pourront fort
bien le représenter ensuite dans celle de leur bisaieul
lorsqu'elle viendra à s'ouvrir : car ce ne serait pas
le cas de dire que la représentation a été coupée,
puisqu'il ne s'agit point de la succession dont l'indigne de succéder eût dû être écarté, s'il eût survécu à celui envers lequel il s'était rendu coupable.

En effet, il eût pu lui-même venir à la succession de ce bisaïeul (son aïeul à lui), si son père
eût été mort à l'époque où elle se serait ouverte,
et si d'ailleurs, à cette époque, il n'eût été lui-même
mort ni naturellement ni civilement. Il eût même
pu représenter son père, quoiqu'il se soit rendu
indigne de lui succéder, s'il avait eu besoin de la
représentation, parce qu'il existait des frères ou
sœurs de son père ou des descendans d'eux au
moment de l'ouverture de la succession : car il
n'auraitpas emprunté le bénéfice de la représentation
de son père, mais de la loi, attendu qu'il aurait pu
également le représenter, dans les cas ordinaires,
après avoir même renoncé à son hérédité (art. 744).
Or, son indignité ne peut avoir, à cet égard, plus
d'effet que sa renonciation. En un mot, il n'eût
point représenté un indigne.

133. Et si deux fils qui n'ont ni frères ni sœurs
se sont rendus indignes de succéder à leur père,
qu'ils soient prédécédés l'un et l'autre, laissant,

l'un un enfant, et l'autre des petits enfans seulement, mais ni frères, ni sœurs, ni descendans d'eux, rien n'empêchera ces petits enfans de représenter leur père prédécédé dans la succession de leur bisaïeul, pour venir concurremment avec le fils de l'autre indigne, car leur père lui-même n'a jamais été indigne; il n'eût pu représenter le sien, il est vrai, mais il peut très bien être représenté lui-même pour élever ses enfans à son degré et à sa place. Nous ne voyons pas en effet pourquoi la représentation ne pourrait avoir lieu jusqu'à eux exclusivement, puisque l'enfant de l'un d'eux n'était point indigne, et qu'elle a lieu à l'infini dans la ligne directe descendante (art. 740.) Et, dans l'hypothèse où, au lieu d'un enfant, l'un des indignes en aurait laissé trois, et l'autre quatre petits enfans d'un seul enfant prédécédé, la succession se diviserait en quatre portions égales, dont l'une serait attribuée aux quatre petits enfans, qui se la subdiviseraient entr'eux. En effet, la première division se serait faite par tête et non par souche, parce que la représentation n'a pu avoir lieu jusqu'aux enfans de l'auteur commun inclusivement, puisqu'ils étaient tous deux indignes. Si le père de ces petits enfans fût venu lui-même à l'hérédité conjointement avec ses cousins-germains, le partage n'en eût pas moins eu lieu par tête, puisqu'il n'eût pu représenter son père indigne. Or, ses enfans, qui le représentent, n'ont que les mêmes droits.

CHAPITRE III.

Des divers ordres de successions (régulières).

SOMMAIRE.

134. *Division du chapitre.*

134. Les rédacteurs du Code ont divisé ce chapitre en cinq sections.

Dans la première, ils ont tracé les dispositions générales sur la dévolution ;

Dans la seconde, ils traitent de la représentation ;

Dans la troisième, de la succession déférée aux descendans ;

Dans la quatrième, des successions déférées aux ascendans ;

Et dans la cinquième, des successions collatérales ;

Nous suivrons nous-même cette division.

SECTION PREMIÈRE.

Dispositions générales sur la dévolution de l'hérédité, des lignes, et des degrés de parenté.

SOMMAIRE.

§. Ier.

Dispositions générales sur la dévolution de l'hérédité.

135. *D'après la présomption d'affection du défunt, la loi défère ses biens à ses parens quand il n'en a pas disposé.*

136. *Sous la dénomination générique de* parens *, on comprend les descendans de la personne décédée, ses ascendans, et ses collatéraux.*

137. *Mais les collatéraux au delà du douzième degré ne succèdent pas.*

138. *La succession, en principe, n'est déférée qu'aux plus proches parens : la règle souffre néanmoins quelques exceptions sommairement indiquées.*

139. *On ne considère plus la* nature *des biens.*

140. *On n'en considère pas davantage l'origine.*

141. *Toute succession échue à des ascendans ou à des collatéraux se divise en deux parts égales : l'une pour les parens de la lignè paternelle, l'autre pour ceux de la ligne maternelle. La règle souffre exception dans certains cas.*

142. *En opérant cette division, la loi ne donne pas la moitié de l'hérédité aux seuls parens paternels du père du défunt, et l'autre moitié aux seuls parens maternels de sa mère ; elle appelle aussi les parens maternels du père et les parens paternels de la mère.*

143. *Les parens utérins ou consanguins ne sont pas exclus par les germains, mais ils ne prennent part que dans leur ligne, tandis que les germains prennent part dans les deux.*

144. *Divers exemples de cas où s'applique la règle.*

145. *L'avantage du double lien est nul dans la même ligne : démonstration par un exemple.*

146. *Il en serait peut-être autrement dans le cas où le partage par lignes n'a pas lieu, parce que l'une d'elles manque tout-à-fait, et qu'il y a dévolution au profit de l'autre.*

147. *Combinaison de la deuxième disposition de l'art. 733 avec l'art. 752, auquel elle renvoie comme à une exception à la règle qu'elle consacre.*

148. *Il ne se fait dévolution d'une ligne à l'autre qu'autant qu'il*

VI.　　　　　　　　　　　　　　　　　11

n'y a pas dans l'une d'elles de parent au douzième degré se portant et pouvant se porter héritier.

149. *Après cette première division, il ne s'en fait plus d'autre, sauf le cas de représentation : le plus proche dans sa ligne exclut le plus éloigné ; ceux du même degré partagent par tête.*

150. *Ainsi plus de* refente ; *elle n'avait même pas lieu sous la loi de nivôse an* II , *quoiqu'on ait souvent prétendu le contraire , par suite des anciens principes coutumiers.*

151. *Transition à l'exposé de la composition de la famille.*

§. II.

Des lignes , des degrés de parenté , et de la composition de la famille.

152. *On rappelle qu'on a déjà parlé plusieurs fois des lignes paternelle et maternelle.*

153. *On considère ici les lignes sous un autre rapport. Les degrés de parenté se forment des générations.*

154. *La ligne est la série des personnes qui descendent les unes des autres , ou d'un auteur commun : aussi elle est directe ou collatérale. La directe est descendante ou ascendante.*

155. *Elle est l'une ou l'autre , selon le rapport sous lequel on envisage l'une des personnes respectivement à l'autre.*

156. *Comment on suppute les degrés en ligne directe.*

157. *Comment on les suppute en ligne collatérale , et d'après le droit civil , et d'après le droit canonique.*

158. *Autres développemens sur la composition de la famille en ligne paternelle et en ligne maternelle, en ce sens que tous les parens maternels et paternels de mon père sont mes parens paternels , et que tous les parens paternels et maternels de ma mère sont mes parens maternels.*

159. *La subdivision des lignes en branches , hors le cas de la représentation , n'a pas lieu pour l'application des art. 733 et 734.*

160. *Quels sont mes parens collatéraux du côté paternel et du côté maternel.*

161. *Suite.*

162. *Suite.*

163. *Relativement à la dévolution de la succession à telle personne qui se présente pour y prendre part dans l'une ou l'autre ligne, on doit uniquement considérer si cette personne était parente du défunt du côté du père ou de la mère de ce dernier, et non si elle était sa parente du côté de son père, à elle, ou de sa mère.*

164. *Importance de la distinction.*

165. *Les descendans d'une personne sont tout à la fois ses parens paternels et maternels, et réciproquement.*

166. *Au contraire, les ascendans d'une personne ne sont ses parens que dans une seule ligne.*

167. *Parmi les collatéraux il en est qui étaient unis au défunt des deux côtés, paternel et maternel : ce sont les frères ou sœurs germains et leurs descendans.*

168. *Mais les oncles et tantes du défunt ne sont pas ses parens dans les deux lignes, quoique le défunt descendît d'un frère ou d'une sœur germaine de l'oncle ou de la tante.*

169. *Les frères ou sœurs consanguins ne sont parens entre eux que d'un seul côté, et il en est de même des frères ou sœurs utérins : cela est vrai également à l'égard des descendans des uns ou des autres.*

170. *L'oncle ou la tante ne sont pas toujours parens* paternels *du neveu ou de la nièce, quoique le neveu ou la nièce descendît d'un frère consanguin ou d'une sœur consanguine de l'oncle ou de la tante; et* vice versà*, ils ne sont pas toujours ses parens* maternels*, quoique le neveu ou la nièce descendît d'un frère utérin ou d'une sœur utérine.*

171. *Les descendans des frères ou sœurs consanguins ne sont pas toujours* entre eux *parens* paternels*; et les des-*

§. 1er.

*Dispositions générales sur la dévolution de l'hé-
rédité.*

135. Nous avons dit plus haut que, voulant se
conformer au vœu de la nature et de la justice, la
loi défère les successions aux parens légitimes des
défunts, quand ceux-ci n'en ont pas eux-mêmes
disposé; qu'elle fait, en quelque sorte, le testament de ceux qui n'en ont point fait.

Toutefois, tous les parens d'une personne ne
sont pas conjointement et indistinctement appelés
à lui succéder; la loi, au contraire, détermine un
ordre d'après lequel les uns sont admis de préférence aux autres; et cette préférence est généralement fondée sur le degré d'affection présumée du
défunt. Sans doute, dans bien dès circonstances,
elle peut ne reposer que sur une présomption fautive, mais c'était cependant la seule raisonnable
que le législateur dût adopter, car il ne peut descendre dans le cœur de chacun pour y lire ses véritables sentimens. Aussi s'est-il déterminé par ce qui
arrive le plus communément, et le plus communément on préfère ses plus proches parens aux plus
éloignés, et ceux-ci aux étrangers. D'ailleurs, il a
laissé aux citoyens la faculté de régler eux-mêmes la

transmission de leurs biens, et d'en disposer suivant l'attachement réel qui peut les porter à donner la préférence à tel individu sur tel autre, même de leur famille; et s'il a mis quelques restrictions à cette faculté, c'est en faveur seulement des personnes que le défunt ne pouvait, sans injustice, priver entièrement des biens qu'il laissera après sa mort. Ainsi, en règle générale, il ne s'occupe de régler la destination du patrimoine des défunts que lorsque ceux-ci ne l'ont pas fait eux-mêmes, et alors il agit comme il suppose qu'ils auraient agi eux-mêmes s'ils avaient jugé à propos de manifester leur volonté à cet égard.

136. Ainsi, les parens sont ceux à qui la loi défère les biens en l'absence de toute disposition particulière de l'homme, et sous le nom générique de *parens* nous comprenons :

Les descendans de la personne décédée,

Ses ascendans,

Et ceux qui lui tenaient par le sang latéralement, ou ses collatéraux (1).

137. Mais au-delà du douzième degré, ces derniers ne succèdent plus (art. 755). Une parenté

---

(1) Nous nous éloignons en cela de l'étymologie du mot *parens*, *parentes*, c'est-à-dire *ii qui paruerunt*, terme par conséquent qui ne devrait s'appliquer qu'aux seuls ascendans, qu'à ceux qui ont donné la naissance aux autres; aussi ne s'appliquait-il qu'à ces derniers dans le droit romain; mais chez nous il a une acception beaucoup plus étendue.

aussi éloignée ne suppose plus d'affection particulière : comme un lien trop prolongé perd de sa force en perdant de sa tension.

138. La succession n'est au surplus déférée aux parens que dans l'ordre dont il sera bientôt parlé; mais, règle générale, elle l'est d'abord aux descendans; à leur défaut, aux ascendans, et, à défaut des uns et des autres, aux parens collatéraux. (Art. 731.)

Et, règle générale aussi, le plus proche en degré exclut le plus éloigné.

La première de ces règles souffre toutefois une exception, en ce sens que quelquefois les collatéraux concourent avec les ascendans, et quelquefois même les excluent.

Et, la seconde en souffre deux, savoir : 1° à raison de la division de la succession par lignes, quand il y a lieu à cette division, cas dans lequel le plus proche parent du défunt n'exclut pas le plus éloigné, mais seulement le plus éloigné dans sa ligne.

2° Le plus proche dans sa ligne n'exclut pas le plus éloigné, si celui-ci peut, par le bénéfice de la représentation, monter à un degré égal au sien; le tout suivant ce qui sera successivement expliqué.

139. Un principe fondamental de notre nouveau (1) système des successions, c'est que la loi ne considère ni la nature ni l'origine des biens,

_____

(1) Nous l'appelons *nouveau* par rapport aux lois anciennes et aux anciennes coutumes, et abstraction faite des lois de la révolution sur

pour en régler la transmission par voix d'hérédité.
(Art. 732.)

Ainsi, la loi ne considérant point la *nature* des
biens pour en régler la succession, il n'y a plus
lieu, comme dans l'ancienne jurisprudence de nos
pays coutumiers, à attribuer les biens meubles à
tel héritier, et les immeubles à tel autre (1); et,
sauf ce que nous dirons plus tard en parlant des
majorats, comme il n'y a plus de biens nobles
et de biens non nobles, que ces derniers vestiges
de la féodalité ont entièrement disparu; nous ne
voyons plus une partie de l'hérédité attribuée par
privilége, et à titre de biens nobles, à tel héritier,
et les autres biens déférés suivant les règles communes. Notre Code, sous ce rapport, est conforme
au droit romain, qui n'a jamais fait, touchant la
transmission des biens par voie de succession, de
distinction en ce qui touche leur *nature.*

140. Ainsi encore, la loi ne considérant point
l'origine des biens pour en régler la succession, il
n'y a plus de distinction à faire entre les *propres* et
les *acquêts*, pour attribuer les premiers à tels héritiers seulement, et les autres à des héritiers dif-

---

cette matière, notamment de celle du 17 nivôse an II, qui avait déjà
consacré le principe établi à l'article 732 du Code civil.

(1) Par exemple, dans la coutume de Paris, les père et mère, et, à
leur défaut, les autres ascendans de l'enfant décédé sans postérité,
succédaient aux meubles et *acquêts*. (Art. 311.) Les *propres* passaient
aux collatéraux du côté et ligne d'où ils étaient provenus à l'enfant.

férens. Il n'y a plus lieu non plus, et sauf la disposition spéciale de l'art. 747, fondée sur des motifs particuliers, et qui n'est point d'ailleurs un effet du système abrogé, il n'y a plus lieu non plus à déférer aux seuls parens paternels les biens qui étaient provenus au défunt de ses parens paternels, et aux seuls parens maternels les biens qui lui étaient échus du côté maternel. La célèbre règle *paterna paternis, materna maternis*, sujette, dans son application, à tant de difficultés (1), se trouve par là formellement proscrite. Tous les biens du défunt, quelles que soient leur nature et leur origine, qu'ils lui viennent du côté paternel ou maternel, n'importe, ne forment qu'un seul et même patrimoine, une seule et même succession; dont la transmission s'opère suivant des règles communes à tous les parens, qui sont appelés par la loi à raison de leur degré de parenté avec le défunt.

141. Un autre principe général de la matière, c'est que « toute succession échue à des ascendans

---

(1) Quoiqu'on pût certainement la justifier sous plus d'un rapport; car elle avait pour effet d'empêcher les biens de passer trop promptement d'une famille dans une autre. Elle n'était nullement une conséquence, même éloignée, du régime féodal, puisqu'elle a existé, sous quelques points de vue du moins, dans le droit romain, auquel ce régime était entièrement étranger, lui étant postérieur de plusieurs siècles. *Voy.* à ce sujet la L. 13, § 2, Cod. *de legitimis heredibus*, et la novelle 84, cap. 1, §. 2. Quelques auteurs ont même soutenu que Justinien, auteur de l'une et de l'autre, n'avait point abrogé cette règle par sa novelle 118; mais Vinnius démontre clairement, selon nous, que cette opinion est erronée.

« ou à des collatéraux se divise en deux parts
« égales : l'une pour les parens de la ligne pater-
« nelle, l'autre pour les parens de la ligne ma-
« ternelle. (Art. 733.) (1) »

C'est la division par ligne dont il vient d'être
parlé; elle n'a lieu toutefois qu'autant que la descendance légitime manque tout-à-fait, parce que
ce n'est que dans ce cas que les ascendans et les
collatéraux sont appelés.

142. L'article dit : « Toute succession échue à des
ascendans ou à des collatéraux se divise en deux
parts égales, etc.; » mais, premièrement, la règle
n'est pas seulement applicable au cas où la succession serait déférée à des ascendans uniquement,
ou à des collatéraux seulement; elle l'est aussi au
cas où l'hérédité est déférée à des ascendans ET à
des collatéraux tout à la fois. (Art. 753.)

En second lieu, elle ne s'applique point lorsque
ces collatéraux sont des frères ou sœurs, même
simplement consanguins ou utérins, ou des descendans d'eux, en concours avec le père ou la
mère seulement; car ils ont les trois quarts de la

---

(1) Dans le droit romain, la division par lignes n'avait pas lieu ;
le plus proche ascendant, ou le plus proche collatéral du défunt (ou
qui pouvait se placer au degré le plus proche par le bénéfice de la
représentation), prenait la totalité des biens, sans aucune division
entre la ligne paternelle et là ligne maternelle : s'ils étaient plusieurs
au même degré, ils partageaient par tête. Ainsi, l'on n'a adopté ni
le droit romain, ni le droit coutumier avec sa règle *paterna*, *paternis*,
materna, *maternis*.

succession, et le père ou la mère l'autre quart
(art. 752); et néanmoins la succession est échue à
des ascendans et à des collatéraux : en sorte que
la première partie de cet art. 733 souffre exception
comme la seconde, la seule cependant qui en
mentionne une, qui se trouve aussi dans l'art 752,
mais qui n'a rapport qu'aux frères utérins ou consanguins, tandis que celle que nous venons d'indiquer se rapporte aux frères germains.

Et quand le défunt laisse pour plus proches
parens son aïeul paternel et un frère utérin, ou
son aïeul maternel et un frère consanguin, la succession appartient tout entière au frère, à l'exclusion de l'ascendant (art. 750), ainsi que nous
le démontrerons plus amplement dans la suite,
car quoiqu'elle soit déférée à un collatéral, néanmoins ce collatéral n'est point de la classe de ceux
dont entend parler ce même art. 733; autrement
il serait en opposition manifeste avec l'art. 752
auquel, encore une fois, il ne renvoie pas dans sa
première partie, mais seulement dans la seconde,
et pour le cas du concours des frères consanguins
ou utérins avec les père et mère, ou l'un d'eux
seulement. Au surplus, en opérant cette division de
la succession par lignes; en en donnant une moitié
aux parens de la ligne paternelle, et l'autre moitié
aux parens de la ligne maternelle, la loi ne fait pas
cette attribution aux seuls parens paternels qui tenaient au défunt par son père, et aux seuls parens
maternels qui tenaient à lui par sa mère; elle la

fait indistinctement, et, sauf la proximité du degré, aux parens maternels et paternels de son père, aux parens paternels et maternels de sa mère. Ainsi l'aïeul et l'aïeule maternels de son père (1), l'aïeul et l'aïeule paternels de sa mère peuvent être conjointement appelés; et ils partageraient, les premiers, la part attribuée à la ligne paternelle; les seconds, celle attribuée à la ligne maternelle; et ainsi de suite.

143. Le même art. 733 ajoute, comme seconde règle :

« Les parens utérins ou consanguins ne sont « pas exclus par les germains; mais ils ne pren- « nent part que dans leur ligne, sauf le cas prévu « à l'art. 752 du Code. Les germains prennent part « dans les deux lignes (2). »

---

(1) Qui sont les bisaïeuls du défunt, ou, en d'autres termes, les père et mère de la mère du père de ce défunt. *Voy.* les art. 403 et 404 où l'on suppose le concours, quant à la tutelle, entre deux ascendans appartenant tous deux à la ligne paternelle ou maternelle du mineur, et à des degrés supérieurs à celui d'aïeul. On sent, en effet, qu'en remontant, à chaque génération le nombre des aïeuls double dans chaque ligne. Ainsi, il peut exister l'aïeul et l'aïeule paternels, l'aïeul et l'aïeule maternels du père du défunt, et l'aïeul et l'aïeule paternels, ainsi que l'aïeul et l'aïeule maternels de la mère de ce même défunt; ce qui donne à ce dernier huit ascendans ou bisaïeuls. Son fils en aura eu seize, et le fils de celui-ci trente-deux, jusques et y compris seulement les personnes ci-dessus indiquées, et sans parler des intermédiaires.

(2) Pour ne point entraver la discussion, nous avons placé dans le §. suivant tout ce qui est relatif aux lignes, aux degrés de parenté, et à la composition de la famille : on ferait même bien de commencer par lire attentivement ce même §. avant de lire l'ana-

Il n'eût pas été juste, en effet, de faire exclure les parens qui tenaient au défunt d'un seul côté, par les germains ou ceux qui lui tenaient des deux côtés ; et en cela on a sagement fait de s'éloigner du système de novelles 84 et 118 de Justinien (1), ainsi que des dispositions du plus grand nombre de nos anciennes coutumes, suivant lesquelles les consanguins ou utérins étaient exclus par les frères ou sœurs germains, et même par des enfans de ces frères ou sœurs.

On appelait ce privilége attribué aux germains et à leurs enfans, le *privilége du double lien.*

Mais, d'autre part, il eût été absurde de donner aux parens qui ne tenaient au défunt que d'un seul côté autant de droit qu'aux germains, puisque le lien qui les unissait au défunt est bien moins fort que celui qui attachait les germains à ce dernier. Le Code a donc pris le parti le plus équitable et le plus conforme à la raison, en admettant les uns et les autres, mais en donnant aux germains le droit de prendre part dans les deux lignes, puisqu'ils sont parens des deux côtés. C'est l'égalité relative, la seule qui soit réellement égalité.

---

lyse des dispositions générales que nous faisons maintenant; elle en serait mieux comprise.

(1) Il n'avait admis que les frères et sœurs germains du défunt à concourir avec les ascendans, ou à concourir entre eux. Les consanguins et les utérins étaient ainsi exclus par les ascendans, même autres que les père et mère, et par les frères et sœurs germains et les enfans de ceux-ci. *Voy.* aussi la novelle 127 *princip.* et cap. 1.

144. Ainsi, Paul qui avait eu d'un premier mariage Alexandre et Stanislas, a eu d'une seconde
union Jean et Pierre; Paul étant venu à mourir,
sa veuve s'est remariée, et a eu de son nouveau mariage Philippe et Georges ; tous ces enfans vivent
encore.

Jean et Pierre sont germains entr'eux; ils sont
simplement consanguins avec Alexandre et Stanislas , et simplement utérins avec Philippe et
Georges; mais ceux-ci ne sont rien aux deux précédens : ils n'ont eu ni le même père ni la même
mère : ils sont avec eux ce que les Latins appelaient *comprivigni.*

D'abord, si l'on suppose qu'Alexandre ou Philippe est venu à mourir sans laisser de postérité
ni d'ascendans, il est clair que son frère Stanislas,
ou Georges, se trouvant seul dans sa ligne, il prend
à lui seul la part attribuée à cette ligne, et partage
l'autre par égales portions avec ses deux frères
Jean et Pierre, qui lui tiennent du côté paternel
ou maternel : en sorte que si la succession est
de 24,000 fr. , il en aura à lui seul 16,000, et chacun de ces derniers 4000 seulement.

Supposons maintenant que ce soit Jean qui
vienne à mourir sans enfans , et toujours, pour
plus de simplicité dans l'espèce, sans aucun ascendant; sa succession est pareillement de 24,000 fr.;
elle se divise d'abord (au moins fictivement) en
deux parts égales, moitié pour la ligne paternelle,
moitié pour la ligne maternelle. Nous trouvons de

la sorte en concours, dans la ligne paternelle, Pierre, Alexandre et Stanislas, dont chacun a le tiers de la moitié affectée à cette ligne, ou 4000 fr. Nous trouvons en concours dans la ligne maternelle le même Pierre, mais avec Philippe et Georges : la répartition étant la même que dans l'autre ligne, chacun d'eux a également 4000 fr., ce qui donne à Pierre 8000 fr., et à chacun des consanguins ou utérins 4000 seulement, comme il vient d'être dit.

Que si l'on conserve l'espèce ci-dessus, mais en la modifiant de la manière suivante, notre art. 733 ne présentera non plus aucune difficulté dans son application.

Stanislas est mort, mais laissant des enfans; il en est de même de Pierre, frère germain de Jean, et celui-ci meurt ensuite sans laisser de descendans ni d'ascendans. Les enfans de Stanislas, ainsi que ceux de Pierre, représentant leur père prédécédé, comme on le verra plus loin, auront la part qu'il aurait eue s'il eût survécu, et ils se la partageront entre eux par tête. Rien n'est plus clair.

Que s'il n'y a que des frères consanguins du défunt en concours avec des frères utérins de celui-ci, il n'y a pas davantage de difficulté : la succession se divise également en deux parts égales, moitié pour la ligne paternelle, moitié pour la ligne maternelle. Ainsi, mon père a eu d'un premier mariage Alexandre et Stanislas, et ma mère avait eu elle-même d'un premier mariage Phi-

lippe : je meurs sans laisser de descendans, ni de
frères ou sœurs germains ou descendans d'eux, ni
père ni mère; Alexandre et Stanislas ont la moitié
de ma succession, et ils se la partagent par tête;
et Philippe a l'autre moitié à lui seul, parce qu'à
lui seul il représente toute la ligne maternelle.

Bien mieux, si nous le supposons indigne ou
renonçant, mais ayant des enfans ou descendans,
ces mêmes enfans ou descendans, bien qu'ils ne
puissent représenter leur père ou aïeul, puisqu'il est
indigne ou qu'il a renoncé, n'en auront pas moins
la moitié de la succession, parce qu'ils sont dans
une autre ligne que celle à laquelle appartiennent
les consanguins Alexandre et Stanislas, et qu'ici
la proximité du degré est indifférente, le partage
devant d'abord se faire *par lignes*, et que tous les
frères ou sœurs consanguins ou leurs descendans
ont, comme frères ou comme enfans de frères, la
part déférée à leur ligne. Cet enfant de Philippe,
indigne ou renonçant, ne serait exclu que par un
autre frère ou représentant de frère du même
côté, s'il en existait, ou bien par un frère germain ou enfant de ce frère, si j'en avais laissé; car
il serait mon parent maternel comme mon parent
paternel; il serait par conséquent dans la même
ligne que Philippe et ses enfans, et alors la proximité du degré devrait être suivie.

Nous verrons aussi plus loin que la qualité
d'enfant de frère donne la préférence sur les ascendans autres que les père et mère, et le droit de

concourir avec ceux-ci, encore que l'enfant ou le
descendant du frère ne puisse le représenter, soit
pour cause d'indignité, soit pour cause de renonciation, et qu'ainsi cet enfant ou ce descendant soit à
un degré de parenté avec le défunt beaucoup plus
éloigné que celui du père ou de l'aïeul; c'est
qu'ici on ne s'attache point au degré de parenté,
mais à la *qualité* de cette parenté.

145. Mais ce n'est pas uniquement en faveur des
frères ou sœurs germains, ou descendans d'eux,
en concours avec des frères ou sœurs consanguins
ou utérins ou leurs descendans, que l'art. 733
semble établir le droit de prendre part dans les deux
lignes; on dirait que c'est aussi en faveur des *parens* germains en concours avec des *parens* utérins
ou consanguins indistinctement; car, bien que le mot
germains, dans cet art., ne soit pas précédé de celui
de *parens*, comme l'est celui d'*utérins*, néanmoins
il est évident que ce mot *parens* est sous-entendu,
par la relation qui existe entre les germains, d'une
part, et les consanguins ou utérins, d'autre part.

Mais, d'un autre côté, l'art. 734 ne veut pas qu'une
fois la grande division entre les deux lignes opérée,
il se fasse des subdivisions dans chacune de ces
lignes, sauf le cas de la représentation : or, précisément la difficulté s'élève dans un cas où la représentation n'est pas admise, et où l'un des héritiers
tenait au défunt du côté paternel et du côté maternel,
tandis que les autres ne lui tenaient que d'un seul côté.

Ainsi, la question est de savoir si le double lien, au-delà de frères ou sœurs ou de leurs représentans, et quand la division par lignes a déjà été opérée, donne droit à ceux qui l'ont en leur faveur d'exiger que la part attribuée à la ligne dans laquelle ils se trouvent soit elle-même subdivisée en deux portions, pour qu'ils puissent prendre part dans chacune d'elles, tandis que les collatéraux, qui ne tiennent au défunt que d'un seul côté, ne prendraient part que dans l'une de ces portions seulement, et en supposant encore que leur degré de parenté les appelât à l'hérédité.

Par exemple, Sempronius a eu d'un premier mariage Claudius, et d'une nouvelle union Titius et Titia. Titia, mariée à Sulpitius, est décédée laissant Valerius, qui vient lui-même de mourir sans postérité. C'est de la succession de celui-ci qu'il s'agit. Sempronius est également prédécédé.

Cette hérédité se partage incontestablement entre Sulpitius, père du défunt, qui a même l'usufruit du tiers des biens auxquels il ne succède pas en propriété, et les parens du côté maternel, Claudius et Titius (art. 753). Mais ce dernier tenait au défunt par le double lien; il était frère germain de Titia, mère de ce défunt, tandis que Claudius ne lui tenait que d'un seul côté, étant seulement frère consanguin de Titia. Or, doit-on subdiviser la moitié attribuée à la ligne maternelle, pour que Titius prenne à lui seul une des parties que l'on ferait de cette moitié, et partage l'autre avec Claudius? Ou

VI.   12

bien le principe que les germains prennent part
dans les deux lignes, ne s'applique-t-il plus dès
que ces deux lignes ont déjà été dotées par la
première division de l'hérédité en deux parts
égales, car, dans l'espèce, Sulpitius, père du défunt, a eu la moitié de la succession, puisqu'il vit
encore?

Allons plus loin : supposons aussi que Titius eût
prédécédé Valerius, son neveu, mais ayant laissé un
fils; ce dernier, cousin germain de Valerius, son parent au quatrième degré, et issu d'un père qui tenait
à celui-ci par le double lien, pourra-t-il concourir
avec son oncle Caudius, qui ne tenait au défunt,
comme on l'a dit, que d'un seul côté, mais qui est
parent au troisième degré, et dans la même ligne,
car ils sont tous deux dans la ligne maternelle?

Dans les espèces ci-dessus, il ne se fait plus de
division une fois que la première est opérée entre
les deux lignes, paternelle et maternelle. L'art. 734
prohibe toute division *pour régler la dévolution* (1).
En conséquence, dans la première hypothèse, Claudius aura, dans la part ou moitié attribuée à la
ligne maternelle, une portion égale à celle de Ti-

(1) Mais non pour faire le partage des biens entre les diverses
branches qui sont appelées d'après les principes sur la dévolution;
car l'art. 743 veut, dans tous les cas où la représentation est admise,
que le partage s'opère par souche, et que si une même souche a produit plusieurs branches, la subdivision se fasse aussi par souche
dans chaque branche. Mais il n'y a pas contradiction entre ces deux
dispositions, parce que la première ne suppose pas qu'il y ait lieu à
la représentation.

tius, et, dans la seconde, Claudius exclura le fils de Titius.

Car, que l'on remarque bien que le double lien ne donne le droit de prendre part que dans les *deux lignes*, et non pas dans les *deux branches* de la même ligne; l'art. 733 est positif à cet égard. Or, dans ces espèces, Claudius et Titius, ou Claudius et le fils de Titius, sont de la même ligne, quoiqu'ils ne soient pas de la même branche de cette ligne, puisque la mère de Claudius n'était pas celle de Titius, ni celle du fils de ce dernier. Toute subdivision dans la même ligne étant prohibée hors le cas de la représentation, et la représentation dans l'espèce n'ayant pas lieu, le double lien, ou la *germanité*, si l'on peut s'exprimer ainsi, ne donne pas plus de droit que la parenté d'un seul côté avec le défunt. Il faut toujours en revenir à la proximité du degré dans la *ligne* où l'on se trouve, et, à égalité de degré, au partage par tête, soit que l'on appartienne à la branche maternelle de cette ligne, soit qu'on appartienne à la branche paternelle.

146. Il n'y aurait qu'un cas où, peut-être, le double lien, aux degrés où la représentation n'est pas admise, pourrait donner des droits plus étendus que ceux de la parenté d'un seul côté : ce cas serait celui où il y aurait eu dévolution de l'autre ligne à celle dans laquelle se trouvent tout à la fois des parens germains et des parens consanguins ou utérins, soit parce qu'il n'y a pas de parens au degré

successible dans la première ligne, soit parce que
ceux qui existent sont indignes ou ont renoncé.
Comme alors il n'y a pas de division préalable entre
les deux lignes, on n'est plus dans les termes de
l'art. 734, qui ne prohibe les subdivisions que
lorsque la division première et principale a été opérée entre les deux lignes ; et le principe de l'article
733, seconde disposition, qui veut que les germains aient des drois plus étendus que les parens
utérins ou consanguins, pourrait recevoir son application. La division, dans ce cas, se ferait en deux
parts égales, moitié pour le côté (1) paternel, moitié
pour le côté maternel : les parens de l'un et l'autre
côté, comme Titius, dans l'espèce donnée d'abord
en exemple, prendraient part dans les deux, et Claudius prendrait part seulement dans celle attribuée
à son côté. On ne serait pas, il est vrai, dans les
termes mêmes de la loi, qui ne fait cette division
par moitié qu'entre les *lignes ;* mais on serait assez
dans son esprit, puisque cette division serait toujours la première qui serait faite. Au reste, cela est
encore fort douteux, et nous n'admettrions même
pas la *refente* entre le fils de Titius, si celui-ci était
prédécédé, et son oncle consanguin Claudius ; l'article 734 veut trop formellement que le plus proche
dans chaque *ligne* exclue le plus éloigné.

147. On a vu que l'art. 733, dans sa deuxième par-

---

(1) Nous disons le *côté*, puisqu'il n'y a toujours qu'une seule *ligne*
venant à l'hérédité.

tie, fait, en renvoyant à l'art. 752, une exception à
la règle que les parens consanguins ou utérins ne
prennent part que dans leur ligne. Cette exception
résulte de ce que, lorsque le défunt, décédé sans
postérité, n'a laissé que des frères ou sœurs d'un
seul côté (ou des descendans d'eux : art. 742, 750
et 751), mais ayant ses père et mère, ou l'un d'eux
seulement, la moitié ou les trois quarts attribués
aux frères et sœurs en général appartiennent à ces
frères ou sœurs consanguins ou utérins, ou à leurs
descendans (1). En sorte que si le père seulement
existe et qu'il y ait des frères utérins, ou si c'est la
mère et qu'il y ait des frères consanguins, le partage ne se fait pas en deux parts égales, moitié pour
la ligne paternelle, moitié pour la ligne maternelle :
le père, ou la mère, n'a seulement que le quart,
et les parens consanguins ou utérins prennent ainsi
au-delà de ce qui revenait à leur ligne de droit commun. Nous verrons même plus loin que le frère
consanguin exclut l'aïeul maternel, et, *vice versâ*,
que le frère utérin exclut l'aïeul paternel, et qu'ainisi

---

(1) L'art. 751, auquel se réfère le suivant, se sert bien de l'expression *représentans* pour indiquer les enfans et descendans de frères
ou sœurs du défunt, en concours avec les père et mère; mais ce
terme ne veut pas dire qu'il soit nécessaire que ces mêmes enfans
(ou descendans) doivent venir par *représentation*, qu'ils ont besoin
de ce bénéfice, et qu'ils seraient exclus si leur père ou mère eût été
indigne ou avait renoncé; car ils viendraient également en concours
avec leur aïeul ou aïeule, en vertu de leur seule qualité *d'enfans de
frère ou sœur*, ainsi que nous avons déjà eu occasion de le dire, et
nous aurons encore occasion de le répéter.

toute la succession est attribuée à une seule ligne; comme elle l'est également à une seule ligne lorsque le frère consanguin est en concours avec le père seulement, ou le frère utérin avec la mère seule.

148. Mais comme en principe toute succession échue à des ascendans ou à des collatéraux se divise en deux parts égales, l'une pour les parens paternels, l'autre pour les parens maternels; tant qu'il y a dans l'une et l'autre ligne des parens au degré successible, c'est-à-dire au douzième degré inclusivement, capables d'ailleurs de recueillir la succession, qui n'en sont point exclus pour cause d'indignité, et qui n'y ont point renoncé, ces parens prennent cette part, et il ne se fait de dévolution d'une ligne à l'autre que lorsqu'il ne se trouve aucun ascendant ni collatéral de l'une des deux lignes (art. 733) pouvant venir à l'hérédité, et n'y ayant point renoncé, en un mot, aucun parent au douzième degré, se portant et pouvant se porter héritier.

149. Ainsi que nous l'avons déjà dit, une fois cette première division opérée entre les lignes paternelle et maternelle, il ne se fait plus de division entre les diverses branches; mais la moitié dévolue à chaque ligne appartient à l'héritier ou aux héritiers les plus proches en degrés, sauf le cas de la représentation, ainsi qu'il sera dit ci-après. (Article 734.)

Par exemple, si Paul a pour plus proche parent
dans la ligne paternelle Antoine, son oncle, et
Charles, père ou oncle de ce dernier, ce sera Antoine qui aura seul la part attribuée à cette ligne.
Et si, au lieu d'Antoine, on suppose un cousin germain dans la même ligne, il y aura concours entre
lui et le grand-oncle, parce qu'ils seraient tous
deux au même degré, au quatrième.

Que si Paul a, dans la ligne maternelle, pour
plus proches parens, Alexandre, son cousin germain, et Philippe, enfant d'un autre cousin germain prédécédé, Alexandre aura seul, à l'exclusion de Philippe, qui est d'un degré plus éloigné
que lui, la part attribuée à cette ligne.

Si l'on suppose enfin qu'Alexandre était décédé
au moment de la mort de Paul, mais ayant laissé
plusieurs enfans, par exemple quatre, ou qu'il
soit indigne, ou qu'il ait renoncé, il ne se ferait
pas davantage une subdivision entre eux et Philippe, de la part attribuée à la même ligne, à
l'effet d'en donner moitié à ce dernier, et l'autre
moitié à ces mêmes enfans; le partage se ferait
entre eux par têtes, et chacun aurait le cinquième
de la portion affectée à sa ligne, parce qu'ils sont
tous au même degré; et tout ce qui vient d'être dit
s'applique aux degrés ultérieurs.

150. Ainsi, il n'y a plus lieu de prétendre, comme
on l'a si souvent, et mal à propos, prétendu sous la loi
de nivose an II, en appelant ce système le système de

la *refente* (1), qu'il y a lieu à une subdivision entre
les branches qui sont à des degrés inégaux par rapport au défunt, ce qui serait une sorte de représentation établie au profit des enfans des parens prédécédés pour les faire monter au degré de leurs pères
ou mères. Il n'y a pas même lieu non plus de prétendre que cette subdivision doit se faire entre des
branches diverses qui sont à des degrés égaux, et
ayant l'une plus de successibles que l'autre ; ni enfin à
faire aucune distinction entre la branche paternelle et la branche maternelle de la même ligne,
c'est-à-dire entre les parens paternels et les parens
maternels du père du défunt, et les parens maternels
et les parens paternels de sa mère ; on doit uniquement, au contraire, s'attacher à cette double
règle :

1° Le plus proche ou les plus proches dans chaque
ligne excluent les plus éloignés, même d'une autre
branche de la même ligne ;

2° Entre héritiers de même degré, dans la même
ligne, le partage se fait par tête, quoiqu'ils fussent
de branches différentes et plus nombreux dans une
branche que dans l'autre ; le tout sauf les cas où

(1) La Cour suprême n'a point ainsi interprété cette loi ; mais les
Cours d'appel ont rendu un assez grand nombre d'arrêts dans le
sens de ce système de la *refente*, surtout avant que la Cour régula-
trice eût fortement établi sa jurisprudence sur ce point. Nous nous
dispenserons de citer ces diverses décisions, puisque la question est
formellement tranchée par le Code. Mais l'on suivait ce système de
la *refente* dans beaucoup de nos anciennes coutumes ; il était inconnu
dans le droit romain.

la représentation est admise, comme nous l'expliquerons bientôt.

151. Puisque la loi défère d'abord la succession aux parens, qu'elle établit des ordres parmi ces parens pour régler la dévolution des biens, et enfin qu'elle se détermine généralement en faveur des parens du défunt les plus proches, il importe donc de voir comment se compose la famille ; c'est ce que nous allons faire dans le paragraphe suivant.

§. II.

Des lignes , des degrés de parenté , et de la composition de la famille.

152. Nous avons déjà souvent parlé des *lignes* (1) paternelle et maternelle, indiquant par là tous les parens aux degrés successibles, qui tenaient au défunt par son père ou par sa mère, soit que ceux qui lui tenaient par son père fussent parens maternels ou paternels de celui-ci, soit que ceux qui lui tenaient par sa mère fussent parens paternels ou maternels de celle-là ; ne faisant non plus aucune

____

(1) Que le Code appelle tantôt ainsi (art. 409 , 733 , 734 , 755), et tantôt *côtés* paternel et maternel (art. 407 et 752), expression plus exacte quand elle s'applique à des collatéraux , mais qui cependant parfois n'aurait pas un sens assez étendu, parce que dans ligne paternelle d'une personne, il y a le côté maternel et le côté paternel de son père ; comme dans la ligne maternelle, il y a le côté paternel et le côté maternel de sa mère.

distinction à raison des degrés de parenté, et pas davantage à raison des sexes.

153. Mais cette division de la famille d'une personne n'a pas été jugée suffisante pour régler la dévolution de ses biens; aussi la loi en fait-elle deux autres :

L'une est en ligne *directe*, par opposition à la ligne *collatérale;*

L'autre est en ligne *ascendante*, par opposition à la ligne *descendante.*

Ces deux dernières divisions de la famille ont pour objet d'établir la nature et la proximité de la parenté entre le défunt et ceux que la loi appelle à lui succéder, afin de régler la préférence.

D'abord la proximité de parenté s'établit par le nombre de générations; chaque génération forme un degré. (Art. 735.)

Par conséquent, autant de générations autant de degrés.

La suite des degrés forme la ligne.

154. On appelle ligne directe la suite ou la série des degrés entre personnes qui descendent l'une de l'autre ;

Et ligne collatérale, la suite des degrés entre personnes qui ne descendent pas les unes des autres, mais qui descendent d'un auteur commun. (Art. 736.)

155. On distingue la ligne directe en ligne descendante et en ligne ascendante.

La première est celle qui lie le chef avec ceux qui descendent de lui (1); la deuxième est celle qui lie une personne avec ceux dont elle descend. (*Ibid.*)

En d'autres termes, la ligne est descendante ou ascendante suivant le rapport sous lequel on considère les personnes de cette série dans les droits ou dans les devoirs que la loi attribue ou impose aux unes à l'égard des autres, ou même sous tout autre point de vue. Ainsi, un bisaïeul, un aïeul, un père, sont des ascendans respectivement au fils, au petit-fils et à l'arrière-petit-fils; comme ceux-ci sont des descendans par rapport aux premiers. En sorte que le même individu sera tout à la fois considéré comme descendant par rapport à son père, et comme ascendant par rapport à son fils. De là, s'il s'agit de ma succession, ma postérité sera la ligne descendante; s'il s'agit de la succession de mes enfans, je serai considéré comme la ligne ascendante.

156. En ligne directe (considérée absolument), on compte autant de degrés qu'il y a de générations entre les personnes : ainsi le fils est à l'égard du père au premier degré, le petit-fils au second; et réciproquement du père et de l'aïeul à l'égard

---

(1) Cette définition du Code n'apprend pas grand'chose, parce que la ligne est *ascendante* aussi, si l'on considère ceux qui descendent du chef, avec lequel ils sont pareillement *liés*, dans leur rapport avec ce dernier, puisqu'il y a corrélation. Le mot *chef* n'exprime pas d'ailleurs nettement l'idée de la ligne descendante, mais bien plutôt celle de la ligne ascendante.

des fils et petit-fils (art. 737). C'est-à-dire que l'on compte autant de degrés qu'il y a de personnes dans la série, moins toutefois le chef.

157. En ligne collatérale, les degrés se comptent par les générations, depuis l'un des parens jusques et non compris l'auteur commun, et depuis celui-ci jusqu'à l'autre parent (1).

Ainsi, deux frères sont au deuxième degré; l'oncle et le neveu sont au troisième, les cousins germains au quatrième, et ainsi de suite. (Art. 738.)

158. Jusqu'ici, nous n'avons établi que les lignes et les degrés de parenté; mais il est important aussi de connaître la *qualité* de la parenté elle-même, si l'on peut s'exprimer de la sorte; d'indiquer, en d'autres termes, la composition de la famille. Ce que nous avons déjà dit en expliquant les art. 733 et 734 a donné une idée générale de cet objet; nous nous bornerons donc aux observations les plus usuelles et les plus faciles à saisir (2).

---

(1) En droit canonique la supputation ne se fait pas de la même manière : l'on part bien du parent le plus *éloigné* de l'auteur commun et jusqu'à lui sans le compter, mais on ne redescend pas à l'autre parent. Ainsi deux frères ne sont qu'au premier degré; un oncle et un neveu ne sont qu'au second; un grand-oncle et le petit-neveu au troisième; deux cousins germains ne sont qu'au deuxième; un cousin germain et l'enfant d'un autre cousin germain ne sont qu'au troisième; etc. Tandis qu'en droit civil, ces derniers sont au cinquième degré; les précédens au quatrième; le grand-oncle et le petit-neveu aussi au quatrième; l'oncle et le neveu au troisième; et deux frères au second.

(2) Nous nous dispenserons de faire des *tableaux* généalogiques,

D'abord il est clair que mes parens paternels sont ceux qui me tiennent du côté de mon père, que mes parens maternels sont ceux qui me tiennent du côté de ma mère.

Cette distinction établit donc les lignes paternelle et maternelle, lignes qui sont autres que la ligne directe et la ligne collatérale, autres aussi que la ligne directe ascendante et la ligne directe descendante.

Et puisque tous ceux qui me tiennent par mon père sont mes parens paternels, comme tous ceux qui me tiennent par ma mère sont mes parens maternels, il n'importe point, ainsi que nous l'avons déjà dit, pour la formation de ces lignes, que les personnes qui sont dans l'une ou l'autre soient elles-mêmes parens paternels ou maternels de mon père, ou parens maternels ou paternels de ma mère. Cette sous-distinction entre les parens paternels et maternels de mon père, entre les parens maternels et paternels de ma mère, est seulement nécessaire pour connaître les *branches* dans chaque ligne, mais nullement pour connaître les lignes elles-mêmes. Ces lignes ont leur point de départ dans la personne de mon père, dans la personne de ma mère. Ainsi, la mère de mon père, le père et la mère de la mère de mon père, et ainsi de suite, sont mes

comme on en voit dans plusieurs ouvrages sur *les successions;* ainsi que nous l'avons dit en commençant l'explication de cette matière, nous renvoyons à cet égard au *Répertoire* de M. Favard, où ils sont très-multipliés et bien faits.

parens paternels, quoiqu'ils ne soient que ses parens maternels. Le père de ma mère, le père et la
mère du père de ma mère, sont mes parens maternels, quoiqu'ils soient ses parens paternels.

159. Et pour l'application de la première disposition de l'art. 733, qui veut que toute succession
échue à des ascendans ou à des collatéraux se divise en deux parties égales, moitié pour les parens
paternels, moitié pour les parens maternels, il n'y
a, comme nous l'avons fait observer, aucune distinction à faire entre les divers élémens dont se compose chaque ligne. Il n'y en a pas davantage à faire
pour l'application du principe consacré par l'art. 734,
suivant lequel, dans toute succession échue à des
ascendans ou à des collatéraux (1), une fois la grande
division par lignes opérée, il ne doit plus se faire
de subdivisions, mais le plus proche dans chaque
ligne (2) exclut le plus éloigné; et, s'ils sont plusieurs au même degré, appartenant à la même
branche ou à des branches diverses, paternelles ou
maternelles, n'importe, ils sont admis à concourir
et à partager par tête.

160. Tout cela est applicable en ligne collatérale
comme en ligne directe ascendante, en ce sens que
tous les descendans de mon père et des ascendans
quelconques de mon père sont mes parens pater-

---

(1) Car il se réfère à l'art. précédent.
(2) Et non dans chaque branche, ce qui serait le système de la
refente.

nels, ainsi que tous les descendans de ma mère et des ascendans de ma mère, quels qu'ils soient, sont mes parens maternels. Ainsi, la sœur utérine de mon père, et les descendans de cette sœur, sont mes parens paternels, quoiqu'ils ne soient que les parens maternels de mon père. Le frère consanguin de ma mère, et tous les descendans de ce frère, sont mes parens maternels, quoiqu'ils ne soient que les parens paternels de ma mère.

161. Mais, en sens inverse, je suis le parent maternel de la sœur utérine de mon père et des ascendans et descendans de cette sœur, parce que c'est sa mère qui me rattache à eux. Et je suis parent paternel du frère consanguin de ma mère et de tous les ascendans et descendans de ce frère, parce que la personne qui me rattache à eux c'est le père de ma mère, qui est aussi celui de ce frère consanguin.

162. Ainsi, et pour plus de simplicité encore, le fils de la sœur utérine, consanguine ou germaine, n'importe (1), de mon père, est mon parent paternel, puisque c'est mon père qui forme le lien qui le rattache à moi, tandis que je suis son cousin

_____

(1) Seulement il y a cette différence que, si ma tante est sœur germaine de mon père, je lui suis uni par le double lien, comme fils de celui qui lui est parent du côté paternel et maternel tout à la fois. Mais ce double lien ne fait pas toutefois qu'elle est ma parente maternelle, car elle ne me tient en aucune manière par ma mère; elle ne me tient, du côté des femmes, que par mon aïeule paternelle ; mais cette aïeule ne fait pas ma ligne maternelle, c'est ma mère qui est la source immédiate de cette ligne.

maternel, parce que c'est sa mère qui me rattache à lui. *Vice versá*, le fils du frère consanguin, utérin ou germain de ma mère, est mon cousin maternel, puisque c'est ma mère qui forme le lien qui m'unit à lui; au lieu que je suis son parent paternel, parce que c'est son père qui me rattache à lui. La qualité de la parenté varie donc en raison de ce qu'on la considère dans telle personne, au lieu de la considérer dans telle autre (1).

163. Mais, relativement à la dévolution des successions, on ne doit point considérer si celui qui se présente à une hérédité, pour y prendre part dans l'une ou l'autre ligne, était, du chef de son père ou de sa mère, parent de la personne décédée, mais bien s'il était son parent du côté du père ou de la mère de cette personne : car c'est le défunt qui appelle ses parens à sa succession; et ses parens paternels, comme on l'a dit, sont ceux qui lui tenaient par son père, ses parens maternels ceux qui lui étaient unis par sa mère. De là l'enfant de la sœur utérine, consanguine ou germaine de mon

---

(1) On sent qu'il n'en est pas ainsi à l'égard des enfans de deux frères ou de deux sœurs : les enfans de deux frères sont réciproquement parens paternels; et les enfans de deux sœurs sont réciproquement parens maternels, que ces deux frères soient simplement consanguins ou utérins, ou qu'ils soient germains, ou que ces deux sœurs soient simplement utérines ou consanguines, ou qu'elles soient germaines, n'importe; la parenté réciproque entre leurs enfans sera la même qu'entre eux respectivement, abstraction faite des autres parentés que formeront les générations successives.

père, sera appelé à ma succession dans la ligne paternelle, quoique je ne fusse que son cousin maternel, en considérant sa mère comme le lien qui nous unissait, tandis que je serais appelé à son hérédité dans la ligne maternelle; et le fils du frère consanguin, utérin ou germain de ma mère sera appelé à ma succession dans la ligne maternelle, bien que je fusse son parent paternel, en considérant son père comme le lien qui me rattachait à lui, au lieu que je serais appelé à la sienne dans la ligne paternelle. Mais c'est qu'on ne doit point, pour déterminer la qualité de la parenté, et classer chaque héritier dans la ligne à laquelle il appartient, envisager cette parenté dans le père ou la mère de l'héritier, mais bien uniquement dans le père ou la mère du défunt. Si elle est la même, envisagée sous l'un et l'autre point de vue, comme dans le cas d'enfans de deux frères ou de deux sœurs, alors il ne peut y avoir aucune méprise, et la distinction, si importante dans les autres cas, devient indifférente dans celui-ci; car il est bien évident que les enfans de deux frères ne peuvent se présenter réciproquement à la succession les uns des autres que dans la ligne paternelle, comme ceux de deux sœurs ne peuvent réciproquement se présenter que dans la ligne maternelle.

164. Nous disons que la distinction est importante; et en effet, puisque toute succession échue à des ascendans ou à des collatéraux se divise en deux parts égales, que les plus proches dans cha-

que *ligne* prennent la part qui leur est affectée (sauf le cas de la représentation), et que ceux qui sont au même degré succèdent par tête, on sent qu'il peut être beaucoup plus avantageux à telle personne de se présenter plutôt dans une ligne que dans l'autre, puisqu'elle pourrait être écartée dans celle-ci, ou du moins avoir de nombreux concurrens, quand dans la première elle primerait, ou aurait un bien moins grand nombre de cohéritiers.

165. Quant aux descendans, il est clair, quel que soit leur degré, qu'ils sont tout à la fois parens paternels et maternels de la personne dont ils descendent, et réciproquement ; car, puisqu'ils procèdent d'elle, il est évident qu'ils lui sont parens du côté de son père et du côté de sa mère ; en d'autres termes, ce sont ces derniers qui sont la source de cette parenté, en ne remontant pas au-delà.

166. Au contraire, les ascendans d'un défunt ne sont ses parens que dans une seule ligne, parce qu'ils ne lui tiennent que du côté de son père ou du côté de sa mère, sauf le cas où des parens qui sont de diverses branches, mais issues d'une *souche commune*, se seraient unis par mariage : alors plusieurs (1)

_____

(1) Nous disons *plusieurs*, parce que tous les ascendans, de l'un et de l'autre côté, ne seraient point pour cela parens, dans les deux lignes, des descendans de ce mariage ; il y en aurait qui ne seraient parens que dans une ligne, et simplement *alliés* dans l'autre. *Voy* au surplus, sur ce cas, le sixième tableau généalogique présenté par M. Chabot sur l'art. 733.

des ascendans de l'un et de l'autre côté se trouveraient parens, dans les deux lignes, des descendans issus de ce mariage.

167. Outre les descendans d'une personne, que
l'on peut regarder comme ses parens paternels et
maternels, il y a aussi des parens collatéraux qui
sont unis par la double parenté avec le défunt.

Ce sont: 1° les enfans issus du même père et de
la même mère que ce défunt, c'est-à-dire ses frères
et sœurs germains;

2°. Tous les descendans de ces frères et sœurs,
qu'ils soient nés du même père et de mères différentes, ou de la même mère et de pères différens,
ou du même père et de la même mère, n'importe (1);
sans préjudice, bien entendu, des parentés nouvelles qui se formeront successivement avec d'autres personnes par les divers mariages de ces descendans. Mais nous ne considérons ici que celle
qui les unit avec *le défunt*, leur oncle, grand-oncle,
ou arrière-grand-oncle. Or, la circonstance que ces
descendans ne seraient pas nés du même père ou
de la même mère, est indifférente sous ce rapport,
parce que c'est toujours le père et la mère du défunt, dont ils sont médiate ent issus, qui les rat-

---

(1) Que l'on remarque bien que nous ne disons pas que les descendans des frères ou sœurs germains sont parens *entre eux* dans
la ligne paternelle et maternelle; ce serait une erreur; ils ne sont
parens que dans une ligne seulement, quoiqu'ils descendent les uns
et les autres de personnes qui étaient *entre elles* parentes dans l'une
et l'autre ligne.

tachent à lui, et qui les y rattachent doublement; de manière qu'ils peuvent être appelés à la succession de ce père ou de cette mère, et des ascendans de l'un et de l'autre, dans chacune des deux lignes, puisque ce sont leurs ascendans. D'ailleurs, s'il n'en était ainsi, il faudrait dire aussi que les enfans d'un frère germain du défunt, et qui sont nés de la même mère, ne sont point parens paternels et maternels tout à la fois de leur oncle, parce que leurs parens maternels sont leur mère et les parens de celle-ci; ce qui n'est pas assurément, en ne considérant que leur parenté avec leur oncle, *le défunt.*

Ainsi, le neveu est parent paternel et parent maternel de son oncle, si cet oncle était frère germain du père ou de la mère du neveu.

168. Mais les oncles et les tantes du défunt ne sont pas ses parens dans *les deux lignes*, quoique le défunt descende d'un frère germain ou d'une sœur germaine de l'oncle ou de la tante; et il en est de même des grands-oncles ou grandes-tantes, à l'égard des petits-neveux ou petites-nièces. Car un oncle paternel, par exemple, n'est parent de son neveu que par le père ou la mère de ce dernier, au lieu que le neveu est parent paternel et parent maternel de l'oncle, comme on vient de le dire, parce que c'est tout à la fois par le père et par la mère de cet oncle qu'il se rattache à lui, toujours pourvu que l'oncle fût frère germain du père ou de la mère du neveu.

169. Que si, au contraire, les frères ou sœurs n'étaient unis que d'un seul côté, soit paternel, soit maternel, ils ne seraient eux-mêmes parens entre eux que de ce côté.

Ainsi, les frères et sœurs consanguins du défunt, et tous les descendans de ces frères ou sœurs, ne sont parens du défunt que dans la ligne paternelle, parce qu'ils ne lui sont parens que du côté de son père; et les frères et sœurs utérins du défunt, et tous les descendans de ces frères ou sœurs, ne sont parens du défunt que dans la ligne maternelle de celui-ci, parce qu'ils ne lui sont parens que du côté de sa mère.

170. Mais l'oncle et la tante ne sont même pas toujours parens *paternels* du neveu ou de la nièce, quoique le neveu ou la nièce descende d'un frère consanguin ou d'une sœur consanguine de l'oncle ou de la tante; et *vice versâ*, l'oncle et la tante ne sont pas toujours parens *maternels* du neveu ou de la nièce, quoique le neveu ou la nièce descende d'un frère utérin ou d'une sœur utérine de l'oncle ou de la tante.

Et dans les deux cas, il en est de même des grands-oncles ou grandes-tantes à l'égard des petits-neveux ou petites-nièces.

Ainsi, je ne suis qu'un parent maternel du fils de ma sœur consanguine, parce que je ne lui tiens que par sa mère, et nullement par son père; et dans sa succession, je serais classé dans la ligne maternelle : mais il est mon parent paternel, parce qu'il me tient par mon père, son aïeul, et nullement par ma mère; et dans ma succession, il serait classé dans la ligne paternelle.

En sens inverse, Antoinette, sœur utérine de Paul, n'est qu'un parent paternel de Jean, fils de Paul, quoiqu'elle soit simplement sœur utérine de ce dernier. Elle n'est pas parente de Jean du côté de la mère de celui-ci ; mais seulement du côté de Paul, son père, et frère de cette sœur; et dans la succession de son neveu, Antoinette serait classée dans la ligne paternelle. Tandis que Jean est un parent maternel d'Antoinette, parce que c'est la mère de celle-ci, et non son père, qui les rattache l'un à l'autre par le moyen de Paul, frère utérin de l'un , et père de l'autre; et dans la succession d'Antoinette, Jean serait classé dans la ligne maternelle.

171. Enfin, les descendans des frères ou sœurs consanguins ne sont pas toujours, *entre eux*, parens *paternels;* et les descendans des frères ou sœurs utérins ne sont pas toujours, *entre eux*, parens *maternels.*

Paul et Charlotte étaient frère et sœur consanguins; Paul a eu de son mariage avec Catherine, Élisabeth; et Charlotte a eu de son mariage avec Jules, Stanislas.

Si Stanislas est appelé à la succession d'Élisabeth, il y sera bien classé dans la ligne paternelle, parce qu'il est parent d'Élisabeth dans cette ligne, car

c'est Paul son oncle, et non Catherine, mère d'Élisabeth, qui le rattachait à cette dernière. Mais si
c'est Élisabeth qui est appelée à la succession de
Stanislas, elle sera classée dans la ligne maternelle, parce qu'elle était sa parente dans cette ligne,
attendu que c'est Charlotte, sa tante, et non Jules,
père de Stanislas, qui la rattachait à ce dernier.

Supposons maintenant que Paul et Charlotte
étaient frère et sœur utérins, en laissant subsister
l'espèce pour le surplus.

Élisabeth, appelée à la succession de Stanislas,
y sera bien classée dans la ligne maternelle, parce
qu'elle était parente de Stanislas dans cette ligne,
attendu qu'elle lui tenait par Charlotte, sa tante
et mère de Stanislas, au moyen de Paul, oncle de
celui-ci et père de ladite Élisabeth. Mais si c'est
Stanislas qui est appelé à la succession d'Élisabeth,
il y sera classé dans la ligne paternelle, comme
son parent paternel, vu qu'il se rattachait à celle-ci
par Paul, père d'Élisabeth, au moyen de Charlotte,
sa mère et sœur dudit Paul.

172. De tous les exemples donnés ci-dessus, et
que l'on peut appliquer à tous les collatéraux, soit
à des degrés égaux, soit à des degrés supérieurs ou
inférieurs, il résulte que tous les parens collatéraux du défunt, autres néanmoins que ses frères
ou sœurs germains, et les descendans de ces frères
ou sœurs, ne sont parens du défunt que dans une
seule ligne, ainsi que l'observe très bien M. Chabot;

qu'il n'y a d'exception à cette règle que lorsque, par suite d'alliance entre deux familles, il s'est établi entre des individus de ces familles, hors les cas précédemment énoncés, une double parenté dans la ligne paternelle et dans la ligne maternelle, comme cet auteur en donne plusieurs exemples dans les tableaux généalogiques, n°s 8 et 9, qu'il a publiés sous l'art. 733 du Code.

Mais nous terminerons ici ce qui concerne la formation des familles; on n'en finirait pas s'il fallait donner des exemples de tous les cas qui peuvent se présenter, et ceux que nous avons offerts doivent suffire pour résoudre les doutes et les difficultés qui s'offriraient sur ce sujet.

SECTION II.

De la représentation.

SOMMAIRE.

173. *La représentation est une fiction de la loi dont l'effet est de faire monter une personne au degré d'une autre, qui est prédécédée, et de lui donner les droits que celle-ci aurait pu avoir.*

174. *Motifs de la loi en établissant la représentation.*

175. *Elle a lieu à l'infini dans la ligne descendante.*

176. *Application du principe.*

177. *Il n'y a aucune distinction à faire entre les enfans des frères ou sœurs consanguins ou utérins, et ceux des germains.*

178. *La représentation n'a pas lieu en faveur des ascendans : exemples.*

179. *Mais toute succession échue à des ascendans se partageant en deux parts égales, les ascendans les plus proches dans*

une ligne n'ont pas moins une part, quoiqu'ils soient à un
degré plus éloigné que ceux qui existent dans l'autre ligne.

180. *En ligne collatérale la représentation a lieu aussi en faveur
des enfans et descendans des frères et sœurs du défunt,
et aussi à l'infini.*

181. *On ne représente pas les personnes vivantes, mais seulement
celles qui sont mortes naturellement ou civilement : par
conséquent, on ne représente pas celui qui a renoncé.*

182. *Mais on représente très-bien celui à la succession duquel
on a renoncé.*

183. *Quand la représentation a lieu, le partage s'opère par
souche.*

184. *Si une même souche a produit plusieurs branches, le partage
se fait aussi par souche dans chaque branche : exemple.*

173. « La représentation, dit l'art. 739, est une fic-
« tion de la loi, dont l'effet est de faire entrer les re-
« présentans dans la place, dans le degré et *dans*
« *les droits* du représenté; » c'est-à-dire dans les
droits qu'il aurait eus s'il fût venu lui-même à la
succession dans laquelle on veut le représenter;
car il n'avait encore aucun droit au moment de
sa mort, puisque l'hérédité n'était point encore
ouverte : il n'avait que des espérances qui ne se
sont même pas réalisées. C'est celui qui vient, *jure
transmissionis*, accepter une succession échue à son
auteur, cas prévu à l'art. 781, qui le représente réellement *dans les droits qu'il avait.* Mais la représentation fait monter le représentant au degré du
représenté, lui fait prendre la place qu'il aurait pu
occuper s'il eût survécu.

174. La représentation est fondée sur l'affection

présumée du défunt pour le représentant , affection
qui est censée la même que celle qu'il avait pour le
représenté; parce qu'en effet l'aïeul qui a eu le
malheur de perdre son fils le retrouve dans son
petit-fils, et concentre sur lui toute la tendresse
qu'il avait pour le père de cet enfant; et celui qui
a perdu son frère reporte pareillement tout son
attachement sur le fils de ce frère. Cependant il est
vrai de dire, d'un autre côté, que la représentation
vient de la loi et non de l'homme, car, comme
nous le dirons bientôt, on représente aussi celui à
la succession duquel on a cru devoir renoncer.

175. La représentation a lieu à l'infini dans la
ligne directe descendante (art. 740); pourvu toutefois, comme nous l'avons dit plus haut, qu'elle
n'ait point été intervertie ou coupée par l'indignité
de celui qu'on voudrait représenter : autrement ses
descendans ne pourraient, relativement à la succession dont il se serait rendu indigne, remonter
jusqu'à lui inclusivement.

176. Elle est admise dans tous les cas, soit que
les enfans du défunt concourent avec les descendans d'un enfant prédécédé (à des degrés égaux
ou inégaux), soit que tous les enfans du défunt
étant morts avant lui, les descendans desdits enfans
se trouvent entre eux à des degrés égaux ou inégaux. (Même art. 740.)

177. La loi ne fait, à cet égard, aucune distinc-

tion entre les enfans de frères ou sœurs consanguins ou utérins, et ceux des germains; elle les
admet tous à représenter leurs père ou mère prédécédés; ce qui est démontré d'ailleurs par la combinaison des art. 751 et 752, où l'on voit : dans le
premier, qu'elle appelle généralement les enfans de
frères ou sœurs à représenter leurs père ou mère
prédécédés, conjointement avec les père et mère,
frères ou sœurs du défunt; et, dans le second,
qu'elle appelle, pour recueillir la part attribuée
aux frères et sœurs par le précédent, nommément
les consanguins et utérins avec les germains, avec
cette différence, toutefois, qu'ils ne prennent part
que dans leur ligne, tandis que les germains prennent part dans les deux; enfin, qu'elle leur défère
même toute cette part, à l'exclusion de tous autres
parens de l'autre ligne, s'il n'y a point de frères ou
sœurs germains, ni descendans d'eux.

178. La représentation n'a pas lieu en faveur
des ascendans (1) : le plus proche dans chacune des
deux lignes exclut toujours le plus éloigné (art. 741);
et s'ils sont plusieurs au même degré dans la même
ligne, ils partagent par tête la part attribuée à

---

(1) La raison qu'on en donne, suivant l'un des orateurs chargés
par le gouvernement de présenter le projet de loi à l'adoption du
corps législatif, c'est que « la successibilité des descendans est
« autant naturelle que légitime; mais celle des ascendans est contre
« la marche ordinaire des événemens : on croit voir remonter un
« fleuve vers sa source : il n'y a donc pas de représentation pour ce
« cas extraordinaire. »

cette ligne, comme nous le dirons bientôt avec plus de développemens.

Ainsi, l'aïeul du défunt ne peut représenter son fils prédécédé pour concourir avec un neveu ou un petit-neveu de ce dernier dans la même ligne. S'il le pouvait, il aurait le quart qu'aurait eu, aux termes des art. 749 et 751 combinés, le père du défunt s'il lui eût survécu; tandis que, au contraire, il est exclu par le neveu et le petit-neveu, qui, par le bénéfice de la représentation, montent à la place de leur père ou aïeul, frère du défunt, et sont appelés par la loi à l'exclusion de tous ascendans autres que les père et mère. (Art. 746 et 750.)

Ainsi encore, le défunt qui ne laisse ni descendans, ni frères ni sœurs ou descendans d'eux, et ni père ni mère, a, par exemple, dans la ligne paternelle, son aïeul et son bisaïeul, père de l'aïeule prédécédée; ce dernier ne pourra représenter sa fille à l'effet de concourir avec son gendre, et de partager avec lui la part attribuée à cette ligne : cette part appartient à l'ascendant le plus proche, par conséquent à l'aïeul du défunt. On multiplierait facilement les exemples.

179. Mais il ne faut pas perdre de vue que **toute** succession échue à des ascendans se divise en deux parts égales : moitié pour les parens de la ligne paternelle, moitié pour ceux de la ligne maternelle (art. 733); et par conséquent, comme le dit d'ailleurs l'art. 740 lui-même, ce n'est que dans sa

ligne que le plus proche ascendant exclut le plus
éloigné.

180. La représentation est admise aussi en ligne
collatérale, mais seulement en faveur des enfans
et descendans de frères ou sœurs du défunt, soit
qu'ils viennent à sa succession concurremment avec
des oncles ou tantes, soit que tous les frères ou
sœurs du défunt étant prédécédés, la succession se
trouve dévolue à leurs descendans à des degrés
égaux ou inégaux. (Art. 742.)

De cette manière, elle a lieu aussi à l'infini.

181. Au reste, on ne représente pas les personnes
vivantes (au moment de l'ouverture de la succession), mais seulement celles qui sont mortes naturellement ou civilement (1). (Art. 744.)

Car il ne peut plus être question de représenter
celui qui a occupé son degré; aussi c'est mal à propos, comme nous avons eu occasion d'en faire la
remarque, qu'il est dit dans l'art. 787 *qu'on ne
vient jamais par représentation d'un héritier qui a
renoncé.* Et en effet, il n'a pu renoncer qu'autant
qu'il a survécu au défunt, et seulement depuis l'ouverture de la succession (art. 791): dès lors il était
bien inutile de dire qu'on ne pouvait le représenter. D'ailleurs l'on ne pourrait prendre que la place

_____

(1) Pourvu toutefois que ce mort civilement ne se fût pas rendu
indigne de succéder au défunt, car autrement il ne pourrait être
représenté dans la succession de celui-ci.

d'un renonçant, c'est-à-dire d'un individu sans droit, puisque sa part a accru à celle de ses cohéritiers, et, s'il était seul de son degré, qu'elle a été dévolue au degré subséquent. (Art. 785 et 786.)

182. Mais on peut très-bien représenter celui à la succession duquel on a renoncé (art. 744), parce que le bénéfice de la représentation vient de la loi, et n'est pas transmis par le représenté, quoique le rapport que devrait celui-ci fût dû aussi par le représentant, quand même il aurait renoncé à la succession de ce dernier (art. 848). On a voulu qu'il n'eût pas plus de droit que lui, et qu'il fût tenu des mêmes obligations.

183. Dans tous les cas où la représentation est admise, le partage s'opère par *souche* (art. 743), c'est-à-dire que l'on fait autant de parts qu'il y a d'enafns ou de frères ou sœurs vivans, et d'enfans ou de frères ou sœurs prédécédés, représentés par leurs enfans ou descendans.

184. Si une même souche a produit plusieurs branches, la subdivision se fait aussi par souche dans chaque branche, et les membres de la même branche partagent entre eux par tête. (*Ibid.*)

Paul meurt; il a eu trois enfans, Alexandre, Jacques et Jules. Alexandre vit encore; Jacques est mort, et il a laissé François, vivant, et, de Charles prédécédé, Sophie et Stanislas, aussi vivans. Jules est également mort, et il a laissé Elisabeth, vivante;

de Julie prédécédée, Philippe et Antoine; et de Charlotte, aussi prédécédée, Frédéric, Georges et Marie.

L'hérédité doit d'abord se diviser en trois parts égales, puisqu'il y avait trois enfans au premier degré, Alexandre, Jacques et Jules. C'est la division par souche.

Alexandre a une de ces parts.

La portion qu'aurait eue Jacques, s'il eût survécu à Paul son père, se subdivise en deux parts égales: l'une pour François; l'autre pour Sophie et Stanislas, enfans de Charles prédécédé, qui se la partageront par tête, ou par égales portions.

La part qu'aurait eue Jules, s'il eût survécu au défunt, se divise en trois portions, puisqu'il a eu trois enfans, Élisabeth, Julie et Charlotte, vivantes, ou prédécédées, mais ayant laissé des descendans: l'une de ces parts appartient à Élisabeth; l'autre à Philippe et Antoine, enfans de Julie prédécédée, qui la partageront aussi par tête; et la troisième à Frédéric, Georges et Marie, enfans de Charles prédécédé, qui partageront pareillement par tête.

En supposant la succession de. . . . 36,000 fr.

Alexandre en a. . . . . 12,000 fr.

François. 6,000

Sophie et Stanislas chacun 3,000, ci. 6,000

Élisabeth. 4,000

Philippe et Antoine chacun 2,000, ci. 4,000

Frédéric, Georges et Marie, chacun 1,333 fr. 33 c., ci. 4,000

Total.... 36,000.

SECTION III.

Des successions déférées aux descendans.

SOMMAIRE.

185. *La loi défère la succession, en première ligne, aux descendans.*
186. *Elle ne fait aucune distinction à raison des sexes ou de la primogéniture.*
187. *Quel que soit le degré où se trouvent des descendans du défunt, qui ne peuvent invoquer la représentation, soit à cause de l'indignité, soit à cause de la renonciation de ceux qui les précèdent, ils excluent les ascendans.*
188. *Il n'y a aucune distinction à faire entre les enfans légitimés et ceux qui sont nés du mariage.*
189. *Il n'y en a non plus aucune à faire au sujet des enfans adoptifs et de leurs descendans, relativement à la succession de l'adoptant.*
190. *Les enfans au premier degré succèdent par tête; ceux d'enfans prédécédés, par représentation.*

185. Il a été dit plus haut, sur l'article 731, que les successions sont déférées aux descendans, aux ascendans et aux collatéraux. Arrivant à l'application de ce principe, nous allons expliquer l'ordre dans lequel le Code appelle ces diverses sortes de parens.

En première ligne il place les descendans, et il suit en cela tellement le vœu de la nature et l'intérêt de la société elle-même, que l'on ne concevrait pas qu'il en pût être autrement.

186. Ainsi, les enfans ou leurs descendans succèdent à leurs père et mère, aïeuls, aïeules, ou autres ascendans, sans distinction de sexe ni de progéniture (1), et encore qu'ils soient issus de différens mariages. (Art. 746.)

187. Il suffit, pour qu'ils soient appelés à succéder et qu'ils excluent tous autres parens quelconques, qu'ils soient capables et non indignes. La faveur de leur origine, quel que soit le degré dans lequel ils seraient forcés de rester, parce que la représentation aurait été coupée par un indigne, ou par un renonçant, leur donne la préférence sur tout ascendant quelconque, et à plus forte raison sur tout collatéral; car ce n'est pas par la proximité du degré de parenté qu'ils sont appelés, c'est par l'avantage et la priorité de leur ordre sur les deux autres.

188. Et il n'y a, à cet égard, aucune distinction à faire entre les enfans légitimes, c'est-à-dire qui ont été conçus pendant le mariage de leurs père et mère, et ceux qui ont été légitimés : ces derniers jouissent des mêmes droits que s'ils étaient nés du mariage qui les a légitimés. (2) (Art. 333.)

189. Il n'y en a pas davantage à faire relativement aux enfans adoptifs : ils succèdent aussi à

_____

(1) Sauf ce qui concerne les biens formant un majorat.
(2) *Voy.* ce que nous avons dit sur la légitimation des enfans naturels, tom. III, n° 182 et suivans.

l'adoptant comme les enfans qu'aurait eus celui-ci depuis l'adoption (art. 350); mais ils n'acquièrent aucun droit de successibilité sur les biens de ses parens (*ibid.*), même dans la succession de ses ascendans, et par représentation de cet adoptant (1). Toutefois, les descendans de l'adopté peuvent le représenter dans la succession de l'adoptant (2), parce que celui-ci a voulu se donner une descendance légitime par l'adoption, et n'a pas seulement entendu en borner les effets à l'adopté.

190. Les enfans succèdent par tête et par égales portions, parce qu'ils sont au premier degré; s'il y a des descendans d'enfans prédécédés, le partage se fait par souche, lorsqu'ils viennent tous ou en partie par représentation (art. 745), comme il a été dit *suprà.*

SECTION IV.

Des successions déférées aux ascendans.

SOMMAIRE.

191. *Le second ordre d'héritiers est celui des ascendans, sauf le cas de frères ou sœurs ou descendans d'eux, dans lequel il y a tantôt concours, tantôt exclusion des ascendans.*

§. Ier.

De la succession ordinaire déférée aux ascendans.

192. *Comment se divise la succession quand le défunt ne*

---

(1) *Voy.* tom. III, au titre de *l'adoption*, n° 313.
(2) *Voy. ibid.* n° 314.

laisse ni descendans, ni frères ou sœurs, ni descendans
d'eux, et qu'il y a des ascendans dans les deux lignes.

193. *Ou, dans la même hypothèse, lorsqu'il n'y a d'ascendans
que dans une ligne, et des collatéraux dans l'autre.*

194. *Comment elle se divise quand le défunt laisse ses père et
mère, et des frères ou sœurs, ou descendans d'eux.*

195. *Ou, dans le même cas, lorsque le père ou la mère seulement a survécu.*

§. II.

De la succession déférée aux ascendans donateurs.

196. *Texte de l'art. 747, qui accorde aux ascendans donateurs
le droit de succéder, à l'exclusion de tous autres, aux
choses par eux données à leurs descendans décédés sans
postérité, pourvu qu'elles se retrouvent en nature dans la
succession, ou, si elles ont été aliénées, au prix s'il est
encore dû.*

197. *Le principe de cette disposition est puisé dans le droit
romain.*

198. *Il était suivi dans l'ancien droit français, mais, dans les
pays coutumiers, avec des effets bien différens de ceux
des pays de droit écrit.*

199. *Dans le droit romain il ne s'appliquait qu'aux choses
données à titre de dot ; il a été étendu, dans le droit
français, à toute donation faite par un ascendant.*

200. *Il ne s'applique qu'aux choses données par donation entre-
vifs, qu'aux choses données comme biens présens.*

201. *Mais il s'applique aujourd'hui aux donations de choses
mobilières, comme à celles d'immeubles, à la différence
de l'ancien droit coutumier.*

202. *L'ascendant ne reprend pas les biens par droit de retour,
ni par l'effet d'une révocation, ou d'une caducité, mais
uniquement par droit de succession.*

203. *On appelle néanmoins quelquefois ce droit droit de réver-*

sion ; *mais , sous le Code , comme dans les principes de notre ancien droit coutumier, c'est un droit de succession.*

204. *L'aïeul donateur succède aux choses par lui données, de préférence à son fils père du donataire ; et ce fils , dans le cas où l'aïeul serait prédécédé , n'aurait pas de son chef le droit de reprise.*

205. *Mais si l'ascendant donateur a survécu au donataire , ses représentans quelconques exercent le droit qu'il a recueilli.*

206. *L'ascendant donateur doit réunir en sa personne les qualités requises pour succéder.*

207. *La reprise a lieu lorsque le donataire meurt civilement sans postérité , comme lorsqu'il meurt naturellement.*

208. *L'ascendant donateur ne profite pas , à ce titre de donateur, et par droit d'accroissement , de la renonciation faite par un héritier de sa ligne à la succession ordinaire.*

209. *L'ascendant donateur, comme successeur, doit supporter sa part dans les dettes , pro modo emolumenti , et même ultrà vires , s'il n'accepte sous bénéfice d'inventaire.*

210. *S'il est en même tems appelé à la succession ordinaire , il peut renoncer à la succession spéciale , et s'en tenir à la première , ou cumuler ; et alors il est tenu , à l'égard de la succession ordinaire , des dettes pro parte hereditariâ , et même ultrà vires , s'il n'accepte bénéficiairement.*

211. *Comment les créanciers peuvent-ils poursuivre le paiement de leurs créances , relativement à la portion de dettes dont est tenu l'ascendant comme donateur ?*

212. *Suite.*

213. *Du cas où la dette est hypothécaire.*

214. *L'ascendant qui , par l'effet de l'hypothèque, a payé au-delà de ce qu'il doit supporter dans la dette , a son recours contre les héritiers ordinaires , mais il n'en a pas à raison des servitudes , droits d'usufruit ou d'usage que le donataire aurait établis sur les biens donnés.*

215. *Le droit de succession attribué à l'ascendant donateur est*

soumis, envers le fisc, au droit proportionnel de mutation par décès.

216. *Ce droit s'évanouit lorsque le donataire laisse des descendans, quand bien même ces descendans mourraient eux-mêmes sans postérité avant l'ascendant donateur.*

217. *Il n'aurait pas lieu non plus si le donataire laissait un descendant, quoique ce dernier fût issu d'un autre mariage que celui en faveur duquel la donation a été faite.*

218. *Mais l'existence d'un enfant ou descendant incapable ou indigne de recueillir la succession du donataire, n'empêche pas la réversion.*

219. *Si l'enfant laissé par le donataire est un enfant naturel, il empêche la réversion dans la proportion du droit que la loi attribue aux enfans naturels sur les biens de leur père.*

220. *L'enfant adoptif du donataire empêche la réversion, comme l'enfant né en mariage.*

221. *Le père naturel qui a donné à son fils décédé sans postérité, a également le droit de réversion.*

222. *Ce droit ne compète pas à celui qui a donné à l'enfant naturel de son fils, même légitime.*

223. *Le droit de l'ascendant donateur ne s'exerce pas sur les choses dont le donataire a disposé.*

224. *Les choses sont censées aliénées par cela seul que le donataire les avait promises purement et simplement, quoiqu'il ne les eût pas encore livrées; et s'il les a aliénées sous condition suspensive, non encore accomplie lors de son décès, l'ascendant les reprend, mais sous l'obligation de les rendre au tiers si la condition s'accomplit.*

225. *Comment se règle la réversion quand le donataire a donné, comme biens présens, tous ses immeubles généralement, ou tous ses meubles, ou une partie aliquote des uns ou des autres, ou de tous indistinctement.*

226. *Ou qu'il les a donnés par contrat de mariage, et comme biens qu'il laissera à son décès.*

227. *La disposition que le donataire a faite, même par testament,*

dégradations causées par le donataire aux biens donnés.
246. Mais il leur devrait récompense ou rapport pour les amélio-
rations considérables qui auraient été faites.

191. Le second ordre de succession est en faveur des ascendans, mais sous l'importante exception établie à l'art. 750, comme nous l'expliquerons à la section suivante.

Dans cet ordre de succession, il s'en trouve comprise une spéciale, qui a pour objet des choses particulières et qui est régie tout à la fois par les règles générales, mais aussi par des règles qui lui sont propres. Pour bien distinguer ces deux espèces d'hérédité, nous traiterons de chacune d'elles dans un paragraphe particulier.

§. 1er.

De la succession ordinaire déférée aux ascendans.

192. Suivant l'art. 746, si le défunt n'a laissé ni postérité, ni frère ni sœur, ni descendans d'eux, la succession se divise par moitié entre les ascendans de la ligne paternelle, et les ascendans de la ligne maternelle.

L'ascendant qui se trouve au degré le plus proche recueille la moitié affectée à sa ligne.

Les ascendans du même degré succèdent par tête.

193. S'il n'y a d'ascendans que d'un seul côté, alors le partage se fait par moitié entre ces ascendans et les collatéraux de l'autre ligne (art. 733 et

753); à moins que ces collatéraux ne soient des frères ou sœurs du défunt, ou des descendans d'eux, lesquels excluraient, d'après l'art. 750 précité, tous ascendans d'un degré supérieur à celui des père et mère, quand bien même, ainsi que nous le démontrerons à la section suivante, ces frères, sœurs ou leurs descendans, n'auraient tenu au défunt que d'un seul côté, autre même que celui d'où seraient ces ascendans.

194. Et lorsque les père et mère d'une personne morte sans postérité lui ont survécu, si elle a laissé des frères ou sœurs, ou des descendans d'eux, la succession se divise en deux portions égales, dont moitié est déférée au père et à la mère, qui la partagent également entre eux ; et l'autre moitié appartient aux frères et sœurs ou à leurs descendans, qui la partagent ainsi qu'il sera expliqué à la section suivante. (Art. 748.)

195. Et dans le cas où la personne morte sans postérité laisse des frères, sœurs, ou descendans d'eux, si le père, ou la mère, est prédécédé (1), la portion qui lui aurait été dévolue s'il eût survécu, se réunit à la moitié déférée aux frères ou sœurs, ou à leurs représentans (2). (Art. 749.)

En sorte qu'un frère ou une sœur, ou même un

(1) Ou s'il renonce ou est déclaré indigne ; car ces circonstances sont, aux yeux de la loi, comme le prédécès.

(2) Et ici le mot *représentans* ne se prend pas dans son acception ordinaire ; quand bien même les enfans de frères ne *représenteraient* pas leurs père ou mère, par exemple, parce que ceux-ci auraient

seul descendant de frère ou sœur, a droit aux trois quarts de l'hérédité si le père ou la mère est prédécédé, ou si l'un d'eux renonce ou est déclaré indigne; et à la moitié, si tous deux ont survécu, et se portent tous deux héritiers; car la portion de ceux-ci est invariablement fixée au quart pour chacun. Il n'y a pas lieu entre eux au droit d'accroissement, puisqu'ils ne sont point des héritiers de la même ligne.

Tel est l'ordre de la succession régulière et ordinaire déférée aux ascendans; mais cet ordre se trouve modifié par la disposition de l'art. 747, qui établit une succession particulière en faveur des ascendans donateurs, relativement aux biens par eux donnés à leurs descendans décédés sans postérité: c'est ce que nous allons appliquer dans le paragraphe suivant.

§. II.

De la succession déférée aux ascendans donateurs.

196. Cet art. 747, qui a donné lieu à plusieurs questions très-graves, et dont la rédaction n'est pas assez étendue, assez complète, est ainsi conçu:

« Les ascendans succèdent, à l'exclusion de tous « autres, aux choses par eux données à leurs enfans « ou descendans décédés sans postérité, lorsque les

---

renoncé (art. 787), ou parce qu'ils seraient indignes (art. 730), ils n'en auraient pas moins les trois quarts de l'hérédité, et le père ou la mère seulement l'autre quart. On ne s'attache ici qu'à la *qualité* des héritiers, et non à la proximité du degré de parenté.

« objets se retrouvent en nature dans la succession.

« Si les objets ont été aliénés, les ascendans re-
« cueillent le prix qui peut en être dû. Ils succèdent
« aussi à l'action en reprise que pouvait avoir le
« donataire. »

197. Le principe de cette disposition favorable
aux ascendans donateurs est puisé dans la loi 6, ff.
de jure dotium (1), où le jurisconsulte Pomponius
s'exprime ainsi : *Jure succursum est patri, ut filiâ
amissâ, solatii loco cederet* (2), *si redderetur ei dos
ab eo profecta; ne et filiæ amissæ, et pecuniæ damnum sentiret.*

198. Il était suivi dans notre ancien droit français,
non seulement dans les pays de droit écrit, mais
aussi dans les pays coutumiers, toutefois avec d'assez
importantes différences dans les résultats. Dans les
premiers, c'était un véritable droit de retour, dont
l'effet par conséquent était de résoudre les aliénations et les hypothèques consenties par le donataire;
tandis que dans les pays coutumiers, c'était une
simple succession aux objets donnés, ce qui obli-

---

(1) *Voy.* aussi la L. 4, Cod. *soluto matrim. quemad. dos petatur.*

(2) Littéralement, cela voudrait dire que le père trouverait dans
la reprise de la dot un adoucissement au chagrin qu'il a d'avoir
perdu sa fille; mais le véritable sens de la pensée du jurisconsulte
est qu'il ne faut pas qu'à ce chagrin que le père éprouve se joigne
le désagrément de voir la dot qu'il lui avait donnée passer dans
d'autres mains, en perdant, par sa mort, l'action en reprise qu'il
aurait eue, conjointement avec elle, si le mariage de celle-ci se fût
dissous par toute autre cause. L. 2, §. 1, ff. *soluto matrim. quemad.
dos petat.*

geait l'ascendant donateur, en sa qualité d'héritier,
de respecter les actes faits par le donataire. Tel était
le sens que l'on attribuait généralement à l'art. 313
de la coutume de Paris, dont les dispositions ont
été à peu près reproduites dans l'art. 747 du Code,
comme l'observe très-bien M. Delvincourt; ce qui
démontre que c'est l'esprit du droit coutumier, et
non celui du droit écrit, qui a présidé à la rédaction
de cet article.

199. Ce principe n'avait été établi dans le droit
romain que relativement à la dot (1), mais on l'a
étendu ensuite, dans le droit français, à toute espèce
de donations entre-vifs, faites, soit à des fils ou
petits-fils, soit à des filles ou petites-filles. Il était en
effet très favorable, puisqu'il était propre à exciter
et à favoriser la libéralité des ascendans, qui n'é-
taient point ainsi retenus par la crainte de voir, à la
mort du descendant donataire, les biens qu'ils lui
auraient donnés, passer en des mains étrangères : *ne
hac injectâ formidine parentum circà liberos muni-
ficentia retardetur.* L. 2, Cod. *de bonis quæ liberis
in potest.*

_____

(1) Plusieurs interprètes de cette législation décident même qu'il
était une conséquence de la puissance paternelle, en sorte que, selon
eux, le père n'avait pas la reprise de la dot, quoiqu'il l'eût constituée
à sa fille lorsque celle-ci était encore sous sa puissance, si elle en
était sortie depuis par l'émancipation. Nous ne nous jetterons pas
dans cette controverse qui n'a point d'intérêt pour l'explication de
notre sujet; mais nous dirons cependant que cette décision paraît
fortement combattue par les LL. 5, ff. *de divort.*, et 59, ff. *solut.
matrim. quemad.*

200. Il est clair, au surplus, que l'art. 747 ne peut s'appliquer qu'aux biens donnés par donation entre-vifs, puisque pour ceux qui l'auraient été par testament, ou même pour les donations de biens à venir par contrat de mariage, le prédécès du légataire, ou du donataire et de sa postérité (1), rend caduque la disposition (art. 1039, 1089), et empêche ainsi que les biens ne sortent de la main du testateur ou du donateur. Ils n'ont donc point à y rentrer.

201. Mais il s'applique à toute espèce de donation entre-vifs, soit de biens meubles (2), soit de biens immeubles, sous la seule condition que les objets seraient encore en nature dans la succession, ou, s'ils ont été aliénés, que le prix en serait encore dû, ou que le donataire eût une action en reprise relativement à ces objets ; l'article dit d'une manière générale que l'ascendant donateur succède aux choses par lui données, etc.

202. Et quant à ces biens, ce n'est pas par droit

_____

(1) *Du mariage*, comme cela est démontré par l'art. 1082, qui explique la généralité du terme *postérité* employé dans l'art. 1089; mais ce n'est pas le moment de discuter ce point.

(2) Dans les pays coutumiers, l'ascendant donateur ne reprenait guère que les immeubles par lui donnés, parce qu'il les reprenait en qualité de *propres*, et qu'il n'y avait que les immeubles qui fussent des propres : aussi l'on tenait, dans l'ancienne coutume de Paris, que l'art. 313 de cette coutume ne s'appliquait qu'aux immeubles. Mais aujourd'hui nous ne reconnaissons plus de propres, et le motif de la distinction de l'ancienne jurisprudence coutumière n'existe plus.

de retour, ni par suite de révocation, et pas davantage par l'effet d'une caducité, que l'ascendant donateur les reprend; c'est par droit *de succession*, ainsi que le porte positivement l'article que nous expliquons : « Les ascendans *succèdent*, dit-il, à « l'exclusion de tous autres, aux choses par eux « données à leurs enfans ou descendans décédés « sans postérité, etc.

« C'est un droit mixte, dit Lebrun, un droit « spécial au donateur, droit de succession, parce « que, pour l'exercer, il faut, sinon être héritier « plus proche, du moins pouvoir être héritier du « donataire. »

203. On l'appelle quelquefois droit de *réversion*, parce qu'il fait retourner les biens dans la main du donateur; et *retour légal*, par opposition au retour conventionnel dont parle l'article 951 ; mais ces diverses dénominations, plus ou moins inexactes, ne lui ôtent pas son véritable caractère de droit successif, ainsi que l'ont très-bien remarqué les auteurs qui ont écrit sur le Code.

204. Puisque ce n'est qu'en faveur des ascendans donateurs que la loi fait exception aux principes généraux d'après lesquels elle règle la dévolution des biens, il s'ensuit :

1° Que si un aïeul a donné à son petit-fils décédé sans postérité, ce sera lui, et non son fils, père du donataire, dans le cas où ce fils existerait encore, qui exercera le droit de reprise, car l'ascendant donateur succède, à l'exclusion de *tous autres*, aux choses par lui données à son descendant décédé sans postérité. (1).

Nous verrons même plus bas si cet ascendant n'aurait pas le droit de reprise, encore que par là un autre ascendant, soit de sa ligne, soit de la ligne opposée, et auquel il serait dû une réserve, ne trouverait pas dans le surplus des biens dont il n'aurait pas été disposé de quoi la former.

2° Que si l'aïeul donateur n'existait plus, quand bien même le fils existerait encore, celui-ci n'exercerait pas la reprise (2), à moins que le droit n'eût

(1) Il y avait sur ce point divergence dans la jurisprudence des parlemens de droit écrit : les uns accordaient, il est vrai, la préférence à l'aïeul donateur, mais d'autres la donnaient au père du donataire. Mais ce point ne saurait plus faire de difficulté aujourd'hui ; aussi nous dispenserons-nous de rapporter les différentes raisons alléguées à l'appui de l'un et de l'autre système. On peut d'ailleurs les voir dans le *Commentaire* de M. Chabot, sur l'art. 747.

(2) Il y avait encore divergence sur ce point dans l'ancienne jurisprudence : généralement les parlemens de droit écrit accordaient la reprise au père, en se fondant sur loi 6, ff. *de collat. bonorum*, qui porte en effet que le père venant à la succession de l'aïeul qui avait doté sa petite-fille, doit le rapport de la dot à ses frères et sœurs ; au lieu qu'en général on jugeait le contraire dans les pays coutumiers. Mais la divergence tenait principalement à ce que, dans les pays où l'on suivait le droit romain, on s'était déterminé par la considération que, dans les principes de ce droit, le père devant doter sa fille, l'aïeul, en la dotant, avait rempli l'obligation de son fils ; en conséquence, c'était ce dernier que l'on considérait comme donateur ; voilà pourquoi plusieurs de ces parlemens accordaient la réversion au père de préférence à l'aïeul, comme il a été dit dans la note précédente. Mais en pays coutumier, pas plus que sous le Code (art. 204), le père n'était tenu de doter sa fille : dès lors l'on ne pouvait dire et l'on ne pourrait davantage dire aujourd'hui qu'en

été ouvert dans la personne du donateur qui aurait survécu au donataire, et que le fils ne se portât son héritier ; mais, dans ce cas même, il ne l'exercerait que *jure transmissionis*, et non comme un droit propre : car celui de reprise, au contraire, n'appartient qu'au seul donateur. Or, comme ce dernier n'a pas survécu au donataire, et que c'était la condition, *sine quá non*, de l'ouverture du droit, il n'a rien pu transmettre à cet égard à son fils, quand bien même celui-ci s'est porté son héritier. D'ailleurs, dans les principes du Code, le donateur n'ayant pu stipuler le retour pour son fils (art. 951), comment pourrait-on supposer que la loi a cependant voulu le lui attribuer ?

205. Mais si l'ascendant donateur a survécu au donataire, ses héritiers quelconques (art. 781), ses légataires, et ses donataires de biens à venir, et même ses créanciers (art. 1166 et 788), peuvent exercer le droit qu'il a ainsi recueilli.

206. Ce droit étant un véritable droit de succession, quoique d'une espèce particulière, il s'ensuit aussi que l'ascendant donateur doit réunir en sa personne les qualités requises pour pouvoir succéder ; en conséquence, s'il était mort civilement à l'époque du décès du donataire, ou s'il était indigne

---

dotant sa petite-fille, l'aïeul est censé avoir acquitté l'obligation de son fils, et que c'est celui-ci qui est en réalité le donateur: aussi ne devrait-il pas le rapport à la succession de son père. (Art. 847).

d'être son héritier, la reprise des biens ne pourrait avoir lieu.

207. Et puisque c'est un droit de succession, et que toute succession s'ouvre par la mort civile comme par la mort naturelle (art. 25 et 718), on doit décider que la reprise a lieu lorsque le donataire meurt civilement sans laisser de postérité, comme lorsqu'il *décède* (1) réellement. S'il n'en était ainsi, les biens donnés passeraient, contre le vœu de la loi, à d'autres qu'à l'ascendant donateur, puisque la succession étant ouverte, le donataire perd la propriété de tous ses biens, et que ces mêmes biens sont dévolus à ceux qui sont appelés à les recueillir dans l'ordre légal ; ce qui serait absurde (2).

208. Il ne faut toutefois pas conclure, de ce que le droit de l'ascendant est un droit de succession, que cet ascendant donateur profiterait, à ce titre de donateur, et par droit d'accroissement, de la renonciation que feraient à la succession ordinaire les

---

(1) Peu importe que l'expression *décédé* ne s'emploie pas pour indiquer la mort civile, et que l'art. 747 se serve de ce mot. Il l'emploie *subjecta materia* : or, la succession du donataire s'ouvre par la mort civile comme par la mort naturelle.

(2) Il y a eu aussi difficulté sur ce point, dans les pays où l'on considérait ce droit de l'ascendant comme un droit de retour : on disait que le cas de mort civile du donataire n'avait pu raisonnablement être prévu par l'ascendant donateur, et que puisque ce donataire peut un jour rentrer dans la vie civile, il n'est pas juste de le priver, dès à présent, des biens qui lui ont été donnés. Mais ces raisons n'ont aucune force aujourd'hui qu'il est bien certain que le droit dont il s'agit est un droit de succession.

frères, sœurs ou descendans de frères ou sœurs du donataire, ou d'autres ascendans de sa ligne et d'un degré plus proche. Le droit d'accroissement n'a lieu qu'en même succession, et ici l'ascendant donateur n'est héritier que dans une succession spéciale. Il ne profiterait donc de la renonciation que par dévolution, s'il se trouvait en ordre et en degré utiles pour recueillir l'hérédité répudiée. Mais il peut en profiter comme héritier ordinaire, s'il est aussi appelé à la succession ordinaire.

209. Une autre conséquence de ce que ce droit est un droit de succession est que l'ascendant qui l'exerce est tenu des dettes du donataire.

Mais comme ce n'est pas une succession ordinaire, à titre universel, que ce n'est qu'une succession aux choses données, à des choses particulières, l'ascendant ne peut être tenu des dettes qu'en raison de ce qu'il reprend, comparativement aux autres biens de l'hérédité : il est tenu de ces dettes *pro modo emolumenti*, puisque ce n'est ni une part virile qu'il prend à ce titre, ni une portion héréditaire ou aliquote quelconque. De là, si les biens sur lesquels il exerce son droit de reprise sont estimés valoir le tiers de tout l'actif de la succession, d'après l'estimation qui en sera faite, il sera tenu du tiers de toutes les dettes et charges, et devra, dans le cas où il accepterait purement et simplement, payer ce tiers, quand bien même il s'éleverait à une somme supérieure à la valeur réelle

VI.

des biens qu'il a repris. Mais en n'acceptant que sous bénéfice d'inventaire, comme il en a le droit, il ne sera jamais obligé de payer les dettes et charges au-delà de la valeur de ces mêmes biens.

210. S'il est en même tems appelé à la succession ordinaire par son degré de parenté, ou par la renonciation ou l'indignité de ceux qui le précédaient, il a incontestablement le droit de renoncer à la succession particulière introduite en sa faveur, pour s'en tenir à la première, comme il peut cumuler l'une et l'autre (1). S'il prend ce dernier parti, il est tenu des dettes et charges que doit, en définitive, supporter la succession ordinaire, non pas *pro modo emolumenti*, mais *pro parte hereditariá* (art. 770 et 1220), sauf aussi à lui à n'accepter que bénéficiairement, auquel cas il ne serait jamais tenu

---

(1) M. Delvincourt dit qu'il ne peut accepter la succession particulière sans accepter la succession ordinaire, parce qu'on ne peut tout à la fois être héritier d'une personne, et n'être pas son héritier. Cependant c'est ce qui arrive quand il y a dans la ligne de l'ascendant donateur d'autres ascendans, même un seul, d'un degré plus proche, et que le donateur accepte pour les biens qu'il a donnés.

M. Toullier répond au motif de décision de M. Delvincourt, en disant que le principe *hereditas pro parte adiri nequit*, n'est applicable qu'au cas où il s'agit de la même succession, et qu'ici il y en a en quelque sorte deux, puisque les héritiers ne sont pas nécessairement les mêmes; mais il ajoute que la question est sans intérêt dans la pratique, attendu que le donateur étant obligé de supporter dans les dettes une part *pro modo emolumenti*, s'il accepte la succession spéciale, c'est qu'il aura intérêt à le faire, et par cela même intérêt à accepter la succession ordinaire.

Il pourrait bien cependant avoir intérêt à répudier celle-ci et à accepter celle-là, savoir, s'il avait reçu, à son tour, ce qui peut très-

des dettes et charges au-delà de la valeur des biens qu'il aurait eus dans cette succession.

211. Comme les créanciers du défunt ne savent pas quelle est la portion de dettes que le donateur doit supporter à raison des biens qu'il a repris, que la fixation de cette quotité ne se règle qu'entre lui et les héritiers ordinaires, il nous semble qu'ils peuvent demander à ces mêmes héritiers, et à chacun personnellement dans la proportion de sa part héréditaire, le montant de leurs créances, sauf à ceux-ci leur recours contre le donateur. C'est aussi le sentiment de M. Delvincourt, qui modifie toutefois sa décision pour le cas où la quotité de dettes que le donateur doit supporter aurait déjà été déterminée par un acte; alors, dit-il, les créanciers pourraient s'adresser directement à lui pour qu'il eût à la leur payer.

Mais il est clair néanmoins que le donateur ne serait tenu de payer à ceux qui se présenteraient

---

bien arriver, quelque chose du donataire sans clause de préciput ou de hors part : dans ce cas, il pourrait lui être plus avantageux de s'en tenir à ce qu'il a reçu, que de venir à la succession ordinaire et de rapporter ; à moins que l'on ne prétendît qu'il doit imputer ce qu'il a reçu, sur la reprise qu'il a le droit d'exercer comme donateur, et nous avouons que nous ne voyons pas sur quelle loi cette prétention serait fondée.

Au surplus, M. Toullier pense que si, en acceptant, l'ascendant donateur ne déclare pas positivement qu'il n'entend n'accepter que relativement aux biens qu'il a donnés, il sera censé avoir accepté pour le tout. Cela est même susceptible de controverse : les circonstances du fait, plus que les principes, car ils ne sont pas positifs, serviraient à la décision de la question.

les premiers, que dans la proportion de la créance
de chacun, comparativement à la somme totale des
dettes et charges dont il est tenu; autrement les
créanciers dont les créances ne seraient pas encore
échues seraient privés du droit de s'adresser à lui
lorsqu'il se trouverait avoir payé cette somme totale à ceux qui se seraient présentés les premiers;
et il est clair aussi que lors même que la quotité
de dettes que l'ascendant doit supporter n'aurait
pas encore été déterminée par un acte, les créanciers auraient le droit de le poursuivre pour qu'il
eût à les payer jusqu'à concurrence de ce qu'il
pourrait personnellement devoir à chacun d'après
la quotité qu'il devrait déterminer à l'amiable avec
les héritiers ordinaires, ou judiciairement, en cas
de contestation.

212. Et nous modifions nous-mêmes aussi notre
décision sur le premier point, en disant que les
héritiers ordinaires, attaqués par les créanciers
pour leur part héréditaire dans les dettes, par
exemple, chacun pour moitié s'ils sont deux, auraient le droit d'appeler en garantie l'ascendant
donateur pour faire déterminer la quotité de dettes
dont il doit être tenu, et être ainsi proportionnellement déchargés envers les demandeurs; car alors
le motif que nous avons donné plus haut en faveur
du droit qu'ont, selon nous, les créanciers, de
s'adresser aux héritiers ordinaires, pour que ceux-
ci aient à les payer dans la proportion de leur part

héréditaire, n'existerait plus. Mais il faudrait, au reste, que cette fixation pût se faire promptement et qu'elle ne traînât point en longueur.

213. Tout ce qui vient d'être dit n'est, au surplus, relatif qu'à l'action personnelle des créanciers, et ne fait aucun préjudice au droit d'hypothèque que tel ou tel d'entre eux pourrait avoir, soit sur les biens de la succession ordinaire, soit sur ceux que reprend l'ascendant donateur, droit qui suit les immeubles qui en sont affectés, en quelque main qu'ils passent (art. 873 et 2114), et oblige tout héritier détenteur à payer la dette, sous la faculté cependant de délaisser les immeubles, s'il n'est plus personnellement obligé à la payer, parce qu'il aurait déjà soldé ou fait des offres régulières de la portion dont il était tenu (Art. 1220, 1257, 2172, analysés et combinés.)

214. Celui qui, par l'effet de l'hypothèque, a payé au-delà de ce qu'il devait personnellement supporter dans la dette, a son recours, tel que de droit, soit contre ses cohéritiers, soit contre l'ascendant donateur. Si c'est ce dernier, il a également ce recours; car l'hypothèque n'est point une aliénation des biens donnés, ni un démembrement de ces mêmes biens, comme le serait un usufruit, ou un droit d'usage ou de servitude qu'aurait consenti le donataire au profit d'un tiers; c'est simplement une sûreté donnée à un créancier : d'où il suit que les biens n'existent pas moins en *nature*, quoiqu'ils

soient hypothéqués, et en conséquence, que le donateur a le droit de les reprendre tels qu'ils sont, en supportant sa part dans les dettes *pro modo emolumenti*; au lieu que, lorsqu'ils sont affectés des charges dont il vient d'être parlé, le donateur ne peut les reprendre que dans l'état où ils se trouvent, avec l'action en paiement du prix qui pourrait encore être dû à raison de ces mêmes charges, mais sans indemnité de la part des héritiers ordinaires, dans le cas même où il ne serait dû aucun prix à cet égard (1). Le donataire était propriétaire des objets donnés; il pouvait par conséquent les vendre, les donner à son tour, et, dans le cas où il l'aurait fait, et qu'aucun prix ne serait encore dû, soit parce qu'il lui aurait été payé et qu'il se serait ainsi confondu dans son patrimoine, soit parce qu'il aurait disposé des choses à titre gratuit, le donateur n'aurait rien à réclamer; donc, par la même raison, ne peut-il réclamer d'indemnité quand le donataire a fait beaucoup moins qu'il ne pouvait faire, en se bornant à établir de simples charges.

215. Toujours du principe que le droit du donateur est un droit de succession, et non un droit de

----

(1) Nous avons déjà rappelé ces principes au sujet de la reprise, par l'adoptant, des biens qu'il avait donnés à l'adopté mort sans postérité, tom. III, n° 322.

Toutefois nous n'accordons pas à l'adoptant le droit au prix qui serait encore dû des biens aliénés; on peut voir nos raisons *loco citato*, n°ˢ 323 et 324.

retour, il faut aussi en tirer la conséquence qu'il est soumis envers le fisc au droit proportionnel de mutation par décès (1); à la différence du retour conventionnel dont il est question à l'art. 951, retour qui n'est rien autre chose qu'une résolution par l'accomplissement d'une condition stipulée.

216. Mais ce droit n'étant attribué à l'ascendant donateur que dans le seul cas où le descendant donataire décède sans postérité, il s'ensuit que, si ce dernier laisse des enfans ou descendans, quand bien même le donateur leur survivrait, la condition prévue par la loi aurait manqué, et le droit de réversion ne se serait jamais réalisé : ce serait d'ailleurs succéder, non pas au donataire, mais aux enfans du donataire, qui ont recueilli les biens et les ont reçus, non du donateur, mais de leur père donataire. Il est vrai qu'on peut stipuler le droit de retour pour le cas du prédécès, non-seulement du donataire, mais aussi de ses descendans (art. 951); mais alors c'est une stipulation, qui doit s'exécuter parce qu'elle n'a rien de contraire à la loi; tandis que, dans l'espèce, il s'agit d'un droit qui, quoique très-digne de faveur dans son principe et son but, est néanmoins une dérogation au système général des successions, une hérédité spéciale et particulière, dont on ne doit pas, par conséquent, reculer les

_____

(1) *Voy.* la circulaire de la régie des domaines et de l'enregistrement, en date du 23 brumaire an 8. Elle se trouve dans le recueil de Sirey, tom. Iᵉʳ, part. 2, pag. 117.

limites au-delà du point marqué par la loi. Il ne tenait qu'à l'ascendant de stipuler le retour pour le cas du prédécès du donataire et de sa postérité; s'il ne l'a pas fait, c'est qu'il n'a pas jugé à propos de le faire, ou du moins il doit s'imputer sa négligence (1).

217. Par la même raison, le droit ne se serait jamais réalisé si le donataire laissait un enfant ou descendant, quoique cet enfant ou descendant fût issu d'un autre mariage que celui en faveur duquel la donation aurait été faite (2). Le mot *postérité*, dans l'esprit de l'art. 747, a le sens le plus étendu, puisque cet article ne distingue pas, et qu'aucun autre n'en restreint la signification ordinaire dans son application au cas dont il s'agit (3).

---

(1) Cette question est encore controversée. *Voy.* dans le sens de notre opinion l'arrêt de rejet du 18 août 1818 (Sirey, 1818, 1, 370), l'arrêt de la Cour de Nîmes du 14 mai 1819 (Sirey, 1820, 2, 38); enfin un autre arrêt de rejet du 30 novembre 1819 (Sirey, 1820, 1, 107).

On peut aussi consulter M. Chabot, sur l'art. 747, M. Merlin (*Répertoire*, v° *réserve*, sect. 2, §. 3, n°. 6) et M. Grenier (*des donations*, tom. 2, pag. 343).

(2) Ce point a été également très-controversé jadis, surtout lorsque l'enfant était d'un mariage antérieur. *Voy.* M. Chabot, tom. Ier, pag. 304.

(3) Nous disons cela parce que, dans l'art. 1089, le mot *postérité* est aussi employé sans limitation ni restriction; mais, d'après l'art. 1082, auquel il se réfère, il est évident, du moins pour nous, qu'il doit s'entendre de la postérité née du mariage en faveur duquel la donation a eu lieu, attendu qu'elle n'est censée faite qu'en faveur du donataire et des enfans à naître de ce mariage, dans le cas où le donataire prédécéderait le donateur, et qu'elle ne pourrait même

218. Mais on peut se demander avec M. Chabot, qui décide, au surplus, ce point comme nous, si l'existence d'un enfant ou d'un descendant incapable (1) de recueillir la succession du donataire, ou qui en est exclu comme indigne, ou qui y renonce, fait obstacle à l'exercice du droit du donateur.

Si l'on s'attache à la lettre de l'article 747, la condition sous laquelle l'ascendant était appelé est défaillie; car le donataire n'est pas décédé sans postérité; c'est tout au plus ce qu'on pourrait dire si l'enfant était mort civilement, parce que les liens de famille et de cité étant rompus par la mort civile, il pourrait être considéré, et même devrait l'être quant au droit de succéder, comme n'existant pas; mais dans les cas où cet enfant est seulement exclu comme indigne, ou encore mieux, qu'il renonce, il est vrai de dire qu'il existe. Cependant, tel n'est pas l'esprit de la loi; il milite en faveur de l'ascendant. Et en effet, le droit de réversion est évidemment fondé sur la présomption que l'ascendant a entendu, en donnant, que sa libéralité profiterait,

---

avoir lieu au profit d'enfans d'un mariage antérieur ou postérieur; car on donnerait ainsi des biens à venir à des individus qui ne seraient pas capables de les recevoir, puisqu'ils ne seraient point dans la classe de ceux au profit desquels seulement la loi a cru devoir faire une exception à la prohibition positive qu'elle a portée à cet égard.

(1) Parce qu'il est mort civilement; car si c'était parce qu'il n'est pas né viable, il n'y aurait pas le moindre doute qu'il ne dût pas être compté, attendu que celui qui n'est pas né viable est censé n'avoir jamais existé.

il est vrai, à toute sa descendance, mais non pas à d'autres, s'il survivait à cette même descendance et si le donataire lui-même ne jugeait pas à propos de disposer des biens donnés. Or, ces motifs de la loi en établissant la réversion, cette intention du donateur, ne seraient pas suivis, seraient méconnus, si, dans le cas où les biens ne pourraient, par une cause quelconque, être recueillis par la postérité du donataire, l'ascendant donateur était privé du droit de les réclamer par ceux auxquels il a bien certainement voulu se préférer dans tous les cas. D'ailleurs, en matière de succession, n'est-ce pas la même chose que le défunt n'ait pas laissé de descendans, ou que ceux qu'il a laissés ne soient pas héritiers?

219. Supposons maintenant que l'enfant laissé par le donataire est un enfant naturel reconnu par lui, capable de succéder, non exclu pour indignité, et acceptant la succession de son père pour la part que la loi lui attribue. Nous décidons sans balancer qu'il n'empêche pas la réversion pour ce qui lui est étranger et qui est dévolu à d'autres parens; mais nous croyons qu'il l'empêche pour la portion à laquelle il a droit dans la succession; en sorte que cette portion étant la moitié, puisqu'il y a au moins un ascendant du donataire, père de cet enfant naturel (art. 757), l'ascendant donateur ne reprendra par droit de réversion que la moitié des choses données, qui seraient encore en nature dans la suc-

cession, et du prix qui serait encore dû de celles
aliénées. M. Chabot est aussi d'avis de l'une et l'autre
décision, ainsi que de celle que nous avons donnée
au n° précédent. Il se fonde principalement sur la
considération que l'enfant naturel a des droits de
succession, sinon sur les biens du donateur, du
moins sur ceux du donataire qui l'a reconnu, et
dès-lors que ce dernier a disposé des biens donnés
dans la proportion du droit de cet enfant naturel
reconnu.

220. Et si le donataire laisse un enfant adoptif,
nous pensons aussi, avec le même auteur, que l'existence de cet enfant met obstacle au droit de réversion au profit de l'ascendant. Par l'adoption, l'adoptant se crée une descendance civile, une famille
civile, à laquelle il confère, sur sa succession les
mêmes droits que ceux qu'aurait l'adopté, s'il était
né du mariage de l'adoptant (art. 350)(1). C'est donc
encore une sorte d'aliénation des choses données
par l'ascendant au donataire; et s'il était loisible à
celui-ci d'en disposer par des ventes, par des donations, il pouvait bien, par la même raison, en disposer par la création d'un héritier, ce qui rend

(1) C'est en vertu de ces principes que l'on a jugé en cassation,
par arrêt que nous rapportons au tom. III, n° 319, que l'enfant
adoptif a droit à une réserve comme l'enfant légitime, et que pour
en calculer le montant, on doit réunir aux biens laissés au décès
ceux dont il avait été disposé antérieurement à l'adoption; bien
mieux, que la réduction, s'il y avait lieu à réduction, pourrait
même porter sur ces derniers biens.

sans intérêt la question de savoir si, sous le nom de *postérité* d'un individu, l'on peut aussi comprendre ses enfans adoptifs.

221. Nous venons de voir que l'existence d'un enfant naturel au donataire empêche la réversion dans la proportion du droit qu'a cet enfant naturel sur la succession de son père, qui l'a reconnu ; maintenant il s'agit de savoir si le père naturel qui a donné à son fils décédé sans postérité, a le droit de réversion, et si ce droit compète également à celui qui a donné à l'enfant naturel de son fils même légitime, et reconnu par ce dernier, quand cet enfant décède sans postérité.

Pour que la première question présente de l'intérêt, il faut supposer que la mère de l'enfant naturel l'a aussi reconnu avant qu'il fût mort (1), car autrement, le père reprendrait par voie de succession, non-seulement les biens par lui donnés, mais encore tous les autres (art. 765). Au lieu que si la mère a pareillement reconnu l'enfant, elle a droit à la moitié de l'hérédité de celui-ci, et alors il importe de savoir si le père a le droit particulier de réversion.

Nous n'en faisons pas le moindre doute (2); car, d'après l'art. 765 précité, le père *succède* ; la *suc-*

---

(1) Sur le point de savoir si la reconnaissance de l'enfant naturel après sa mort peut profiter à celui ou à celle qui l'a faite, *voy.* ce qui a été dit au tom. III, n° 265.

(2) M. Chabot est aussi de cet avis.

cession de son enfant lui appartient en tout ou en partie. Il est donc dans le cas de l'art. 747; de plus l'art. 766 établit un droit de retour légal sur les biens donnés par le père ou la mère de l'enfant naturel décédé sans postérité, au profit des frères et sœurs légitimes de cet enfant; à plus forte raison (1) le père donateur lui-même doit-il avoir le droit de faire ce prélèvement sur les biens qui proviennent de lui et qui se trouvent encore en nature dans la succession du donataire.

222. Mais la seconde question doit être décidée contre le donateur. Aucun rapport de successibilité n'existe entre un individu et l'enfant naturel de son fils ou de sa fille; dès-lors il ne saurait y avoir lieu pour lui à *succéder* aux choses par lui données à cet enfant : ils sont étrangers l'un à l'autre dans les rapports légaux ou civils (2). C'était à l'aïeul *naturel* à stipuler le droit de retour, stipulation qui préviendrait bien des difficultés en cette matière, même dans les cas ordinaires, et dont on pourrait limiter

---

(1) La loi, en effet, est encore plus favorable au donateur qu'à ses propres enfans; l'art. 747 lui-même en est une preuve, et les art. 351 et 352, au titre de l'adoption, analysés et combinés, en fournissent une autre aussi évidente.

(2) Sauf toutefois ce qui concerne le mariage, qui est prohibé en ligne directe entre tous les ascendans et les descendans naturels et les alliés dans la même ligne, comme entre tous les ascendans et descendans légitimes et les alliés dans cette ligne (art. 161); et sauf aussi les dispositions du Code pénal, pour les crimes et délits qui auraient été commis par un descendant naturel envers son ascendant, et réciproquement.

les effets tels qu'ils sont d'après le droit commun, en convenant que le donateur ne reprendrait les choses qu'autant qu'elles existeraient encore en nature, avec les hypothèques et autres charges dont elles seraient grevées; dérogeant ainsi à la disposition de l'art. 952, afin que le donataire pût plus librement disposer des biens et les hypothéquer.

223. Comme l'ascendant n'exerce son droit de reprise, ou pour mieux dire de *succession,* que sur les choses qui existent encore en nature dans l'hérédité du donataire, ainsi que sur le prix qui serait encore dû de celles qui auraient été aliénées, et relativement aussi aux actions en reprise que le donataire pouvait avoir, il importe de voir quand les objets ont été aliénés, ou sont censés l'avoir été.

D'abord, il n'y a aucune difficulté lorsque c'est par donation entre-vifs ou par vente qu'il en a disposé, sauf, dans ce dernier cas, l'action pour le prix, s'il est encore dû.

224. Et puisqu'aujourd'hui l'obligation pure et simple de délivrer un corps certain emporte, seule, translation soudaine de la propriété de cet objet au profit de l'acquéreur à titre gratuit (art. 938) ou onéreux, n'importe (art. 711-1138 et 2182), il s'ensuit que, lors même que le donataire qui a vendu ou donné les objets, ne les aurait point encore livrés au moment de son décès, ces objets n'existent plus en nature dans sa succession. Et s'il a disposé sous une condition suspensive, et que la con-

dition ne soit pas encore accomplie au moment du décès du donataire, l'ascendant reprend, il est vrai, les biens, mais à la charge d'exécuter l'obligation du donataire au cas où la condition viendrait à s'accomplir : car la condition accomplie ayant un effet rétroactif au jour du contrat (art. 1179), c'est comme si les objets avaient été aliénés purement et simplement par le donataire.

225. Que s'il a donné par donation entre-vifs, et comme biens présens, tous ses immeubles généralement, ou tous ses meubles aussi généralement, ce qui sera rare, les biens immobiliers ou les effets mobiliers qui lui avaient été donnés ne sont plus dans son hérédité. S'il a donné en cette forme une partie aliquote de ses immeubles, ou de son mobilier, comme le tiers, la moitié, ce qui ne sera guère plus fréquent, il y aura par cela même le tiers ou la moitié des immeubles ou des meubles à lui donnés par l'ascendant qui n'existera plus en nature, quand bien même à la mort du donataire le partage ne serait point encore fait avec le donataire de celui-ci.

226. On doit aussi décider que, s'il a disposé par contrat de mariage, de tout ou partie des biens qu'il laissera à son décès, par exemple, de la moitié de ses biens en général, ou de tous ses immeubles, ou de tous ses meubles, ou d'une portion aliquote de tous ses immeubles, ou de tous ses meubles, l'ascendant donateur perd son droit de réversion sur

toute la portion des biens par lui donnés qui peut se trouver comprise dans la disposition faite par le donataire, suivant la distinction des choses reçues par celui-ci et ensuite données par lui, et dans les proportions ci-dessus indiquées : en sorte que si ce sont des immeubles, et que le donataire ait lui-même donné tous ses immeubles, le droit de réversion est éteint ; si la disposition n'est que de la moitié des immeubles, la réversion est éteinte pour la moitié de ceux qu'avait donnés l'ascendant ; si c'est la moitié des biens en général, le droit de l'ascendant est éteint pour moitié, quels que soient les objets qu'il a donnés, etc.

227. Bien mieux, lors même que ce serait par testament que le donataire aurait disposé des biens à lui donnés par son ascendant, ces biens ne seraient plus censés exister en nature dans sa succession, soit qu'il l'eût fait à titre particulier, et comme de corps certains et déterminés, soit qu'il l'eût fait à titre universel, de la même manière que dans les exemples précédens, en instituant un ou plusieurs légataires universels, ou à titre universel de tous ses immeubles, ou de tous ses meubles, ou d'une part aliquote des uns ou des autres. L'effet de ces dispositions serait de faire considérer les biens reçus par le donataire comme n'existant plus en tout ou en partie dans sa succession, attendu que la propriété des choses léguées appartient au légataire dès le moment de la mort

du testateur (art. 1014), et que dans les cas mêmes où l'héritier du sang a la saisine (1), il ne l'a que relativement à l'obligation où sont les légataires de lui demander la délivrance, ce qui est plutôt une affaire d'exécution des dispositions, qu'une diminution, qu'une modification réelle de l'effet de ces mêmes dispositions. La loi, comme nous l'avons déjà dit plusieurs fois, ne règle la dévolution des biens par voie d'hérédité qu'en l'absence de la volonté positive de l'homme à ce sujet, et il n'y a en réalité de succession légitime que lorsqu'il n'y a pas de dévolution testamentaire, ou autre analogue; en sorte qu'il est vrai de dire que les biens dont il a été disposé par testament ne se trouvent plus dans la succession, du moins dans la succession légitime, celle dont s'occupe l'art. 747, puisqu'il est placé sous la rubrique des successions légitimes. S'ils y sont encore, ce n'est que fictivement, et parce qu'il est impossible qu'ils n'y soient pas au moins de cette manière, le testateur n'ayant disposé que pour le temps où il ne serait plus, et pouvant toujours révoquer ses dispositions (2).

---

(1) Car il ne l'a pas toujours (art. 1006).

(2) Tel est aussi le sentiment de MM. Delvincourt et Chabot: ce dernier jurisconsulte dit, à l'appui de son opinion, que dans les pays contumiers, ainsi que l'atteste Lebrun (liv. 1, chap. 5, sect. 2, n° 63), l'ascendant donateur ne pouvait *succéder* au préjudice des dispositions que le donataire avait faites, soit par donations entre-vifs, soit *par testament*; et que, conformément à ces principes, la Cour de cassation a décidé (mais par arrêt du *rejet* il est vrai), le 17 décembre 1812 (Sirey, tom. 13, part. 1, pag. 409), que

228. Et puisque le donataire a pu, en en disposant par son testament, empêcher que les biens ne revinssent à l'ascendant, on peut demander si celui-ci, dans le cas où il lui serait dû une réserve, serait tenu d'imputer sur cette réserve les biens par lui donnés?

Nous décidons ce point par l'affirmative, attendu que le donataire, pouvant disposer des biens qui lui avaient été donnés comme de ses autres biens, il est censé avoir entendu, en disposant de ceux-ci, et en ne disposant pas de ceux-là, que ces derniers fourniraient à la réserve de l'ascendant donateur. Cet ascendant recueille les biens par droit de succession; or, ce qu'un héritier prend ou a reçu à titre héréditaire s'impute sur sa réserve, comme on le verra dans la suite. Il est vrai que ce principe reçoit exception dans le cas où l'héritier a reçu par préciput ou avec dispense de rapport, et qu'ici l'ascendant ayant droit aux biens par lui donnés, en vertu d'un droit particulier et exclusif, son

---

l'ascendant donateur n'avait pas le droit de reprendre les choses que le donataire avait léguées, attendu que *ces choses ne se retrouvaient plus en nature dans la succession du donataire.*

M. Delvincourt fait également observer que c'était de cette manière que l'on entendait anciennement l'art. 313 de la coutume de Paris, comme l'attestent Boucheul, *des Conventions de succéder,* chap. 12, n° 75 et suivans, et les auteurs par lui cités (voir aussi Ricard, *des Donations,* part. 3, n° 768 et suivans); et que l'art. 747 du Code civil a été conçu et rédigé dans ces principes, et non dans ceux du droit romain, puisque c'est un droit de *succession* qu'il consacre, et non un droit *de retour.*

Voy. aussi ce que nous avons dit au sujet de l'adoptant, tom. III, n° 325.

titre est une sorte de préciput (1); mais ce n'est pas une donation par préciput qu'il reçoit, c'est purement et simplement un droit héréditaire, dont la valeur, en conséquence, fait obstacle à toute demande en réduction des dispositions faites par le donataire, ou du moins jusqu'à due concurrence. En un mot, et mieux encore, les biens donnés appartenaient au donataire au moment de sa mort; ils formaient, avec ses autres biens, un seul et même patrimoine, et la loi lui permettait de disposer de ce patrimoine, moins la portion due à titre de réserve à l'ascendant donateur (2); la loi ne considère pas plus l'origine des biens pour la formation des réserves, qu'elle ne la considère pour la dévolution aux héritiers légitimes. Le donataire, laissant dans sa succession *ab intestat* suffisamment de biens pour fournir à la réserve de cet ascendant, ce dernier n'a donc point à se plaindre de ce que son descendant a disposé au-delà de ce dont la loi lui permettait de disposer; par conséquent il n'a point d'action en réduction des dispositions faites sur les autres biens, ce qui dispense ainsi d'examiner jusqu'à quel point est vrai l'adage du droit romain, *dat qui non adimit*, appliqué au donataire par rapport à l'ascendant donateur, pour en

(1) M. Delvincourt se fait aussi cette objection, mais il n'en décide pas moins la question comme nous, et à peu près d'après les mêmes motifs, quoiqu'il avoue qu'elle lui semble délicate.

(2) Pour le moment, nous supposons qu'il n'était dû de réserve à aucun autre ascendant; nous allons de suite supposer le cas contraire.

conclure que le premier est censé donateur à son tour envers le second, par cela seul qu'il n'a pas disposé des biens qu'il en avait reçus, pouvant l'en priver, et en conséquence qu'il y a lieu à les imputer sur la réserve de l'ascendant, comme ceux que celui-ci aurait directement et expressément reçus de son descendant.

229. Mais ce n'est pas tout; la difficulté peut se compliquer par la circonstance qu'il existerait d'autres ascendans qui auraient droit à une réserve, soit dans la même ligne, soit dans la ligne opposée. Alors s'élève la question, bien plus délicate, selon nous, que la précédente, de savoir si le donateur est obligé de fournir sur les biens donnés par lui, et qui existent encore en nature dans la succession, de quoi compléter les réserves qui seraient dues aux divers ascendans, dans le cas où les autres biens dont il n'a pas été disposé se trouveraient insuffisans à cet effet; et, dans le cas de la négative, on demande comment se réglera définitivement le droit des réserves?

D'abord, il faut remarquer que la question est la même, et demande en principe la même solution, soit que l'ascendant donateur n'eût pas de réserve à prétendre, parce qu'il y aurait dans sa ligne d'autres ascendans, ou même un seul d'un degré plus proche, par exemple, le père du donataire; soit que la réserve lui fût due aussi à lui ainsi qu'à d'autres ascendans de sa ligne ou de la ligne opposée, n'importe; car, même dans cette dernière hypothèse, il a évidemment intérêt à exercer la reprise de tous les biens qu'il a donnés et qui se retrouvent encore en nature dans l'hérédité, plutôt que d'en avoir une part plus ou moins forte, soit à titre de réserve, soit à titre de succession particulière ou ordinaire.

Il y a ici conflit entre trois intérêts : celui de l'ascendant donateur, celui des ascendans réservataires, et celui des donataires ou légataires.

Et pour la parfaite intelligence de la difficulté, supposons que l'ascendant avait donné un domaine valant 25,000 francs, et dont le donataire n'a disposé ni par actes entre-vifs, ni par testament : supposons aussi que ce dernier avait en outre pour 75,000 francs de biens dont il a disposé, soit par des donations entre-vifs, soit par des dispositions testamentaires, mais à titre particulier (1), et qu'il laisse son père, fils du donateur.

Le domaine donné étant encore en nature dans la succession, l'ascendant donateur dit qu'il a droit de le reprendre, puisqu'il succède, *à l'exclusion de tous autres*, aux choses par lui données à son descendant décédé sans postérité, et qui se retrouvent en nature dans la succession; que le droit de

---

(1) Parce que, ainsi que nous l'avons dit au n° 2 7, *suprà*, si c'était par des dispositions à titre universel, les biens donnés par l'ascendant pourraient y être compris en tout ou partie, ce qui dérangerait ou détruirait peut-être l'économie de l'espèce et l'intérêt de la question.

réserve attribué aux autres ascendans ne leur est accordé que dans l'ordre où la loi les appelle à succéder (art. 915), et qu'elle n'appelle point le père du donataire à succéder aux biens dont il s'agit ; en un mot, qu'elle n'a point restreint le droit de succession *exclusive* qu'elle a établie au profit des ascendans donateurs, aux seuls cas où il n'y aurait pas d'autres ascendans ayant droit à une réserve, ou que les autres biens seraient suffisans pour la fournir ; qu'elle n'a apporté d'autres restrictions à l'exercice de ce droit que la circonstance que le donataire aurait laissé de la postérité, et celle aussi où il aurait disposé des biens donnés, sans que le prix en fût encore dû, circonstances qui ne se présentent ni l'une ni l'autre dans l'espèce. Aussi le droit de reprise de l'ascendant est-il incontestable.

Mais, d'autre part, et c'est ici que se fait sentir la difficulté, les ascendans réservataires soutiennent, et avec raison, qu'ils ne peuvent être privés de leur réserve par la circonstance que leur descendant a reçu une libéralité d'un autre ascendant, et que les objets qui la composaient existent encore en nature dans la succession. Et cette libéralité ayant eu lieu, ils disent qu'ils ne doivent pas non plus être de pire condition parce que le donataire a lui-même disposé de ses autres biens *ultrà modum*, au lieu de disposer de ceux qui lui avaient été donnés ; que leur droit à la réserve est établi par la loi, et qu'il ne doit pas dépendre de cir-

constances aussi fortuites ; qu'il n'a pu être laissé
à la discrétion de celui qui était tenu de le respecter. En conséquence, les ascendans réclament leur
réserve telle qu'elle est déterminée par le rappro-
chement des articles 915 et 922, c'est-à-dire en
la calculant sur tous les biens existans au jour
du décès, auxquels on réunit fictivement ceux
dont il a été précédemment disposé par donations
entre-vifs.

D'un autre côté, les légataires ou donataires sur
qui frapperait la réduction, si, outre le prélèvement du domaine par l'ascendant donateur, les
ascendans réservataires avaient droit de réclamer
la réserve (dans l'espèce, si le père du donataire
pouvait réclamer le quart de toute la succession.
ou 25,000 francs), les légataires ou donataires prétendent que la réserve est une, comme, par corrélation, la quotité disponible est une, et que si cette
quotité varie en raison du nombre et de la qualité
des héritiers qui y ont droit, elle est néanmoins déterminée sous tous les autres rapports, c'est-à-dire
qu'elle doit toujours se calculer, conformément à
l'art. 922, sur tous les biens existans au jour du
décès, auxquels on réunit fictivement ceux dont il
a été précédemment disposé par donation entre-
vifs ; qu'il n'y a pas même lieu d'en retrancher ceux
que l'ascendant avait donnés, puisqu'ils appartenaient par cela même au donataire, si bien que
ce n'est que parce qu'ils sont encore en nature
dans sa succession que l'ascendant donateur a le

droit de les reprendre; qu'ainsi, tous ces biens réunis ne formant qu'un seul et même patrimoine, la quotité disponible doit être calculée sur tous, attendu, ainsi qu'on l'a déjà dit, que pour la fixer, la loi ne considère pas l'origine des biens; qu'en tout cas, le défunt n'était point tenu, et de laisser tout à la fois, au donateur, les biens qu'il en avait reçus, puisqu'il pouvait même l'en priver entièrement, et à l'ascendant réservataire, une réserve entière calculée sur le montant total des biens. Car, de cette manière, ce serait absolument comme s'il eût dû deux réserves, ou la réserve à deux personnes, quand il ne la devait qu'à une seulement. Ils rétorquent contre le réservataire l'objection que celui-ci fait valoir, en disant de leur côté qu'ils ne doivent pas être de pire condition parce que le donataire leur a donné ses autres biens, au lieu de leur donner ceux qu'il avait reçus de son ascendant, ce qui aurait prévenu la difficulté, puisque ce donateur n'eût pu, à ce titre, élever de réclamation. Ils ajoutent enfin que cette objection serait tout-à-fait mal fondée de leur part, si le donataire avait été lié à cet égard envers le donateur, mais qu'il n'en était point ainsi; qu'au contraire, ayant toute liberté de disposer des choses données comme de ses autres biens, sauf le droit des réserves, mais tel qu'il est déterminé par la loi, l'objection a autant de force dans leur bouche que dans celle des réservataires; car, si le droit de ceux-ci est digne de faveur, ce n'est que dans les limites fixées par la loi : hors de là, c'est la volonté du propriétaire qui est favorable, et qui, en conséquence, doit être exécutée.

Nous avouons que ces prétentions respectives du réservataire d'une part, et des légataires et donataires d'autre part, sont toutes très-fondées sur les principes et sur la loi, et qu'il est à regretter que le législateur n'ait pas prévenu cette difficulté, dont on ne peut sortir, d'une manière ou d'autre, sans blesser en quelque point ces mêmes principes, sans les faire fléchir sous quelque rapport. On (1) propose bien le moyen suivant, peut-être le plus conciliatoire possible, mais il ne laisse pas que de s'écarter aussi des règles ordinaires.

On dit d'abord qu'il convient que l'ascendant

---

(1) M. Toullier, tom. 5, n° 129 ; mais cet auteur, dans l'exemple qu'il donne, commet une bien grande méprise, et se met en contradiction avec ses propres principes, qui sont aussi les nôtres, et suivant lesquels la disposition que le donataire a faite des biens donnés, soit par donation entre-vifs, soit par testament, fait obstacle au droit de réversion de l'ascendant donateur. Voici cet exemple :

« Un homme meurt, laissant pour héritiers son aïeul paternel et « son aïeul maternel ; ses biens s'élevaient à 60,000 fr., savoir : « 30,000 fr. donnés par l'aïeul paternel, et 30,000 fr. acquis ; *il a « donné tout son bien.* La réserve de l'aïeul paternel sera fixée sur « la masse entière de 60,000 fr., et sera par conséquent de 15,000 fr. « La réserve de l'aïeul maternel ne sera fixée que sur la masse « des 30,000 fr. acquis par le défunt, et ne sera que de 7500 fr., « parce qu'elle ne peut jamais s'étendre sur les biens qu'il n'est « point appelé à recueillir. »

Mais M. Toullier oublie donc qu'ici il n'y a plus de réversion au profit de l'ascendant donateur, puisque le donataire a donné *tout son bien,* et en conséquence il n'y a plus de raison d'établir une différence dans les deux réserves : le donateur n'a plus, dans l'es-

donateur exerce son droit de reprise sur ce qui se retrouve en nature dans la succession, ce qui ne peut être douteux d'après l'article 747.

On veut aussi que les ascendans réservataires ne soient pas privés de leur réserve, et ils ne peuvent en effet l'être avec justice et sans violer la loi.

Mais on veut que, pour calculer le montant de cette réserve vis-à-vis de tout autre réservataire que l'ascendant donateur, on ne considère point les biens repris par l'ascendant, comme s'ils n'avaient été que transitoirement dans son patrimoine; en sorte que dans l'espèce supposée d'abord, et en admettant que la réserve ne fût due qu'à une ligne seulement, et à un autre ou à d'autres ascendans que le donateur, la somme totale des biens serait de 75,000 francs au lieu de 100,000 francs, et la quotité disponible étant des trois quarts de cette somme, la réduction s'opérerait en conséquence.

Ainsi, l'on feint que les biens n'ont été que transitoirement dans le patrimoine du donataire,

pèce, de titre aux 15,000 fr. qu'on lui attribue que le titre d'ascendant réservataire; et l'autre ascendant a un titre absolument semblable et qui doit par cela même produire un droit égal.

Mais dans l'exemple que nous donnons, où le donataire n'a pas disposé de *tout son bien*, et où se trouve, au contraire, en nature ce qu'a donné l'ascendant donateur, on peut très-bien accepter le parti proposé, qui alors a quelque fondement, parce qu'on peut dire en effet aux autres ascendans réservataires que leur réserve ne doit pas se calculer sur des biens auxquels ils ne sont point appelés à succéder; et encore y a-t-il, comme on va le voir dans la discussion, quelques objections à faire à ce système.

comme ils y auraient été si la donation eût été faite avec stipulation du droit de retour, et que la condition résolutoire se fût réalisée. Mais, tout en adoptant nous-même cette solution, faute de meilleure, et enfin parce qu'il faut, dans un cas insoluble, se déterminer pour le parti qui blesse le moins les droits de l'un et de l'autre des intéressés, nous ne pouvons nous empêcher de dire que cette fiction est contraire à la nature du droit de l'ascendant, qui ne reprend les biens par lui donnés que par droit de succession, et non à un autre titre : d'où il suit qu'ils étaient aussi incommutablement dans le patrimoine du donataire que les autres biens que celui-ci a laissés à ses autres héritiers ; que cela est si vrai, que, lorsque c'est lui qui est réservataire, il est obligé de prendre, pour sa réserve, ces mêmes biens, du moins jusqu'à due concurrence, ainsi que nous l'avons dit plus haut, ce qui suppose nécessairement qu'ils étaient dans l'hérédité.

D'ailleurs si, dans l'espèce ci-dessus, l'ascendant donateur était réservataire avec d'autres, nous ne voyons pas comment on pourrait feindre que les biens donnés n'ont été que transitoirement dans le patrimoine du donataire, pour calculer la quotité disponible sur la somme de 75,000 francs seulement, au lieu de 100,000 francs, à laquelle s'élevaient tous les biens y compris le domaine donné ; car la réserve de l'ascendant donateur, qui serait du quart ou du huitième de la succession, selon qu'il serait

seul de sa ligne y ayant droit, ou qu'il serait en
concours avec un autre dans cette même ligne, se
confondant avec son droit de reprise, puisqu'il ne
peut cumuler, on ne pourrait dire, avec quelque
apparence de raison, que des biens qui servent au
paiement d'une réserve sont censés ne pas faire
partie de la succession. Ainsi, admettons qu'il y ait
un autre ascendant réservataire dans l'autre ligne :
en pareil cas, la réserve en général est de la moitié
des biens, parce que la quotité disponible est de
la moitié (art. 915). Si l'on retranche de la masse
sur laquelle doit se faire le calcul de la réserve, ou
de la quotité disponible, car c'est la même chose,
le domaine donné par l'ascendant, qui trouve dans
ce domaine sa réserve complète, il ne reste plus
que 75,000 francs, dont il reviendrait le quart à
l'autre ascendant, qui aurait, en conséquence,
l'action en réduction des legs ou donations jusqu'à concurrence de 18,750 fr. seulement. Cette
disparité dans la réserve des deux ascendans ne
nous toucherait pas, parce qu'on pourrait dire que
le donateur a un autre titre que celui de réservataire, et il n'y a rien de surprenant dès lors qu'il
ait en définitive plus que l'autre ascendant; mais
nous n'en voyons pas moins ici la fiction repoussée,
puisque si elle était admise, la réserve serait de
37,500 fr., et le disponible seulement de pareille
somme. Or, l'on ne pourrait faire autrement que de
convenir qu'il est au moins des trois quarts de
75,000 fr., puisque l'ascendant donateur trouve sa

réserve entière dans le domaine qu'il reprend, en
évaluant la totalité des biens même à 100,000 fr.,
et non pas à 75,000 fr. seulement. Donc les biens
donnés sont pris aussi en considération pour faire
le calcul de la réserve : ils le sont évidemment et
dans le cas où l'ascendant donateur est seul réservataire, et dans le cas aussi où il est réservataire
avec d'autres. Ainsi, ce ne serait que dans celui où il
n'aurait aucun droit à la réserve, parce qu'il y aurait
des ascendans plus proches en degré dans sa ligne,
que l'on pourrait dire avec quelque raison que ces
biens n'ont été que transitoirement dans le patrimoine du donataire, pour, à l'aide de cette fiction,
faire le calcul de la réserve uniquement sur les
autres biens de ce dernier.

230. Il se présente encore d'autres difficultés sur
l'interprétation de cet article 747, auquel on reproche, et à si juste titre, tant d'obscurité sous plusieurs rapports.

Ainsi, l'on demande si l'ascendant donateur a
droit aux biens par lui donnés, lorsque le donataire les a aliénés, mais que les ayant de nouveau
acquis, ces biens se retrouvent en nature dans sa
succession.

On demande aussi s'il a droit aux biens qu'il a
reçus en échange de ceux qui lui avaient été donnés, et qui se retrouvent également en nature dans
son hérédité.

231. Sur le premier point, l'on convient géné-

ralement que si les biens sont rentrés dans la main du donataire par suite d'une action en réméré, ou en rescision ou annulation de contrat, c'est comme s'il n'y avait pas eu d'aliénation, parce qu'un contrat anéanti est considéré comme n'ayant pas existé.

A plus forte raison, si le donataire eût simplement vendu les biens sous une condition suspensive qui aurait défailli, ou sous une condition résolutoire qui se serait réalisée, puisque, dans le premier cas, non seulement il n'y aurait point eu d'aliénation des biens, mais même de vente, et que, dans le second, l'aliénation aurait été effacée, et les choses remises au même état qu'auparavant. (Art. 1168-1183.)

232. Mais lorsque le donataire n'est rentré dans les biens que par l'effet d'un nouveau contrat, ou parce qu'il aurait succédé à l'acquéreur, ou qu'il aurait ensuite reçu de lui ces biens à titre de legs, alors les interprètes du Code sont divisés sur la question de savoir si l'ascendant peut les reprendre (1).

On dit en sa faveur que les biens étant en nature dans la succession, la condition exigée par la loi se trouve remplie, puisque le Code ne demande rien de plus; que l'aliénation intermédiaire ne doit

---

(1) MM. Delvincourt et Toullier sont d'un avis favorable à l'ascendant; MM. Merlin et Chabot lui sont contraires.

pas être considérée, parce que si la loi a subordonné le droit de l'ascendant donateur à la condition que les biens n'auraient pas été aliénés, c'était
afin que les tiers acquéreurs ne fussent pas inquié-
tés, et pour que le donataire eût par là un droit
plus plein que celui résultant d'une donation faite
avec stipulation du droit de retour, qu'il pût plus
facilement disposer des objets, les hypothéquer, etc.;
or ce but, dans l'espèce, est parfaitement atteint,
puisque les biens se trouvent identiquement dans
la succession. On ajoute qu'il y aurait de l'inconséquence à permettre à l'ascendant de réclamer le
prix s'il était encore dû, et non les biens eux-
mêmes, quoiqu'ils se trouvent encore en réalité
dans l'hérédité; que s'il eût pu réclamer le prix
non payé, il peut, par la même raison, réclamer l'immeuble que l'acquéreur lui aurait rétro-
cédé, pour se dispenser, par exemple, de payer
le prix qu'il devait encore, ou pour un autre motif. On répond enfin à l'argument tiré de ce que,
dans l'ancienne jurisprudence coutumière, l'ascendant, en pareil cas, ne reprenait pas les biens qu'il
avait donnés (1), on y répond en disant que cela
n'avait rien d'étonnant, puisque l'ascendant ne
succédait à ces biens qu'en qualité de *propres* (2),
qualité que l'aliénation faite par le donataire leur

---

(1) C'était en effet la décision de Lebrun et de presque tous ceux
qui ont écrit sur la matière dans les anciens principes coutumiers.

(2) Raison pour laquelle, comme nous l'avons dit plus haut, ce
droit ne s'exerçait qu'à l'égard des immeubles.

avait fait perdre; mais que sous le Code on ne reconnaît plus de *propres*, et par conséquent que la raison qui pouvait paraître décisive dans les anciens principes de nos coutumes, n'a plus aujourd'hui la moindre force, la moindre application; qu'il faut se borner au texte du Code, et que le texte du Code assure à l'ascendant donateur le droit de succéder, à l'exclusion de tous autres, aux biens par lui donnés à son descendant décédé sans postérité, pourvu que ces biens se retrouvent encore en nature dans la succession, et au prix de ces mêmes biens, s'ils ont été aliénés, pourvu aussi que ce prix soit encore dû. Or, dans l'espèce, les biens se retrouvent en nature dans l'hérédité.

A l'appui de l'opinion contraire on dit qu'ils ne se retrouvent pas dans la succession *au même titre*, comme biens *donnés* par l'ascendant, et que cette circonstance a fait défaillir la condition à laquelle était subordonnée la réversion.

Mais comme c'est la question par la question, nous n'étendrons pas plus loin l'analyse des raisonnemens que l'on fait valoir contre l'ascendant. Il ne nous est en effet nullement démontré que la loi ait subordonné le droit de l'ascendant à la condition que les biens se retrouveraient *au même titre* dans la succession, puisqu'elle n'en parle pas, que sa disposition à cet égard est conçue d'une manière pure et simple, qu'elle donne même le droit de réclamer le prix s'il est encore dû, c'est-à-dire s'il n'a point été confondu dans le patrimoine du donataire, s'il peut encore être discerné de ses autres biens : or, les biens reçus en contre-échange peuvent parfaitement être distingués des autres. Ajoutons avec M. Delvincourt que le droit de l'ascendant donateur est très-favorable aux yeux de la loi, puisque, quant à ce droit, elle préfère l'ascendant à tout autre que les descendans du donataire, tandis que relativement aux autres biens elle lui préfère, soit des ascendans plus proches, soit les frères et sœurs du défunt et leurs descendans. Or, dans le doute, et en admettant qu'il y ait doute, le parti le plus digne de faveur doit l'emporter.

233. Sur la seconde question, M. Chabot lui-même (1), qui est cependant contraire à l'ascendant

---

(1) M. Delvincourt est également de cet avis; il s'exprime ainsi : « Si « l'objet donné a été échangé par le donataire, l'ascendant succédera-« t-il à l'objet reçu en contre-échange ? Pour pouvoir répondre à cette « question, il faut répéter ce que nous avons déjà fait observer, que « le Code civil, plus favorable que l'ancien droit à l'ascendant « donateur, lui donne le droit de succéder même au prix de l'objet « vendu, si toutefois ce prix est encore dû; or, quel peut être le « motif de cette dernière condition, sinon que la loi n'a voulu ac-« corder ce droit de succession à l'ascendant donateur qu'autant que « l'objet donné, ou le prix qui le représente, n'est pas confondu « avec les autres biens de la succession? La loi admet donc la sub-« rogation réelle dans cette espèce de succession, sous la seule « condition qu'il n'y aura pas eu confusion. Pourquoi donc ne l'ad-« mettrait-on pas à l'égard de l'objet reçu en contre-échange, qui peut « être regardé comme le prix de l'aliénation, et que l'on suppose « pouvoir être discerné facilement des autres biens du donataire? »

On peut ajouter que, dans l'ancienne jurisprudence, la subrogation était admise, quoique le donateur n'eût aucun droit au prix de l'immeuble vendu : à plus forte raison doit-elle avoir lieu sous le Code, qui accorde même au donateur le droit au prix, s'il est encore dû.

sur la première, décide, après avoir assez longue-
ment rapporté les objections qu'on peut faire, que
l'ascendant a le droit de reprendre les biens reçus
par le donataire en échange de ceux qui lui avaient
été donnés ; qu'à la vérité, en principe, il n'y
a de subrogation d'une chose à une autre que
dans les cas expressément prévus par la loi,
parce que les subrogations sont de droit étroit et
ne s'étendent point par analogie (1), mais que ce
principe n'est pas applicable au cas où la subrogation est personnelle, c'est-à-dire d'une personne
aux droits généraux d'une autre, et non pas seulement réelle, ou d'une ou plusieurs choses à une
ou plusieurs autres : qu'alors elle a pour effet de s'é-
tendre aux choses qui ont été substituées à la place
de celles qui ont été aliénées (2).

Cela est vrai surtout quand elles l'ont été aussi

---

(1) Ce qui est bien démontré par l'art. 1553, où l'on voit que
l'immeuble acquis des deniers dotaux n'est point dotal, si la
condition de l'emploi n'a été stipulée par le contrat de mariage. Le
même principe se trouve dans une foule de dispositions du droit
romain, notamment dans les LL. 8, Cod. *si quis alteri et sibi;* 4,
Cod. *comm. utriusq. jud.;* 6, Cod. *de rei vind.;* 48, §. ult. ff. *de
furtis;* 22, Cod. *de jure dotium;* 7, §. 1, ff. *qui potiores in pign.*

Cependant il y avait quelques exceptions. *Voy.*, à cet égard,
notre traité *des contrats,* n° 781.

(2) Comme on en voit un exemple dans l'art. 132, et dans plusieurs
lois romaines, telles que les LL. 70, §. 3 ; 71, 72 et ff. *de legat.* 2°. C'est
aussi ce qu'enseignent Renusson et tous les auteurs qui ont traité
de la *subrogation. Voy.* encore notre traité *des contrats* au même
endroit.

Au surplus, il faut bien prendre garde d'étendre cela trop loin
quant à l'application de notre art. 747 ; nous ne parlons maintenant
que du cas d'échange : nous allons en examiner d'autres.

par voie d'échange, mode qui admet d'autant plus facilement la subrogation que la loi la reconnaît même
à l'égard des biens dotaux (1)(art. 1559), quoiqu'elle
eût déclaré d'abord que l'immeuble acquis des deniers dotaux ne serait point dotal, si la condition de
l'emploi n'avait pas été stipulée dans le contrat de
mariage. Or, la subrogation est ici à titre universel;
elle est de la personne à la personne, puisque l'héritier est le subrogé du défunt, et que le donateur est
héritier.

Il y a sans doute des objections à faire à cette décision, mais nous les passerons sous silence, parce
que leur discussion nous entraînerait trop loin. Nous
pensons donc aussi, avec la plupart des commentateurs du Code, mais après avoir hésité, que le donateur a droit aux biens reçus par le donataire en
contre-échange de ceux qui lui avaient été donnés,
et qui sont encore dans la succession.

234. D'autres cas encore peuvent se présenter, et
ils offrent, selon nous, encore plus de difficulté que
les précédens; ils font vivement sentir combien la
loi sur cette matière eût mérité plus de développemens, ainsi que l'ont observé tous les jurisconsultes
qui ont analysé cet art. 747, et dont plusieurs

---

(1) Elle l'admet aussi dans le cas d'échange d'un propre de
communauté (art. 1407), et, comme nous venons de le dire, elle
l'admet d'une manière bien plus générale encore dans le cas prévu
à l'art. 132.

se sont fait les questions suivantes (1), à peu près dans les mêmes termes.

1° Lorsque l'ascendant avait donné une somme en argent monnayé, et que dans la succession il se trouve aussi du numéraire, en même quantité ou pour une somme plus forte ou moindre, mais sans qu'il y ait preuve, par un bordereau constatant les espèces données, ou par une déclaration du donataire, que les espèces retrouvées sont identiquement les mêmes que celles qui avaient été données, ces dernières sont-elles censées (du moins jusqu'à due concurrence) être retrouvées *en nature*, de manière que l'ascendant ait le droit de les reprendre?

2° Toujours si c'est une somme d'argent qui a été donnée, et qu'il ne se trouve dans la succession que des obligations, des billets, des effets publics (tels que des inscriptions sur le grand livre, ou des bons du Trésor), ou des billets de la Banque de France, ou des actions sur cette Banque, ou au porteur sur telle ou telle entreprise, y a-t-il également lieu de dire que la somme donnée est censée se retrouver en nature dans la succession?

3° *Vice versâ*, si ce sont des obligations, des billets, des effets publics ou des actions qui ont été donnés, et qu'il n'y ait plus dans la succession que du numéraire, y a-t-il lieu de dire la même chose?

(1) On les trouve présentées et discutées dans le commentaire de M. Chabot, mais avec un peu de diffusion, et quelquefois d'après des raisonnemens dont la justesse est très contestable.

Et *quid*, dans l'espèce, s'il se trouve dans la succession des billets ou des obligations signés d'autres personnes que celles qui avaient signé les premiers?

Enfin 4°, s'il ne se trouve plus dans la succession le numéraire, les obligations, les billets, les effets publics, les actions, qui avaient été donnés, mais qu'il s'y trouve des objets acquis à titre onéreux par le donataire, soit meubles, soit immeubles; ou si, après avoir aliéné les biens meubles ou immeubles qui lui avaient été donnés, il a acquis d'autres biens, toujours à titre onéreux, et qui sont encore dans l'hérédité, y a-t-il lieu à la reprise?

Y a-t-il lieu surtout à la reprise lorsque le donataire ayant reçu de l'argent, des billets, etc., il a fait une acquisition, soit d'un fonds de commerce, soit d'une charge, soit d'un immeuble, et qu'il a déclaré employer à cette acquisition les objets à lui donnés par son ascendant?

235. Sur le premier cas (1), M. Chabot, après avoir rapporté la discussion qui a eu lieu (dit-on), au Conseil d'État sur l'art. 747, dit avec raison qu'elle ne jette réellement aucun jour sur ces difficultés, qu'elle est tout aussi obscure que la rédaction de l'article lui-même; et il ajoute que tous les commentateurs se sont trouvés très-embarrassés pour

(1) Mais ensuite il est entraîné par voie de conséquence, un peu trop facilement peut-être, à décider les autres cas de la même manière.

expliquer ces mots de l'article, *qui se retrouvent en nature dans la succession*, à tel point que, suivant M. Malleville, la reprise doit toujours avoir lieu, soit que la donation consiste en meubles, soit qu'elle consiste en immeubles, excepté seulement dans le cas où l'objet donné a péri dans la main du donataire, ou a été dissipé par lui *sans emploi utile*; mais que MM. Grenier et Toullier pensent qu'il doit y avoir exception pour d'autres cas encore que ceux (ou celui, car en réalité il n'y en a qu'un quant au résultat) indiqués par M. Malleville; enfin que d'autres s'en tiennent à la lettre de l'article, et disent que la réversion ne doit avoir lieu que lorsque les objets donnés se retrouvent en nature matériellement, ou au moins virtuellement, parce que le prix en est encore dû, s'ils ont été aliénés, ou parce qu'il existe une action en reprise.

M. Chabot n'exprime son opinion qu'avec une extrême défiance, dit-il, parce que la lettre de la loi paraît opposée; mais cependant il se détermine à décider que, lorsque l'ascendant a donné une somme d'argent, sans faire un bordereau des espèces, et que dans la succession du donataire il se trouve du numéraire, la réversion doit avoir lieu jusqu'à due concurrence, sans que l'ascendant soit tenu de prouver que le numéraire qui existe dans la succession du donataire est *identiquement* le même que celui qu'il avait donné. Et se laissant entraîner par voie de conséquence des motifs qui l'ont déterminé, et que nous allons reproduire succinctement (toutefois

en en faisant sentir le vice), M. Chabot décide également que si des obligations, des billets, des effets
publics ont été donnés par l'ascendant, et qui n'existent plus dans la succession du donataire, mais du
numéraire s'y trouvant, l'ascendant a le droit de
réversion jusqu'à due concurrence, et par les mêmes
motifs que dans le premier cas; parce qu'en effet,
dit-il, ces obligations, ces billets, ces effets publics,
ne sont pas autre chose que la représentation du
numéraire que les souscripteurs ont reçu et se sont
obligés de rendre : ce sont des titres qui donnent
au possesseur l'action pour ravoir son argent. Le
possesseur est donc censé avoir dans son patrimoine l'argent même en nature; car, en droit, celui
qui a l'action pour ravoir sa chose, est censé avoir
en nature sa chose elle-même, d'après la règle :
id apud se quis habere videtur, de quo habet actionem ; habetur enim quod peti potest. L., 143 ff. *de
verb. signif.* (1). Enfin, il décide de la même manière les troisième et quatrième cas.

(1) Cela est vrai, sans doute, sous plusieurs rapports, mais non
sous d'autres, et c'est précisément sous ces derniers que peut être
envisagée la question qui nous occupe, c'est-à-dire, quel est le
véritable sens de ces mots, *qui se retrouvent en nature dans la succession?*
Ainsi, dit très bien Vinnius sur le §. 2, INSTIT. quib. alien. licet :
*Propriè tamen loquendo, nec ipsa sors nostra manet ; nec enim quod nobis
debetur, quod est in credito, proprié nostrum est. Nemo autem rem suam
(nisi uno casu) condicit, aut sibi dari opportere intendit.* LL. 27, §. 2; et
34 princip. ff. *de aur. arg. mund. leg.* ; et §. 14, INSTIT. *de actionib.*
La règle citée par M. Chabot est vraie quand il s'agit d'une action
réelle; mais ce que nous ne pouvons réclamer que par action personnelle n'est pas encore notre chose, *res nostra*, du moins elle ne

Le fondement de son opinion sur le premier, c'est que le numéraire est au nombre des choses dites fongibles, c'est-à-dire de celles qui sont représentées dans les paiemens par des choses de la même espèce, en même quantité et qualité (1), et qu'il est censé se retrouver en nature toutes les fois qu'il y en a d'autre dans la succession pour le représenter. A ce sujet, il cite toutes les règles sur le prêt de consommation, ainsi que les décisions de Pothier, et autres, pour démontrer qu'un emprunteur rend en *nature* ce qu'il a emprunté, quand il rend des choses de même espèce et de même qualité, et en quantité égale. Il ajoute enfin que le genre tient lieu de l'espèce dans les choses dites fongibles, et que tant que le genre tout entier n'a pas péri, *l'espèce* subsiste encore en nature ; par conséquent, selon lui, tant qu'il se trouve du numéraire dans la succession, on peut dire que celui qui avait été donné par l'ascendant existe encore en nature dans celui qui avait été donné.

236. Il y a ici abus de principes incontestables.

Personne ne niera jamais qu'en matière de prêt de consommation une chose ne représente parfaitement une autre chose de même espèce et de même qualité ; que 100 fr., par exemple, ne représentent

---

l'était pas dans les anciens principes ; cette chose *est nôtre* uniquement par équipollence.

(1) *Voy.* au tom. IV, n° 12 et suivant, ce que nous avons dit au sujet des choses dites fongibles, en parlant de la *division des biens.*

pas parfaitement 100 fr., quand bien même ce ne serait pas dans la même monnaie, parce qu'ici c'est uniquement la valeur que l'on considère (1); que dix hectolitres de froment de tel endroit, de telle qualité, ne représentent pas parfaitement aussi dix hectolitres de froment du même lieu et de la même qualité. Car assurément quand on dit qu'un emprunteur s'est libéré *en nature*, qu'il a rendu en nature les choses qu'il avait empruntées, on entend dire qu'il s'est libéré par *équipollence*, parce que, à l'égard des choses fongibles, *totidem idem est*. Mais la question n'est pas là, elle est tout entière dans le point de savoir si les rédacteurs du Code ont entendu, par ces mots de l'art. 747, *lorsque les objets donnés se retrouvent en nature dans la succession*, une simple équipollence comme en matière de prêt. Et avancer qu'en droit, quand il s'agit de choses dites fongibles, l'espèce est toujours représentée par le genre, que l'espèce subsiste tant que le genre entier n'est pas anéanti, que l'espèce existe toujours *en nature* dans une autre espèce du même genre, c'est une proposition fausse, qui doit être relevée, lors même que, par d'autres motifs, on devrait adopter les résolutions de l'auteur sur les points en question.

---

(1) A moins encore que les parties n'eussent entendu que la propriété des choses ne serait point transférée; qu'il n'y en aurait que le simple usage concédé pour tel ou tel tems, mais alors ce ne serait plus un prêt de consommation. *Voy.* ce qui a été dit sur ce point au même endroit.

En effet, cela n'est vrai qu'à l'égard des débiteurs de quantités, comme sont les emprunteurs
par prêt de consommation, et bien d'autres encore; mais cela n'est pas exact à l'égard de tous
autres. Le droit romain nous en fournirait la preuve
par plusieurs de ses textes (1), et le Code civil lui-
même, en reproduisant les dispositions de ce droit
à ce sujet, nous en fournit une irrécusable; c'est
l'article 1238, ainsi conçu : « Pour payer vala-
« blement, il faut être propriétaire de la chose
« donnée en paiement, et capable de l'aliéner.

« Néanmoins le paiement d'une somme d'argent
« ou autre chose qui se consomme par l'usage, ne
« peut être répété contre le créancier qui l'a con-
« sommée de bonne foi, quoique le paiement en
« ait été fait par celui qui n'en était pas proprié-
« taire ou qui n'était pas capable de l'aliéner (2). »

S'il était vrai, comme le dit M. Chabot d'une manière trop absolue, que, dans les choses dites fon-

---

(1) *Voy.* notamment les LL. 11, §. 2; 19, §. 1, ff. *de rebus credit.* ;
78, ff. *de solut;* et le §. 2, INSTIT. *quib. alien. licet, vel non.*

Voy. aussi Vinnius sur ce paragraphe; Donellus sur la L. 11
précitée ; et Godefroy, en ses notes sur la L. 19 ci-dessus. *Voy.* également
ment notre traité *des contrats,* n° 699.

(2) L'art. 1250, n° 2, nous fournit aussi une preuve qu'aux yeux
de la loi, du numéraire ne remplace pas toujours du numéraire,
puisque le débiteur qui a emprunté une somme pour payer son
créancier ne confère la subrogation au prêteur qu'autant que l'acte
d'emprunt fait mention du motif de l'emprunt, et que la quittance
porte que le paiement a été fait des deniers empruntés. Il n'y a pas
ici de substitution, et l'on n'y admet aucune fiction quelconque : les
espèces sont considérées *tanquàm corpora.*

gibles, l'espèce existe encore en nature tant que le
genre n'est pas totalement détruit (anéantissement
que l'on ne peut guère concevoir comme possible),
il s'ensuivrait que la disposition de ce texte ne présenterait qu'une vaine illusion au créancier qui,
de fait, aurait réellement consommé la chose à lui
payée; car on lui dirait : La chose qui vous a été
payée existe encore en nature dans vos mains par
cela seul qu'il en existe encore de même espèce soit
chez vous, soit ailleurs. Mais n'allons pas aussi loin
que voudrait nous entraîner M. Chabot par la fausse
application qu'il fait à tous les cas quelconques où
il s'agit de choses fongibles, des principes du prêt
de consommation, et des autres dettes de quantité; supposons qu'il eût lui-même, dans le cas de
l'art. 1238, restreint sa décision, et qu'il eût regardé
les choses comme consommées, comme n'existant
plus en nature, par cela seul que le créancier n'en
aurait pas eu d'autres du même genre : eh bien! il
eût encore été dans l'erreur; car très-certainement
les choses réellement consommées par le créancier
n'auraient pas existé en nature dans le sens de cet
article, quoique ce créancier en eût eu d'autres du
même genre dans son patrimoine. Par exemple, si
on lui eût payé 300 fr., qui n'appartenaient point
à celui qui les lui payait, et qu'il eût lui-même, de
bonne foi, compté ces 300 fr. à un de ses créanciers;
qu'il fût bien prouvé que c'étaient les mêmes 300
fr., *putà*, parce que les deux paiemens auraient eu
lieu au même moment, et qu'un acte le constaterait :

certainement, et très-certainement, celui à qui les espèces appartenaient n'aurait pu les réclamer, ni en réclamer d'autres de même valeur du créancier qui les avait reçues, quand bien même celui-ci eût avoué avoir chez lui cent fois cette somme.

237. Les interprètes du droit romain ne sont pas, il est vrai, parfaitement d'accord sur les circonstances auxquelles on doit reconnaître que des espèces ont été consommées (1); mais tous du moins décident que lorsqu'elles l'ont été, le principe reproduit dans notre article 1238 est applicable, et que le créancier ne peut plus être attaqué en restitution, ni par action en revendication des espèces elles-mêmes, ni par action personnelle, pour en rendre autant et de même valeur à celui à qui elles appartenaient; preuve bien évidente que, dans ce cas, les choses fongibles se consomment réellement en *espèce*, et qu'il n'est pas néces-

_____

(1) Ils conviennent bien tous qu'elles sont consommées par la fonte qu'on en aurait faite, ou par tout autre procédé propre à enlever à l'argent sa forme primitive, et par conséquent son caractère légal. Ils tombent aussi d'accord qu'il y a consommation des espèces comptées à une personne, lorsqu'elles sont tellement mêlées avec les siennes propres, qu'elles n'en peuvent plus être distinguées. Donellus sur la L. 11, ff. *de rebus creditis.* Vinnius sur le §. 2, Instit. *quib. aliènare licet, vel non.* Mais Godefroy ayant écrit, en ses notes sur la L. 19, §. 1, ff. *de rebus creditis,* que les espèces sont censées consommées lorsque celui à qui elles ont été comptées les a lui-même données en paiement à un autre, ou prêtées à un tiers, Vinnius dit à ce sujet : *Non est mirum, nullos apud auctores plures et crassiores errores reperiri, quàm apud scriptores notarum : quippè quibus tempus non est vanno aut cribro utendi;* et Vinnius a raison

saire que le genre dont elles faisaient partie , même
en le limitant infiniment, n'existe plus pour qu'elles
soient censées ne plus exister elles-mêmes.

238. Les décisions de M. Chabot, même celle qu'il
donne sur le premier cas, ne reposent donc que
sur un fondement vicieux en droit. A présent si
l'on étend ces observations au cas où de l'argent
ayant été donné, on ne retrouve plus que des
billets au bout peut-être de quinze ou vingt ans
et plus encore, ou que des billets ayant été remis,
on ne retrouve plus que de l'argent, ou enfin que
de l'argent ou des billets ayant été donnés, le donataire laisse des biens qu'il a acquis à titre onéreux, sans que, surtout, les actes d'acquisition fassent mention de l'emploi de ce qu'il avait reçu, à
combien de fictions n'est-on pas obligé de recourir
pour prétendre que les choses trouvées dans la succession sont, *en nature*, celles qui avaient été don-

---

dans les principes du droit romain, où, incontestablement, si les espèces
qui sont maintenant dans la main d'une troisième personne pouvaient
être démontrées comme étant celles-là même qui ont été d'abord
données en paiement par un débiteur qui n'en était pas propriétaire,
ou par une personne qui n'avait pas capacité pour les aliéner, telle
qu'un pupille qui a payé sans l'autorisation de son tuteur, la revendication de ces mêmes espèces aurait lieu de la part du propriétaire
ou du pupille. Mais chez nous il en serait autrement, à cause de
la règle « en fait de meubles possession vaut titre » (art. 2279); ce
qui ferait considérer, avec Godefroy, comme une consommation des
espèces, dans le sens de l'art. 1238, le fait de celui qui ayant reçu
en paiement des deniers qui n'appartenaient pas à son débiteur,
ou qui les avait reçus de son débiteur incapable, les aurait lui-même
donnés en paiement à son créancier, ou les aurait prêtés à un tiers.

nées! Combien de subrogations successives ne faut-il pas imaginer pour arriver à ce résultat, quand précisément la loi ne reconnaît de subrogation que dans les cas prévus par elle?

Pourquoi, lorsque les objets donnés ont été aliénés par le donataire, l'art. 747 ne donne-t-il au donateur le droit d'en réclamer le prix qu'autant que ce prix serait encore dû? C'est bien évidemment parce que la confusion qui en aurait été faite avec les autres deniers du donataire ne permettant plus de discerner ceux qui provenaient des objets aliénés, la loi a regardé comme tout fini, tout consommé à cet égard. Or, dans le système de M. Chabot, la loi, pour être conséquente, n'eût pas dû faire éteindre le droit de l'ascendant par la seule réception du prix; elle n'eût pas même dû le faire éteindre par la consommation réelle de ce prix : il n'eût dû s'éteindre que par la seule circonstance que le donataire qui a reçu ce prix, on le suppose, n'aurait laissé dans sa succession ni argent comptant, ni créances, ni actions, ni effets publics ou privés. Cela est clair comme le jour, puisque l'ascendant avait droit à ce prix, que ce prix était de l'argent, et que cet argent ne s'est point consommé en entrant dans la main du donataire, attendu, suivant le système de M. Chabot, que l'argent est représenté par de l'argent, et même par l'obligation de ceux à qui on l'a ensuite prêté, bien mieux, par les biens-fonds que le donataire aurait achetés avec cet argent ou le produit de ses créances; en un mot, que cet argent est censé exister en nature dans celui qui est trouvé dans la succession, dans ces créances ou dans ces biens-fonds.

Mais n'est-il pas possible, et M. Chabot lui-même se fait cette objection, à laquelle il ne répond que d'une manière qui ne répond point à la difficulté (1), n'est-il pas possible que l'argent trouvé, que les obligations, les billets, les effets publics, proviennent en tout ou très-grande partie des revenus du donataire, de ses épargnes, de son industrie, de ses bénéfices commerciaux, du remboursement de ses autres capitaux, etc., etc? Et comment, dans la plupart des cas, discerner leur véritable origine, après peut-être dix, vingt ou trente ans, et dix, vingt ou trente *reviremens* ou mutations, après toutes les vicissitudes que la fortune du donataire peut d'ailleurs avoir éprouvées depuis la donation? C'est précisément cette impossibilité qui a fait décider, dans tous les cas, en matière des choses fongibles, qu'elles étaient censées consommées lorsqu'elles avaient été confondues avec les autres choses de la personne, de manière à n'en pouvoir plus être distinguées avec certitude, et qui a fait que les rédacteurs du Code ont exigé, pour que l'ascendant

---

(1) Il dit que s'il est *prouvé* que les deniers ou effets trouvés dans la succession proviennent des revenus ou économies du donataire, ou du remboursement de ses autres capitaux, ou de la vente de ses biens particuliers, l'ascendant ne pourra pas les réclamer; ce qui ne saurait être douteux; mais c'est l'impossibilité de faire cette preuve au bout d'un long tems qui rend cette réponse tout-à-fait insuffisante.

donateur pût reprendre les choses par lui données, que ces choses *se retrouvassent en nature dans la succession du donataire* : autrement ils auraient été en grande contradiction de vue avec eux-mêmes, en ne lui donnant droit au prix de celles qui auraient été aliénées qu'autant que ce prix eût encore été dû, et en ne lui accordant pas aussi le droit de réclamer dans le cas où il se serait trouvé du numéraire dans la succession, ou des créances sur des tiers représentant ce prix, placé entre leurs mains, surtout quand il aurait été bien justifié que cet argent trouvé dans l'hérédité était identiquement le même que celui qui avait été payé par les acquéreurs des biens, ou que les deniers placés chez les tiers étaient absolument les mêmes; preuve qui, dans le système de M. Chabot, n'eût pas même dû paraître nécessaire. Or, assurément, l'ascendant n'aurait cependant pas droit à ce prix, que nous supposons avoir été payé; ou bien il faudrait rayer de l'art. 747 ces mots : *le prix qui peut en être dû.*

Ainsi, nous ne saurions être de l'avis d'un arrêt de la Cour de Rouen, du 11 janvier 1816 (Sirey, 16-2-49), confirmé par arrêt de rejet du 30 juin 1817 (Sirey, 17-1-313), qui a jugé que le droit de réversion de l'ascendant donateur a lieu pour toutes les sommes données en *numéraire*, quoiqu'il ne se trouve dans la succession du donataire que des effets de commerce, des obligations ou des contrats. S'il en était ainsi, ce serait véritablement effacer de l'art. 747 une des conditions sous lesquelles la réversion est accordée : *si les choses se retrouvent en nature dans la succession.*

239. Nous convenons, au surplus, que, si une somme ayant été donnée, cette somme a été placée à l'instant même (ou du moins que les deniers n'aient pas été confondus avec les autres deniers du donataire), et qu'elle soit encore due par l'emprunteur au moment de l'ouverture de la succession, et autres cas analogues où il serait démontré qu'il n'y a pas eu de confusion, nous tombons d'accord, disons-nous, que l'ascendant donateur peut la reprendre ; qu'il peut aussi reprendre les billets, les créances, les contrats qu'il a donnés, cédés, transportés à titre gratuit, et qui n'ont point encore été acquittés par paiement, compensation, ou de toute autre manière; parce qu'il est vrai de dire, dans ces cas, que la chose existe en nature et identiquement.

240. Mais nous n'admettons pas qu'il puisse réclamer les biens acquis à titre onéreux par le donataire, à qui il n'avait donné que du numéraire ou des effets ou contrats, à moins que celui-ci n'eût déclaré, dans les actes d'acquisition, qu'il faisait lesdites acquisitions avec l'argent ou les autres objets qui lui ont été donnés par son ascendant, ce qui sera bien rare; et encore cette opinion est-elle douteuse (1), car ce qui est acquis avec des deniers

_____

(1) Elle l'est beaucoup plus assurément que celle que nous avons émise sur le cas d'échange, parce que les lois admettent bien plus

dotaux n'est point dotal (1); ce qui est acquis avec le produit d'un objet hypothéqué n'est point hypothéqué (2); ce qui est acquis avec mon argent, sans mon mandat, et même avec l'argent qui m'est volé, ne m'appartient pas (3), etc. : preuves incontestables que les principes ne permettent pas de créer arbitrairement des subrogations. Et si, d'une part, le droit de l'ascendant est digne de faveur, et nous l'avons dit nous-même, d'autre part, il ne faut pas oublier que ce droit est une succession anomale dont, par conséquent, on ne doit pas étendre les limites au-delà du point fixé par la loi.

241. Au surplus, l'ascendant succède aussi à l'action en reprise que pouvait avoir le donataire, et c'est le troisième chef, si l'on peut s'exprimer ainsi, du droit que la loi lui attribue. C'est par l'explication de ce dernier point que nous terminerons nos observations sur cet art. 747, article si important, mais si incomplet, si obscur.

242. L'ascendant ayant l'action en reprise que pouvait avoir le donataire, dans le cas où celui-ci a aliéné les objets donnés (4), il s'ensuit que si une

---

facilement la subrogation en matière d'échange qu'en matière d'achat : nous en avons cité des exemples.

(1) L. 12, Cod. du *jure dot.* art. 1553, Cod. civ.

(2) L. 7, §. 1, ff. *qui potiores in pig.*

(3) L. 8, Cod. *si quis alteri vel sibi* ; L. 48, §. ult. ff. *de furtis.*

(4) A plus forte raison s'il ne les a point aliénés, mais qu'un tiers les possède, avec ou sans titre, avait-il l'action, et l'a-t-il transmise à l'ascendant.

chose quelconque, même de l'argent, a été donnée
en dot à une fille ou petite-fille, par son père, sa
mère, ou un ascendant d'un degré supérieur, le
donateur a l'action en reprise de la dot, telle que
la donataire décédée l'aurait eue, soit qu'elle fût
mariée sous le régime en communauté, soit qu'elle
le fût sous celui d'exclusion de communauté, soit
enfin qu'elle eût adopté le régime dotal proprement
dit; par conséquent, il ne l'a que sous les distinctions et avec les obligations qui sont expliquées au
titre du *contrat de mariage*, distinctions et obligations dans lesquelles nous ne pouvons entrer ici,
d'autant mieux que le principe posé ci-dessus, que
l'action qu'aurait eue la donataire appartient à
l'ascendant, suffit pour résoudre tous les cas (1) :
aussi, si c'était le mari qui fût donataire, l'ascendant
ne reprendrait dans la communauté de celui-ci (en
le supposant marié en communauté), que ce que
ce dernier ou ses héritiers avaient le droit de reprendre par rapport aux choses données et entrées
en communauté : d'où il suit que si cette communauté ne suffisait pas pour fournir aux reprises de
la femme et payer les dettes, comme on le prévoit
dans l'art. 1472, le mari n'ayant rien à reprendre,
l'ascendant ne reprendrait rien non plus à ce sujet.

243. L'ascendant succède pareillement à l'action
en réméré, ou en rescision pour cause de lésion,

---

(1) *Voy.* au surplus les art. 1407, 1468 à 1471 inclusivement,
1473, 1531 à 1559 aussi inclusivement, et 1564 à 1570.

qu'avait le donataire, ainsi qu'à celle en résiliation
pour défaut de paiement du prix, ou en annulation
de contrat pour vice de forme, incapacité, erreur,
dol ou violence, et même en révocation de donation
pour inexécution des conditions, ou pour cause
d'ingratitude dans les cas où les héritiers du donataire auraient eu eux-mêmes l'action pour cette cause.
En un mot, toute action en reprise qu'avait le donataire relativement aux biens donnés appartient
également au donateur.

244. Mais aussi dans le cas où le donataire eût
été obligé de restituer quelque chose à l'autre partie,
comme dans celui de réméré ou de rescision pour
cause de lésion, parce que le donataire vendeur avait
reçu tout ou portion du prix de la vente, l'ascendant doit pareillement le restituer, sans pouvoir
s'en faire faire raison par les autres héritiers, ni
même l'imputer sur la portion de dettes qu'il doit
supporter au *prorata* de son émolument, suivant
ce qui a été dit plus haut; car il reprend les biens
dans l'état où ils se trouvent, sauf ce que nous avons
dit sur le cas où ils sont simplement hypothéqués.
La loi lui donne bien l'action en reprise, mais elle
ne la lui donne que telle qu'elle existe, par conséquent avec les charges qui y sont attachées. L'exercice de cette action ne doit préjudicier en rien aux
autres héritiers; or, elle leur préjudicierait s'ils
étaient obligés de contribuer à ces charges. Tout ce
que la loi a voulu, c'est que l'ascendant donateur

l'eût de préférence à eux; il doit donc l'exercer à ses risques et périls, ainsi que supporter personnellement les obligations corrélatives qui y seraient attachées.

245. Il n'a même aucune indemnité à réclamer des héritiers, pour les détériorations que le donataire aurait commises sur les biens donnés, soit en abattant des futaies, soit en démolissant des bâtimens, en arrachant des vignes, etc., soit enfin, ainsi que nous l'avons dit, en constituant sur lesdits biens des servitudes ou des droits d'usufruit ou d'usage au profit des tiers : nous répéterons encore qu'il ne reprend les biens que dans l'état où ils se trouvent.

246. De ce que l'ascendant n'a point d'indemnité à réclamer pour les détériorations, M. Toullier en conclut que, réciproquement, il ne devrait aucune récompense ou rapport aux autres héritiers pour les améliorations que le donataire aurait faites, même pour des constructions importantes, parce qu'il serait injuste, suivant cet auteur, de forcer à payer des récompenses pour des améliorations celui qui ne pourrait réclamer d'indemnité pour des dégradations; qu'il n'en doit pas être de lui comme d'un héritier assujéti au rapport envers ses cohéritiers, cas dans lequel, si l'héritier leur doit des indemnités pour la dépréciation qu'il a causée aux biens, du moins il peut en répéter pour la plus value qu'il leur a procurée (art. 861 et 862). Mais ce

raisonnement de M. Toullier n'est point du tout concluant : c'est confondre les principes du droit commun avec ceux qui régissent un cas spécial. L'ascendant ne reprend les biens qu'il avait donnés que par une faveur de la loi, et la loi dit qu'il ne les reprend que dans l'état où ils se trouvent. Aussi s'il eût fait une stipulation de retour lui serait-il dû indemnité pour les dégradations. Mais cette faveur de la loi ne va pas jusqu'à faire fléchir à son profit les règles du droit commun, qui ne permettent pas qu'on s'enrichisse aux dépens d'autrui, ou qui veulent qu'un héritier rapporte à ses cohéritiers tout ce qu'il a reçu du défunt directement ou indirectement (art. 843). M. Toullier n'oserait probablement pas dire que si un absent revenait après l'envoi en possession définitif de ses biens, et qu'il les trouvât singulièrement augmentés de valeur par des dépenses faites avec l'argent des envoyés en possession, ce propriétaire ne devrait aucune indemnité à ces derniers, parce que ceux-ci ne lui en auraient dû aucune pour les dégradations qu'ils auraient laissé survenir, sans en avoir profité, l'absent, en pareil cas, reprenant ses biens dans l'état où ils se trouvent (art. 132); et cependant le raisonnement de M. Toullier serait également applicable. Dans le droit romain aussi, et l'on devrait décider la même chose chez nous, le possesseur de bonne foi d'une hérédité n'était tenu de la dépréciation des biens que *quatenùs locupletior factus erat* ; et néanmoins s'il avait fait des améliorations avec ses deniers, il lui en était dû indemnité : seulement il se faisait une balance générale comme elle devrait se faire aussi dans le cas dont il s'agit.

SECTION V.

Des successions collatérales.

SOMMAIRE.

257. *Droit spécial du père ou de la mère à l'usufruit du tiers des biens auxquels ils ne succèdent pas en propriété.*

258. *Cet usufruit n'a lieu qu'autant que le survivant des père et mère est en concours avec des parens collatéraux, et non quand il est en concours avec des ascendans de l'autre ligne.*

259. *A défaut de parens au degré successible dans une ligne, il se fait dévolution au profit des parens de l'autre ligne.*

260. *Il en est de même si tous les parens qui existent dans une ligne sont indignes ou renoncent.*

247. Le troisième ordre des successions est celui des collatéraux, qui quelquefois, ainsi qu'on l'a dit plus haut, et comme on va le voir avec plus de développemens, concourt avec celui des ascendans, et quelquefois même lui donne l'exclusion.

Ainsi, suivant l'article 750, « en cas de prédécès « des père et mère d'une personne morte sans pos- « térité, ses frères, sœurs, ou leurs descendans, sont « appelés à la succession, à l'exclusion des ascen- « dans (1) et des autres collatéraux.

« Ils succèdent, ou de leur chef ou par représen- « tation, ainsi qu'il a été réglé dans la section II du « présent chapitre (2). »

248. Les frères, sœurs, ou leurs *descendans* succèdent, à l'exclusion des ascendans autres que les père et mère, et à l'exclusion de tous autres col-

---

(1) Ici le mot *ascendans* signifie les ascendans d'un degré su- périeur à celui des père et mère; tandis que, ordinairement, son acception est générique, et comprend tous les ascendans quelconques.

(2) *Voy. suprà*, n° 183 et suiv., et 190.

latéraux : en sorte que ce n'est point la proximité
du degré que l'on considère ici, c'est uniquement
la qualité de la parenté. D'où il suit que le petit-
fils d'un frère, qui ne peut représenter son père,
on le suppose, parce que celui-ci a renoncé ou
parce qu'il est indigne, succédera cependant au
défunt, son grand-oncle, de préférence à l'aïeul de
ce dernier, quoique l'un soit au quatrième degré,
tandis que l'autre est seulement au second; qu'il
succédera aussi de préférence à l'oncle du défunt,
collatéral au troisième degré, quoiqu'il soit lui-
même au quatrième. Aussi l'article précité n'exige-
t-il pas que les descendans de frères ou sœurs aient
la qualité de *représentans* de leurs pères, mères,
aïeuls ou aïeules; il exige simplement qu'ils soient
des *descendans* de ces frères ou sœurs.

249. Et ces décisions sont applicables non seulement au cas où les frères ou sœurs étaient unis
au défunt par le double lien, qu'ils étaient ses frères
ou sœurs germains, mais aussi au cas où ils ne lui
tenaient que d'un seul côté, comme frères ou sœurs
consanguins, comme frères ou sœurs utérins; sauf
que s'il y a tout à la fois des germains, d'une part,
et des consanguins ou utérins, d'autre part, la succession, conformément à l'art. 733, se divise d'abord
en deux portions égales : les germains prennent part
dans les deux lignes, et les consanguins ou utérins
chacun dans la leur.

250. Il en est ainsi à l'égard des enfans des uns

et des autres, lors même qu'ils ne pourraient invoquer le bénéfice de la représentation. Comme nous l'avons dit en général, ils n'en ont pas besoin quand ils ne sont point en concours entre eux ou avec des oncles ou tantes, frères ou sœurs du défunt : leur seule qualité leur donne la préférence sur tous ascendans autres que les père et mère, et sur tous les autres collatéraux.

251. Elles sont également applicables, ces décisions, quoique les ascendans fussent de la ligne opposée à celle où se trouvent ces frères ou sœurs consanguins, ces frères ou sœurs utérins, ou les descendans des uns ou des autres; en sorte qu'un frère utérin, ou un descendant de ce frère, exclut l'aïeul paternel; comme un frère consanguin, ou un descendant de ce frère, exclut l'aïeul maternel. Dans ce cas, la succession, quoique échue à d'autres que des descendans, ne se divise pas en deux parts égales, moitié pour la ligne paternelle, moitié pour la ligne maternelle, suivant la disposition générale de l'art. 733, première partie; elle appartient tout entière à la ligne du frère utérin ou de son descendant, ou à la ligne du frère consanguin ou de celui qui descend de lui.

Cela est démontré, 1° par la combinaison de l'art. 733 lui-même, 2ᵉ partie, avec l'art. 752. On voit, en effet, que le premier n'a égard au double lien, pour lui donner des droits plus étendus que ceux que la loi attribue à la parenté d'un seul côté,

que dans le cas prévu au second de ces articles,
c'est-à-dire lorsqu'il y a tout à la fois des frères ou
sœurs germains (ou des représentans d'eux) et des
frères ou sœurs consanguins, ou utérins, en concours avec les père et mère, ou l'un d'eux seulement (1); car ce dernier article porte formellement
que, *s'il n'y a de frères ou sœurs que d'un seul
côté, ils succèdent à la totalité, à l'exclusion de tous
autres parens de l'autre ligne;* 2° si, lorsqu'il n'y
a pas de germains ni de descendans d'eux, les consanguins en concours avec la mère seulement, ou
les utérins en concours avec le père seul, ont cependant les trois quarts de la succession, comme
cela n'est pas douteux d'après cet art. 752, puisque
la part du père ou de la mère en concours avec des
frères ou sœurs, ou descendans d'eux, ne peut jamais excéder le quart, il est bien évident que l'ascendant d'un degré supérieur n'en a aucune; car il
faudrait, ou lui attribuer celle de son fils ou de sa
fille prédécédé, et il ne pourrait y prétendre
qu'en vertu du bénéfice de la représentation, qui
lui est formellement refusé par la loi (art. 741), ou
bien lui accorder la moitié de la succession, quand
son fils ou sa fille, qui l'aurait exclu s'il eût survécu, n'en aurait eu que le quart, ce qui serait par
trop absurde. Il y aurait encore d'autres raisons
propres à exclure la prétention des ascendans et
des collatéraux de la ligne opposée à celle où se

(1) *Voy.* ce qui a été dit *supra*, nᵒˢ 142 et 147.

trouvent les frères ou sœurs consanguins ou utérins, ou leurs descendans ; mais celles que nous venons de donner suffisent.

252. « Si les père et mère de la personne morte « sans postérité lui ont survécu, ses frères, sœurs, « ou leurs représentans (1), ne sont appelés qu'à « la moitié de la succession. Si le père ou la mère « seulement a survécu (2), ils sont appelés à re- « cueillir les trois quarts. » (Art. 751.)

Cet article n'est que la répétition des articles 748 et 749 : aussi l'on peut se reporter à ce qui a été dit au §. Ier de la section précédente.

253. Quant au suivant (752), il se réfère à la 2e disposition de l'art. 733. Il a pour objet de ré- gler le mode de partage dans le cas où il y a concours des frères, sœurs, ou leurs descendans d'un seul côté, ou des deux côtés opposés, ou réu- nissant l'avantage du double lien, qui ont à parta- ger entre eux la portion à laquelle ne succèdent pas les père et mère, ou le survivant d'eux.

254. Ainsi, « le partage de la moitié ou des trois

---

(1) Ici le mot *représentans* n'est pas pris dans son acception ordinaire : quand bien même les descendans de frères ou sœurs ne pourraient, soit à cause de l'indignité de leur père ou mère, soit à cause de la renonciation de ceux-ci, les *représenter*, leurs droits vis-à-vis des père et mère du défunt seraient absolument les mêmes ; ce ne serait qu'entre eux et avec leurs oncles ou tantes qu'ils pourraient avoir besoin du bénéfice de la *représentation*. C'est ce que nous avons déjà dit *suprà*, n°s 187 et 195 ; mais il nous a paru utile de répéter cette observation.

(2) Ou si l'autre renonce ou est indigne.

« quarts dévolus aux frères ou sœurs (1), aux
« termes de l'article précédent (751), s'opère entre
« eux par égales portions, s'ils sont tous du même
« lit. S'ils sont de lits différens, la division se fait
« par moitié entre les deux lignes paternelle et ma-
« ternelle du défunt : les germains prennent part
« dans les deux lignes, et les utérins ou consan-
« guins chacun dans leur ligne seulement. S'il n'y
« a de frères ou sœurs que d'un seul côté, ils suc-
« cèdent à la totalité, à l'exclusion de tous autres
« parens de l'autre ligne. »

255. Enfin, suivant l'article 753, « à défaut de
« frères ou de sœurs, ou de descendans d'eux, et à
« défaut d'ascendans dans l'une ou l'autre ligne,
« la succession est déférée pour moitié aux ascen-
« dans survivans, et pour l'autre moitié aux parens
« les plus proches de l'autre ligne.
« S'il y a concours de parens collatéraux au même
« degré, ils partagent par tête. »
Il en est de même s'il y a concours entre les ascendans de l'autre ligne.

256. Et quant aux collatéraux, il n'y a aucune
différence à faire entre le cas où ils appartiendraient tous à la même branche, paternelle ou maternelle de leur ligne, et le cas où ils appartiendraient à des branches différentes. Le plus proche
dans sa ligne exclut les plus éloignés, et tous ceux

(1) Ou à leurs *représentans,* comme le dit l'art. 751 auquel se réfère
celui-ci.

qui sont au même degré succèdent par tête. C'est ce qui a été suffisamment expliqué plus haut, n° 150.

257. Dans le cas dont il s'agit, le père ou la mère survivant a l'usufruit du tiers des biens auquel il ne succède pas en propriété. (Art. 754.) (1)

258. Mais il faut bien remarquer que cet usufruit n'a lieu que dans le cas où le survivant des père et mère est en concours avec des collatéraux de l'autre ligne, et non dans celui où il serait en concours avec des ascendans de cette autre ligne : l'article ne laisse pas le moindre doute à cet égard ; d'ailleurs, il n'y avait pas les mêmes motifs.

259. Les parens au-delà du douzième degré ne succèdent pas. (Art. 755.)

A défaut de parens au degré successible dans une ligne, les parens de l'autre ligne succèdent pour le tout (*ibid.*). Il se fait dévolution de la ligne manquante au profit de celle qui subsiste. (Art. 733.)

260. Il en est de même si tous les parens qui sont au degré successible dans une ligne sont, ou indignes, ou renonçans : ces derniers sont réputés n'avoir jamais été héritiers (art. 785) ; et les premiers sont exclus (art. 727), ce qui, pour l'objet dont il s'agit maintenant, revient au même.

(1) *Voy.*, quant à cet usufruit, ce que nous avons enseigné au tom. IV, n°s 483 et 608, où nous disons notamment que le père ou la mère doit caution aux collatéraux de l'autre ligne, parce que les biens ne sont plus ceux de l'enfant.

CHAPITRE IV.

Des successions irrégulières.

SOMMAIRE.

261. *Division du chapitre.*

261. Nous aurons à voir sur ce chapitre :

1° Des droits des enfans naturels reconnus sur les biens de leurs père ou mère décédés;

2° De la succession aux enfans naturels décédés sans postérité;

3° De la succession déférée au conjoint survivant;

4° De la succession déférée à l'État par l'effet de la déshérence;

Et 5° des formalités à observer par l'enfant naturel appelé à la totalité des biens, ou par le conjoint survivant et par l'État.

SECTION PREMIÈRE.

Des droits des enfans naturels reconnus sur les biens de leurs père ou mère décédés.

SOMMAIRE.

262. *Dans les anciens principes il n'y avait que deux espèces de successions irrégulières; les enfans naturels ne succédaient jamais, pour aucune portion; ils n'avaient droit qu'à des alimens.*

263. *Les lois de la révolution, en voulant corriger cette rigueur de*

la législation, étaient tombées dans un excès contraire , en assimilant les enfans naturels reconnus aux légitimes.

264. *Le Code, plus sage et plus moral , a choisi un juste tempérament , en accordant à ces enfans une quotité qui varie en raison de la qualité des héritiers avec lesquels ils sont en concours.*

265. *Mais il n'accorde cette quotité qu'aux enfans naturels légalement reconnus , et qui ne sont ni incestueux ni adultérins. Division de la section.*

§. Ier.

Des droits des enfans naturels ordinaires reconnus par leurs père ou mère, sur les biens de ceux-ci après leur mort.

266. *Les enfans naturels ne sont point héritiers; texte de l'art. 756.*

267. *Renvoi quant à ce qui concerne la reconnaissance des enfans naturels.*

268. *Quoique les enfans naturels légalement reconnus n'aient des droits que sur les biens de leurs père ou mère décédés, ils peuvent néanmoins en exiger des alimens de leur vivant, mais non des parens de leurs père ou mère.*

269. *Le droit de l'enfant naturel sur les biens de ses père ou mère décédés, n'est pas une simple créance, une action personnelle contre les héritiers, mais bien un droit réel dans les objets de sa succession.*

270. *Comment il est déterminé en général ; texte des art. 757 et 758.*

271. *Quatre cas bien distincts peuvent se présenter.*

272. PREMIER CAS : *L'enfant naturel en concours avec des enfans ou descendans légitimes.*

273. *Si quelques-uns des enfans légitimes ou tous sont décédés , mais ayant laissé des descendans, ceux-ci les remplacent*

274. *L'exclusion ou la renonciation d'un ou plusieurs enfans*

légitimes, profite aussi à l'enfant naturel, en diminuant
le nombre des co-partageans; secùs lorsque tous sont
exclus ou renonçans, et qu'ils ont tous laissé des enfans
qui acceptent.

275. Lorsqu'il y a plusieurs enfans naturels, en concours avec un
ou plusieurs enfans légitimes, le calcul de la portion de
chacun des naturels n'est pas aussi facile que lorsqu'il n'y
en a qu'un seul.

276. Premier système, suivant lequel il semblerait qu'on dût
faire ce calcul; et vice de ce système.

277. Deuxième système, vice qu'on lui reproche, et avec raison;
c'est cependant celui qu'on doit adopter.

278. Troisième système imaginé pour atténuer ce que le précédent a de trop désavantageux pour les enfans naturels,
et que l'on doit néanmoins rejeter.

279. La reconnaissance de l'enfant naturel faite pendant le mariage par l'un des époux seulement, qui l'a eu d'un autre
que son conjoint avant le mariage, ne nuit pas aux
enfans de ce mariage; mais elle produit tous ses effets,
même à l'égard de ces enfans, si elle a eu lieu après le
mariage.

280. Comment se calcule le droit de l'enfant naturel quand il y a
des enfans de plusieurs mariages, et que la reconnaissance a été faite pendant le cours de l'un d'eux.

281. Quid lorsqu'elle a été faite avant le mariage et qu'elle était
ignorée du conjoint au moment de la célébration.

282. Quid, si, reconnu par l'un des époux seulement pendant le
mariage, l'enfant prouve néanmoins, d'après les moyens
autorisés par la loi, qu'il est né aussi de l'autre.

283. L'enfant naturel muni d'un commencement de preuve par
écrit peut rechercher la maternité pendant comme après
le mariage de sa mère, et il a tous les droits d'enfant
naturel, même vis-à-vis des enfans du mariage.

284. Deuxième cas : L'enfant naturel en concours avec des ascendans ou des frères ou sœurs de son père ou de sa mère

Son droit est le même, soit qu'il n'y ait qu'un seul ascen-
dant ou frère ou sœur, soit qu'il y en ait plusieurs ; et il
n'est toujours que de la moitié quel que soit le nombre des
enfans naturels.

285. C'est le concours et non pas seulement l'existence d'un ou
plusieurs ascendans ou frères ou sœurs qui fixe la portion
de l'enfant ou des enfans naturels à la moitié seulement.

286. Cette moitié réservée aux ascendans ou frères ou sœurs se
partage suivant les règles ordinaires.

287. L'enfant naturel en concours avec un ou plusieurs ascendans dans une ligne, et des collatéraux, autres que des
frères ou sœurs, dans l'autre, n'a-t-il également que la
moitié de toute la succession ; ou bien la moitié vis-à-
vis des ascendans, mais les trois quarts vis-à-vis des
collatéraux ? Il n'a que la moitié de l'hérédité. Contre-
versé.

288. Quand le défunt n'a laissé que des enfans de frères ou
sœurs, l'enfant naturel n'a-t-il aussi que la moitié, ou
bien les trois quarts, parce que la représentation ne serait
pas admise dans ce cas ? Il n'a que la moitié : très-controversé, et la jurisprudence en sens contraire.

289. Troisième cas : L'enfant naturel en concours seulement
avec des collatéraux autres que les frères ou sœurs ; il a
les trois quarts, sauf le cas de représentation ; et, quel
que soit le nombre des enfans naturels, ils n'ont que les
trois quarts, quand bien même il n'y aurait qu'un seul
parent, l'autre ligne manquant.

290. L'enfant naturel qui n'a droit qu'à une portion doit toujours
demander la délivrance aux héritiers légitimes saisis
quels qu'ils soient. Il supporte une part proportionnelle
des dettes, mais il n'a pas besoin du bénéfice d'inventaire pour n'être pas tenu ultrà vires.

291. Les créanciers ont action contre l'enfant naturel lorsqu'il a
obtenu la délivrance de la quotité qui lui revient, et dans
la proportion de cette quotité : ils peuvent même poursuivre

chacun des héritiers saisis pour sa part héréditaire, sauf le recours contre l'enfant naturel.

292. *Les héritiers légitimes sont bien fondés à ne remettre à l'enfant naturel sa portion, qu'autant qu'il leur donne des sûretés pour le paiement de sa part dans les dettes et charges de la succession.*

293. QUATRIÈME CAS : *A défaut de parens au degré successible, l'enfant naturel a droit à la totalité, à la charge de se faire envoyer en possession par le tribunal.*

294. *Dans les quatre cas ci-dessus, si l'enfant naturel est prédécédé, ses descendans ont droit à ce qui lui serait revenu.*

295. *L'enfant naturel de l'enfant naturel prédécédé a aussi, dans ce qui lui serait revenu, les droits d'enfant naturel, lors même que le prédécédé aurait laissé des enfans légitimes. Controversé.*

296. *L'enfant naturel ou ses descendans sont tenus d'imputer, sur ce qui leur revient, ce qui lui a été donné par celui de la succession duquel il s'agit, et qui serait sujet à rapport entre co-héritiers.*

297. *Comment se fait cette imputation quand il y a plusieurs enfans naturels dont un ou quelques-uns seulement ont reçu des avantages.*

298. *De son côté, l'enfant naturel a le droit d'exiger des héritiers l'imputation de ce qu'ils ont reçu sur ce qui leur revient, et même le rapport. Très controversé.*

299. *Suite.*

300. *Texte de l'art. 761.*

301. *On ne peut augmenter la portion de l'enfant naturel, mais on peut la diminuer.*

302. *Quand le père de l'enfant naturel a fait des dispositions de ses biens, l'art. 761 n'est plus applicable dans les conditions qu'il prescrit pour réduire l'enfant.*

303. *Mais, hors le cas de dispositions, la réduction du droit de l'enfant naturel ne peut résulter que d'une déclaration expresse du père.*

304. *Il n'est pas nécessaire que cette déclaration soit faite dans l'acte même par lequel l'enfant recevrait quelque chose de son père.*

305. *Mais il faut que l'enfant ait reçu du vivant du père la portion que celui-ci lui a assignée. Quid s'il ne veut pas la recevoir ? Il faut que ce qu'on lui offre soit de quelqu'importance relativement à ce qu'il pourrait prétendre un jour.*

306. *Si ce qu'il a reçu ne s'élevait pas à la moitié de ce qui lui serait revenu sans la réduction, il a une action en supplément.*

307. *Quand il y a plusieurs enfans naturels, dont quelques-uns seulement ont été réduits, et qu'il y a des enfans légitimes, la réduction profite à ces derniers seulement, parce qu'elle est censée n'avoir été faite que dans leur intérêt.*

308. *Il n'en est pas ainsi quand les enfans naturels sont en concours avec d'autres parens, parce qu'alors la succession se divise par masses.*

309. *Les enfans naturels ont-ils une réserve ? Oui.*

310. *Quatre opinions différentes sur ce point. Première opinion.*

311. *Seconde opinion.*

312. *Troisième système.*

313. *Quatrième.*

314. *Comment se détermine la réserve de l'enfant naturel quand il y a des descendans légitimes.*

315. *Et quelle est alors celle de ces derniers.*

316. *Suite.*

317. *Comment elle se détermine quand il y a plusieurs enfans naturels et un ou plusieurs enfans légitimes.*

318. *L'enfant naturel en concours avec d'autres héritiers que les descendans légitimes, a toujours la moitié ou les trois quarts de ce qu'il aurait eu s'il eût été légitime, et cette règle sert de base à la fixation de sa réserve en pareil cas.*

319. *Quelle en est la quotité quand le défunt laisse ses père et*

mère ou l'un d'eux, un enfant naturel, et qu'il a fait un legs universel.

320. *Suite pour le cas où, dans la même hypothèse, il y a deux enfans naturels.*

321. *D'après la manière de calculer la réserve des enfans naturels dans les cas ci-dessus, il n'est pas à craindre que, à raison du grand nombre de ces enfans, ils puissent avoir au delà de ce que leur assigne la loi.*

322. *Comment se calcule leur réserve lorsque le défunt ne laisse que des frères ou sœurs.*

323. *Et lorsqu'il y a tout à la fois des ascendans, autres que les père et mère, et des frères ou sœurs ; renvoi pour la solution de la question de savoir si, dans ce cas, les ascendans ont une réserve.*

324. *Comment se calcule la réserve des enfans naturels lorsqu'il n'y a que des parens éloignés.*

325. *Suite.*

326. *De quoi se compose-t-elle quand il n'y a pas de parens au degré successible : elle est la même que ce qu'elle eût été si l'enfant naturel eût été légitime, mais seulement quand il n'y a qu'un enfant naturel.*

327. *L'enfant naturel institué légataire universel par son père, qui a laissé des parens au degré successible, doit toujours leur demander la délivrance, quand bien même ces parens ne sont pas du nombre de ceux au profit desquels la loi a établi une réserve.*

§. II.

Des droits des enfans adultérins ou incestueux.

328. *La loi n'accorde que des alimens aux enfans adultérins ou incestueux.*

329. *Comment sont réglés ces alimens.*

330. *Lorsque le père ou la mère de l'enfant adultérin ou inces-*

tueux lui a fait apprendre un art mécanique ou lui a
assuré des alimens, l'enfant n'a plus rien à prétendre.
331. *En quel sens doit-on entendre l'art.* 335 *qui prohibe toute
reconnaissance volontaire des enfans incestueux ou adultérins ; est-ce uniquement pour leur interdire de réclamer
une portion de la succession comme enfans naturels, mais
non des alimens ?*

262. Dans les anciens principes, il n'y avait que
deux sortes de successions irrégulières (1) : 1º celle
déférée à l'époux survivant quand il n'y avait aucun
parent au degré successible dans l'une et l'autre
ligne; 2º celle déférée au seigneur haut-justicier en
pays coutumier, et au fisc en pays de droit écrit, lorsqu'il n'y avait ni parent au degré successible, ni conjoint survivant. Les enfans naturels n'avaient dans
aucun cas, ni dans aucune des deux jurisprudences,
aucun droit de successibilité : ils pouvaient seulement réclamer des alimens dont la quotité, généralement modique, se réglait par les tribunaux,
comme elle se règle aujourd'hui à l'égard des enfans incestueux ou adultérins, en prenant en considération la condition des père et mère, la fortune
laissée par eux, la qualité et le nombre des héritiers : tel était le sort des enfans naturels ordinaires,
c'est-à-dire des enfans non adultérins, ni incestueux.

_____

(1) Non compris, dans les pays coutumiers, celle de l'ascendant
donateur aux choses par lui données à son descendant décédé sans
postérité, qui était et qui est encore, comme on vient de le voir,
une succession irrégulière.

263. Mais comme un excès de rigueur amène presque toujours un excès de relâchement, on a eu la douleur de voir, il est vrai dans un temps malheureux où plus d'une fois les vrais principes en législation ont été méconnus, une loi (1) introduire les enfans naturels dans les familles avec les droits des enfans légitimes, en les assimilant en tous points à ceux-ci sous ce rapport (2), et cela, sous l'empire d'une jurisprudence qui autorisait la recherche de la paternité, comme celle de la maternité (3).

264. On conçoit sans peine les vives réclamations que dut exciter une législation si contraire au maintien des mœurs, aux droits des familles et aux intérêts de la société en général ; aussi le Code civil l'a-t-il abrogée : il a concilié, par un sage tem-

---

(1) Celle du 12 brumaire an II.

(2) L'art. 2 de cette loi porte : « Leurs droits de successibilité sont « les mêmes que ceux des autres enfans. »

Et l'art. Ier méconnaissant le salutaire principe de la non-rétroactivité de l'effet des lois, admet avec de tels droits les enfans naturels aux successions de leurs père et mère, ouvertes depuis le 14 juillet 1789.

Mais cet effet rétroactif fut rapporté par l'art. 13 de la loi du 3 vendémiaire an IV, et par l'art. Ier de celle du 15 thermidor suivant.

(3) Toutefois l'art. 8 de ladite loi portait : « Pour être admis à « l'exercice des droits ci-dessus dans la succession de leur père dé- « cédé, les enfans nés hors du mariage seront tenus de prouver leur « possession d'état. Cette preuve ne pourra résulter que de la repré- « sentation d'écrits publics ou privés du père, ou de la suite des soins « donnés, à titre de paternité et sans interruption, tant à leur entre- « tien qu'à leur éducation.

« La même disposition aura lieu pour la succession de la mère. »

pérament, les droits de la nature et le respect dû
à la dignité du mariage; il n'a pas permis que les
enfans naturels fussent introduits dans la famille
autrement que par le bénéfice de la légitimation,
dont il a d'ailleurs réglé les conditions (1); il ne
leur donne pas même le titre ni la qualité d'*héritier ;*
il leur accorde seulement sur les biens de leur père
ou mère décédés une quotité qui varie dans une juste
proportion, combinée en raison du nombre des enfans légitimes, et en raison de la qualité des autres
héritiers : c'est une espèce de *possession des biens,*
à l'*instar* de celles que donnait, dans certains cas
et à certaines personnes, le droit prétorien dans la
législation romaine.

265. Et ce droit à une quotité des biens n'appartient pas à tous les enfans naturels indistinctement;
il n'appartient qu'à ceux qui ont été légalement
reconnus ; et les enfans adultérins ou incestueux (2) n'y peuvent jamais prétendre : ils ne
peuvent réclamer que des alimens.

Les droits des uns et des autres étant très-diffé-
rens, nous les traiterons séparément.

_____

(1) On peut voir ce que nous avons dit à cet égard au tom. III,
titre *de la paternité et de la filiation.*

(2) On a vu aussi au même vol., même titre, quels sont les enfans
de l'une ou l'autre de ces qualités : on peut y recourir.

§. Ier.

Des droits des enfans naturels ordinaires reconnus par leurs père ou mère, sur les biens de ceux-ci après leur mort.

266. Le principe en cette matière est que « les « enfans naturels ne sont point *héritiers :* la loi ne « leur accorde de droit sur les biens de leurs père « ou mère décédés que lorsqu'ils ont été légalement « reconnus. Elle ne leur accorde aucun droit sur « les biens des parens de leurs père ou mère. » (Article 756.)

267. Nous n'avons plus à nous occuper ici de ce qui est relatif à la reconnaissance *légale* des enfans naturels ; cet objet a été suffisamment, et nous le croyons, assez bien développé au titre de la *Paternité et de la Filiation*, au troisième volume de cet ouvrage : on peut y recourir. Nous partirons donc toujours de la supposition admise que l'enfant naturel qui se présente à la succession de son père ou de sa mère a été légalement reconnu par lui ou par elle, afin de ne point tomber dans d'inutiles répétitions.

268. D'abord, comme ce n'est que sur les biens de leurs père ou mère *décédés* que la loi accorde des droits aux enfans naturels légalement reconnus, il s'ensuit (1) qu'ils n'ont point d'action du vivant de

_____

(1) D'autres en tirent une tout autre conséquence , savoir, que

ceux-ci pour obtenir une dot, ou le moyen de former un établissement quelconque, car l'enfant légitime lui-même n'aurait pas de droit à ce sujet (article 204); ce qui n'empêche pas, au surplus, que
l'enfant naturel n'ait, comme l'enfant légitime lui-
même, celui de réclamer des alimens du père ou
de la mère qui l'a reconnu, parce que les alimens
sont dus plutôt encore en vertu du droit naturel
qu'en vertu du droit civil (1).

Mais les enfans naturels n'ayant aucun droit sur
les biens des parens de leurs père ou mère, on doit
en tirer la conséquence, que nous avons déjà expo-
sée précédemment (2), qu'ils n'ont aucune action,
même contre leurs aïeuls ou aïeules, pour en obtenir
de simples alimens. Le bon ordre le veut ainsi, indépendamment de la disposition générale de la loi.

---

l'enfant naturel n'a de droits sur les biens de son père ou de sa mère
qu'autant que ceux-ci n'en ont pas disposé, soit par donation entre-
vifs, suivant les uns, soit même par testament, suivant les autres;
attendu, disent-ils, qu'il eût été bien superflu de décider, par une
disposition spéciale, que l'enfant naturel n'a aucun droit du vivant
de ses père ou mère, puisque l'enfant légitime lui-même n'a pas d'action contre les siens pour obtenir un établissement par mariage ou
autrement (art. 204). Nous arriverons bientôt à la discussion de ce
point important.

(1) *Voir* tom. II, n° 377, et tom. III, n° 243.

Voy. aussi, pour le cas où la reconnaissance n'aurait été faite que
par acte sous signature privée, les n°s 228 à 231 inclusivement de ce
dernier volume, où nous agitons la question, si controversée, de
savoir si elle peut du moins donner à l'enfant le droit d'obtenir des
alimens.

(2) Tom. II, n° 379, où nous rapportons un arrêt de cassation
qui a jugé en ce sens, en cassant un arrêt de la Cour de Douai qui
avait jugé le contraire.

269. Quant au droit des enfans naturels légalement reconnus sur les biens de leurs père ou mère
décédés, c'est un véritable droit réel, un droit écrit
sur la succession, et non pas une simple créance,
ainsi qu'on l'a dit quelquefois (1); c'est une sorte
de pétition d'hérédité (2), quoique celui qui l'intente
ne soit pas héritier de nom et de titre. D'ailleurs
l'État aussi aurait bien la pétition d'hérédité contre les
tiers-détenteurs de biens qui lui appartiendraient
par droit de *déshérence*, et cependant il n'est pas
non plus *héritier* proprement dit : il prend seulement les biens comme vacans et sans maître, et il

----

(1) Le projet de loi (art. 54 du projet de la commission de rédaction) portait : « Les enfans naturels n'ont qu'une créance sur les
« biens de leurs père et mère décédés ; la loi ne leur accorde que lors-
« qu'ils ont été légalement reconnus. » Mais, sur l'observation de
M. Cambacérès, l'on changea cette rédaction, et l'on supprima le
mot *créance*, pour y substituer celui de *droit*, dont le sens moins
précis ne dit pas du moins que ces enfans n'ont qu'une simple action
personnelle contre ceux qui doivent leur délivrer leur part : au contraire, tout porte à croire qu'on a entendu que ce droit serait un
droit *en la chose*, un *jus in re*, un droit réel.

(2) *Voy.* tom. Ier, n° 555, et l'arrêt de cassation du 20 mai 1806
(Sirey, tom. VI, part. 2, colonne 623), qui a jugé, avec raison,
que les enfans naturels légalement reconnus peuvent exercer contre
des tiers acquéreurs, qui ont traité avec l'héritier légitime, les droits
que leur confère le Code civil dans la succession de leurs père ou
mère ; que ces droits donnent à l'enfant naturel une action réelle sur
les biens héréditaires, et non pas seulement une simple créance ou
action personnelle contre les héritiers, quoique ceux-ci soient évidemment tenus personnellement de lui remettre la portion à laquelle
il a droit : toutefois la Cour royale de Paris a jugé, le 12 avril 1823,
que lorsque l'héritier légitime a vendu les biens avant que l'enfant
naturel ait fait connaître son état et réclamé ses droits, l'aliénation
est maintenue, si elle a été faite de bonne foi. Sirey, 24, 2, 49.

est toujours censé les prendre sous bénéfice d'inventaire.

270. Ce droit des enfans naturels varie, comme nous l'avons dit, en raison de la qualité des personnes qui sont tenues de lui en faire la délivrance, c'est-à-dire qui sont appelées à la succession.

Il est fixé, d'après les articles 757 et 758, de la manière suivante; et, aux termes de l'art. 908, les enfans naturels ne peuvent, par donation entre-vifs ou testament, rien recevoir au-delà de ce qui leur est accordé au titre des *Successions*.

« Le droit de l'enfant naturel sur les biens de ses « père ou mère décédés, est, si le père ou la mère « a laissé des descendans légitimes, d'un tiers de la « portion héréditaire que l'enfant naturel aurait « eue s'il eût été légitime; il est de la moitié lors- « que les père et mère ne laissent pas de descen- « dans, mais bien des ascendans, ou des frères ou « sœurs; il est des trois quarts lorsque les père ou « mère ne laissent ni descendans ni ascendans, ni « frères ni sœurs. (Art. 757).

« L'enfant naturel a droit à la totalité des biens « lorsque ses père ou mère ne laissent pas de pa- « rens au degré successible. » (Art. 758.)

271. Ainsi, quatre cas bien distincts.

L'enfant naturel admis à partage : 1° avec des descendans légitimes de ses père ou mère;

2° Avec des ascendans ou des frères ou sœurs de ceux-ci;

3° Avec des collatéraux seulement, autres que les frères ou sœurs ;

Et 4° L'enfant naturel ayant la totalité des biens, parce qu'il n'y a aucun parent au degré successible.

PREMIER CAS : *L'enfant naturel admis à partage avec des descendans légitimes de ses père ou mère.*

272. Dans ce cas, comme on vient de le dire, il a le tiers de la portion héréditaire qu'*il aurait eue* s'il eût été lui-même légitime. En conséquence, s'il y a un enfant légitime et un enfant naturel, celui-ci aura le tiers de la moitié qui lui serait revenue s'il eût été légitime, ou le sixième de la succession : il aura le neuvième du total s'il y a deux enfans légitimes, le douzième s'il y en a trois, et ainsi de suite. Car il faut bien remarquer que la loi ne lui donne pas le tiers de ce qu'a un enfant légitime, ce qui lui donnerait, dans la première hypothèse, le tiers ; dans la seconde, le sixième, et dans la troisième, le neuvième de toute l'hérédité; elle lui donne seulement le tiers de ce qu'il aurait eu s'il eût été légitime ; par conséquent il doit être compté instantanément pour une tête, et le partage se fait d'abord fictivement entre lui et l'enfant ou les enfans légitimes; seulement il n'a que le tiers de la part qu'il eût eue entière s'il eût été légitime, au lieu d'être enfant naturel.

273. Si quelques-uns des descendans légitimes,

ou si tous ces descendans sont décédés, leurs enfans et descendans les représentent suivant les principes du droit commun, mais ils ne comptent tous
que pour l'enfant légitime qu'ils représentent.

274. Si la représentation n'a pas lieu parce que les
pères ou mères ont été déclarés indignes, ou parce
qu'ils ont renoncé, alors il faut distinguer : ou elle
n'a pas lieu à l'égard de quelques-uns des enfans légitimes du défunt, ou elle n'a pas lieu à l'égard de
tous indistinctement.

Dans le premier cas, les enfans légitimes non représentés n'étant pas comptés, l'enfant naturel partagerait avec les autres seulement, ou avec leurs
représentans, et profiterait ainsi de l'exclusion des
descendans qui ne peuvent venir par représentation de leurs pères ou mères prédécédés; car la
part des indignes ou des renonçans accroît à celles
des autres héritiers. (Art. 730 et 786.)

Dans le second cas, les enfans et descendans des
indignes ou des renonçans, venant de leur chef
(art. 730 et 787), l'enfant naturel serait simplement
admis à partage avec eux, sans profiter de l'effet
des exclusions pour indignité, ou des renonciations;
mais aussi sans que ces circonstances diminuassent
en rien la quotité qu'il aurait eue si elles n'avaient
pas eu lieu. Ainsi, quoiqu'en pareil cas les enfans
des indignes ou des renonçans succèdent par tête,
néanmoins, par rapport à l'enfant naturel, et pour
fixer sa part, on ne doit compter que pour une

seule tête tous les enfans d'un indigne ou d'un renonçant, et qui viennent de leur chef à l'hérédité :
autrement la justice serait blessée, et ce serait un
moyen facile, par des renonciations concertées entre
tous les enfans légitimes, ayant eux-mêmes chacun
plusieurs enfans, de diminuer plus ou moins les
droits de l'enfant naturel.

275. Lorsqu'il n'y a qu'un seul enfant naturel,
quel que soit le nombre des enfans légitimes, le
calcul de ce qui lui revient est très-facile, abstraction faite du cas où le père ou la mère a disposé de
ses biens en totalité, ou pour une trop forte partie,
cas dans lequel le droit des réserves, soit des enfans
légitimes, soit de l'enfant naturel, n'est pas aussi
aisé à déterminer, à raison de la co-existence de
ces enfans de diverses qualités : ce n'est pas au
surplus ce dont il s'agit maintenant.

Mais quand il y a plusieurs enfans naturels avec
plusieurs et même un seul enfant légitime, la portion de l'enfant naturel n'est point aussi clairement
déterminée par la loi.

276. On peut, à cet égard, présenter plusieurs
systèmes. Nous allons les exposer tous rapidement,
en faisant sentir ce qu'ils auraient de vicieux.

L'idée qui paraît la plus simple au premier coup
d'œil serait, puisque l'enfant naturel a le tiers d'une
portion héréditaire, de considérer, quel que fût le
nombre des enfans de cette qualité, trois de ces enfans comme devant avoir, à eux trois réunis, des

droits égaux à ceux d'un enfant légitime ; six, comme devant avoir ceux de deux enfans de cette dernière qualité, et en procédant par fraction du nombre trois, quand ce nombre multiple ne se présenterait pas entier.

Ainsi l'on dirait : il y a un enfant légitime et trois enfans naturels, ces derniers ayant, réunis, des droits égaux à ceux de l'enfant légitime, puisqu'un seul d'entre eux aurait eu le tiers d'un droit égal à celui de cet enfant légitime (1), ils ont à eux trois la moitié de la succession; ils n'en auraient que le tiers s'il y avait deux enfans légitimes, le quart s'il y en avait trois, et ainsi de suite; comme, en sens inverse, ils en auraient les deux tiers à eux tous s'ils étaient six et seulement un enfant légitime, et la moitié s'il y avait deux enfans légitimes; les trois quarts s'ils étaient neuf et un seul enfant légitime; les trois cinquièmes si, dans cette hypothèse, il y avait deux enfans légitimes, et la moitié s'il y en avait trois. De manière que dans le cas de fraction du nombre multiple *trois,* cinq enfans naturels et trois légitimes auraient, dans une succession de 3o,ooo fr., les premiers, 1o,ooo fr., ou cinq portions sur quinze, et les derniers 2o,ooo fr.

Mais le vice de ce système se montre dans ses résultats possibles. En effet, il pourrait arriver, et

---

(1) Mais c'est là le vice du système; car un seul enfant naturel n'aurait pas eu le tiers d'un droit égal à celui de l'enfant légitime, puisqu'il n'aurait eu que le sixième de la succession.

dans quelques-unes des hypothèses ci-dessus cela
arriverait, que plusieurs enfans légitimes n'auraient
pas à eux tous la moitié de la succession, quand
cependant, s'il n'y avait que des ascendans ou des
frères ou sœurs, même un seul, les enfans naturels,
en quelque nombre qu'ils fussent, n'auraient jamais
au delà de la moitié, ainsi que nous le démontrerons sur le cas suivant. On doit donc rejeter cette
manière de calculer les droits des enfans naturels
vis-à-vis des enfans légitimes.

277. Un autre mode consisterait à considérer
instantanément chaque enfant naturel, quel qu'en
fût le nombre, comme un enfant légitime, soit qu'il
y en eût plusieurs de cette dernière qualité, soit qu'il
n'y en eût qu'un seul; de les faire en conséquence concourir tous simultanément; d'opérer fictivement le
partage en autant de parts égales qu'il y aurait de
têtes présentes ou représentées, et d'attribuer en
définitive à chaque enfant naturel le tiers seulement
de la portion qu'il serait censé avoir dans ce partage fictif. En sorte que s'il y avait deux enfans naturels et un enfant légitime, chacun des premiers
aurait le tiers du tiers, ou le neuvième de la succession, et non pas, comme d'après le premier système,
le sixième; s'il y avait deux enfans naturels et deux
légitimes, chacun des premiers aurait le douzième
de l'hérédité, ou le tiers du quart, et ainsi de suite.
De manière qu'en multipliant par le nombre trois
chaque enfant, soit naturel, soit légitime, n'importe

qu'il y en eût plus d'une qualité que de l'autre, ou que le nombre de ceux d'une qualité fût égal à ceux de l'autre, on aurait pour résultat un total dont chaque enfant naturel aurait seulement une unité, comme dans la dernière hypothèse, où le nombre des enfans des deux qualités étant de quatre, le produit de la multiplication est par conséquent de douze, et le droit de chaque enfant naturel du douzième.

Mais on reproche à ce mode, et ce n'est pas sans quelque raison, de n'attribuer à chacun des enfans naturels absolument que la même quotité que celle qu'il aurait eue si tous ses frères ou sœurs eussent été légitimes; car, en effet, dans ce système, cinq enfans naturels en concours avec un légitime n'auront chacun que le dix-huitième de l'hérédité, comme l'aurait eu un seul enfant naturel en concours avec cinq enfans légitimes : or, dit-on, il est bizarre que cinq enfans n'aient à eux tous que cinq dix-huitièmes de la succession, quand un seul en aurait eu, dans le même cas, trois dix-huitièmes. La juste proportion n'est pas conservée, car un copartageant doit avoir d'autant *plus* que son co-partageant doit avoir *moins*; or, un enfant naturel doit avoir moins qu'un enfant légitime.

278. Pour atténuer ce résultat défavorable aux enfans naturels, quelques personnes ont pensé (1)

---

(1) Dit M. Delvincourt, qui rejette toutefois, ainsi que MM. Favard et Chabot, cette interprétation, pour s'en tenir à la précédente.

qu'au lieu de supposer le concours simultané de tous les enfans naturels avec les légitimes, et les premiers comme légitimes eux-mêmes, il fallait seulement faire la part de chacun d'eux comme concourant chacun tout à la fois avec les légitimes et les naturels.

Ainsi, soient Primus et Secundus, enfans naturels, et Tertius, enfant légitime : 72,000 fr. à partager. Primus, supposé un instant enfant légitime en concours avec Tertius et avec Secundus, dirait que ce dernier, ne devant avoir que le tiers de ce qu'il aurait eu s'il eût été légitime, a droit à 8,000 fr., et que les 64,000 fr. restans, se partageant entre lui Primus et Tertius, il lui revient le tiers de la moitié de cette somme, ou 10,666 fr.66 c.,au lieu de 8000 fr. seulement, ou du neuvième de la succession, que lui attribuerait le mode précédent. Et comme les droits de Secundus sont égaux aux siens, Secundus ferait le même raisonnement et obtiendrait le même résultat.

Les enfans naturels fondent leur prétention à l'adoption de ce système sur ce que l'art. 757 dit formellement que si le père ou la mère a laissé des descendans légitimes, le droit de l'enfant naturel est d'un tiers de la portion qu'il aurait eue s'il eût été légitime : or, dans l'espèce, Primus aurait eu, s'il eût été légitime, déduction faite de la part de son frère naturel, 32,000 fr. : donc, dit-il, je dois avoir le tiers de cette somme, ou 10,666 fr. 66 c.

Mais ce système peut avoir des résultats qui ne permettent pas non plus de l'adopter.

Supposons en effet cinq enfans naturels, un enfant légitime, et une succession de 72,000 fr. à partager.

Si l'un des enfans naturels se présentait en disant qu'il ne doit concourir avec ce frère légitime et ses quatre frères naturels qu'en les considérant comme tels, la part de chacun des enfans de cette dernière qualité étant du tiers de ce qu'il aurait eu s'il eût été légitime, par conséquent du dix-huitième de toute la succession, même dans le système le moins favorable aux enfans naturels, ses quatre frères de sa qualité auraient à eux tous 16,000 fr. Il resterait donc 56,000 fr. à partager entre lui et l'enfant légitime, dont moitié serait 28,000 fr., et le tiers de cette moitié 9,333 fr. 33 c. au lieu de 4,000 fr. seulement que lui donnerait le mode précédent, et de 8,000 fr. que lui attribuerait le premier (1). Et comme chacun des quatre autres enfans naturels ferait le même raisonnement pour obtenir le même résultat, il s'ensuivrait que leurs portions réunies donneraient un total de

---

(1) Car suivant celui-ci, qui consiste à donner à trois enfans naturels réunis une part égale à celle d'un enfant légitime, la succession se diviserait d'abord en trois portions égales de 24,000 fr. chacune; et, sur les deux qui seraient attribuées aux enfans naturels, l'enfant légitime prendrait le sixième ou 8,000 fr. pour la tête manquante, et les 40,000 fr. restans donneraient bien à chacun des cinq enfans naturels la somme de 8,000 fr.

46,666 fr. 66 c. sur une somme de 72,000 fr., ce qui ne laisserait pas la moitié de la succession à l'enfant légitime, quand cependant un ascendant ou un frère du défunt aurait eu, à tout événement, cette moitié, quel qu'eût été le nombre des enfans naturels. Ce système pouvant avoir pour les enfans légitimes des résultats plus fâcheux encore que le premier des trois, il doit donc aussi être rejeté. Il faut s'en tenir au second, quoique, à vrai dire, il n'est pas assez favorable aux enfans naturels; il n'établit pas une assez juste proportion de ce qu'auraient pu être leurs droits dans le concours avec d'autres enfans de la même qualité, comparativement à ce qu'ils sont dans le concours d'un seul de ces enfans avec des enfans légitimes. Mais cette proportion n'est pas mieux observée, elle l'est même encore moins, si l'on considère la qualité de l'héritier légitime, dans la seconde hypothèse prévue par l'article, puisqu'un frère ou une sœur du défunt, et même un seul aïeul, qui serait cependant exclu par ce frère ou cette sœur, aurait la moitié franche de l'hérédité, quoiqu'il y eût six enfans naurels et davantage. La loi, il est vrai, ne pouvait facilement entrer dans toutes ces combinaisons, qui varient à l'infini.

279. Au surplus, pour que l'enfant naturel puisse réclamer des droits vis-à-vis des descendans d'un mariage, il faut qu'il n'ait pas été reconnu pendant ce mariage par l'un des époux seulement,

s'il est né d'un autre que du conjoint. L'art. 337 (1) porte que la reconnaissance faite *pendant* (2) le mariage, *par l'un des époux*, au profit d'un enfant naturel qu'il aurait eu avant son mariage, *d'un autre que de son époux*, ne pourra nuire ni à celui-ci, ni aux enfans nés de ce mariage ; qu'elle produira néanmoins son effet après la dissolution de ce mariage, s'il n'en reste pas d'enfans. S'il est

---

(1) Dont nous avons expliqué le sens et les effets au tom. III, n° 246 et suivans.

(1) Nous y disons aussi (n° 254), avec la Cour de Pau et celle de cassation, contrairement à l'opinion de M. Delvincourt, que la reconnaissance faite par l'un des époux, *après la dissolution du mariage*, d'un enfant qu'il a eu avant son mariage d'un autre que son conjoint, produit néanmoins tous ses effets, même vis-à-vis des enfans de ce mariage : 1° Parce que la loi ne parle, pour lui refuser ces effets, que de l'enfant naturel reconnu *pendant* le mariage ; 2° parce que cet enfant eût pu même être légitimé par le mariage de celui ou de celle qui l'a reconnu, avec la mère ou le père de cet enfant, un mariage intermédiaire n'étant point un obstacle à la légitimation (même vol., n° 172), suivant M. Delvincourt lui-même ; dès lors la position des enfans légitimes pouvant être plus aggravée par cette légitimation que par une simple reconnaissance, ces enfans n'ont pas droit de se plaindre de celle qui a eu lieu ; 3° enfin parce que le père ou la mère survivans, pouvant incontestablement reconnaître l'enfant qu'ils auraient eu depuis la dissolution de leur mariage, puisqu'aucune loi ne le défend, ni même ne devait le défendre, on ne voit pas pourquoi les enfans légitimes critiqueraient la reconnaissance de l'enfant naturel né avant le mariage, leurs droits n'étant pas plus altérés par l'une que par l'autre. Et que l'on ne dise pas que l'on élude ainsi le but de la loi qui a été d'empêcher que cet enfant ne pût diminuer les droits de ceux nés du mariage ; car, d'une part, la reconnaissance faite pendant le mariage sera nulle à leur égard, lors même que l'époux qui l'aurait faite aurait survécu à son conjoint : ce ne serait qu'une nouvelle reconnaissance faite après la dissolution du mariage qui pourrait produire des effets contre eux ; et, d'autre part, si le mariage venait à se dissoudre par la mort de cet époux, la reconnaissance resterait bien sans effets vis-à-vis des enfans de ce mariage-

né aussi du conjoint, elle produit donc ses effets, même à l'égard des enfans du mariage. Mais elle ne donne à l'enfant que les droits d'enfant naturel, faute d'avoir été reconnu par l'un et l'autre, ce qui, au moyen du mariage de ses père et mère, lui aurait procuré le bénéfice de la légitimation (art. 331). Il y a toutefois à ce sujet quelques distinctions à faire, et que nous avons faites en traitant de *la légitimation.*

280. Il suit de cet art. 337 que s'il y a un enfant d'un mariage antérieur à celui pendant lequel l'enfant naturel a été reconnu, un enfant de ce second mariage, et enfin un enfant d'un mariage postérieur, et 24,000 fr., par exemple, à partager, le partage se fait d'abord entre les trois enfans légitimes comme si l'enfant naturel n'existait pas : de manière que l'enfant du second mariage a 8,000 fr., sur lesquels l'enfant naturel n'a aucun droit; et, comme ce n'est qu'à son égard que la reconnaissance n'a aucun effet, elle en produit à l'égard des deux autres enfans légitimes, mais sans toutefois que ceux-ci doivent avoir moins, parce que cette reconnaissance a eu lieu à telle époque plutôt qu'à telle autre. Or, si elle n'eût pas été faite pendant un des mariages, chacun de ces enfans, en retranchant le douzième de la succession, ou 2,000 fr. pour le naturel, aurait eu 7,333 fr. 33 c. ; d'après cela, pour les 16,000 fr. à partager, ce dernier ne sera pas censé n'être en concours qu'avec les deux

enfans du premier et du dernier mariage seulement, il sera censé en concours avec les trois enfans légitimes (1), et formant ainsi fictivement une quatrième tête, le tiers de l'une de ces portions lui donne 1,333 fr. 33 c.; et chacun des deux enfans du mariage antérieur et du mariage postérieur a la moitié du surplus, ou 7,333 fr. 33 c., tandis que celui du second mariage a et doit avoir 8,000 fr.

281. L'enfant naturel reconnu légalement avant le mariage de son père ou de sa mère a tous les droits d'un enfant naturel, même vis-à-vis des enfans de ce mariage, encore que la reconnaissance eût été ignorée du conjoint au moment de la célébration (2).

282. S'il est établi, suivant les preuves admises par la loi, que l'enfant reconnu seulement par l'un de ceux qui ont contracté mariage pendant ce mariage est néanmoins né *de l'un et de l'autre*, alors cet enfant, en s'attachant même à la disposition textuelle de l'article 337, a tous les droits d'enfant naturel (3), même à l'égard de ceux issus de ce mariage.

283. L'enfant naturel, pourvu qu'il ait un commencement de preuve par écrit, peut rechercher

---

(1) C'est également ce que nous avons dit au tome III, n° 25t, *note.*

(2) *Ibid.*, n° 247.

(3) Mais non ceux résultant de la légitimation, si ce n'est d'après la distinction établie au même volume, n° 249.

la maternité, soit après la dissolution du mariage de sa mère, soit pendant ce mariage, et il a tous les droits d'enfant naturel, même aussi vis-à-vis des enfans du mariage (1).

On doit, par voie de conséquence, porter la même décision quant à l'effet de la recherche de *la paternité*, dans le cas d'enlèvement de la mère, quoique cette recherche n'ait eu lieu que durant le mariage du père avec une autre femme (2).

DEUXIÈME CAS : *L'enfant naturel en concours avec des ascendans ou des frères ou sœurs de son père ou de sa mère.*

284. Quand il n'y a pas de descendans légitimes, mais seulement des ascendans ou des frères ou sœurs, le droit de l'enfant naturel ou des enfans naturels, s'il y en a plusieurs, est, comme nous l'avons dit, invariablement fixé à la moitié de la succession, n'y eût-il qu'un seul ascendant ou qu'un seul frère ou sœur; et ce frère ou cette sœur fussent-ils consanguins, utérins ou germains, le droit serait le même par rapport à l'enfant ou aux enfans naturels. Et peu importerait aussi qu'il y eût parmi les ascendans ou les frères ou sœurs des indignes ou des renonçans, l'enfant ou les enfans naturels n'auraient ni plus ni moins, pourvu qu'ils fussent

_____

(1) *Ibid.*, n° 255.
(2) *Ibid.*, n° 256.

en concours avec un ou plusieurs de ces ascendans, ou frères ou sœurs; comme, *vice versâ*, s'il
y avait parmi les enfans naturels des indignes ou
des renonçans, les autres auraient toujours la moitié de l'hérédité.

Si la loi eût entendu, lorsqu'il y aurait plusieurs
enfans naturels, que leur part dans la succession
eût été, à eux tous réunis, plus considérable que
lorsqu'il n'y en aurait qu'un seul, elle eût dû
aussi, pour conserver les justes proportions, la
fixer en raison du nombre des héritiers légitimes
avec lesquels ils auraient été en concours : or, c'est
ce qu'elle n'a pas fait, puisque ses dispositions sont
générales, absolues, sans aucune distinction. Elle
a, en quelque sorte, considéré les enfans naturels
collectivement en concours avec les ascendans ou
les frères ou sœurs, ou, dans le troisième cas de
l'art. 757, avec les autres parens, comme elle considère, dans le cas du partage de la succession par
lignes, les parens d'une ligne par rapport à ceux
de l'autre : n'y en eût-il qu'un seul d'appelé dans
l'une d'elles, quand dans l'autre il y en aurait dix et
davantage, le partage ne s'en ferait pas moins en
deux parts égales entre les deux lignes.

285. Nous venons de dire que lors même que
parmi les ascendans ou les frères ou sœurs, il y aurait des indignes ou des renonçans, le droit de
l'enfant naturel serait toujours de la moitié de la
succession, ni plus ni moins, *pourvu que cet en-*

*fant fût en concours avec un ou plusieurs de ces
ascendans ou de ces frères ou sœurs;* mais nous
avons dit par cela même que ce droit serait différent si l'enfant n'était en concours avec aucune de
ces personnes : il serait en effet des trois quarts,
comme il serait de la totalité si aucun parent ne se
portait héritier ; car la loi n'a pu raisonnablement
vouloir le fixer qu'en raison des personnes qui
viennent à la succession, et non pas seulement en
raison de celles que le défunt a *laissées,* quoique
l'art. 757, ainsi que plusieurs autres, se serve de
cette expression. En matière de succession, celui
qui n'est pas héritier n'est pas même censé parent ;
on ne peut pas dire de lui que le défunt l'a *laissé,*
attendu qu'il ne l'a laissé que relativement à sa succession, pour un but qui n'est pas atteint. Voilà
pourquoi celui qui n'est pas héritier n'a pas droit
à une réserve, comme nous le démontrerons dans
la suite, sans vouloir toutefois dire par là dès à
présent que si elle est due aussi à d'autres, il ne
doit pas être compté pour la fixation de la quotité
dont le défunt a pu disposer, question que nous
examinerons en son lieu. Quoi qu'il en soit, il est
certain qu'en matière de succession légitime, le
défunt est censé n'avoir *laissé* tel ou tel parent
que pour sa succession, *subjectâ materiâ*, et que
celui qui n'y vient pas, par telle ou telle cause, n'est
pas du nombre des personnes que ce défunt a *laissées.* On en fournirait mille preuves si cela pouvait
être un instant douteux.

286. Cette moitié réservée aux ascendans ou aux
frères ou sœurs se partage entre eux suivant les
règles ordinaires. En conséquence, si les ascendans
sont les père et mère du défunt, ils la partagent
entre eux, s'il n'y a ni frères ni sœurs ni descendans d'eux (art. 746). S'il y a des frères ou sœurs
ou descendans d'eux, les père et mère ont simplement chacun le quart de cette moitié, ou le huitième de toute la succession (art. 748); si le père
ou la mère seulement existe, la part qu'aurait eue
le prédécédé se réunit à celle des frères ou sœurs,
ou de leurs descendans (art. 749), quand bien
même il existerait des ascendans dans l'autre ligne;
car les ascendans autres que les père et mère
sont exclus par les frères ou sœurs ou descendans
d'eux (art. 750), lors même que ses frères ou sœurs
n'auraient tenu au défunt que d'un seul côté, et
que ce côté ne serait pas celui par lequel lui tenaient ces mêmes ascendans (1). Mais s'il n'y a ni
frères ni sœurs, ni descendans d'eux, cette moitié se
partage entre le survivant des père et mère et l'ascendant ou les ascendans les plus proches de l'autre
ligne (art. 746). Si les père et mère sont tous deux
décédés, elle se partage entre les ascendans des
deux lignes par égales portions, moitié pour la
ligne paternelle et moitié pour la ligne maternelle,
et les ascendans au même degré dans la même
ligne partagent entre eux par tête, en observant

---

(1) *Voy. supra*, n° 25₁.

toujours entre eux la proximité du degré (*ibid.*).
Enfin , s'il n'y a que le père ou la mère, ou des ascendans dans une ligne, et des collatéraux dans
l'autre, la portion (que nous ne déterminons
pas encore, mais que nous allons déterminer) attribuée aux parens légitimes se divise, conformément à l'art. 753, en deux parts égales, moitié pour
les ascendans survivans et moitié pour les parens
de l'autre ligne, et le père ou la mère survivant a
aussi l'usufruit du tiers de cette dernière moitié
(art. 754); le tout conformément à ce qui a été
expliqué précédemment, en traitant de la dévolution des successions régulières, parce qu'en effet,
par rapport aux père, mère, ascendans, frères ou
sœurs du défunt, ou descendans de ces derniers,
ou autres parens légitimes, la succession dont il
s'agit est tout-à-fait *régulière.*

Aussi les enfans et descendans des frères ou sœurs
prédécédés représentent-ils leur père ou mère,
soit entre eux (1), soit vis-à-vis de leurs oncles et
tantes (2), pourvu que la représentation ne soit

(1) Cela serait encore vrai, lors même qu'on devrait décider, ce
que nous allons au surplus examiner, que les descendans des frères
ou sœurs ne peuvent, en prétendant représenter leurs père ou mère
prédécédés , avoir la moitié de la succession, au lieu du quart seulement , parce qu'il n'y aurait ni frères ni sœurs ; car parmi ces
descendans les uns pourraient avoir intérêt (et ils en auraient incontestablement le droit) à invoquer le bénéfice de la représentation
pour partager *entre eux*, suivant les règles du droit commun , la part
qui leur serait collectivement attribuée dans la succession ; à plus
forte raison s'il y avait des frères ou sœurs vivans.

(2) Nous ne parlons pas des père et mère, parce qu'à leur égard les

pas écartée pour cause d'indignité ou de renonciation.

Pareillement aussi, si les frères ou sœurs sont de
différens lits, les consanguins ou les utérins ne
prennent part que dans leur ligne, et les germains
dans l'une et l'autre; et il en est de même de leurs
descendans respectifs.

287. Sur ce second cas de l'art. 757, où l'enfant
naturel est en concours avec des ascendans ou des
frères ou sœurs du défunt, il se présente deux
questions.

La première est celle de savoir si, dans le cas où
l'enfant naturel est en concours avec un ou plusieurs ascendans dans une ligne, et dans l'autre
avec des collatéraux autres que des frères ou sœurs,
cet enfant ne doit avoir que la moitié de la succession, comme semble le dire l'art. 757, qui ne distingue pas entre le cas où il n'y a des ascendans que
dans une ligne seulement, et le cas où il y en a
dans les deux; ou bien s'il doit avoir la moitié vis-
à-vis des ascendans, mais les trois quarts vis-à-vis
des collatéraux, puisqu'il aurait cette dernière quotité s'il n'était en concours qu'avec eux.

MM. Delvincourt, Chabot et Toullier tiennent

---

enfans de frères ou sœurs n'ont pas besoin du bénéfice de la représentation, puisque ce n'est pas le même *ordre* d'héritiers, et dès lors
que la proximité du degré de parenté, qu'a pour effet de produire
cette fiction de la loi, n'est point ce que l'on considère ici, suivant
ce qui a été dit déjà plusieurs fois.

pour le dernier parti (1); mais M. Favard de Langlade tient pour le premier. « Le droit de l'enfant
« naturel, dit-il, est déterminé, dans ce cas, à la
« moitié de la succession par l'art. 757, qui ne fait
« aucune distinction; l'autre moitié lui est tout-à-
« fait étrangère. L'existenc ou la non-existence
« d'ascendans dans les *deux* lignes ne fait que ré-
« gler et modifier les rapports entre les ascendans
« de ces mêmes lignes, rapports auxquels l'enfant
« naturel n'a aucun droit de se mêler. »

La première opinion étonne d'autant plus de la
part de ceux qui la professent, qu'ils conviennent
que l'enfant naturel n'aurait droit qu'à la moitié,
quand bien même il n'y aurait, pour tous parens
légitimes, qu'un seul ascendant, n'importerait la
ligne à laquelle il appartiendrait, et qu'il n'aurait
aussi que les trois quarts s'il existait seulement un
collatéral; qu'il ne profiterait pas de la dévolution
qui se ferait d'une ligne à l'autre, faute de parens
au degré successible dans la première. Or, comment pourrait-il se prévaloir de la circonstance
que, outre l'ascendant, il existe encore d'autres

---

(1) M. Delvincourt dit : « Quand il y a des parens de différens
« degrés dans chaque ligne, *putà*, dans une ligne un ascendant, et
« un cousin dans l'autre, personne ne peut empêcher l'enfant naturel
« de prendre les trois quarts dans cette dernière ligne. Qui pourrait,
« en effet, s'y opposer? ce n'est pas l'ascendant, puisqu'il n'aurait
« aucun droit à la part de cette ligne, quand même il n'existerait
« pas d'enfant naturel; ce n'est pas le cousin, puisque le texte de
« l'article 757 serait formellement contraire à sa prétention. »
Mais précisément on soutient qu'il la favorise formellement.

parens, parce qu'ils ne sont ni des ascendans ni des frères ou sœurs? Il n'a pas à se mêler, comme le dit très-bien M. Favard, de la succession régulière. Et voici d'ailleurs ce qui pourrait arriver : Si cet ascendant était le père ou la mère, et que l'on réduisît au quart les droits des collatéraux vis-à-vis de l'enfant naturel, de deux choses l'une : ou l'usufruit que l'art. 754 accorde aux père et mère ne porterait pas sur tout ce qu'il doit porter, quand cependant le père, qui aurait droit à la moitié franche de la succession s'il était seul parent légitime, est en droit d'exiger que cet usufruit ne soit pas réduit; ou bien les collatéraux eux-mêmes n'auraient pas tout ce qu'ils doivent avoir en définitive. Par exemple, supposons 24,000 fr. à partager entre le père du défunt, l'enfant naturel et des cousins maternels : dans le premier système, le père aurait la moitié de la succession, 12,000 fr., dont il reviendrait moitié ou 6,000 fr. à l'enfant naturel; et, sur l'autre moitié de la succession, cet enfant aurait les trois quarts, ou 9,000 fr.; ce qui ne laisserait aux parens maternels que 3,000 fr. seulement : en sorte que l'usufruit du tiers des biens auxquels le père ne succède pas en propriété ne porterait que sur 1,000 fr. seulement, tandis qu'il doit porter sur 2,000 (1). Vainement l'enfant naturel consentirait-il à ce qu'il portât aussi sur 1,000 fr. de sa

_____

(1) Car très-probablement on n'irait pas jusqu'à dire qu'il doit avoir la même étendue, puisqu'alors les collatéraux n'auraient pas en définitive tout ce qu'ils doivent avoir.

part, cela ne serait point dans la loi; et ce résultat possible, indépendamment des autres raisons ci-dessus rapportées, doit faire exclure sa
prétention. Et s'il disait que les collatéraux ne doivent pas profiter de ce qu'il existe un ascendant, et
exciper ainsi du droit d'autrui, ils lui répondraient
très-bien, 1° qu'il ne doit pas davantage, de son
côté, profiter de ce qu'il y a des collatéraux; 2° qu'en
tout cas, s'il faut que les uns ou les autres profitent
d'une circonstance qui ne leur est pas personnelle,
il est bien aussi juste que ce soit eux, puisqu'ils
sont *saisis*, puisqu'ils sont défendeurs à la demande en délivrance de sa portion qu'il est tenu de
former, et que, à toutes conditions égales, c'est le
défendeur qui doit l'emporter; 3° enfin ils diraient
que ce n'est pas le seul cas où l'on a, à l'occasion
d'un autre, plus de droit que l'on n'en aurait si
cet autre n'existait pas : le droit prétorien, touchant les envois en *possession des biens*, en fournirait plus d'un exemple. Ainsi l'enfant naturel n'aura
que la moitié franche de la succession, les collatéraux un quart, et le père, dans l'espèce, outre son
quart, l'usufruit du tiers de celui attribué aux collatéraux maternels.

288. La seconde question est celle de savoir si,
lorsque le défunt a laissé, non des frères ou sœurs,
mais des enfans de frères ou sœurs, l'enfant naturel doit avoir les trois quarts, comme le dit la lettre
de l'art. 757, ou seulement la moitié, comme le

VI.   21

veut le système de la représentation, admis aussi en faveur des enfans de frères ou sœurs? Et cette question est une des plus controversées qu'offre cette matière nouvelle, dont les dispositions laissent beaucoup à désirer sous plus d'un rapport.

Le système de la non représentation est soutenu par MM. Favard et Grenier, et il a été adopté par une foule d'arrêts de Cours royales (1), et même par un de la Cour de cassation, mais arrêt de rejet seulement (2).

Le sentiment opposé est soutenu par MM. Merlin, Delvincourt, Chabot, Toullier, Malleville, et il a été confirmé aussi par un arrêt de la Cour royale de Pau, du 10 avril 1810, et peut-être aussi par quelques autres décisions judiciaires, ce que nous nous sommes dispensé de vérifier, parce que la question doit se décider d'après les principes, et voilà tout. Aussi avons-nous la conviction que, mieux pénétrées de ces mêmes principes, les Cours royales et la Cour de cassation elle-même changeront leur jurisprudence sur ce point, car elle ne repose sur aucun fondement solide.

Tout, bien analysé, se borne en effet à dire, en faveur de l'enfant naturel, que la succession à laquelle il est appelé est une succession *irrégulière,* dont les règles spéciales doivent seules être suivies; que l'une de ces règles lui attribue positive-

---

(1) Notamment par les Cours de Bruxelles, de Bordeaux, de Douai, de Riom, de Paris et de Montpellier.

(2) De la section des requêtes, du 6 avril 1813. Sirey, 13, 1, 161.

ment les trois quarts de l'hérédité quand il n'est en concours ni avec des descendans légitimes, ni avec des ascendans, ni avec des frères ou sœurs, comme dans l'espèce ; que le bénéfice de la représentation en faveur des enfans de frères ou sœurs prédécédés n'ayant point été réservé par aucune de ces règles, qui se trouvent placées sous le chapitre III du présent titre, on ne peut invoquer vis-à-vis de l'enfant naturel ce même bénéfice, dont les conditions et les effets sont déterminés dans un chapitre précédent, qui traite uniquement des successions régulières ou ordinaires (1).

Tous les auteurs qui ont professé l'opinion contraire ont facilement, selon nous du moins, repoussé de pareilles objections : nous ne pourrons donc guère que répéter leurs raisons. Cependant nous ne devons pas les passer sous silence, et nous pourrons peut-être en présenter aussi quelquesunes qui ne sont pas sans quelque poids : nous le ferons brièvement.

L'enfant naturel dit que la succession est irrégulière, et en conséquence que les règles du droit commun ne lui sont pas applicables ; mais on lui répond qu'elle n'est irrégulière que par rapport à lui, et nullement par rapport aux parens légitimes ; qu'il serait bizarre que la qualité du bâtard eût des effets qui s'étendraient jusqu'aux parens nés de

(1) Tel est cependant le seul motif sur lequel est fondé l'arrêt de rejet précité.

légitimes mariages; que celui qui n'est pas saisi, qui n'est pas même honoré du nom d'héritier, pût ainsi, par son appel à une simple portion des biens, transformer le droit très-*régulier* des parens légitimes en un droit irrégulier, participant de la nature du sien.

On lui dit que ce sont au contraire les règles du droit commun qui régissent la succession, sauf en ce qui le concerne, et que ces règles admettent les enfans de frères ou sœurs non indignes ni renonçans, à représenter leurs père ou mère; que si l'art. 757 ne parle pas de cette représentation, c'est parce que c'eût été superflu après ce qui avait déjà été établi à cet égard; mais qu'on ne doit pas, sous peine de prêter des vues inconséquentes au législateur, et même contradictoires, conclure du silence de cet article touchant le mot *représentation*, qu'il a entendu écarter la chose. Bien certainement on ne le dirait pas s'il y avait un frère ou une sœur et des enfans de frères ou sœurs prédécédés : ceuxci représenteraient indubitablement leur père ou mère pour venir, concurremment avec leur oncle ou leur tante, à la portion attribuée aux héritiers légitimes; autrement ces enfans seraient exclus par l'effet de la proximité du degré de leur oncle ou de leur tante, ce qui serait absurde. La représentation n'est donc pas écartée en pareille succession; et si elle ne l'est pas dans le cas ci-dessus, pourquoi le serait-elle lorsqu'il n'y a que 'des enfans de frères ou sœurs? Telles sont les raisons générales par lesquelles on répond à la prétention de l'enfant naturel.

Mais allons plus loin. Supposons qu'il n'y ait que des ascendans autres que les père et mère et des enfans de frères ou sœurs : bien évidemment l'enfant naturel n'a droit qu'à la moitié, puisqu'il *y a des ascendans*; mais cette moitié, à qui appartiendra-t-elle? Elle appartiendra en totalité aux enfans des frères ou sœurs prédécédés; les ascendans n'y auront rien (art. 750). En sorte que, dans ce système, l'on verrait ces enfans avoir plus de droit par la circonstance qu'il existe des ascendans qui ne profiteraient cependant de rien, qu'ils n'en auraient eu par eux-mêmes. Sans doute, et nous l'avons déjà dit, on a parfois en droit, par le moyen d'un autre, ce qu'on n'aurait pas de son chef; mais du moins c'est parce que ce tiers aussi en profite, c'est parce qu'il est appelé aussi à recueillir ce droit qu'une autre personne vient avec lui et y participe; tandis qu'ici les ascendans n'en profiteraient pas : leur existence ne serait là que comme l'événement d'une sorte de condition; tout comme si la loi avait dit : Je donnerai bien la moitié de la succession aux enfans de frères ou sœurs prédécédés, mais ce sera à condition qu'il existera des ascendans, qui cependant n'y auront aucun droit. Autant eût-il valu faire de tout autre événement la cause de la dévolution à ces mêmes enfans. Or, si, comme cela est indubitable, puisque l'enfant naturel n'a point à se mêler des rapports qui existent entre les enfans de frères ou sœurs et les ascendans survivans, ces mêmes enfans ont droit à la moitié des biens, sans avoir même besoin pour cela du bénéfice de la représentation, pourquoi le leur refuserait-on lorsqu'il n'existe pas d'ascendans? en quoi l'existence de ces ascendans peut-elle influer, puisque, encore une fois, ils n'auraient eu aucun droit? à moins que l'on ne prétendît toutefois que la portion des héritiers légitimes, en pareil cas, ne dût être que du quart seulement, nonobstant l'existence des ascendans, parce que ce ne serait pas eux qui seraient appelés, et que ceux qui le seraient n'étant ni des frères ni des sœurs, cette portion n'est que du quart. Mais alors on violerait la lettre de l'art. 757, dont on argumente tant en faveur de l'enfant naturel; car cet article porte positivement que l'enfant naturel n'a droit qu'à la moitié des biens si le défunt *a laissé des ascendans.*

Mais, dit-on toujours dans le système que nous combattons, la loi ne parle pas de la représentation en faveur des enfans de frères ou de sœurs en concours avec l'enfant naturel, et puisque ce n'est point une succession ordinaire, on ne doit point invoquer contre lui les règles ordinaires. Nous avons déjà répondu à cette objection, en disant que la loi n'avait plus à régler, dans aucune succession quelconque, ce qui est relatif à la représentation en faveur des enfans, puisqu'elle l'avait déjà fait; et à cette objection, voici une autre réponse qui paraîtra peut-être sans réplique : Suivant l'article 1082, la donation de biens qu'une personne laissera à son décès est censée faite aussi en faveur des enfans qui naîtront du mariage, pour le cas où le donataire mourrait avant le donateur. Eh bien ! s'il meurt en effet avant le donateur en laissant des enfans vivans (1) et des enfans d'enfans prédécédés, refuserait-on à ces mêmes enfans d'enfans prédécédés le droit de représenter leurs père ou mère pour avoir leur part dans les biens donnés? très-certainement aucun jurisconsulte digne de ce nom n'oserait le leur refuser; cependant il n'est pas non plus question du bénéfice de la représentation (2) dans cet art. 1082, ni dans aucun de ceux qui traitent de la même matière, et la succession n'est point ici une succession *légitime* à laquelle soient appelés des héritiers légitimes, puisque ce sont des *donataires*, et que c'est une *donation*.

Enfin, l'article 759, placé aussi sous le chapitre *des*

---

(1) Ceux-ci viennent à la disposition, non pas précisément par le bénéfice de la représentation, mais par l'effet d'une sorte de substitution vulgaire, comme si le donateur eût dit : dans le cas où le donataire ne me survivrait pas, j'entends que les enfans qu'il aura de son mariage aient mes biens; en sorte qu'ils sont appelés directement, mais sous une condition, celle du prédécès de leur père donataire.

(2) Il en est toutefois parlé dans l'art. 1051, en matière de substitution permise; mais par une raison au moins égale, a-t-elle lieu en matière de donation de biens à venir. La légitimation pouvant avoir lieu en faveur des enfans décédés qui ont laissé des descendans, elle profite à ces mêmes descendans (art. 332); et c'est évidemment aussi par bénéfice de *représentation*, quoiqu'il n'en soit pas dit un mot dans cet article ni dans aucun autre.

successions irrégulières, porte qu'au cas de prédécès de l'enfant naturel, ses enfans ou descendans peuvent réclamer les droits fixés par les articles précédens : or, qu'est-ce que c'est que *réclamer* des droits au nom d'une personne prédécédée, si ce n'est la *représenter ?* Car ce n'est pas par droit de *transmission* que ces enfans ou descendans réclament, comme dans le cas prévu à l'art. 781, puisqu'étant prédécédé, l'enfant naturel n'a rien recueilli, ni par conséquent rien pu transmettre. C'est donc uniquement par droit de représentation : ses enfans et descendans prennent sa place et ses droits, ce qui n'est pas autre chose que le bénéfice de la représentation (art. 739) : donc, si les enfans de l'enfant naturel peuvent le représenter dans la succession, irrégulière par rapport à lui, mais très-régulière par rapport aux héritiers légitimes, les enfans de frères et sœurs prédécédés, par une raison au moins égale, peuvent-ils représenter leur père, ou leur mère?

D'ailleurs, c'est moins encore d'après le bénéfice de la représentation, que d'après leur qualité d'enfans de frères ou sœurs, que ces mêmes enfans peuvent justement prétendre à la moitié de l'hérédité, qualité qui, comme nous l'avons déjà dit plusieurs fois, les fait admettre avec les père et mère du défunt, et fait même qu'ils excluent les ascendans d'un degré supérieur, quoique par telle ou telle cause la représentation n'eût pas lieu en leur faveur. Enfin sur l'objet de la question, sur l'objet du litige, qui est un quart de l'hérédité, ils disent à l'enfant naturel : Nous l'emportons totalement sur les ascendans, qui l'emportent cependant sur vous quant à cet objet ; à plus forte raison devons-nous l'emporter sur vous-mêmes : *Si vinco vincentem te, à fortiori te vincam.*

TROISIÈME CAS : *L'enfant naturel en concours seule-ment avec des collatéraux autres que les frères ou sœurs.*

289. Dans ce cas il a les trois quarts de la succession ; mais, comme on vient de le dire, les enfans de frères ou sœurs prédécédés représentent leurs père ou mère, non seulement quand il existe des frères ou sœurs venant à l'hérédité, mais même quand il n'en existe pas, ou que ceux qui existent renoncent ou sont indignes.

Les trois quarts dont il s'agit sont partagés par tête entre les divers enfans naturels, s'il y en a plusieurs de légalement reconnus, encore qu'ils fussent ou non nés de la même mère et du même père, pourvu qu'ils ne soient ni incestueux ni adultérins.

Et ils n'auraient toujours que les trois quarts, comme on l'a dit plus haut, quand bien même il n'y aurait de parens que dans une seule ligne, qu'il n'y en aurait même qu'un seul, même au douzième degré. La dévolution, à défaut de parens légitimes dans une ligne, se fait en faveur des parens légitimes de l'autre ligne (733-755), et la position de l'enfant naturel reste toujours la même. Dans aucun cas, en un mot, lorsqu'il y a des parens au degré successible, la loi ne lui a accordé au-delà des trois quarts de la succession. Le bénéfice de la dévolution n'appartient point d'ailleurs à celui qui n'est pas héritier, et l'enfant naturel n'est point héritier.

290. Dans les trois cas ci-dessus, l'enfant naturel doit demander aux divers héritiers légitimes, *saisis* de l'hérédité, la délivrance de la portion de droits qui lui revient. Sous ce rapport, on peut l'assimiler à un légataire *à titre universel*: aussi, quoiqu'il ne soit pas héritier, et qu'ainsi, à proprement parler, il ne représente pas la personne du défunt, néanmoins il est tenu, *propter bona*, des dettes en proportion de la quotité qui lui est attribuée, mais seulement jusqu'à concurrence de la valeur des biens dûment constatée, encore qu'il n'eût pas déclaré au greffe du tribunal (art. 793), qu'il n'entendait accepter que sous bénéfice d'inventaire; car n'étant point *saisi*, n'étant point *héritier*, n'étant point, à ce titre, le représentant de la *personne* du défunt, mais simplement successeur à ses biens, dès qu'il relâche ces mêmes biens à ceux qui y ont des droits, il remplit toutes les obligations d'un simple détenteur, tel qu'il est.

291. Cependant, nul doute que l'action des créanciers ne soit bien fondée contre lui dans les limites de cette proportion, lorsqu'il a obtenu la délivrance de la quotité qui lui revient. Mais le serait-elle également contre les héritiers légitimes,

suivant la part *héréditaire* de chacun d'eux, sauf
à eux leur recours contre l'enfant naturel, s'ils
avaient payé au-delà de ce qu'en définitive ils doivent eux-mêmes supporter dans les dettes et charges
de la succession ?

Nous le croyons, car eux seuls sont *saisis*, et ils
ne le sont que sous la charge d'acquitter les obligations du défunt en proportion de la part héréditaire de chacun. (Art. 724 et 1220)(1).

292. D'après cela, les héritiers légitimes seraient
bien fondés à ne remettre à l'enfant naturel la portion qui lui revient qu'après l'acquittement de sa
part de dettes, ou la remise de sûretés suffisantes
pour en assurer le paiement, afin de n'être exposés
à aucune perte à cet égard.

QUATRIÈME CAS : *Celui où, à défaut de parens au*
degré successible dans l'une et l'autre ligne, l'en-
fant ou les enfans naturels ont droit à la totalité
des biens.

293. « L'enfant naturel, comme on l'a dit plus
« haut, a droit à la totalité des biens, lorsque ses
« père ou mère ne laissent pas de parens au degré
« successible. » (Art. 758.)
Ce qui s'entend aussi, comme nous l'avons expli-

---

(1) Nous ne citons pas l'art. 873, ni l'art. 870, parce qu'ils sont
susceptibles l'un et l'autre de quelques observations sur leur rédaction, que nous ferons lorsque nous en expliquerons les dispositions.

qué, du cas où les parens qui existeraient ne seraient point héritiers, soit pour cause d'indignité, soit par l'effet de leur renonciation.

Quand l'enfant naturel a droit à la totalité des biens, alors il ne forme pas de demande en délivrance, mais il se fait envoyer en possession suivant le mode qui sera expliqué à la section V, *infrà*.

294. Dans les quatre cas ci-dessus, si l'enfant naturel est prédécédé, ses enfans ou descendans peuvent réclamer les droits fixés par les art. 757 et 758. (Art. 759.)

Ils partagent ces droits suivant les règles ordinaires, en sorte que s'ils sont tous au même degré, ils les partagent par tête; si l'un des enfans de l'enfant naturel est décédé au moment où s'ouvre la succession du père ou de la mère de ce dernier, les enfans de ce prédécédé viennent par représentation, et ont à eux tous ce que leur père ou leur mère aurait eu s'il eût survécu.

295. Il n'y a pas de difficulté sur ce point; mais la question de savoir si les enfans naturels de l'enfant naturel prédécédé doivent avoir des droits dans la succession du père ou de la mère de celui-ci, en les supposant légalement reconnus, soit qu'ils fussent seuls, soit que l'enfant naturel dont il s'agit eût aussi laissé des enfans ou descendans légitimes, est controversée entre MM. Favard et Malleville, d'une part, qui soutiennent l'affirmative, et MM. Toullier et Chabot, qui tiennent pour la négative.

M. Favard (1) dit que « l'art. 759 ne fait pas de dis-
« tinction en.parlant des enfans ou descendans de
« l'enfant naturel, qu'il comprend ainsi ceux qui
« sont légitimes comme ceux qui ne le sont pas ;
« seulement, que les légitimes ont un droit plus fort,
« et les naturels un droit plus faible. »

M. Malleville, en convenant que la disposition de
l'art. 756, suivant laquelle les enfans naturels *n'ont*
aucun droit sur les biens des parens de leurs père ou
mère, fournit une objection très-forte contre son
sentiment, ajoute néanmoins qu'il fut dit au Conseil d'État que dans ce cas les fils naturels du bâtard
prédécédé auraient droit sur la succession de leur
aïeul, dans la proportion du droit qu'ils auraient
dans la succession même de leur père; en sorte que
celui-ci ayant eu droit à un tiers, ses enfans naturels ne pourraient réclamer que le tiers de ce tiers,
autrement un neuvième dans la succession de l'aïeul,
tandis que le fils légitime de l'enfant naturel obtiendrait le tiers. En conséquence, M. Malleville pense
que la volonté du législateur, consignée dans le
procès-verbal de la discussion, doit être considérée
comme une exception à la disposition du principe
que les enfans naturels n'ont pas de droit sur les
biens des parens de leur père ou mère; d'autant
mieux que l'art. 759 ne parle pas uniquement des
enfans légitimes du bâtard, mais de ses enfans ou
descendans en général.

_____

(1) Répertoire, vᵒ *Succession*, nᵒ 118.

Mais M. Toullier répond : « Il est bien difficile de
« se rendre à ces raisons; le Conseil d'État n'est point
« législateur; il n'a que l'initiative de la loi, ou plu-
« tôt il n'est chargé que d'en *rédiger* le projet, qui
« n'a force de loi que lorsque le projet est décrété
« par le corps législatif, et promulgué suivant les
« formes constitutionnelles (1). Ajoutez à cela que
« l'observation dont parle M. Malleville ne fut pas
« adoptée. Le consul Cambacérès demanda dans la
« séance du 2 nivôse an XI, page 259 du procès-
« verbal, si l'enfant naturel du bâtard jouirait du
« bénéfice de l'article 759? M. Berlier observa que
« l'article ne peut s'appliquer à un tel enfant, parce
« qu'il n'est pas héritier (2). Le consul Cambacérès
« objecte que *quoique l'enfant naturel ne soit pas*
« *héritier, il a cependant droit à un tiers d'une part*
« *héréditaire dans la succession de son père. L'ar-*

---

(1) Nous ferons observer que si ce que dit ici M. Toullier est
incontestable en principe, il n'en est pas moins vrai, et personne n'en
a peut-être plus souvent que lui donné l'exemple, qu'on peut très-
bien, dans un cas douteux, recourir aux discussions qui ont eu lieu
sur le projet de loi pour connaître la véritable pensée du législateur.
Ce mode est d'autant plus sage qu'il n'y avait alors pas de discussion
au corps législatif, et que c'était au Conseil d'État qu'elle avait lieu,
quoique, à vrai dire, elle ait laissé souvent beaucoup à désirer;
mais c'était un des vices du système adopté. Quoi qu'il en soit, le
Conseil d'État ne se bornait pas à rédiger le projet de loi, comme
dit M. Toullier; il le *discutait*, et le corps législatif n'avait pas le
droit de le *discuter*.

(2) Raison fort peu concluante, puisque son père ne l'eût pas été
davantage, et qu'il aurait cependant eu des droits sur la succession
du sien s'il lui eût survécu.

Au surplus, M. Berlier n'a pas dit cela, ainsi qu'on va le voir.

« *ticle transmet ce droit à ses descendans ; or, s'il*
« *n'a que des enfans naturels, ils auront un neu-*
« *vième dans la succession de leur aïeul.*

« Mais le procès-verbal, continue M. Toullier, ne
« porte point que le Conseil d'État ait eu égard à
« cette objection ; au contraire, il porte simplement :
« L'article est adopté. Ainsi l'observation de M. Ber-
« lier subsista, et l'observation de M. Cambacérès
« ne produisit aucun amendement.

« Quant à l'observation, que l'art. 759 parle des
« enfans ou descendans en général, il suffit de ré-
« pondre que cet article ne peut être entendu que
« des enfans et des descendans légitimes, puisqu'il
« leur accorde en entier les droits qu'aurait eus
« leur père. Telle est aussi l'opinion de M. Chabot
« dans son traité *des Successions.* »

Nous avons, suivant notre coutume, vérifié avec
attention le procès-verbal de la discussion dont il
s'agit, pour nous assurer si, comme le dit sans hésiter M. Toullier, l'observation de M. Cambacérès
fut rejetée : cela ne nous a point paru tel. Personne,
pas même M. Berlier, n'a répondu à M. Cambacérès, ce qui ne prouve pas certainement qu'on ne
voulait avoir aucun égard à son observation, car
alors il eût fallu la combattre par quelque raison,
mais ce qui prouve bien évidemment, au contraire,
qu'en adoptant de suite l'article, on a entendu
l'adopter d'après l'interprétation que lui donnait
M. Cambacérès. C'était un point assez susceptible
de contestation pour que ceux qui n'auraient pas

partagé son sentiment se donnassent du moins la peine de lui répondre ; mais précisément personne ne l'a fait, et c'était bien le cas de l'adage *qui ne dit rien consent.*

Mais ce n'est pas tout ; M. Berlier ne s'est pas exprimé comme le rapporte M. Toullier. Voici ce qu'il a dit sur la demande de M. Cambacérès , si l'enfant naturel du bâtard jouirait du bénéfice de cet article (759) : « L'article ne peut s'appliquer « DANS TOUTE SA LATITUDE à un tel enfant, puisqu'on « a *décidé* , 1° qu'il n'était pas héritier, mais sim- « plement créancier (1); 2° que cette créance, ré- « duite à une quotité des biens et droits du père , « ne les représente conséquemment point *en en- « tier.* »

Et M. Cambacérès n'a pas prétendu autre chose. Les deux orateurs étaient donc parfaitement d'ac- cord, loin d'être dissidens comme le dit M. Toullier; et ce dernier a évidemment tort de dire que l'ob- servation de M. Cambacérès a été rejetée, parce que l'article a été simplement adopté tel qu'il est dans le Code. Si l'on eût entendu la repousser, il eût fallu le faire en opposant le principe consacré pré- cédemment, que l'enfant naturel n'a point de droit sur les biens des parens de ses père où mère; et si M. Berlier lui-même, le seul qui ait parlé avec

(1) Nous doutons très-fort que l'on ait DÉCIDÉ qu'il n'était qu'un simple *créancier;* nous croyons même le contraire : mais cela est étranger à la question.

M. Cambacérès, sur la rédaction de cet art. 759, n'a point opposé ce principe, c'est parce qu'il n'entendait point exclure totalement le fils naturel de l'enfant naturel, mais qu'il voulait seulement, et avec raison, que l'article en discussion ne lui fût pas applicable *dans toute sa latitude;* que ce fils, en un mot, ne représentât pas son père *en entier.* Maintenant le lecteur peut juger. Nous convenons, au surplus, que l'observation de M. Cambacérès, si elle doit être regardée comme ayant été tacitement adoptée par le Conseil d'État, ainsi que nous le croyons, renferme une dérogation bien positive au principe établi à l'art. 756; car le fils naturel de l'enfant naturel recueillera des biens qu'il n'aurait point recueillis si son père, prédécédé, eût été lui-même enfant légitime; ce qui, nous l'avouons, doit paraître extraordinaire.

296. L'enfant naturel ou ses descendans sont tenus d'imputer sur ce qu'ils ont droit de prétendre tout ce qu'ils ont reçu du père ou de la mère dont la succession est ouverte, et qui serait sujet à rapport, d'après les règles établies sur la matière *des rapports.* (Art. 760.)

297. Quand il n'y a qu'un enfant naturel venant à la succession, cette imputation se fait facilement; mais lorsqu'il y en a plusieurs, et que parmi eux il s'en trouve qui ont reçu quelque chose et qui renoncent à la succession (ou même en ce sens qu'ils n'en demandent aucune portion), alors l'imputa-

VI.

tion ne se fait pas aussi aisément, du moins au premier coup d'œil.

Ainsi, supposons quatre enfans naturels, dont deux, qui ont reçu chacun 3,000 fr. pour former un établissement, renoncent à la succession : supposons aussi qu'il existe au décès, toutes dettes déduites, 12,000 fr., en tout 18,000 fr., et que la succession doive appartenir pour moitié aux enfans naturels. Il est certain que ces enfans ne pouvant recevoir à eux tous au-delà de 9,000 fr. (art. 757-760 et 908 combinés), les 6,000 fr. donnés en avancement doivent être comptés sur leur part; que les héritiers légitimes ne doivent plus être tenus que de 3,000 fr., et que les deux enfans qui ont reçu chacun 3,000 fr. ont reçu l'un et l'autre 750 fr. de plus qu'ils ne pouvaient recevoir. Mais ces 1,500 fr. doivent-ils être imputés sur ce qui revient aux deux enfans naturels qui se présentent pour réclamer leur portion ? Non sans doute, car on les rendrait ainsi responsables de la perte qui pourrait résulter de l'insolvabilité de ceux qui ont trop reçu; or, chacun de ces enfans a des droits qui lui sont personnels, quoique la portion de biens qui en est l'objet soit une pour tous. D'autre part, il ne serait pas juste que les héritiers légitimes y fussent seuls exposés, puisqu'ils ne se trouvéraient peut-être plus avoir en définitive la moitié de la succession, comme le veut la loi. En pareil cas, l'imputation de ces 1,500 fr. doit donc se faire par moitié sur ce qui revient aux enfans naturels acceptans, de manière que les héritiers légitimes leur compteront 3,750 fr. seulement, qu'ils se partageront ; sauf aux premiers, comme aux seconds, leur recours contre les deux enfans qui ont reçu au-delà de ce qu'ils devaient recevoir. On doit, sous ce rapport, considérer cet excédant comme une sorte de créance de la succession, dont le recouvrement incertain ne permet pas de la compter au nombre des valeurs positives.

298. De son côté, l'enfant naturel a-t-il le droit d'exiger le rapport des héritiers légitimes ?

Et si ce rapport est fait par l'un de ces derniers à ses cohéritiers, l'enfant naturel peut-il du moins en profiter ?

Enfin, si l'enfant naturel ne peut exiger lui-même le rapport, peut-il du moins prétendre que les héritiers doivent *imputer* ce qu'ils ont reçu du défunt sur ce qui leur revient, pour que lui enfant naturel ait ce qui lui est attribué ?

M. Toullier dit (tome IV, n° 258) « qu'il lui paraît
« que le droit de l'enfant naturel ne s'étend pas sur
« les biens donnés en avancement de droits succes-
« sifs aux héritiers légitimes ou à quelques-uns
« d'entre eux, sans quoi leur condition serait pire
« que celle des donataires étrangers (1); que l'art. 857
« dit expressément que le rapport n'est dû que par

---

(1) Mais ce raisonnement n'a aucune force; car la condition d'un héritier assujéti au rapport envers son cohéritier est aussi, sous ce point de vue, pire que celle d'un donataire étranger, c'est-à-dire d'un individu qui ne serait pas assujéti au rapport.

« l'héritier à son cohéritier, mais que l'enfant na-
« turel n'est point héritier. »

Il ajoute que l'opinion contraire a cependant ses
partisans, en ce sens que le rapport ne peut, il est
vrai, selon quelques-uns de ces derniers (1), être
exigé par l'enfant naturel, mais que celui-ci peut du
moins exiger *l'imputation*. Par exemple, dit-il, si, sur
une fortune de 48,000 fr., un père qui laisse deux
enfans légitimes et un enfant naturel avait fait à l'un
des premiers un don entre-vifs de 3,000 fr. en avancement de droits successifs, cette somme, suivant
eux, rentrerait fictivement dans le patrimoine du
défunt pour régler le droit de l'enfant naturel, non
par l'effet d'un rapport forcé, qu'il ne peut exiger,
mais parce que les dons en avancement d'hoirie ne
sont que la simple avance d'une partie de ce qui
reviendra à l'enfant avantagé dans la succession *ab
intestat*, et qu'il est juste qu'il *impute* sur sa portion
ce qu'il a reçu d'avance. Mais que si sur les 48,000 fr.
le père en a donné 46,000 à ses deux enfans légitimes, en laissant 2,000 fr. sans disposition, l'enfant
naturel n'a *rien à réclamer vers les enfans légitimes*,
s'ils s'en tiennent à leur don. Seulement, s'ils vou-
laient, en qualité d'héritiers, réclamer un droit sur les
2,000 fr. restés sans disposition, l'enfant naturel

---

(1) Mais non selon tous, car M. Chabot, sur l'art. 757, (n° 17),
décide que le droit de l'enfant naturel s'étend même sur les biens
donnés aux héritiers légitimes, en avancement de droits successifs,
et qu'il a le droit d'en exiger le rapport.

Nous allons revenir sur ce point.

pourrait les forcer d'imputer ce qu'ils ont reçu sur la part qu'ils auraient eue *ab intestat.* Cette décision, dit enfin M. Toullier, paraît équitable, mais elle ne résout pas la question.

Mais nous demanderons d'abord comment cette décision peut paraître équitable à M. Toullier qui, plus loin (no 263), dit positivement : « Il y a donc « une réserve au profit des enfans naturels, suivant « les inductions naturelles tirées du texte, et sui- « vant l'esprit du Code »? Qui entend (no 267) que cette réserve soit « des trois quarts de celle qu'ils « auraient s'ils étaient légitimes, lorsque leur père « ne laisse ni ascendans ni descendans, ni frères ou « sœurs, ou descendans d'eux; du tiers s'il laisse « des enfans légitimes; de la moitié s'il laisse des « ascendans? » Enfin qui (encore au no 263) s'accuse d'avoir, dans la première édition de son ouvrage, « embrassé trop légèrement l'opinion de plusieurs « savans auteurs qui ont soutenu que l'enfant natu- « rel avait bien, il est vrai, le droit de demander la « réduction des dispositions. testamentaires, mais « que son droit ne s'étendait pas aux donations entre- « vifs; qu'il n'y a aucune distinction à faire à cet égard « parce qu'il y a contradiction évidente à soutenir « que les enfans naturels ont une réserve sur les « biens donnés par testament, et qu'ils n'en ont « point sur les biens donnés entre-vifs? » Comment, disons-nous , concilier ces diverses décisions de M. Toullier? Cela nous paraît impossible, et le paraîtra probablement, à tout autre ; car , si l'enfant naturel a droit à une réserve , qu'il peut même , suivant cet auteur, réclamer sur les biens donnés entre-vifs ; si cette réserve est du tiers de celle qu'il aurait eue s'il eût été légitime , dans l'espèce ci-dessus elle eût été de 4,000 fr., et la décision qui lui refuse le droit *de rien réclamer vers les enfans légitimes*, qui le force ainsi de se contenter de 2,000 fr., n'est donc pas *équitable*, comme le dit M. Toullier. Ceux à qui M. Toullier a emprunté l'espèce sont du moins conséquens : ils n'admettent pas que l'enfant naturel ait une réserve quelconque sur les biens donnés entre-vifs ; ils ont tort, nous le croyons; mais enfin dans leur système l'enfant naturel ne pouvant rien réclamer, ni à titre de réserve , ni à titre de rapport, sur les 46,000 fr. donnés aux deux enfans légitimes, ils sont au moins assez justes pour vouloir que ceux-ci, dans le cas où ils prétendraient des droits dans les 2,000 fr. restés sans disposition, soient tenus d'*imputer*. Mais M. Toullier méconnaît sa propre doctrine ; car si l'enfant naturel peut demander une réduction pour avoir sa réserve complète, il n'est pas *équitable* que les deux frères gardent, d'une manière ou d'autre, les 46,000 fr. qu'ils ont reçus, comme le pense M. Toullier.

299. Mais revenons à la question du rapport. On oppose, comme on l'a dit, à l'enfant naturel qu'il n'est pas héritier , et que le rapport n'est dû que par l'héritier à son cohéritier, suivant l'art. 857 précité.

A cela nous répondrons, premièrement, qu'il ne

faut pas scinder cet article. Il dit bien que le rapport n'est dû que par l'héritier à son cohéritier, mais il dit aussi de suite en quel sens cela doit être entendu : en ce sens qu'il *n'est pas dû aux légataires ni aux créanciers de la succession.* Cette dernière partie de l'article n'est séparée de la première que par un point et une virgule, comme pour indiquer la conséquence et l'application du principe. Ainsi, en le rédigeant, on ne songeait qu'aux légataires et aux créanciers, et nullement à l'enfant naturel, dont on avait précédemment déterminé les droits, et dont on n'avait point à s'occuper ici.

En second lieu, si l'enfant naturel n'est point héritier, personne ne niera du moins qu'il est *loco heredis,* puisqu'il recueille, par la seule disposition de la loi, une quotité des biens et quelquefois la totalité, et qu'il est tenu, en conséquence, des dettes et charges de l'hérédité. Il faudrait aller jusqu'à dire, dans ce système, pour être conséquent, que s'il n'y avait que des enfans naturels dont un ou plusieurs auraient reçu des avancemens, ils n'en devraient pas faire raison d'une manière ou d'autre à leurs consorts ; car, pas plus dans ce cas que dans celui où il y a des parens légitimes, les enfans naturels ne sont *héritiers.* Le droit de l'enfant naturel consiste dans une quotité de la portion héréditaire qu'il aurait eue s'il eût été légitime (art. 757) ; or, il n'aurait pas cette quotité s'il ne profitait pas du rapport que se font les héritiers légitimes, bien mieux s'il n'avait pas lui-même le droit de l'exiger.

Pour calculer ce qui lui revient, la loi veut que, vis-à-vis des enfans légitimes, on le suppose tel instantanément, avec tous les effets qui sont attachés à cette qualité. Ainsi, il n'y a rien à induire contre lui d'un texte qui n'a point été rédigé contre lui, mais bien seulement contre les légataires et les créanciers.

Enfin on peut répondre aux partisans de l'opinion contraire, et même à celle de M. Toullier, qui dit notamment que « le système de l'imputation se con- « fond presque toujours dans ses effets avec celui « du rapport, » et qui admet cependant le premier, comme on vient de le voir; on peut répondre, disons-nous, que l'enfant naturel, aux termes de l'art. 760, est bien tenu *d'imputer* sur ce qu'il a droit de prétendre tout ce qu'il a reçu de ses père ou mère, et qui serait sujet à *rapport* d'après les règles sur les *rapports*, et néanmoins il n'est pas *héritier*. Voilà donc celui qui n'est pas héritier devant le *rapport fictif* à celui qui *n'est pas son cohéritier*, lui devant un rapport en moins prenant, ce qui est aussi un rapport d'après le Code lui-même (art. 858 et autres). Donc l'art. 857 n'est d'aucune application aux enfans naturels (1).

_____

(1) La question a été jugée dans notre sens par la Cour d'Amiens, le 26 novembre 1811. La Cour, tout en reconnaissant que l'enfant naturel n'est pas *héritier* dans la véritable acception du mot, a aussi reconnu, d'autre part, qu'il a néanmoins des droits réglés comme ceux d'un héritier, sauf la quotité, et l'obligation de demander la délivrance ou l'envoi en possession, suivant les différens cas ; ce qui est très vrai : en conséquence elle a décidé qu'il était recevable à demander le rapport proprement dit, comme la réduction, dans

300. Suivant l'article 761, « toute réclamation
« est interdite aux enfans naturels, lorsqu'ils ont
« reçu, du vivant de leurs père ou mère, la moitié
« de ce qui leur est attribué par les articles pré-
« cédens, avec déclaration expresse, de la part de
« leurs père ou mère, que leur intention est de ré-
« duire l'enfant à la portion qu'ils lui ont assignée.

« Dans le cas où cette portion serait inférieure
« à la moitié de ce qui devrait revenir à l'enfant
« naturel, il ne pourra réclamer que le supplément
« nécessaire pour parfaire cette moitié. »

301. Ainsi l'on voit, d'après cet article combiné
avec l'article 908, que s'il n'est pas permis d'augmenter la portion que la loi accorde aux enfans
naturels, il est permis du moins de la diminuer.

Il était conséquent, en effet, puisque le père
légitime peut réduire ses enfans à une portion
moindre que celle qu'ils auraient eue, que le père
naturel pût également réduire celle que la loi assigne au sien.

Il y a néanmoins cette différence, que le père
légitime n'a guère d'autre moyen de réduire qu'en
disposant positivement de ses biens au profit de
quelqu'un, tandis que le père naturel peut le faire
sans rien donner à personne. Il est censé par cela
même vouloir laisser la portion retranchée aux
héritiers qui lui succéderont dans l'ordre légitime.

---

les cas où ce droit appartiendrait à un héritier. Sirey, tome XII,
part. 2, pag. 411.

Il le peut aussi tout en disposant d'une partie de ses biens ; mais la question de savoir s'il le peut de manière à ce qu'il ne restât même pas à l'enfant naturel la moitié de ce qu'il aurait eu d'après la loi, dépend de celle de savoir si les enfans naturels ont droit à une réserve, et de quelle quotité se compose cette réserve, eu égard à la qualité des héritiers légitimes appelés à la succession (1)? Et cette question, si controversée d'abord, nous la traiterons après avoir expliqué l'article ci-dessus.

302. Auparavant, nous ferons observer que la plupart même de ceux qui accordent une réserve à l'enfant naturel n'exigent pas, pour qu'il soit obligé de s'en contenter, *quand le père a disposé de ses biens*, soit par donation entre-vifs, soit par testament, qu'il ait donné de son vivant à l'en-

---

(1) M. Toullier, qui reconnaît que les enfans naturels ont droit à une réserve, et qui pense même (à présent) qu'elle s'étend aussi aux biens qui ont été donnés entre-vifs, dit cependant que « la ré-« duction permise par l'article 761 est indépendante de celle qui « peut résulter des dispositions permises aux père et mère , jusqu'à « concurrence de la portion disponible ; en sorte que l'enfant na-« turel , déjà réduit à ne prendre part que dans les biens indispo-« nibles, ou dont les père ou mère n'ont pas disposé , peut encore « être réduit à n'avoir dans ces biens que la moitié des droits déter-« minés par les art. 757 et 758. »

Bien certainement M. Toullier ne pourrait concilier les résultats de sa décision avec celle qu'il donne au sujet de la réserve. En effet, il veut (n° 267) que la réserve soit du tiers de celle qu'aurait eue l'enfant naturel s'il eût été légitime , dans le cas où il y a des descendans légitimes; de moitié, dans le cas où il y a des ascendans ou des frères ou sœurs ou descendans d'eux ; et des trois quarts, lorsqu'il n'y a ni descendans légitimes, ni ascendans, ni frères , ni sœurs, ou descendans d'eux. En sorte que sur une succession de 48,000 fr., un enfant légitime,

fant et que celui-ci ait reçu, soit la moitié de ce qui lui seroit revenu sans les dispositions et d'après la loi seule, soit même une partie quelconque. Ils n'exigent pas davantage une déclaration du père de vouloir réduire son enfant : la seule disposition qu'il fait de ses biens est une preuve assez claire de sa volonté à cet égard, et l'enfant se trouve tout simplement réduit, puisqu'il n'a plus d'autre droit que celui de la réserve, qui est bien moindre que la quotité que la loi lui assignait.

303. Ainsi l'article 761 ne s'applique pas au cas où le père, par des dispositions, n'a laissé à l'enfant d'autre droit que celui de demander une réduction pour obtenir une réserve, en admettant encore

---

et un enfant naturel, la réserve de celui-ci, feint instantanément légitime pour fixer la quotité disponible, est du tiers de 16,000 fr., ou autrement 5333 fr. 33 c. parce que sa réserve eût été de 16,000 fr. s'il eût été légitime. Or, si le père dispose d'abord au profit d'un tiers de la quotité disponible, et qu'ensuite il réduise l'enfant naturel à la moitié des droits déterminés par l'art. 757, en ce qui concerne les biens non donnés, comme le dit M. Toullier, cet enfant assurément ne trouvera pas ses 5333 fr. 33 c. de réserve dans la moitié de ce qui lui reviendrait de ces mêmes biens. Il n'y trouverait même presque rien, car la réserve de l'enfant légitime doit être intacte, quoique nous reconnaissions très-bien qu'elle doit être moindre de ce qu'elle aurait été, si l'enfant naturel n'eût pas existé. Mais la différence est peu considérable, comme on le verra bientôt. Ainsi les vues de M. Toullier sont inconciliables dans les résultats. Cet auteur n'a aucun système arrêté sur cet objet; il va çà et là, et on le conçoit très-bien, c'est qu'il n'a changé d'opinion que sur quelques points seulement de sa doctrine, sans toucher aussi à son ouvrage dans les autres. La réduction permise par l'art. 761 n'est pas tout à la fois celle de la quotité déterminée par la loi et celle de la réserve, ce n'est que la première : une *réserve* ne se *réduit* pas à volonté ; autrement ce ne serait plus une réserve.

qu'il en ait une. Dans ce cas, la réduction que subit l'enfant est tacite, tandis que d'après l'article elle doit être expresse.

Elle doit être expresse en effet, parce qu'autrement, quand bien même il aurait reçu de son père quelque chose, du vivant de celui-ci, qui n'a pas disposé de ses biens, ou qui n'en a disposé qu'en partie, rien n'attesterait que son père a entendu le réduire; on devrait, au contraire, présumer qu'il a voulu, en lui donnant, lui faire une espèce d'avancement d'hoirie sur les biens qu'il laissera. La déclaration est donc absolument indispensable.

304. Mais est-il nécessaire qu'elle soit faite dans l'acte même par lequel l'enfant naturel reçoit le don? Faut-il du moins le consentement de l'enfant à ce qu'il soit réduit?

L'enfant ne peut-il l'être qu'autant qu'il a reçu quelque chose du vivant du père? Et s'il n'est pas nécessaire que le don s'élève à la moitié de ce qui serait revenu à l'enfant, puisque, d'après la seconde disposition de l'article 761, celui-ci n'a qu'une simple action en supplément pour parfaire cette moitié (quand d'ailleurs le père a déclaré sa volonté de réduire), faut-il du moins que l'enfant ait reçu, du vivant du père, la totalité de la portion qu'il lui a assignée.

Rien n'indique, dans l'esprit de la loi, que la déclaration de réduire doive être nécessairement faite dans l'acte même de la donation; rien n'indique non plus que le père ait besoin pour cela du consentement du fils : c'eût été une condition qui eût presque toujours, ou du moins bien souvent, paralysé l'exercice du droit que la loi a voulu laisser au père, et cette condition d'ailleurs n'eût pas été en harmonie avec les principes qui ne permettent point les renonciations à successions futures (article 791), ni aucun pacte sur une succession qui n'est point encore ouverte (art. 1130). On a entendu donner au père le moyen d'écarter de son hérédité un individu qui ne s'y présenterait que sous un aspect fâcheux, désagréable pour les parens légitimes, et dont l'intervention pourrait jeter le trouble dans la famille (1). Son consentement n'a donc pas dû paraître nécessaire.

305. Mais comme la réduction n'a lieu, suivant l'opinion commune, qu'autant que l'enfant a reçu, du vivant de son père, la portion que celui-ci lui a assignée, on a fort bien senti que cet enfant pour-

---

(1) M. Siméon s'exprimait ainsi devant le corps législatif, en lui rendant compte de la pensée du tribunat sur le projet de loi : « Si , « pour la tranquillité et le repos des familles , les père ou mère ont « eu soin d'acquitter, de leur vivant, leur dette envers l'enfant na- « turel , si , en la payant par anticipation, ils ont déclaré ne vouloir « pas qu'il vînt après eux troubler leur succession , le Code maintien- « dra cette disposition, lors même que ce don anticipé n'arriverait « qu'à la moitié de la créance... Une pareille donation est utile , et « pour l'enfant naturel , qu'elle fait jouir plus tôt, et pour la famille, « qu'elle débarrasse d'un créancier odieux. »
Il y aurait toutefois quelques observations à faire sur ce passage , quant à ces mots, *créance, créancier*, mais elles n'auraient point de rapport à la question.

rait se refuser à la recevoir : alors, a-t-on dit (1), le recours aux tribunaux serait ouvert au père, et si l'enfant était mineur, on lui ferait nommer un tuteur ou un curateur *ad hoc* pour accepter pour lui, et l'on ferait le placement le plus avantageux des objets donnés.

Il peut y avoir quelque difficulté au sujet de l'enfant majeur qui ne veut pas recevoir; les tribunaux auraient-ils le pouvoir d'accepter pour lui une donation dont il ne veut pas ? Cela serait contraire aux principes; mais ils pourraient déclarer les offres du père valables, et comme tenant lieu de la donation dont l'enfant ne veut pas. Ils ordonneraient la mise en séquestre des biens, ou tout autre mode de placement qui leur paraîtrait convenable. Ils n'accueilleraient, au surplus, les offres du père qu'autant que, par approximation et suivant les probabilités, elles s'élèveraient à la moitié de ce qui pourrait revenir à l'enfant; car l'on sent bien que de deux choses l'une : ou le père n'est point obligé de donner de son vivant à l'enfant une portion quelconque, même la plus petite somme, de manière que sa déclaration expresse de vouloir le réduire à la moitié suffirait, quoiqu'il ne disposât pas de ses biens au profit de tout autre; ou il doit lui donner de son vivant ce qui doit remplir le but de la loi, autrement l'offre du plus mince objet ou de la plus faible quotité, pouvant

_____

(1) Notamment M. Toullier.

être faite par lui, l'enfant, en réalité, ne jouirait de rien, puisque, dans l'ordre moral, presque rien et rien sont la même chose. Mais précisément l'article 761, qui autorise la réduction, statue dans l'hypothèse où l'enfant a reçu quelque chose du vivant du père (il parle même d'abord de la moitié de ce qui aurait pu lui revenir), et cette circonstance est une condition de la faculté de réduire (autrement que par la disposition des biens au profit d'autres personnes) ; et l'on a toujours entendu qu'un des motifs de la loi, en permettant cette réduction à l'égard des biens dont le père n'avait pas disposé, était l'avantage que trouverait l'enfant dans une jouissance anticipée. Donc on ne doit pas lui en offrir une qui ne serait qu'illusoire.

306. Cependant il y a difficulté sur le point de savoir si l'enfant ne doit pas avoir reçu, du vivant de son père, et avec la déclaration de réduction, au moins la moitié de ce qui pouvait lui revenir, pour être déchu du droit de réclamer sa part entière.

M. Toullier s'exprime ainsi sur cette question : « On est d'accord sur ce point que, si un père na- « turel s'était borné à déclarer dans un acte entre- « vifs ou testamentaire qu'il veut réduire son en- « fant naturel à la moitié de la portion fixée par la « loi, sans lui avoir remis de son vivant la somme « ou la portion de bien déterminée par l'acte de

« réduction (1), l'enfant naturel serait autorisé à
« réclamer la portion entière que lui attribue la
« loi (2). »

Mais d'autre part, la seconde disposition de l'article 761 prévoit le cas où l'enfant naturel n'aurait pas reçu, du vivant de son père, la moitié de ce qui aurait pu lui revenir, et il dit : « Dans le cas « où cette portion (assignée par le père ou la mère « qui ont donné, de leur vivant) serait inférieure

---

(1) Par conséquent, la moitié de la portion fixée par la loi, puisque l'acte de réduction, dans l'hypothèse, contient la déclaration de réduire l'enfant à la moitié de cette portion.

(2) Au même endroit, tome IV, n° 262, l'auteur dit qu'il ne faut pas conclure que la réduction n'aurait pas lieu si le père s'était réservé la jouissance des biens donnés entre-vifs à l'enfant naturel, ou s'il avait stipulé un terme de paiement, *pourvu que ce terme ne fût pas celui de la mort;* parce que, dans ces deux cas, l'enfant a reçu une chose certaine et que la propriété de la chose lui a été transférée dès le moment de la donation ; qu'il a pu lui-même en disposer.

Mais nous répondons, 1° qu'il y aurait encore parité quand bien même *ce terme de paiement serait celui de la mort du père :* l'enfant pourrait également disposer de la chose donnée, qui ne serait plus maintenant qu'une simple *créance,* comme il pourrait disposer de la nue propriété des objets dont le père se serait réservé l'usufruit. On n'a jamais dit que, parce qu'une *créance* n'était payable qu'à la mort du débiteur, l'effet du droit fût suspendu : il n'y a que l'exécution de retardée. Ce n'est point là une donation à cause de mort. M. Toullier tombe donc dans une grave inconséquence. En second lieu, lorsque le père se réserve l'usufruit (et même, selon nous, lorsqu'il prend de longs termes pour le paiement ou la délivrance de la somme ou des objets donnés), il est clair qu'il donne beaucoup moins que s'il donnait la toute propriété, et par conséquent, suivant M. Toullier lui-même, qui veut que l'enfant ait reçu du vivant du père *la moitié* de ce qui lui serait revenu, sans quoi il peut réclamer sa part entière, cet enfant serait bien fondé à refuser le don qui ne lui est offert qu'avec réserve d'usufruit, à moins que la nue propriété ne fût suffisante pour faire cette moitié.

« à la moitié de ce qui devrait revenir à l'enfant
« naturel, il ne pourra réclamer que le supplé-
« ment nécessaire pour parfaire cette moitié. »

Ainsi l'on voit que, pour que l'enfant naturel soit
valablement réduit à la moitié de la portion déterminée par la loi, quand le père a expressément
déclaré sa volonté à cet égard, cet enfant n'a pas
dû nécessairement recevoir cette moitié du vivant
de son père, puisqu'il n'a qu'une simple action
en supplément lorsque la portion qui lui a été
assignée, et qu'on suppose lui avoir été réellement remise, est moindre que cette moitié. Comment, en effet, un individu pourrait-il faire une appréciation assez exacte de son patrimoine pour pouvoir fixer au juste cette même moitié? D'ailleurs,
mille événemens peuvent, avant sa mort, déranger
ses calculs, en augmentant ou en diminuant sa
fortune, ou par l'accroissement ou la diminution
du nombre de ses enfans, etc.

La première partie de l'article, en parlant de la
moitié de ce qui aurait pu revenir à l'enfant naturel, et en statuant sur le cas où il aurait reçu
cette moitié, doit donc s'entendre dans un sens
simplement explicatif, comme réglant un cas ar-
rivé, et non pas comme exprimant une condition
sine quá non de l'effet de la réduction; autrement
elle serait en opposition avec la seconde partie et
avec le bon sens, qui ne peut se prêter, on le répète,
à la possibilité qu'un individu fasse aujourd'hui une
évaluation exacte des biens qu'il laissera peut-être

dans vingt ou trente ans, et qu'il détermine une quotité qui variera en raison du nombre d'enfans qu'il laissera et surtout aussi en raison de la qualité des parens qui lui succéderont.

Mais, d'un autre côté, nous ne pensons pas que le père puisse ne rien donner du tout, de son vivant, à l'enfant, et que sa seule déclaration de vouloir le réduire, exprimée dans un testament ou dans tout autre acte, suffise à cet égard. Sous ce rapport, nous partageons le sentiment de M. Toullier et de la plupart de ceux qui ont écrit sur la matière, reconnaissant, comme nous l'avons déjà dit, qu'un des motifs qui ont déterminé le législateur à consacrer cette faculté pour le père de réduire l'enfant, était l'avantage que celui-ci trouve dans *une jouissance anticipée*. Il faut donc appliquer la loi dans son véritable esprit, à tel point que lors même que l'enfant aurait donné son consentement à l'acte portant la déclaration de réduction, et dans laquelle le père lui aurait donné quelque chose, mais d'une si faible importance relativement à ce qui aurait pu lui revenir, qu'on devrait regarder cela comme rien ; ce consentement donné par crainte, *ne pater pejùs faceret,* pourrait fort bien être considéré comme nul et de nul effet, ce qui laisserait alors la question dans les termes du droit commun. L'enfant, malgré toute renonciation de sa part à jamais rien réclamer, aurait encore à tout le moins l'action supplémentaire pour parfaire la moitié de ce qu'il aurait eu d'après la loi

(art. 791 et 761 combinés). De même, il l'aurait incontestablement si, après avoir reçu une somme ou un objet valant le tiers de ce qui lui pouvait revenir, le père avait ensuite déclaré par un autre acte, en l'absence de son fils, ainsi que nous croyons qu'il en a le droit, sa volonté de le réduire à cette portion; mais dans ce cas, la différence n'étant point très considérable, il n'y aurait lieu qu'à l'action supplémentaire, tandis que lorsque le père n'aurait rien donné ou presque rien donné, la déclaration de vouloir réduire devrait être regardée comme non avenue, faute d'avoir été accompagnée d'une jouissance anticipée par l'enfant d'une portion raisonnable de la quotité qui pouvait lui revenir d'après la loi.

307. Quand il y a plusieurs enfans naturels et qu'il y a aussi des descendans légitimes, si quelques-uns des enfans naturels seulement ont été réduits, on peut demander si la réduction profite seulement aux enfans légitimes, ou si elle peut profiter à tous. Nous croyons qu'elle ne profite qu'aux enfans légitimes, parce que tout doit faire penser qu'elle a été faite uniquement dans leur intérêt. D'ailleurs les enfans légitimes, comme les seuls saisis, délivrent à chacun des enfans naturels la portion qui lui est attribuée par l'article 757, et rien de plus. Or, pour cela, ils sont en droit de compter au nombre de ces enfans ceux qui ont été réduits, quoiqu'ils ne se présentent point à la suc-

cession : chacun d'eux y est représenté par ce qu'il a reçu. Mais on doit néanmoins comprendre fictivement dans la masse à partager ce que ces derniers ont obtenu; autrement les autres enfans naturels n'auraient pas totalement ce qui leur revient. Cela fait, ce qu'auraient eu de plus les enfans réduits reste aux légitimes, et la position des autres enfans naturels est la même que si aucun de leurs frères ou sœurs n'avait été réduit.

3o8. Mais quand il n'y a pas d'enfans légitimes, la réduction de quelques-uns des enfans naturels seulement profite aussi nécessairement aux autres, par la raison toute simple que dans ce cas la succession se divise par masses, et que moins l'une de ces masses est diminuée, plus ceux qui y ont une part trouvent cette part considérable; or, n'y eût-il qu'un seul enfant naturel non réduit, comme il aurait la moitié de l'hérédité ou les trois quarts, suivant les distinctions établies à l'art. 757, il est clair qu'il reste avec les mêmes droits. Cependant, si ce qu'ont reçu les enfans réduits et ce que recevraient les autres dans un partage avec les ascendans ou les frères ou sœurs, ou avec d'autres parens, excédait la moitié ou les trois quarts de la succession, ceux des enfans naturels qui viendraient à partage seraient tenus d'imputer sur leur portion, et jusqu'à due concurrence, ce qui a été donné à leurs frères ou sœurs; car les enfans naturels, soit qu'on les considère isolément, soit qu'on les considère collectivement, ne peuvent rien recevoir au-delà de ce qui leur est attribué par l'article 757 (art. 908). De cette manière les parens légitimes et les enfans naturels non réduits profitent proportionnément de la réduction des autres, mais sans que tous les enfans naturels réunis se trouvent avoir au-delà de la quotité fixée par la loi.

309. Il nous reste maintenant à traiter dans ce paragraphe la question de savoir si les enfans naturels ont une réserve, et une action en réduction pour la demander lorsque leurs père ou mère ont disposé de leurs biens, et quelle est la quotité de cette réserve.

Cette question, comme tant d'autres qu'offre cette matière difficile, a été agitée et résolue par la plupart des jurisconsultes qui ont écrit sur le Code, suivant le système particulier que chacun s'est fait sur le plus ou le moins de faveur que méritent à ses yeux les enfans naturels. Nous serons du petit nombre de ceux qui, éloignés de tout esprit de système, pensent qu'on ne doit rien accorder à ces enfans au-delà de ce que la loi leur a positivement attribué, mais aussi qu'on ne doit rien leur ôter de ce qu'elle a bien voulu leur assurer.

310. Quatre opinions (1) se sont élevées sur ce point.

---

(1) On peut les voir développées dans le *Commentaire* de M. Chabot, sur cet art. 761.

Suivant l'une de ces opinions, les droits des enfans naturels légalement reconnus sont tellement
déterminés par les articles 757, 758 et 908 combinés, qu'il ne dépend point du père ou de la
mère de les anéantir ou de les augmenter par des
dispositions quelconques, ni même de les diminuer, si ce n'est en donnant à l'enfant, de leur
vivant, la moitié de ce qui lui est attribué par les
deux premiers de ces articles, et avec déclaration expresse que leur intention est de le réduire
à cette portion.

Selon cette opinion, l'enfant naturel qui n'aurait pas reçu, du vivant de son père, la moitié de
ce à quoi il pourrait prétendre d'après la loi, avec
déclaration expresse de réduction, pourrait réclamer, non pas une simple réserve, dans le cas
même où le père aurait disposé de tous ses biens,
mais il pourrait même réclamer toute la quotité
qui lui serait attribuée par les art. 757 et 758 : d'où
il suivrait, ce qui n'est pas soutenable à cause des
résultats possibles, que si le père ne laissait aucun
parent au degré successible, comme l'enfant naturel a tout en pareil cas, le père qui n'aurait
pas cru devoir se dépouiller d'une partie de ses
biens, de son vivant, en sa faveur, ou même qui
l'aurait fait, mais qui aurait omis de déclarer sa
volonté de le réduire à la moitié, se trouverait
n'avoir pu disposer d'un sou, tandis qu'il aurait
pu disposer de telle ou telle quotité, si, au lieu
d'un enfant naturel, il avait eu des enfans légi-

times, ou s'il eût laissé des ascendans, et même de la totalité s'il eût laissé des frères ou sœurs, sans laisser de descendans légitimes, ni père ni mère; ce qui serait absurde. Le père, dans cette hypothèse, serait obligé, pour pouvoir disposer de la moitié de ses biens, de donner l'autre moitié, de son vivant, à l'enfant naturel, tandis que si ce dernier eût été légitime, le père eût très bien pu ne rien donner pendant sa vie à son fils, et disposer néanmoins de la moitié de son patrimoine en faveur de qui bon lui eût semblé; en sorte que l'enfant naturel serait mieux traité que l'enfant légitime; ce qui, encore une fois, n'est pas soutenable.

311. Selon d'autres, l'enfant naturel a bien, il est vrai, un droit, même sur les biens dont le père a disposé, mais ce n'est que sur ceux dont il a disposé par testament, et non sur ceux qu'il a donnés par donations entre-vifs; et ce droit se réglerait, ou d'après les art. 757 et 758 si le père n'avait pas donné de son vivant à l'enfant, et avec la déclaration expresse qu'il entend le réduire, ou d'après l'art. 761 dans le cas contraire (1).

___

(1) Telle avait été d'abord l'opinion de M. Toullier, qui annonce comme nous l'avons dit, qu'il s'était laissé trop légèrement entraîner, sur la foi de plusieurs auteurs recommandables, à faire, en ce qui touche le droit de l'enfant naturel, une distinction que rien ne justifie maintenant à ses yeux, qui lui paraît même dénuée de tout fondement, entre les donations entre-vifs et les dispositions testamentaires. Il a raison, selon nous, d'avoir changé de sentiment à cet

Ceux qui ont soutenu cette opinion se sont fondés sur ce que l'art. 756 ne donne à l'enfant natu-

---

égard ; mais , pour être conséquent dans les résultats auxquels a
droit de prétendre l'enfant naturel, M. Toullier ne devait pas dire,
ainsi que nous en avons déjà fait la remarque, que « la réduction
« à laquelle le père a soumis l'enfant en vertu de l'art. 761 est indé-
« pendante de celle qui peut résulter des dispositions permises aux
« père et mère, jusqu'à concurrence de la portion disponible, de
« manière que l'enfant déjà réduit à ne prendre part que dans les
« biens indisponibles, peut encore être réduit à n'avoir dans ces
« biens que la moitié des droits déterminés par les articles 757 et
« 758 ; » car que lui restera-t-il quand on n'aura laissé aux enfans
légitimes eux-mêmes que tout juste leur réserve?

M. Toullier ne devait pas dire non plus qu'il y a toutefois une
distinction à faire entre les biens donnés entre-vifs avant ou après la
reconnaissance de l'enfant naturel, parce que, suivant cet auteur,
ce n'est que par sa reconnaissance que l'enfant naturel acquiert des
droits à l'égard des tiers; que son droit ne peut s'appliquer aux biens
dont ils étaient déjà propriétaires incommutables avant qu'il fût reconnu ; tout de même que l'enfant adopté, quoiqu'il ait les mêmes
droits que l'enfant né en mariage, ne pourrait cependant exercer la
réserve sur les biens dont l'adoptant avait disposé entre-vifs, avant
l'acte d'adoption. Car précisément, au contraire, l'adopté peut très-
bien, ainsi que l'a jugé la Cour de cassation après un mûr délibéré,
par arrêt que nous rapportons au tom. III, n° 317 et suivans, exercer
sa réserve sur les biens donnés *avant* l'adoption , attendu que ce n'est
point là une *révocation* de la donation, mais l'exercice d'une simple
action en *réduction*. Et quant à l'enfant naturel, il n'est pas tel par
rapport à l'individu qui l'a reconnu , seulement; depuis sa reconnaissance, il est son enfant depuis la conception, et il l'est avec tous les
effets, toutes les conséquences qui sont attachés à cette qualité,
sauf aux tiers à contester la sincérité de la reconnaissance, s'ils
croient en avoir le droit. Et dire qu'ils étaient propriétaires incommutables des biens qui leur avaient été donnés avant la reconnaissance, pour en conclure que l'enfant naturel n'y a aucun droit, c'est
uniquement une pétition de principe, ou plutôt c'est une erreur ;
car la reconnaissance est simplement déclarative du fait de paternité,
et nullement attributive de la qualité d'enfant, qui est l'œuvre de la
nature seule; et les effets attachés à cette qualité sont indivisibles,
ils ne se divisent point par les époques.

rel reconnu des droits que sur les biens de ses père ou mère *décédés*, d'où l'on a conclu qu'il n'en avait pas sur ceux qui avaient cessé d'appartenir à ces derniers au moment de leur mort.

Mais on a tiré une fausse induction de ce mot *décédés;* l'enfant légitime lui-même n'a de droit sur les biens de ses père et mère qu'après leur décès (art. 204), et si l'on disait qu'il était par cela même inutile de mentionner le cas du décès des père ou mère de l'enfant naturel, on pourrait tomber d'accord de cette inutilité, dont le Code nous offre plus d'un exemple; mais on ne serait pas autorisé, d'autre part, à conclure de ce mot que c'est en vue d'exclure toute prétention de l'enfant naturel à des droits sur les biens dont son père ou sa mère a disposé entre-vifs, que la loi a employé cette expression, puisqu'elle dit formellement que le droit de l'enfant naturel sera du tiers de ce qu'il aurait été si cet enfant eût été légitime, quand celui-ci est en concours avec des descendans de cette dernière qualité; car bien certainement il ne sera pas du tiers s'il n'a aucune réclamation à élever sur les biens donnés entre-vifs, quand les descendans légitimes auront au contraire de justes prétentions sur ces mêmes biens pour obtenir ce qui leur est dû à titre de réserve. Il est donc plus raisonnable de regarder ce mot *décédés* comme une expression parasite, puisque autrement on contrarierait le système général de la fixation des droits des enfans naturels. Ne serait-il pas possible d'ailleurs que le

législateur eût entendu par là pousser la précaution
jusqu'à vouloir prévenir des actions que les enfans
naturels reconnus se seraient crus en droit de pouvoir former contre leurs père ou mère, à raison de
ce que, dans la discussion, on a fréquemment qualifié le droit des uns de *créance*, l'obligation des
autres de *dette*, entendant fixer par ce mot *décédés*
le terme de l'acquittement de cette dette? Ne pou-
vait-il pas craindre aussi, qu'attendu la modicité
de la portion qu'il accordait à ces mêmes enfans,
plusieurs se seraient crus en droit d'en réclamer la
délivrance, au moins en partie, avant le décès du
père ou de la mère, comme devant du moins trouver une compensation dans une jouissance anticipée? Quoi qu'il en soit, et n'attachant pas à ces
suppositions plus de poids qu'elles n'en ont, toujours est-il que le droit des enfans naturels étant
déterminé par la loi, il ne dépend pas des père et
mère de l'anéantir par des dispositions entre-vifs,
qui auraient encore ce caractère quoiqu'elles ne
fussent faites que le jour du décès de celui qui
les ferait.

Nous ajouterons que plusieurs des partisans de
cette distinction, entre les biens donnés entre-vifs
et ceux donnés par testament, ne nous paraissent
pas d'accord avec eux-mêmes sur le motif de la
distinction, puisqu'ils professent comme nous, sur
l'art. 747, que si le donataire a disposé, même par
testament, des biens que lui avait donnés son ascendant, le droit de reprise de ce dernier s'est éva-

noui, *parce que les biens ne sont plus dans la succession* : donc, dans ce système, l'enfant naturel ne devrait avoir non plus aucun droit sur les biens donnés en cette forme par son père ou sa mère, puisque ces biens ne seraient plus aussi dans la succession, et néanmoins on lui en accorde : on ne lui en refuse que sur les biens donnés entre-vifs (1).

312. La troisième opinion (2) consiste à refuser toute espèce de réserve aux enfans naturels sur les biens dont leurs père ou mère ont disposé soit par donations entre-vifs, soit par testament. On se fonde sur ce que les droits des enfans naturels sont réglés au titre des successions *ab intestat*, qu'ils supposent par conséquent que les père ou mère n'ont pas disposé de leurs biens, et que les art. 913 et 915 n'établissent de réserve qu'au profit des enfans, descendans et ascendans, c'est-à-dire *des enfans et descendans légitimes*, ainsi qu'on doit l'entendre d'après les articles qui précèdent, lesquels ne par-

(1) *Voy.* dans le sens de notre opinion, qui ne fait pour ainsi dire aujourd'hui plus de doute, l'arrêt de la Cour de Douai du 14 août 1811 ; Sirey, tom. XII, part. 2, pag. 1ᵉʳᵉ.

(2) C'est celle de M. Chabot, mais elle n'est guère plus soutenue. Et cependant cet auteur entend bien, lorsque le père n'a pas disposé, que l'enfant naturel ait entiers les droits que lui attribuent les art. 757 et 758, si le père ne l'a pas réduit; et il entend aussi que le père ne puisse le réduire que conformément à l'art. 761. Or, pourquoi donc le père pourrait-il, d'un trait de plume, en donnant tout son bien à un tiers, anéantir ainsi tacitement le droit de l'enfant en totalité, quand il ne pourrait pas par la seule expression de sa volonté formelle réduire seulement ce droit?

lent évidemment que des enfans et descendans légitimes; enfin sur ce que l'action en réduction n'a
lieu, aux termes de l'art. 921, qu'au profit de ceux
en faveur desquels la loi a fait la réserve, par con
séquent en faveur des descendans légitimes et des
ascendans seulement.

Mais on répond que si l'enfant naturel n'est point
mentionné dans le chapitre qui traite *de la portion de biens disponible, et de la réduction*, c'est,
d'une part, parce qu'on avait précédemment fixé la
base de son droit, et, d'autre part, parce qu'on ne
pouvait mêler à des dispositions, déjà par elles-
mêmes fertiles en conséquences, d'autres dispositions très-compliquées à raison de la diversité des
cas, ce qui aurait embarrassé la rédaction des pre-
mières, rendu leur application plus difficile, et ce
qui, malgré toute l'attention des rédacteurs, aurait
encore offert des lacunes et même des contradic-
tions avec d'autres règles. Il suffisait donc que la
base du droit des enfans naturels fût posée : or, elle
l'est dans les art. 757 et 758; et qu'importe, après
cela, que ces articles occupent telle place dans le
Code plutôt que telle autre? Ce qui serait nécessaire pour que les enfans naturels n'eussent aucun droit à une réserve, pour que leur père pût,
d'un trait de plume, les priver de toute portion dans
sa succession, ce serait une disposition formelle
de la loi qui le dit ainsi. Mais si, d'une part, les
art. 913 et 915 ne parlent pas des enfans naturels,
d'autre part, ils ne les excluent pas; ils laissent à

leur égard les choses dans les termes du droit commun, et le droit commun relativement à ces enfans est de les considérer fictivement comme enfans
légitimes, pour régler vis-à-vis de leurs frères ou
sœurs de cette qualité la portion qui leur revient.
Sous ce rapport ils sont implicitement compris
dans ces mêmes art. 913 et 915. Le résultat possible
de l'opinion combattue serait en effet que si le
père avait disposé de tout son bien, l'enfant naturel n'aurait même pas d'action pour obtenir des alimens, tandis que l'enfant adultérin ou incestueux
en a toujours une pour cet objet, quelles que soient
les personnes qui aient la succession (1).

313. Enfin la quatrième opinion, qui est la nôtre,
comme on a pu le voir par la réfutation des précédentes, est que l'enfant naturel a droit à une réserve, soit en faisant réduire les dispositions testamentaires, soit même, en cas d'insuffisance, en
faisant réduire les donations entre-vifs, sans distinction, ainsi que nous l'avons dit dans une des
notes précédentes, entre les donations antérieures
à la reconnaissance de l'enfant et celles qui seraient
postérieures, parce que, en effet, il n'y en a pas à

___

(1) Aussi ce système a-t-il été rejeté par arrêt de cassation, rendu
conformément aux conclusions de M. Merlin, le 26 juin 1809, et
que l'on trouve dans le *Supplément aux Questions de droit* de cet
ancien magistrat, au mot *Réserve*, et dans Sirey, tom. IX, part. 1,
pag. 337. *Voy.* aussi l'arrêt de la Cour de Pau du 8 avril 1810
(Sirey, 10, 2, 239), sans parler de celui de la Cour de Douai, précité, et de plusieurs autres rendus dans le même sens.

faire en droit, sauf aux donataires antérieurs à cette reconnaissance à l'attaquer sous le rapport de la sincérité, s'ils prétendent qu'elle n'a été faite que pour altérer leurs droits acquis.

Il s'agit à présent, pour n'être point obligé de revenir sur ce sujet, de déterminer la quotité de cette réserve.

314. Cette quotité doit varier en raison de la qualité des parens légitimes qui sont appelés à la succession, puisque celle qu'aurait eue l'enfant naturel, si son père n'avait pas disposé de ses biens, eût également varié en raison de la même cause.

Comme le droit des enfans à cette réserve est fondé sur celui que la loi leur accorde, suivant la qualité des personnes qui sont appelées par elle à la succession, et dans la proportion de ce droit comparativement à celui de ces personnes, on doit dire que la réserve de l'enfant naturel, lorsqu'il y a des descendans légitimes, est du tiers de ce qu'elle eût été s'il eût été légitime, puisqu'il n'aurait eu, en l'absence de toute disposition, que le tiers de ce qu'il aurait eu s'il avait eu cette qualité.

Ainsi, en supposant un enfant légitime et une succession de 36,000 fr., toutes dispositions comprises et toutes dettes déduites, quelle eût été la réserve de l'enfant naturel? 12,000 fr. En lui accordant le tiers de ces 12,000 fr., ou 4,000 fr., on le traite donc proportionnellement comme il eût été traité dans la succession *ab intestat*, où il n'eût eu que le tiers

de ce qu'il lui serait revenu s'il avait été légitime.
C'est ainsi qu'a jugé la Cour de cassation par son
arrêt du 26 juin 1809 précité. L'enfant naturel ré-
clamait vis-à-vis de son frère légitime, fils unique
du testateur et institué par lui légataire universel,
et il prétendait au sixième de la succession, sur le
fondement que son père n'ayant pas rempli à son
égard les conditions énoncées à l'art. 761 pour le
réduire, il n'avait pu tacitement le faire par son testament. Le fils légitime soutenait de son côté que
l'enfant naturel n'avait droit à aucune portion de
biens quand le père avait, comme dans l'espèce,
disposé de tout son patrimoine, qu'aucune loi ne
lui donnait d'action en réduction, et qu'en tout
cas s'il pouvait en avoir une, elle ne pourrait être
que du douzième seulement de la succession, ou
de la moitié de ce qui lui serait revenu s'il n'y avait
eu aucune disposition, attendu que le père avait
bien pu, par sa volonté exprimée dans son testament, faire ce que l'art. 761 l'autorisait à faire. La
Cour de Pau avait adopté ces dernières conclusions,
en adjugeant à l'enfant naturel le douzième de la
succession seulement. Sa décision a été cassée, mais
sur ce chef seulement, parce que, suivant la Cour
suprême, l'enfant naturel devait avoir dans l'espèce
le neuvième de l'hérédité, l'art. 761 n'étant pas applicable, puisque l'on n'en avait point rempli les
conditions. C'était en effet une pure question de
réserve et non de réduction.

Si, dans l'espèce posée d'abord, il y avait deux

enfans légitimes, et toujours un enfant naturel, comme la réserve de celui-ci, en supposant qu'il eût été légitime, eût été du quart seulement des 36,000 fr. montant de la succession, et que son droit est du tiers de ce qu'il aurait été s'il eût été légitime, sa réserve serait de 3000 fr.

315. Et comme la présence de l'enfant naturel qui aurait diminué les droits des enfans légitimes dans la succession *ab intestat*, ne doit pas, par la même raison, leur en laisser d'aussi étendus quant à la réserve, il faut, dans les deux cas ci-dessus, retrancher de la masse, savoir : dans le premier 4000 fr., et dans le second 3000, et calculer la réserve des enfans légitimes en conséquence. En sorte que dans le premier cas l'enfant légitime a 16,000 fr. ou moitié sur les 32,000 fr. restans, et le légataire universel (si c'est un legs universel) 16,000; dans le second chacun des enfans légitimes a 11,000 fr. ou le tiers des 33,000 restans, et le légataire 11,000. On conserve ainsi les proportions relatives au changement de taux de la réserve, ou, si l'on veut, de la portion disponible, eu égard au nombre d'enfans légitimes.

316. Mais s'il y avait trois enfans légitimes, ou un plus grand nombre, on ne devrait plus opérer de la même manière, parce que la portion disponible en pareil cas ne pouvant dépasser le quart des biens, mais devant pouvoir s'élever à cette quotité (art. 913), la distribution qui serait faite

entre les enfans légitimes et le légataire, après le prélèvement de la part réservée à l'enfant naturel, ne laisserait pas entière, au profit du légataire, la quotité disponible. On devrait alors la prélever sur la masse, qui, ainsi réduite à 27,000 fr., se partagerait entre les enfans légitimes et l'enfant naturel d'après les règles tracées à l'art. 757; c'est-à-dire que s'il y avait trois enfans légitimes, l'enfant naturel serait supposé une quatrième tête, et sur le quart des 27,000 fr. il aurait le tiers, ou le douzième de cette somme, autrement 2250 fr.

317. Et s'il y a plusieurs enfans naturels et un ou plusieurs enfans légitimes, on procède d'après les mêmes principes, c'est-à-dire en supposant toujours chaque enfant naturel un moment légitime, mais sans que la quotité disponible puisse jamais être au-dessous du quart, puisqu'elle serait encore telle lors même que tous seraient légitimes. En conséquence, s'il y a deux enfans naturels et deux légitimes, on dira, toujours dans l'hypothèse d'une succession de 36,000 fr. : la réserve de chaque enfant naturel, s'il eût été légitime, aurait été du quart de 27,000 fr, puisque le père n'eût pu disposer que du quart de ses biens; mais chaque enfant naturel n'a que le tiers de ce quart, ou 2250 fr.; la réserve des deux est donc de 4500 fr., qu'il faut retrancher des 36,000 fr.; reste 31,500 fr., et chacun des deux enfans légitimes ayant pour réserve le tiers de cette somme, mais seulement le tiers, par-

ce qu'ils ne sont plus que deux prétendans à la
réserve, il a 10,500 fr., et le légataire pareille
somme. La réserve des enfans naturels se prend,
comme on le voit, et sur la part des enfans légitimes dans la réserve générale et sur le legs.

318. L'art. 757 ne dit pas textuellement, lorsque l'enfant naturel est en présence d'ascendans,
ou de frères ou sœurs, ou d'autres parens, que ses
droits sont de la moitié ou des trois quarts de ce
qu'ils auraient été s'il eût été légitime, comme il
dit formellement qu'ils sont du tiers de ce qu'il
aurait eu avec cette qualité, quand il y a des descendans légitimes; mais cela n'existe pas moins
dans le fond des choses; car, si l'enfant naturel eût
été légitime, il eût eu le total de la succession; il est
simplement naturel, il n'en a que la moitié ou les
trois quarts; s'ils sont plusieurs, ils auraient eu à
eux tous la totalité de l'hérédité, s'ils eussent été
légitimes; et comme simplement naturels, ils n'en
ont à eux tous que la moitié ou les trois quarts.
D'après cela, on peut encore, pour calculer la réserve de l'enfant naturel, dans le cas où il n'y a pas
de descendans légitimes, mais des ascendans ou des
frères, sœurs ou descendans d'eux, ou bien d'autres parens, partir du même principe, c'est-à-dire
supposer l'enfant légitime, et déterminer son droit
de réserve dans la proportion de ce qu'il aurait eu
à raison de la qualité de ceux en présence desquels il
se trouve; comme on vient de le faire quand il y a

des descendans légitimes. La réserve sera aussi une charge commune de celles des ascendans et de la quotité disponible.

319. Supposons donc toujours une succession de 36,000 fr. Le défunt a laissé ses père et mère, un enfant naturel, et il a fait un legs universel au profit d'un étranger.

Si l'enfant naturel eût été légitime, lui seul aurait eu droit à une réserve, et cette réserve eût été de moitié de tous les biens, ou 18,000 fr. ; mais il est enfant naturel, et la présence des père et mère du défunt réduit son droit, d'après l'art. 757, à la moitié de ce qu'il aurait eu s'il eût été légitime. En conséquence, sa réserve ne sera que du quart, ou 9,000 fr., celle des père et mère sera de la moitié des 27,000 fr. restans; et si le père ou la mère seulement existe, cette dernière réserve sera du quart de cette somme.

320. S'il y avait deux enfans naturels, la réserve de chacun, s'il eût été légitime, aurait été du tiers des biens, ou 12,000 fr. ; mais la présence d'ascendans réduit leur droit à moitié, parce qu'ils ne sont qu'enfans naturels : la réserve de chacun sera donc de 6,000 fr., celle des père et mère de la moitié des 24,000 fr. restans, et du quart seulement, s'il n'y en a qu'un d'existant.

321. Et que l'on ne craigne pas que, à raison du grand nombre d'enfans naturels qui pourraient exister, la manière dont nous calculons leur réserve

vis-à-vis d'ascendans puisse jamais leur donner au-
delà de la moitié des biens, contrairement aux dispositions des art. 757 et 908 combinés; car cela
n'arrivera jamais, et ne pourrait être approuvé.
Ainsi,[1] il y a six enfans naturels en présence des
père et mère du défunt et d'un légataire universel :
si les enfans naturels eussent été légitimes, ils auraient eu à eux tous une réserve qui aurait pris
les trois quarts de la succession ou 27,000 fr.;
comme enfans naturels ils n'ont à eux tous que
la moitié des droits qu'ils auraient eus s'ils eussent
été légitimes, ou 13,500 fr. que l'on doit retrancher de la masse totale, qui, ainsi réduite, est de
22,500 fr., dont moitié pour le père et la mère,
ou le quart pour le survivant d'eux, et le surplus
pour le légataire.

322. L'opération est encore plus simple lorsque,
au lieu d'ascendans, il n'y a que des frères ou sœurs;
car il n'est pas dû de réserve à ces derniers. Si donc
il n'y a qu'un enfant naturel, sa réserve, s'il eût
été légitime, aurait été de 18,000 fr. ou de la moitié
des biens : la présence des frères ou sœurs réduit
son droit à moitié; sa réserve est donc seulement
de 9,000 fr. ou du quart, et le surplus pour le légataire universel. Sont-ils six, ils auraient eu à eux
six, étant légitimes, les trois quarts de l'hérédité
à titre de réserve, et ils ont la moitié de ces trois
quarts, ou 13,500 fr.

Et comme l'ont très-bien observé MM. Grenier,

Merlin et Toullier, l'enfant naturel ne pourrait pas prétendre que sa réserve doit se calculer comme si les frères ou sœurs légitimes n'existaient pas, sous le prétexte qu'en opposant l'existence des frères ou sœurs, le légataire excipe du droit d'autrui, car en l'instituant, ce légataire, le testateur lui a transféré tout ce qu'ils auraient recueilli (1).

323. Lorsqu'il y a tout à la fois des ascendans autres que les père et mère, et des frères ou sœurs, la réserve de l'enfant naturel se calcule bien aussi sur le pied de la moitié de celle qu'il aurait eue s'il eût été légitime; mais la question de savoir si les ascendans en ont une dans ce cas, ou si, au contraire, la circonstance qu'il existe des frères ou sœurs, qui n'ont point de réserve, il est vrai, mais qui excluent les ascendans de la succession *ab intestat*, y met obstacle, est une question que nous avons déjà décidée affirmativement, mais incidemment. Nous la traiterons en son lieu, en expliquant l'art. 915; car elle est générale, et sa décision n'importe nullement aux enfans naturels.

324. Lorsqu'il n'y a que des parens éloignés, troisième hypothèse de l'art. 757, la réserve de l'enfant naturel est des trois quarts de celle qu'il aurait eue s'il eût été légitime, puisqu'il n'aurait eu que les trois quarts de la succession si le défunt n'avait pas disposé. On trouve, en procédant par analogie, que cette ré-

_____

(1) *Voy.* toutefois M. Chabot, tom. II, pag. 114.

serve est une portion de la succession irrégulière, comme celle de l'enfant légitime est une portion de la succession régulière, ou de son droit héréditaire (1). Ainsi, l'enfant naturel aurait eu une réserve de la moitié des biens s'il eût été légitime; ses droits, comme étant ceux d'un enfant naturel, sont, à raison de la qualité des parens qui auraient été appelés à la succession sans la disposition des biens, des trois quarts seulement : donc sa réserve est des trois quarts de celle qu'il aurait eue s'il eût été légitime, ou des trois quarts de 18,000 fr., dans notre hypothèse d'une succession de 36,000.

325. S'il y a plusieurs enfans naturels, par exemple trois, leur réserve eût été de 27,000 fr. s'ils avaient été légitimes, et elle est des trois quarts de cette somme, par conséquent de 20,250 fr., qu'ils se partageront entre eux.

326. Nous ne nous dissimulons toutefois pas que la réserve des enfans naturels se rapproche peut-être beaucoup plus de celle des enfans légitimes que le législateur ne l'a entendu; nous avouerons même, et c'est une objection très-grave que l'on peut faire à notre manière de la calculer, que, dans le cas où il n'y a pas de parens au degré successible, comme l'enfant naturel a la totalité des biens, il en résulte que sa réserve se trouve être de la même quotité que celle qu'il aurait eue s'il eût été légitime; mais, d'une

(1) C'est aussi le sentiment de M. Toullier, comme sur les cas précédens.

part, cela ne serait ainsi qu'autant qu'il n'y aurait qu'un seul enfant naturel (1); et, d'autre part, tous les systèmes que l'on imaginerait pour fixer les bases générales de cette réserve,présenteraient très-certainement des inconvéniens sous un rapport ou sous un autre. D'ailleurs, dans cette dernière hypothèse, l'enfant n'aurait pû être réduit, en vertu de l'art. 761, au dessous de la moitié des biens, quand même son père lui aurait donné et livré, de son vivant une certaine portion de son patrimoine; du moins la lettre de cet article le dit assez clairement.

Au surplus, tous les doutes se dissiperont successivement par la jurisprudence et la doctrine des vrais jurisconsultes : un grand nombre de difficultés qu'a fait naître cette matière sont déjà suffisamment éclaircies.

327. L'enfant naturel reconnu ne pouvant rien recevoir au-delà de ce qui lui est attribué par l'art. 757 quand il existe des parens au degré successible (art. 908), il s'ensuit que dans le même cas il ne peut, avec effet, être institué légataire universel par le père ou la mère qui l'a reconnu; il ne pourrait l'être qu'autant que celui qui l'a reconnu ne laisserait pas de parens au degré successible; et même, dans cette supposition, il devrait encore se

---

(1) Car deux enfans légitimes auraient à titre de réserve les deux tiers de la succession, et trois auraient les trois quarts (art. 913); tandis que quel que fût le nombre des enfans naturels, leur père pourrait ne leur laisser que la moitié.

faire envoyer en possession par le tribunal de première instance , dans les formes qui seront expliquées à la section V, *infrà*, attendu que rien n'atteste
positivement qu'il n'y a en effet point de parens
au degré successible dans l'une ou l'autre ligne, que
cette preuve , ainsi qu'on le démontrera à l'endroit
précité , est presque impossible, du moins qu'elle
l'est dans la plupart des cas. Or, s'il existait un parent au degré successible, l'enfant naturel n'aurait
plus que les trois quarts de l'hérédité ; il n'en aurait
même que la moitié, si ce parent était un ascendant ou un frère ou une sœur ; par conséquent son
legs, quoique qualifié universel, ne serait en réalité
qu'un legs à titre universel, un legs d'une quote-
part, et tout légataire d'une quote-part est obligé
de demander la délivrance.

Il ne serait pas douteux, selon nous, s'il y avait
des parens connus, qu'il ne la dût demander à ces
mêmes parens, puisque le legs fait à son profit n'a
pas d'effets plus étendus que ceux qui seraient ré-
sultés de la seule disposition de la loi. Ce legs ne
serait donc toujours dans ses effets qu'un legs à
titre universel, ce qui rendrait applicable l'art. 1011,
suivant lequel le légataire à titre universel est tenu
de demander la délivrance aux héritiers auxquels
la loi fait la réserve d'une quotité des biens ; à leur
défaut, aux légataires universels, et à defaut de
ceux-ci, aux héritiers dans l'ordre établi au titre
des successions.

§. 11.

Des droits des enfans adultérins ou incestueux.

328. Les dispositions des art. 757 et 758 que nous venons d'analyser ne sont point applicables aux enfans adultérins ou incestueux.

La loi ne leur accorde que des alimens (art. 762).

329. Ces alimens sont réglés eu égard aux facultés du père ou de la mère, au nombre et à la qualité des héritiers légitimes (art. 763).

330. Et lorsque le père ou la mère de l'enfant adultérin ou incestueux lui a fait apprendre un art mécanique, ou lorsque l'un d'eux lui a assuré des alimens de son vivant, l'enfant ne peut élever aucune réclamation contre leur succession (art. 764).

Il ne pourrait même rien réclamer sur l'hérédité de celui de ses père et mère qui n'aurait point contribué à lui faire apprendre ce métier, ou à lui assurer des alimens : le texte de l'article ne laisse pas de doute à cet égard, puisqu'il suppose d'abord que les frais ont pu être faits par l'un ou par l'autre, se servant de la disjonctive *ou*, et qu'ensuite il parle de leur succession en général. D'ailleurs, le but de la loi est également atteint, puisque l'enfant a des moyens d'existence assurés. Toutefois, si ce que l'un d'eux lui aurait assuré n'était pas tout-à-fait suffisant, quand d'ailleurs l'enfant n'a point d'état, il pourrait encore réclamer contre la succession de l'autre, et même un supplément contre celle du père ou de la mère qui n'avait qu'imparfaitement pourvu à ses besoins.

331. Comme l'art. 335, au titre *de la Paternité et de la filiation*, porte formellement que « la re-« connaissance ne pourra avoir lieu au profit des « enfans incestueux ou adultérins, » quelques personnes (1) ont conclu que cela devait s'entendre en ce sens, que si la reconnaissance a néanmoins eu lieu, l'enfant, il est vrai, ne pourra réclamer des droits sur la succession du père ou de la mère qui l'a reconnu, mais qu'il pourra cependant demander des alimens, conformément à l'art. 762, attendu qu'il faut bien *nécessairement* supposer une reconnaissance pour qu'il puisse y avoir lieu à réclamer même de simples alimens. Nous avons démontré (2) que la supposition d'une reconnaissance volontaire, telle que celle dont on parle, n'est point du tout de rigueur, puisque dans plusieurs cas l'enfant adultérin ou incestueux se trouve reconnu forcément ; par exemple, dans le cas où un mari a désavoué avec succès un enfant, cet enfant est nécessairement reconnu par la mère ; dans le cas aussi où un mariage a été annulé pour cause de bigamie ou d'inceste, qu'il en est né des enfans qui ont été

(1) Notamment M. Toullier, et plusieurs arrêts l'ont même ainsi jugé. *Voy.* au tom. III, n° 195 à 209 inclusivement, où nous en rapportons les dispositions.

(2) A l'endroit ci-dessus cité.

inscrits aux registres de l'état civil comme nés de ce mariage contracté de mauvaise foi par l'un et l'autre des époux (1), il est clair que les enfans se trouvent par cela même reconnus, et qu'ils sont incestueux ou adultérins. L'art. 762 s'applique donc parfaitement à ces cas, et peut-être à quelques autres encore, sans qu'il y ait nécessité de supposer que le législateur ait voulu se contredire en prohibant formellement une reconnaissance volontaire et ordinaire, en défendant même expressément toute recherche de la paternité ou de la maternité en pareil cas (art. 342), et en attachant néanmoins à une telle reconnaissance l'effet de pouvoir servir de fondement à une *action judiciaire* en alimens.

S'il n'a eu pour but, comme on le prétend, en portant cette prohibition, que d'empêcher les enfans incestueux ou adultérins de réclamer des droits sur la succession, il ne devait pas dire que ces enfans *ne pourront être reconnus*; il devait seulement dire que les enfans de cette qualité n'auraient droit qu'à de simples alimens; et cette disposition eût encore été bien mieux placée au titre *des successions*, qu'au titre *de la paternité et de la filiation*, où celle qui existe a un sens bien plus étendu, puisqu'elle prohibe positivement la reconnaissance, loin de se borner à en déterminer les effets. Ajoutons, qu'en établissant cette prohibition, le principal but de la

---

(1) Car, si l'un d'eux seulement avait été de bonne foi en contractant ce mariage, les enfans jouiraient encore de tous les effets civils (Art. 202).

loi, comme en font foi tous les arrêts de la Cour de
cassation, que nous avons cités à ce sujet, n'a pas
été de punir ces enfans, qui sont assurément inno-
cens de la faute de ceux qui leur ont donné la vie,
mais bien de prévenir les débats scandaleux qui auraient pu s'élever, et qui s'élèvent encore journel-
lement sur les réclamations de ces mêmes enfans.
C'est uniquement dans l'intérêt des mœurs que cette
disposition a été portée; or, son but ne sera pas
atteints'ils peuvent former, comme enfans incestueux
ou adultérins reconnus, une demande en alimens.
Si cet inconvénient existe aussi dans le cas où l'enfant a en sa faveur une reconnaissance forcée, c'est
qu'il est inévitable; d'ailleurs le fâcheux effet, pour
les mœurs, de la divulgation du vice de la naissance
de l'enfant et de toutes les circonstances qui s'y
rattachent, est déjà produit, et le cas enfin sera
infiniment plus rare. Lorsque les tribunaux auront
repoussé constamment de pareilles demandes pendant quelques années, on ne leur en présentera plus;
on ne fera même plus de pareilles reconnaissances,
qu'on ne peut nier être contraires aux vœux de la
loi, puisque, encore une fois, elle les interdit formellement. Et si l'on disait à cela que c'est être
inhumain envers ces enfans, nous répondrions
premièrement que le reproche s'adresserait à la
loi elle-même, qui le repousserait par des motifs
d'intérêt général, devant lequel cèdent des intérêts
privés; et en second lieu, nous dirions qu'en réalité
nous sommes moins contraires à ces enfans qu'on

voudrait bien le croire, puisque nous décidons, et avec la jurisprudence constante de la Cour suprême que les dons et legs qui leur sont faits par leur père ou mère sont valables en général, sans qu'on puisse, pour les faire annuler, rechercher le vice de la naissance de ces mêmes enfans. De cette manière les père et mère ont un moyen bien simple de leur assurer des alimens et même plus que cela, sans violer une loi précise qui leur défend de les reconnaître. Nous persistons donc, par tous ces motifs et par ceux aussi que nous avons émis sur ce point au titre *de la paternité et de la filiation*, à croire que toute reconnaissance volontaire d'enfans incestueux ou adultérins est nulle et de nul effet, comme si elle n'existait pas. *Voy.* au tom. III, n° 78, l'arrêt de la Cour de Rouen, rendu en ce sens.

SECTION II.

De la succession aux enfans naturels décédés sans postérité.

SOMMAIRE.

332. *La succession de l'enfant naturel décédé sans postérité (légitime) appartient à celui de ses père et mère qui l'a reconnu, et par égales portions s'il a été reconnu par l'un et l'autre.*

333. *La loi est fondée sur le principe de la réciprocité.*

334. *Sur la question de savoir si l'enfant a pu être reconnu après sa mort, à l'effet de lui succéder, renvoi.*

335. *Le père ou la mère donateur ou donatrice reprend les choses par lui données, comme dans le cas prévu à l'art. 747.*

332. Quand un enfant naturel décède sans postérité (légitime), sa succession appartient au père ou à la mère qui l'a reconnu, ou par moitié à tous les deux, s'il a été reconnu par l'un et par l'autre. (Art. 765.)

333. La loi s'est déterminée par les principes d'une juste réciprocité : l'enfant naturel n'aurait pas succédé à celui de ses père et mère dont il n'aurait pas été reconnu, il n'était pas juste dès lors d'admettre ce dernier à lui succéder.

Si l'un des père et mère, qui ont tous deux reconnu l'enfant, est prédécédé, l'autre a droit à toute la succession, sauf ce qui va être dit pour le cas où le prédécédé a donné des biens qui se retrouvent encore en nature dans la succession et qu'il laisse des enfans ou descendans légitimes.

334. Sur le point de savoir si la reconnaissance peut avoir lieu après le décès de l'enfant à l'effet de lui succéder, on peut voir ce qui a été dit au tome III, n° 265, où nous décidons la question par la négative, du moins en général.

335. Ainsi qu'on l'a dit plus haut, n° 221, le père donateur ou la mère donatrice reprend les choses par lui données à l'enfant naturel décédé sans postérité, et qui se retrouvent en nature dans sa succession. Il a droit aussi au prix qui serait encore dû de celles que l'enfant aurait aliénées, ainsi qu'aux actions en reprise, s'il en existait. Les motifs qui ont dicté l'art. 747 sont en tout point applicables aux père et mère naturels donateurs, et cette décision est encore confirmée par l'art. 766, que nous allons bientôt expliquer.

336. Si l'enfant naturel décédé a laissé seulement des enfans naturels, les droits de ceux-ci sont réglés, vis-à-vis des père et mère du défunt ou de celui des deux qui l'a reconnu, comme il est dit à l'art. 757; car il n'y a aucune raison de leur en accorder de plus étendus ou de moindres : ce sont toujours des enfans naturels, qui ne peuvent en conséquence avoir au-delà de la quotité déterminée par les art. 757 et 908 combinés, mais qui à ce titre doivent avoir cette même quotité. D'après cela, n'étant en concours qu'avec des ascendans, ils ont droit à la moitié de la succession, en quelque nombre qu'ils soient, et ils n'auraient droit

qu'à cette moitié quand bien même le défunt n'aurait été reconnu que par son père ou par sa mère seulement. (1)

337. Suivant l'art, 766, « en cas de prédécès des « père et mère de l'enfant naturel, les biens qu'ils « en avaient reçus passent aux frères ou sœurs légi- « times, s'ils se retrouvent en nature dans la suc- « cession : les actions en reprise, s'il en existe, ou « le prix de ces biens aliénés, s'il est encore dû, « retournent également aux frères et sœurs légi- « times. Tous les autres biens passent aux frères et « sœurs naturels ou à leurs descendans. »

Les frères et sœurs légitimes sont mis ici à la place des père et mère décédés, mais seulement pour recueillir les objets donnés par ceux-ci, et qui se retrouvent encore en nature : c'est une subrogation conçue dans l'esprit de l'art. 747 ; aussi doit-on décider que les enfans des frères ou sœurs légitimes ont le même droit. On ne pourrait surtout le leur contester sous aucun prétexte s'il existait encore des frères ou sœurs ; car ceux-ci ne sauraient avoir, sur des choses qui provenaient d'un auteur commun, plus de droit que leurs neveux ou nièces, qui représentent naturellement

(1) M. Delvincourt pense, au contraire, que l'enfant naturel de l'enfant naturel exclut le père de celui-ci parce qu'ils ont le même vice, et que d'ailleurs l'un est innocent, tandis que l'autre ne l'est pas. Ainsi cet auteur pense que le mot *postérité*, dans l'art. 765, s'entend même des enfans naturels. Nous ne le croyons que d'après la distinction que nous avons faite.

leurs père ou mère prédécédés, quoique l'on soit ici en succession irrégulière : on n'y est pas en ce qui les concerne.

338. On trouve dans le recueil de Sirey (tom. xxi, part. 2, pag. 313) un arrêt de la Cour royale de Riom, en date du 4 août 1820, qui a jugé que les enfans légitimes du père ou de la mère de l'enfant naturel reconnu par l'un et l'autre, n'ont point, dans le cas de cet art. 766, le droit de recueillir les biens donnés par leur auteur à l'enfant naturel décédé sans postérité, quoique ces biens se retrouvent en nature dans sa succession, si l'autre n'est pas également décédé; que dans le cas où celui-ci existe encore, c'est lui qui recueille ces biens, « at-« tendu, dit l'arrêt, qu'il résulte expressément de « l'art. 766 du Code que, pour que les objets que « l'enfant naturel recueille dans la succession de son « père reviennent aux frères ou sœurs légitimes, « il faut le prédécès des père ET mère dudit enfant « naturel; que c'est là une condition textuellement « prononcée par la loi; que cette condition com-« prend cumulativement deux cas, savoir : le cas du « décès du père et celui du décès de la mère; qu'on « ne peut diviser ces deux cas, que tous deux doi-« vent se présenter, et que dans l'espèce il ne s'en « présente qu'un, puisque la mère de l'enfant na-« turel est vivante; que sur une matière telle que « celle dont il s'agit, il est dans l'ordre de s'en te-« nir à la disposition littérale et précise de l'art. 766

« du Code, dès qu'elle n'est combattue ni modifiée
« par aucune autre disposition législative ; qu'on
« risquerait de s'égarer en recourant à d'autres dis-
« positions concernant les successions régulières ,
« ces successions et les démissions irrégulières ayant
« été réglées par des principes différens, d'après
« des idées diverses et opposées, et que des analo-
« gies des unes aux autres seraient dangereuses. »

Nous tombons d'accord avec l'arrêt que, lorsqu'il
ne s'agira point des biens donnés à l'enfant naturel
décédé sans postérité, par son père ou par sa mère,
et existant encore dans la succession, le survivant
des père et mère qui a reconnu l'enfant a droit à
la totalité, par la raison toute simple que la loi
n'appelle même les enfans du prédécédé qu'à l'é-
gard des biens donnés par lui à l'enfant naturel
(art. 755 et 766 combinés); que sous ce rapport
il n'y a pas lieu à procéder par voie d'analogie des
art. 749 et 751. Mais quand il s'agit d'objets donnés par le prédécédé des père et mère qui a laissé
des enfans légitimes, et d'objets qui se retrouvent
encore en nature dans la succession, les motifs
avancés par la Cour de Riom pour les attribuer, et
pour les attribuer même en totalité, à celui qui est
étranger à la libéralité, nous paraissent, il faut l'a-
vouer, d'une bien grande frivolité.

D'abord on peut nier qu'en supposant le cas
du prédécès des père *et* mère, l'art. 766 soit conçu,
comme l'a prétendu cette Cour, dans un sens restrictif; qu'il fasse une condition du concours du

décès et de l'un et de l'autre, pour que les enfans légitimes du donateur puissent reprendre les biens par lui donnés à l'enfant naturel décédé sans postérité, et qui se retrouvent en nature dans la succession de celui-ci; on peut soutenir au contraire qu'il n'est conçu que dans un sens explicatif.

Et en effet, s'il faut l'entendre à la lettre, et voir dans la conjonctive *et* une condition *sine quâ non* du droit des enfans légitimes de celui des père et mère qui a donné à l'enfant naturel, de reprendre les choses par lui données, il en résultera nécessairement que ce droit n'appartiendra qu'aux enfans de celui des père et mère qui aura survécu et qui aura donné; et on demandera alors pourquoi ils seraient traités plus favorablement que ceux du prédécédé également donateur? La loi aurait-elle eu en vue de favoriser ainsi l'un de ceux qui ont vécu en concubinage, au préjudice des enfans légitimes de l'autre? Il est impossible de le supposer. Ce serait d'ailleurs dans beaucoup de cas un obstacle à ce que l'on donnât à l'enfant naturel une certaine portion pour l'empêcher de venir un jour troubler la succession, moyen indiqué par la loi (art. 761), et qui est même dans son vœu. Il est vrai qu'on aurait la faculté de stipuler le droit de retour pour le cas du prédécès de l'enfant donataire; mais cette faculté, que l'on a également dans les autres cas, n'a pas empêché la loi de régler le droit de réversion quand on n'en a point fait usage; c'est donc son esprit qu'il faut consulter sur celui dont il s'agit. Or, elle a évidemment dû vouloir que celui des père et mère qui n'a point donné, ne profitât pas des biens donnés par l'autre au préjudice des enfans légitimes de ce dernier, quand ces biens se retrouvent en nature dans la succession de l'enfant naturel décédé sans postérité.

On se fonde uniquement sur ce que cet art. 766 se sert de la conjonctive *et* au lieu de la disjonctive *ou,* en d'autres termes, qu'il parle du cas du prédé-cès des père *et* mère de l'enfant naturel décédé sans postérité; mais est-ce donc le seul cas dans le Code dont, comme chacun le sait, la rédaction n'est pas la partie la plus irréprochable, où l'on ait employé la conjonctive pour la disjonctive, et *vice versá?* Nous citerions un bien grand nombre d'exemples, au contraire, où de pareilles inexactitudes ont été commises; nous nous bornerons à deux : l'art. 859 dit que « le rapport peut être exigé en nature à « l'égard des immeubles, toutes les fois que l'im- « meuble donné n'a pas été aliéné par le donataire « ET qu'il n'y a pas dans la succession des immeubles « de même nature, valeur et bonté, dont on puisse « former des lots à peu près égaux pour les autres « héritiers; » et cependant il est bien évident d'a-près l'art. 860, suivant lequel le rapport n'a lieu qu'en moins prenant lorsque le donataire a aliéné l'immeuble avant l'ouverture de la succession, qu'il n'est pas indispensable, dans ce cas, pour qu'il ne puisse être exigé en nature, qu'il y ait dans la succes-sion des immeubles de même nature, valeur et bonté

dont on pût former des lots à peu près égaux pour
les autres héritiers. La conjonctive *et* est donc em-
ployée dans cet art. 859 pour la disjonctive *ou*. Le
second exemple nous est fourni par l'art. 1041, où
il est dit que « si la chose léguée a péri depuis la
« mort du testateur, sans le fait ET la faute de l'hé-
« ritier, celui-ci est libéré. » Or, il faut évidemment
dire sans le fait OU la faute ; autrement il y aurait
antinomie avec l'art. 1245, qui porte que « le dé-
« biteur d'un corps certain est libéré par la remise
« de ce corps certain dans l'état où il se trouve,
« pourvu que les détériorations qui y sont surve-
« nues ne viennent point de son fait ou de sa faute,
« ou de celle des personnes dont il est responsable,
« ou qu'avant ces détériorations il ne fût pas en
« demeure. » Il faut donc aussi lire dans l'art. 1041,
sans le fait *ou* la faute de l'héritier ; car la perte de
la chose peut très-bien avoir eu lieu sans la faute de
l'héritier, mais cependant par son fait, auquel cas
il n'est point libéré. C'est ainsi que d'après le § 20
INSTIT. *de legat.*, l'héritier qui ignorait l'existence
du codicille qui le grevait du legs d'un esclave, et
qui a affranchi cet esclave dans cette ignorance, n'est
point libéré par ce fait envers le légataire, quoique
assurément on ne puisse pas dire avec quelque raison qu'il est en faute, puisqu'il croyait disposer de sa
chose en affranchissant l'esclave. Ces seuls exemples
suffisent pour démontrer qu'il faut plutôt s'attacher à l'esprit de la loi qu'à sa lettre, quand cet
esprit, comme dans l'espèce en question, ne sau-

rait être douteux. C'est donc mal à propos que la
Cour de Riom n'a vu le droit que la loi accorde
aux enfans légitimes du père ou de la mère de
l'enfant naturel mort sans postérité, qui lui a donné
des biens qui existent en nature dans la succession,
que dans le seul cas où ces père *et* mère sont tous
deux décédés. Elle a ainsi mal à propos confondu
ce droit de reprise avec celui de succession aux
biens qui n'ont point été donnés à l'enfant naturel
par son père ou sa mère (1). La rédaction de l'article
devait d'ailleurs être telle qu'elle est pour le cas où
c'eût été celui des père et mère qui n'a pas donné,
qui serait venu à mourir le premier : dans ce cas les
enfans légitimes de l'autre ne devaient en effet pouvoir reprendre les biens par lui donnés qu'autant
qu'il aurait aussi prédécédé l'enfant naturel donataire ; mais nous n'attachons pas plus d'importance
à cette remarque qu'elle n'en mérite ; c'est uniquement à l'esprit de la loi que nous nous attachons,
et nous persistons à dire que, suivant cet esprit,
l'art. 766 n'est pas conçu dans un sens restrictif,
mais bien dans un sens explicatif. On a pas dû vouloir favoriser l'un des concubins au préjudice des enfans légitimes de l'autre.

339. On a dit plus haut que les autres biens passent aux frères et sœurs naturels, ou à leurs descendans ; en sorte que les frères ou sœurs légitimes

---

(1) C'est aussi le sentiment de M. Delvincourt, qui n'en fait pas
même l'objet d'une discussion.

sont exclus par eux, bien qu'ils soient comme ceux-
ci enfans du même sang, car leur qualité de légitimes ne détruit point celle qu'ils tiennent aussi de
la nature. Mais on s'est principalement déterminé,
pour donner la préférence aux frères ou sœurs naturels ou à leurs descendans, par des motifs d'hu-
manité, attendu que les enfans de cette qualité
sont le plus souvent dans un état peu favorisé de
la fortune. Et si l'on disait que c'est plutôt encore
à raison du principe de réciprocité qui règne dans
la dévolution des biens par voie d'hérédité, on dé-
ciderait par cela même, et négativement, la question
de savoir si, lorsque l'enfant naturel décédé ne laisse
ni père ni mère qui l'aient reconnu, ni enfans légitimes ou naturels, ni frères ou sœurs naturels, ou
descendans d'eux, sa succession ne doit pas appartenir à ses frères ou sœurs légitimes de préférence
au fisc; mais cette question est précisément sujette
à controverse. Nous la déciderions cependant en
faveur des frères ou sœurs légitimes, par ces seuls
motifs que l'enfant naturel les a privés d'une portion
quelconque dans la succession des père ou mère, et
que généralement le fisc doit passer après tous les autres : *fiscus post omnes.* M. Delvincourt qui est de cet
avis, donne toutefois la préférence au conjoint survivant non divorcé, sur les frères ou sœurs légitimes.

Et l'on remarquera que le Code ne s'explique pas
non plus sur le cas où l'enfant adultérin ou incestueux meurt sans postérité, ni frères ou sœurs de sa
qualité, ni conjoint. Il nous semble que, n'ayant été

appelé pour aucune part à la succession de qui que ce fût, personne, dans ce cas, ne devrait être reçu à réclamer la sienne ; en conséquence les biens passeraient à l'État.

340. Ce que nous avons dit sur l'art. 747, touchant l'obligation de l'ascendant donateur qui reprend les biens par lui donnés à son descendant décédé sans postérité, de payer les dettes de la succession *pro modo emolumenti* s'applique, en général, au père ou à la mère de l'enfant naturel qui reprennent les biens par eux donnés à ce dernier, ainsi qu'à leurs enfans légitimes dans le cas de l'art. 766; car c'est par droit de *succession* que les biens sont repris, puisque les dispositions qui règlent cette reprise sont placées au titre des successions *ab intestat* ; il y a donc dès lors obligation de payer les dettes dans la proportion de la valeur des biens repris, comparativement au surplus de la succession. Ce n'est point là en effet un retour de la nature de celui mentionné aux art. 951 et 952, puisqu'il ne s'exerce point en vertu d'une convention, mais bien en vertu de la loi seulement : comme un droit de succession spéciale sur des objets particuliers, par conséquent avec les obligations attachées aux droits de succession.

SECTION III.

De la succession déférée au conjoint survivant.

SOMMAIRE.

341. *A défaut de parens au degré successible, et d'enfans na*

*turels reconnus, les biens passent au conjoint survivant non
divorcé.*

342. *L'époux qui aurait obtenu le divorce ne succéderait pas plus
que celui contre lequel le divorce aurait été prononcé.*

343. *L'époux simplement séparé de corps pourrait succéder à
son conjoint, quand même la séparation aurait été prononcée contre lui.*

341. Suivant l'art. 767, « lorsque le défunt ne
« laisse ni parens au degré successible, ni enfans
« naturels (reconnus), les biens de sa succession
« passent au conjoint non divorcé qui lui survit. »

Cependant, et nonobstant la généralité des termes
de cet article, ce n'est pas dans tous les cas que l'é-
poux non divorcé succède à son conjoint décédé sans
laisser de parens au degré successible, ni enfans naturels; car, 1° si le défunt lui-même était un enfant
naturel mort sans postérité, et qu'il eût été reconnu par ses père et mère, ou même par l'un d'eux,
qui lui ont survécu, sa succession, ainsi qu'il vient
d'être dit, appartiendrait à ces derniers, en vertu
de l'art. 765, quoiqu'ils ne fussent pas ses *parens*
dans l'ordre civil, dans l'ordre héréditaire, au degré
successible, ce qui ne s'entend ordinairement que
des héritiers légitimes ou réguliers; 2° de plus, si
ce défunt enfant naturel, mort sans laisser de parens au degré successible, eût laissé des frères ou
sœurs légitimes, ceux-ci, dans le cas du prédécès de
leur père ou de leur mère, auraient repris, comme
on vient de le voir, les biens donnés par leur auteur, à l'exclusion du conjoint survivant; 3° enfin,
si ce défunt eût laissé des frères ou sœurs naturels

ou descendans d'eux, ceux-ci, en vertu de l'art. 766, auraient exclu de la succession le conjoint non divorcé, quoiqu'ils ne fussent ni parens au degré successible, ni enfans naturels du défunt. On doit donc combiner cet art. 767 avec les deux précédens.

342. Le divorce est aboli par la loi du 8 mai 1816, mais en excluant l'époux divorcé de la succession de son conjoint, l'art. 767 peut encore sous ce rapport recevoir son application pendant long-tems.

Et il n'y a pas seulement d'exclu celui des époux contre lequel le divorce a été prononcé; l'autre l'est également, puisqu'il n'y avait plus de mariage lors de la mort du prédécédé. Aussi la loi ne fait-elle aucune distinction.

343. Si, au lieu du divorce, il y a eu seulement séparation de corps, on convient bien généralement que l'époux qui l'a obtenue est encore habile à succéder à son conjoint, parce que le mariage subsiste encore, et que l'art. 767 appelle, à défaut de parens au degré successible et d'enfans naturels, le conjoint survivant non divorcé; que d'ailleurs les torts du prédécédé ne doivent pas ravir à l'époux innocent un droit que lui attribuait la loi. Mais quelques personnes (1) pensent que celui des époux contre lequel la séparation de corps a été prononcée a perdu par cela même, s'il n'y a pas eu de rappro-

---

(1) Notamment M. Delvincourt. M. Chabot est d'un sentiment opposé.

chement avant la mort du conjoint, le droit de pouvoir lui succéder. On se fonde notamment, pour le
décider ainsi, sur ce que, dans la discussion au
Conseil d'État sur cet art. 767, il fut dit que la séparation de corps devait être exclusive du droit de
succéder au conjoint, comme le divorce lui-même,
attendu que les successions *ab intestat* sont déférées
sur la présomption d'affection du défunt pour celui
qui lui succède, et que cette présomption cesse dans
le cas de séparation de corps comme dans celui de
divorce. Aussi, ajoute-t-on dans cette opinion, la séparation de corps faisait-elle cesser la succession *undè
vir et uxor.* On dit enfin que l'article fut renvoyé à
la section de législation pour être rédigé dans ce sens.

Mais il ne l'a point été : il n'exclut que l'époux divorcé, parce que le divorce seul, et non la séparation de corps, rompt le lien qui attachait les époux
l'un à l'autre. D'ailleurs comme, en général (1), les
droits de successibilité sont fondés sur le principe
de la réciprocité, il faudrait, pour observer ce principe, décider aussi que réciproquement l'époux innocent n'a plus, par le fait de la séparation de corps
le droit de succéder à l'époux coupable ; en sorte
qu'une décision qui, appliquée à ce dernier ne doit
profiter qu'à l'État, puisque c'est lui qui est appelé
à défaut de conjoint à recueillir les biens, tourne-

---

(1) On trouve une exception à ce principe dans l'art. 350, qui
donne bien à l'adopté le droit de succéder à l'adoptant, mais sans
que celui-ci ait, de son côté, le droit de successibilité à l'égard de
l'adopté, qui reste dans sa famille. (Art. 348.)

rait, par voie de conséquence, au détriment de l'é-
poux lui-même qui aurait obtenu la séparation ; ou
bien il faudrait, et hors le cas d'une disposition
expresse de la loi, déroger au principe de la réciprocité. Enfin, il est aujourd'hui de jurisprudence
constante que les dispositions pénales du titre du
divorce ne sont point applicables au cas de simple
séparation de corps; nous en avons fourni la preuve
par plusieurs arrêts de cassation, en traitant de la
séparation de corps, au tome II, où nous décidons
aussi la question dont il s'agit en ce sens (n° 636).
Or, l'exclusion du droit de succéder, droit attribué
par la loi, dans le cas qu'elle prévoit, est incontestablement une déchéance, c'est-à-dire une *peine*.

SECTION IV.

De la succession déférée à l'État par l'effet de la déshérence.

SOMMAIRE.

344. *A défaut de parens au degré successible, d'enfans naturels reconnus, et de conjoint survivant non divorcé, les biens passent à l'État par droit de* déshérence.
345. *Quand devient-il certain que la succession appartient à l'État à ce titre.*
346. *Il ne faut pas confondre une succession simplement va-cante, avec une succession en état de déshérence.*
347. *L'état de vacance peut toutefois être ou devenir l'état de déshérence.*
348. *Les effets mobiliers apportés par ceux qui sont morts dans les hospices appartiennent à l'hospice, et non à l'État.*

344. Enfin, à défaut de parens au degré succes-

sible dans l'une et l'autre ligne, d'enfans naturels, ou descendans d'eux et de conjoint survivant non divorcé, la succession est acquise à l'État. (Art. 768.)

Elle lui est acquise par l'effet de la *déshérence* (1), comme biens vacans et sans maître, en vertu du principe établi à l'art. 539, ainsi conçu : « Tous les « biens vacans et sans maître, et ceux des personnes « qui décèdent sans héritiers, ou dont les succes- « sions sont abandonnées, appartiennent au do- « maine public (2). »

345. Il faut donc, pour que la succession soit en déshérence, qu'il n'y ait réellement pas d'héritiers, soit du choix exprès de l'homme, soit de la loi, ni de successeurs irréguliers; en sorte qu'il ne devient certain qu'elle appartient à l'État qu'à l'expiration du tems après lequel la prescription contre l'action en pétitition d'hérédité se trouve acquise à son profit, et le dispenserait ainsi de restituer les biens qu'il a appréhendés, dans le cas où il se présente- rait un successeur quelconque pour les réclamer. Sans doute, le droit de l'État n'en est pas moins existant avant cette époque, si réellement il n'y a aucun successeur, d'après la maxime *quæ per re-*

---

(1) Privation d'héritier.

(2) *Voy.*, au sujet de cette disposition, ce qui a été dit au tom. IV, n° 195, et n° 318 et suivans.

L'État devient aussi propriétaire des biens laissés par un mort civilement à sa mort naturelle, et qu'il avait acquis depuis la mort civile (art. 33). On peut voir au tom. Ier, titre *de la jouissance et de la privation des droits civils*, ce qui a été dit sur ce point.

*rum naturam certa sunt , non morantur actum ,
quamvis nobis ignota sint ;* et, sous ce rapport, ce
droit n'a rien de conditionnel. Mais l'appréhension
des biens par l'État, par suite de l'envoi en possession qu'il est tenu de demander, pouvant, tant que
la prescription n'est pas acquise, cesser d'un moment à l'autre, par l'apparition d'un successeur inconnu, par exemple d'un enfant naturel, il est vrai
de dire que son droit n'est point certain aux yeux
des hommes tant que le tems requis pour la prescription ne sera pas écoulé.

346. Aussi ne faut-il pas confondre avec la succession en état de déshérence la succession simplement vacante. Sur cette dernière, l'art. 811
s'exprime ainsi : « Lorsque, après l'expiration des
« délais pour faire inventaire et délibérer, il ne se
« présente personne qui réclame une succession,
« qu'il n'y a pas d'héritier connu, ou que les hé-
« ritiers connus y ont renoncé, cette succession est
« réputée vacante. »

Et dans ce cas, d'après l'article suivant, il est
nommé par le tribunal de première instance dans
l'arrondissement duquel elle est ouverte, et sur la
demande des parties intéressées, ou sur la réquisi-
tion du procureur du roi, un curateur pour en
administrer les biens, mesure qui n'a pas lieu quand
la succession appartient à l'État par droit de déshérence, parce qu'alors c'est la régie des domaines
qui, après s'être fait envoyer en possession, en ad-

ministre les biens comme biens de l'État, sauf les mesures conservatrices des droits des intéressés, au cas où il s'en présenterait avant que la prescription fût acquise à l'État.

347. Toutefois, l'état de vacance peut être en définitive l'état de déshérence ; mais comme cela est d'abord incertain, parce qu'on ne sait pas facilement s'il n'existe point de successeur quelconque ; qu'il est même, la plupart du tems, impossible d'acquérir une certitude positive à cet égard, la loi, dans le cas de l'art. 811 précité, considère la succession comme simplement vacante, et prescrit la nomination d'un curateur.

Cela veut-il dire néanmoins que la régie des domaines ne peut demander et obtenir l'envoi en possession, et empêcher la nomination d'un curateur à la succession comme simplement vacante, ou faire cesser son administration s'il en a été nommé un, qu'à la charge de prouver que le défunt n'a laissé aucun successeur quelconque, soit de son choix, soit parent au degré successible, soit successeur irrégulier, ou que tous ceux qui auraient pu venir à sa succession y ont renoncé? C'est un point que nous discuterons à la section suivante.

La question sera la même pour le conjoint survivant, ainsi que pour l'enfant naturel qui prétend à la totalité des biens.

348. Un avis du Conseil d'État, approuvé le 8 octobre 1809, porte, entre autres dispositions,

que « les effets mobiliers apportés dans les hospices
« par les malades qui y ont été traités gratuitement
« doivent appartenir auxdits hospices, à l'exclusion
« du domaine, en cas de déshérence. »

SECTION V.

*Formalités à observer par l'enfant naturel appelé à la
totalité des biens, par le conjoint survivant, et par
l'État.*

SOMMAIRE.

357. *La caution est déchargée au bout de trois ans : comment cela doit être entendu.*

358. *L'État ne doit jamais caution. Loi du 21 février 1827.*

359. *L'enfant naturel, le conjoint et l'État sont soumis à l'action en pétition d'hérédité, au cas où il se présenterait des héritiers : mais ils gardent les fruits par eux perçus de bonne foi.*

360. *L'enfant naturel, le conjoint et l'État sont responsables envers les héritiers, s'il s'en présente, de l'inobservation des formalités qui leur sont prescrites.*

349. Comme il n'est pas certain, lorsqu'un enfant naturel se présente pour avoir la totalité des biens, qu'il n'existe pas des parens au degré successible auxquels il en revient une partie, et auxquels, dans cette supposition, l'enfant naturel devrait même s'adresser pour en obtenir la portion qui lui est due, la loi, pour conserver les droits de ces parens, s'il en existe, prescrit des mesures à cet effet. Elle prescrit également au conjoint survivant et à l'État de les observer quand ce sont eux qui sont appelés à recueillir les biens.

350. Ainsi, suivant l'art. 769, « le conjoint sur-« vivant et l'administration des domaines qui pré-« tendent droit à la succession, sont tenus de faire « apposer les scellés et de faire inventaire dans les « formes prescrites pour l'acceptation des succes-« sions sous bénéfice d'inventaire. »

Et l'art. 773 rend cette disposition commune aux enfans naturels appelés à défaut de parens.

351. Les uns et les autres n'étant point saisis de

VI.   26

plein droit, parce qu'il n'y a que les héritiers réguliers qui le soient (art. 724), ils doivent demander l'envoi en possession au tribunal de première
instance dans le ressort duquel la succession est
ouverte, c'est-à-dire, d'après l'art. 111, dans le ressort duquel le défunt avait son domicile.

Le tribunal ne peut statuer sur la demande qu'a-
près trois publications et affiches, dans les formes
usitées, et après avoir entendu le procureur du roi.
(Art. 770 et 773 combinés.)

Nous reviendrons tout à l'heure sur ces formes,
dont ne parle pas le Code de procédure.

352. On a demandé si, pour que l'enfant naturel, le conjoint ou l'État obtiennent l'envoi en
possession, conformément à l'art. 770, il n'est pas
absolument nécessaire qu'ils prouvent préalablement que le défunt n'a laissé aucun parent au degré
successible; de manière que tant que cette preuve
ne serait pas faite il y aurait lieu, dans le cas où il
ne se présenterait aucun héritier dans les délais
pour faire inventaire ou délibérer, ou que les héritiers connus auraient tous renoncé, à nommer un
curateur à la succession, qui serait simplement
vacante, comme il est dit à l'art. 811.

Ou bien s'il ne suffit pas que, après les délais
pour faire inventaire et délibérer, il ne se présente
aucun successeur quelconque qui doive être pré-
féré au conjoint survivant et à l'État, et concourir
avec l'enfant naturel, quand d'ailleurs il est bien

constaté qu'il n'y en a pas de connu, ou que ceux qui seraient connus ont renoncé.

M. Toullier dit au sujet de l'enfant naturel, « qu'il « ne peut demander l'envoi en possession des biens « que dans le cas prévu à l'art. 758 : *lorsque ses* « *père ou mère ne laissent pas de parens au degré* « *successible*, » ce qui est incontestable. Et cet auteur ajoute que « l'article ne dit pas : *lorsqu'il n'y a pas d'héritiers connus, lorsqu'il ne s'en présente pas,* ce qui est tout différent ; qu'il ne suffit donc pas, selon le même auteur, qu'il ne se présente point de parens et qu'il n'y en ait pas de connus ; que le Code exige qu'il n'en existe pas pour que la dévolution des biens se soit opérée en faveur de l'enfant naturel ; et que tout demandeur devant être certain de sa demande, c'est à l'enfant naturel à faire sa preuve : en attendant la sucession doit être régie par un curateur, comme succession simplement vacante, ainsi que le veut l'art. 811 ; qu'autrement, si, pour qu'une succession fût dévolue aux héritiers irréguliers, c'est-à-dire aux enfans naturels, au conjoint survivant ou à l'État, il ne fallait qu'alléguer qu'il n'y a point d'héritiers connus, il n'y aurait presque jamais de successions vacantes ; que les enfans naturels, le conjoint survivant, ou, à leur défaut, la régie des domaines qui exerce les droits de l'État, pourraient se faire envoyer de suite en possession de toutes celles qui ne seraient pas réclamées dans les trois mois et quarante jours, lorsque l'héritier présomptif n'est pas connu, ce qui serait aussi contraire à l'esprit qu'à la lettre du Code, qui ne leur défère la succession que dans le cas où le défunt *ne laisse pas de parens au degré successible*, et non lorsqu'il n'y pas d'héritiers connus, ou que les héritiers connus ont renoncé, deux circonstances qui rendent seulement la succession vacante. »

M. Toullier dit aussi que « ces principes sont « conformes à ceux de l'ancienne jurisprudence, « et depuis la promulgation du Code, qu'ils sont « professés par la régie des domaines dans une in- « struction qu'elle a fait donner à ses préposés, le « 5 mars 1806, et qui a été approuvée par le mi- « nistre de la justice et celui des finances, instruc- « tion qui distingue les successions *vacantes* des « successions en *déshérence* (1). »

Mais le même jurisconsulte dit ensuite que « les « preuves *peuvent rarement être rigoureuses*; » et il réduit ainsi la question à une simple question de fait, à résoudre par conséquent d'après les circonstances.

C'est ainsi que M. Chabot, qui combat, sur

---

(1) Cette instruction a été adressée aux procureurs du roi, sous la date du 8 juillet 1806, par le ministre de la justice. Elle est rapportée en entier dans le recueil de Sirey, tom. VI, 2ᵉᵐᵉ partie, pag. 180; mais nous n'y avons pas vu des principes aussi absolus que ceux que professe M. Toullier, et en contînt-elle de semblables, nous ne croirions pas pour cela que les droits des enfans naturels, du conjoint survivant, pussent en être altérés, ou du moins paralysés dans leur exercice, ainsi que cela résulterait inévitablement du système de cet auteur, s'il devait être suivi, du moins dans toutes ses conséquences.

l'art. 773, l'opinion de M. Toullier, en a jugé lui-
même en disant que, d'après l'aveu de ce dernier,
il ne reste presque plus de difficulté. Il réfute au
surplus la doctrine M. Toullier de la manière la
plus victorieuse, en démontrant qu'elle est impra-
ticable, contradictoire dans plusieurs de ses parties, et qu'en définitive elle s'analyse en ce qu'en-
seigne M. Chabot et en ce que nous professons
nous-mêmes, c'est-à-dire en une question de faits
et de circonstances.

Nous ne reproduirons pas tous les raisonnemens de M. Chabot; nous nous bornerons à dire
simplement :

1° Que si la loi eût entendu que l'enfant naturel,
le conjoint survivant et la régie fissent la preuve
complète qu'aucun successeur quelconque n'existe,
ou que tous ceux qui auraient pu prétendre aux
biens y ont renoncé, il eût été bien superflu d'or-
donner des mesures conservatoires, qui précisément ne sont prescrites que parce qu'il peut se
présenter un jour des parties intéressées ou ayant
droit à la succession;

2° Que la preuve exigée de l'enfant naturel qui
réclame l'envoi en possession des biens, qu'il
n'existe aucun parent au degré successible, ou que
tous ceux qui existent ont renoncé, est une preuve
qui serait presque toujours impossible; car la famille d'un individu se composant de deux lignes, et
chacune de ces lignes de plusieurs branches, elles-
mêmes subdivisées la plupart du tems en d'autres

branches encore, qui souvent habitent des provinces
différentes et même des pays divers, jamais on n'arriverait à la démonstration positive que le défunt
n'a laissé aucun parent dans l'une ou l'autre de ces
lignes au degré successible. En sorte que l'enfant
serait privé, peut-être pendant toute sa vie, du droit
qui lui appartiendrait cependant en réalité de réclamer l'envoi en possession de toute la succession.
Et si, comme le dit M. Toullier, qui tombe ici dans
une contradiction manifeste avec ses propres principes, il ne doit demander que les trois quarts de
l'hérédité, et former pour cela sa demande contre
le curateur qui a dû être nommé à la *vacance*, il
ne sera guère plus avancé, parce qu'on lui répondra qu'il n'a droit aux trois quarts qu'autant qu'il
prouve que le défunt n'a laissé ni ascendans, ni
frères ou sœurs, ni (suivant M. Toullier lui-même
comme suivant nous) de descendans d'eux. On
lui dirait aussi, s'il se bornait à demander la moitié, qu'il doit préalablement prouver que le défunt
n'a laissé aucun enfant ou descendant légitime;
enfin s'il se bornait à ne demander que le tiers de
ce qu'il aurait eu s'il eût été légitime, on lui dirait
encore qu'il doit prouver combien il y a d'enfans
légitimes ou de représentans d'eux, et même d'enfans naturels, puisque l'existence de tous ces divers
enfans influe aussi sur la portion qu'il doit avoir.
Mais précisément ces preuves étant presque toujours d'un fait négatif qui ne se transforme point
en affirmation d'un fait positif contraire, sont par

cela même impossibles à administrer, si ce n'est moralement, c'est-à-dire d'après les circonstances, comme l'entend M. Chabot, et comme nous l'entendons nous-mêmes.

3° Ces preuves deviennent bien plus impossibles si on les exige du conjoint survivant, et bien plus encore si on les demande à la régie des domaines; car, seulement en ce qui touche le conjoint, on le réduit à l'obligation de prouver que le défunt n'a laissé aucun parent au degré successible dans l'une et l'autre ligne, c'est-à-dire jusqu'au douzième degré; qu'il n'a laissé non plus aucun enfant naturel ni descendans d'enfans de cette qualité, puisque ce n'est qu'à défaut des uns et des autres que le conjoint survivant est admis. Et si le défunt était lui-même un enfant naturel, il faudrait prouver non seulement qu'il n'a pas laissé son père ou sa mère, mais encore qu'il n'a laissé ni descendans quelconques, ni frères ou sœurs naturels, ni descendans d'eux, puisqu'ils excluent tous le conjoint. On le demande, comment exiger d'un individu qu'il prouve positivement, comme semble le vouloir d'abord M. Toullier, qui finit cependant par dire ensuite que les preuves *peuvent rarement être rigoureuses;* comment, disons-nous, exiger d'un individu qu'il prouve que le père du défunt n'a pas laissé d'autre enfant naturel que ce dernier? Il peut bien y avoir à cet égard des conjectures, des vraisemblances, des probabilités même, mais une preuve positive et en

forme logique, jamais. Tout se réduit donc, en pareil cas, à une preuve morale.

4° M. Toullier, ainsi que le remarque très-bien
M. Chabot, interprète mal l'art. 811 en lui faisant
dire que la succession est simplement vacante, qu'il
y a lieu seulement à nommer un curateur, *lorsqu'il
n'y a pas d'héritier connu, ou que les héritiers connus y ont renoncé.* Il retranche ainsi une partie
essentielle de ce même article; celle-ci qui précède:
*lorsqu'il ne se présente personne qui réclame une
succession.* Or, on ne peut pas dire cela du cas où
un enfant naturel, un conjoint survivant, ou même
l'État, se présente pour recueillir l'hérédité. Ainsi,
il faut, pour que la succession soit simplement
considérée d'abord comme succession vacante, à
l'effet de nommer un curateur pour l'administrer,
qu'il ne se présente personne pour la réclamer.
C'est là le point principal, la condition nécessaire.
Diverses causes peuvent faire qu'il ne se présente
en effet personne pour réclamer l'hérédité, ou parce
qu'il n'y a pas d'héritiers, au moins connus, ou parce
que les héritiers connus, s'il y en a, y ont renoncé,
et dans l'un et l'autre cas avec cette circonstance,
que d'autres que des héritiers auxquels la loi défère
aussi les biens à défaut de ces derniers, ne se présentent pas non plus; car on ne prétendra pas, s'ils
ne sont point des *héritiers*, qu'ils ne sont pas du moins
des *personnes*, terme dont se sert l'art. 811, que
nous interprétons, et dont la disposition à cet égard

serait même superflue s'il n'entendait pas par-là comprendre aussi les héritiers irréguliers, puisqu'il s'explique ensuite formellement sur les *héritiers inconnus*, et sur les *héritiers connus* qui ont renoncé.

5° Enfin n'accorder l'envoi en possession à l'enfant naturel, au conjoint survivant ou à l'État, qu'autant qu'ils ont préalablement prouvé, mais prouvé en forme, par une preuve positive, qu'il n'existe aucun successeur quelconque qui les précèdent, c'est, en réalité, réduire l'art. 773 à une pure abstraction, bien que cette preuve, on en convient volontiers, présentât moins de difficulté dans tel ou tel cas extraordinaire, que dans tel autre. Il est donc plus sage de décider, au contraire, qu'après l'expiration des délais pour faire inventaire et délibérer, l'envoi pourra être demandé et obtenu si aucun successeur ne s'est fait connaître ou n'est d'ailleurs connu, ou si ceux qui auraient droit aux biens y ont renoncé, et qu'il n'y en ait pas d'autres de connus auxquels profiterait la renonciation des premiers; sauf au tribunal à exiger tous les renseignemens propres à éclairer sa religion sur ce point, et à décider, s'il pense qu'il existe réellement des ayant droit, qu'il n'y a pas lieu, *quant à présent*, à accorder l'envoi en possession demandé, mais bien simplement à considérer la succession comme vacante, et en conséquence à nommer un curateur jusqu'à ce que des renseignemens plus positifs motivent l'envoi qui lui serait ensuite demandé de nouveau. Ses décisions à cet égard pourraient bien renfermer ce qu'on appelle un *mal jugé*, suscepti-bles à ce titre d'être réformées en appel; mais tant qu'elles ne seraient motivées que sur les circon-stances de la cause, elles ne sauraient violer la loi, ni par conséquent être l'objet de la censure de la Cour suprême.

D'ailleurs, le procureur du roi, chargé spéciale-ment de veiller aux intérêts des personnes présu-mées absentes (art. 114), a mission de la loi pour le cas dont il s'agit; il doit être entendu sur les demandes en envoi en possession (art. 770). Il est donc de son devoir de prendre toutes les informa-tions nécessaires pour découvrir l'existence et le domicile des personnes qui pourraient avoir droit à une succession réclamée en totalité par un en-fant naturel, par un conjoint survivant, ou par la régie des domaines au nom de l'État.

353. Quant aux publications et affiches *dans les formes usitées*, dont parle cet article 770, elles doivent énoncer le décès de la personne dont la succession est réclamée, et la demande qui est formée par l'enfant naturel, le conjoint ou l'État. Elles ont pour objet de faire connaître le décès et l'ouverture de la succession à ceux qui pour-raient avoir intérêt à en être instruits, afin qu'ils aient à se présenter, et à former opposition à la demande d'envoi en possession. Mais aucune dispo-sition, soit du Code de procédure, soit ou du Code

civil, ne règle la *forme* de ces publications et affi ches ; ce qui a donné lieu à demander si c'était celle des publications et affiches pour vente d'immeubles, ou bien celle des publications et affiches pour vente de meubles ordinaires, ou enfin celle tracée à l'article 620 du Code de procédure, pour la vente des barques, chaloupes, galiotes, bateaux et autres bâtimens de rivière, moulins et autres édifices mobiles, assis sur bateaux ou autrement.

M. Chabot pense que c'est la forme des publications et affiches pour vente d'immeubles, surtout lorsqu'il y a des immeubles dans la succession.

Nous ne croyons pas, lorque la succession est de peu d'importance, ce qui est assez l'ordinaire en pareil cas, surtout quand c'est l'État qui la réclame, qu'il y ait nécessité de suivre la forme des publications et affiches pour vente d'immeubles. Le tribunal devra voir, dans les cas surtout où l'hérédité sera déférée à un autre qu'à l'État, quel est le mode, en même temps qu'il remplira le but de la loi, qui sera le moins dispendieux ; et le demandeur en envoi en possession se conformera à ce qu'il aura prescrit à cet égard.

354. L'enfant naturel et l'époux survivant sont encore obligés de faire emploi du mobilier, ou de donner caution suffisante pour en assurer la restitution, dans le cas où il se présenterait des héri-

tiers du défunt (1). Mais la caution est déchargée à l'expiration de trois ans, s'il ne s'en présente pas. (Art. 771 et 773.)

355. On sent, au surplus, que dans le cas où le mobilier n'est pas vendu pour faire emploi du prix, le cautionnement que doit fournir l'enfant naturel sera généralement moins étendu que celui que devrait fournir le conjoint survivant, puisque le premier, quand même il se présenterait des héritiers légitimes, aurait toujours une portion de l'hérédité, au lieu que le second n'aurait rien.

La solvabilité de la caution présentée s'estimera donc en conséquence. Cette caution étant exigée par la loi doit réunir toutes les conditions requises par les art. 2018, 2019 et 2040 combinés.

356. Si l'enfant naturel ou le conjoint survivant fait vendre le mobilier pour en faire l'emploi, il doit le faire vendre comme le ferait un héritier bénéficiaire ; car il n'est, en quelque sorte, quant à ce mobilier, dont il ne peut pas disposer à son gré, considéré que comme administrateur durant les trois ans, pendant lesquels la caution est obligée. En conséquence, l'art. 805 est applicable ; et cet article veut

---

(1) L'art. dit : « Au cas où il se présenterait des héritiers du défunt « *dans l'intervalle de trois ans* : après ce délai, la caution est déchargée ; » ce qui est une rédaction vicieuse en ce qu'elle laisserait entendre que la restitution ne devrait avoir lieu qu'autant qu'il se présenterait des héritiers dans le délai de trois ans ; tandis que l'expiration de ce délai n'a pour effet que de décharger la caution, et voilà tout.

que l'héritier bénéficiaire ne puisse vendre les meubles de la succession que par le ministère d'un officier public, aux enchères et après les publications accoutumées.

Faute par l'enfant naturel ou le conjoint de se conformer à ce qui est dit à ce sujet, il serait passible de dommages-intérêts envers les héritiers, s'il s'en présentait. (Art. 772.)

357. La caution est bien déchargée au bout des trois ans (1), s'il ne se présente pas des héritiers qui réclament les biens dans ce délai; mais s'il s'en présente, et qu'ils forment ensuite leur demande contre elle dans les trois ans (2), l'action des héritiers se perpétue, d'après la règle de droit, *omnes actiones quæ morte, aut* TEMPORE *pereunt, in judicio semel inclusæ salvæ manent* (3).

Toutefois si les héritiers la laissaient périmer, faute de continuer leurs poursuites pendant trois ans, ou pendant trois ans et demi, s'il y avait eu reprise d'instance ou constitution de nouvel avoué

---

(1) Ces trois ne commencent pas à courir du jour du décès, mais du jour où la caution est reçue. Elle fait sa soumission au greffe. *Voy.* les art. 517 et suivans du Code de procédure.

(2) Nous disons *dans les trois ans*, parce qu'en effet, tant que la caution n'est pas attaquée, elle doit croire que celui quelle a cautionné ne s'est point rendu responsable d'aucun fait ; et elle n'a aucun motif pour prendre des mesures à son égard : aussi l'article dit-il purement et simplement : « donner caution suffisante.... au cas où il se « présenterait des héritiers dans l'intervalle de trois ans : *après ce « délai, la caution est déchargée.* »

(3) L. 135, ff. *de regul. juris.*

(art. 397, Cod. de procéd.), et que la péremp-
tion fût demandée (art. 4oo, *ibid.*), alors la caution
serait définitivement libérée, parce que l'action
serait éteinte par l'expiration du délai fixé par
l'article 771 du Code civil, la procédure qui en
avait prolongé l'existence étant elle-même anéantie
comme périmée. (Art. 4o1, Cod. de procéd.)

358. L'État ne doit jamais caution; il est toujours présumé solvable, d'autant mieux qu'il ne
meurt jamais. D'ailleurs, la dignité nationale re-
pousse avec énergie la supposition contraire (1).
Aussi le Code se borne-t-il à l'exiger de l'enfant
naturel et du conjoint qui ne font pas vendre le
mobilier, et uniquement pour cet objet, parce
que, pour les immeubles, les héritiers, au cas où
il s'en présenterait, pourront les suivre en toutes
mains, tant que les tiers ne les auraient pas acquis
par prescription.

C'est bien évidemment ce que la loi présuppose;
autrement elle eût dû exiger aussi que le cautionnement s'étendît aux immeubles; or elle ne l'a pas
fait, et c'est une nouvelle preuve de la vérité de

---

(1) La Cour de Paris avait cependant jugé que dans le cas de surenchère hypothécaire faite au nom de l'État, la caution était due par
lui, parce que l'art. 2185, qui prescrit cette caution, n'a pas fait
exception à l'égard de l'État lui-même. En conséquence, cette Cour
a déclaré nulle la surenchère qui avait eu lieu au nom du Trésor, et
sur le pourvoi en cassation, la Cour suprême ne voyant aucun texte
de loi violé a cru devoir rejeter le pourvoi, ce qui a fait sentir la
nécessité de porter une loi sur cet objet : cet loi a été en effet
rendue le 21 février 1827 : elle rend l'art. 2185 inapplicable à l'État

ce que nous avons dit déjà bien souvent (1) que l'héritier apparent ne vend pas avec effet les biens de la succession dont il n'est que le possesseur, et que tant que les tiers n'ont pas acquis ces biens par la prescription, ils peuvent en être évincés par le véritable héritier.

359. Quant à l'enfant naturel, au conjoint et à l'État, ils sont soumis, au cas où il se présenterait des héritiers, à la restitution des biens, tant que l'action en pétition d'hérédité ne sera point éteinte par la prescription, c'est-à-dire par trente ans, sans préjudice des suspensions de prescription telles que de droit, pour minorité ou autre cause, sauf à l'enfant naturel à garder la part qui lui revenait dans la succession, et sauf aussi à tous à garder les fruits par eux perçus de bonne foi (art. 138), ainsi que nous l'avons dit en parlant de la *pétition d'hérédité*, au titre *des absens*, tom. Ier, n° 588 et suivans.

360. Enfin, d'après les art. 772 et 773 combinés, l'enfant naturel, l'époux survivant ou l'administration des domaines, qui n'ont pas rempli les formalités qui leur sont respectivement prescrites, peuvent être condamnés aux dommages-intérêts envers les héritiers s'il s'en présente.

---

en ce qui concerne l'obligation de fournir la caution dont il fait mention.

(1) Notamment au tom. Ier, n° 550 et suivans, et *suprà*, n° 269.

CHAPITRE V.

De l'acceptation et de la répudiation des successions.

SOMMAIRE.

361. *Objet et division de ce chapitre.*

361. Nous avons vu comment et à quelle époque s'ouvrent les successions;

Quelles sont les qualités requises pour succéder;

Dans quel ordre les parens du défunt sont appelés par la loi pour recueillir son hérédité;

Et quelles sont les règles d'après lesquelles les enfans naturels reconnus, et autres successeurs irréguliers, ont droit aux biens du défunt.

Maintenant, il s'agit de voir comment les héritiers répondent à la vocation de la loi, ou la repoussent, en acceptant, ou en répudiant la succession; car si, dans notre droit français, *le mort saisit le vif et son hoir le plus proche* (art. 724); d'autre part aussi, *nul n'est héritier qui ne veut* (1) (art. 774) : en sorte que celui qui répudie est censé n'avoir ja-

---

(1) A la différence du droit romain, dans lequel il y avait deux classes d'héritiers qui étaient tels malgré eux : 1° l'esclave du testateur institué héritier par lui; 2° les enfans de famille qui occupaient le premier degré dans la famille *tempore delatæ heredidatis, vel tempore quo certum fiebat patrem-familias intestatum mortuum fuisse.* §. 7, INSTIT. *de hered. quæ ab intest. defer.* Ceux-ci s'appelaient *sui heredes*, et celui-là, *necessarius heres.* §§. 1 et 2, INSTIT., *de heredum qualit. et differ.* Au surplus le Préteur, dans la suite, accorda le bénéfice *d'abstention* aux héritiers *siens*, et celui de *séparation des biens*, à

mais été héritier (art. 785). Il se dépouille par là de la qualité qu'il avait, et reste étranger à la succession comme s'il n'y eût jamais été appelé. Mais ce sera par le développement successif de la matière que toute la théorie de la loi sera parfaitement saisie.

Nous suivrons dans ce chapitre la division du Code, sauf à subdiviser quand cela nous paraîtra utile à la clarté de l'exposition du sujet.

Ainsi, nous parlerons dans une première section de l'acceptation pure et simple des successions;

Dans une seconde, de la renonciation aux successions;

Dans une troisième, de l'acceptation sous bénéfice d'inventaire, de ses effets, et des obligations des héritiers bénéficiaires;

Et dans une quatrième, des successions vacantes.

SECTION PREMIÈRE.

De l'acceptation pure et simple des successions.

SOMMAIRE.

362. *Division de la section.*

§. Ier.

De quelles manières on peut accepter une succession.

363. *Comment on peut définir l'acceptation d'une succession ,*

---

l'héritier *nécessaire;* au moyen de quoi ce dernier, lorsque la succession était obérée, ce qui avait presque toujours lieu en pareil cas, n'était obligé d'abandonner aux créanciers du défunt que les biens qu'avait celui-ci au moment de sa mort, et non ceux qu'il aurait pu acquérir lui-même depuis cette époque.

VI.

on peut accepter purement ou sous bénéfice d'inventaire.

364. On ne peut valablement accepter qu'autant que la succession est ouverte.

365. Et il faut savoir qu'elle est ouverte.

366. Il faut aussi que la succession soit déférée à l'acceptant au moment où a lieu l'acceptation.

367. Suite, et conséquence du principe.

368. L'acceptation ne peut avoir lieu conditionnellement, ni pour un tems seulement.

369. On ne peut plus accepter lorsqu'on a légalement renoncé, si ce n'est dans un cas.

370. Ces règles sont communes à l'acceptation bénéficiaire et à l'acceptation pure et simple.

371. L'acceptation pure et simple est expresse ou tacite; texte de l'art. 778.

372. Une déclaration verbale d'acceptation n'est point une acceptation, lors même qu'elle serait avouée.

373. Il y a acceptation expresse quand on prend le titre ou la qualité d'héritier dans un acte, même sous seing privé: quid si c'est seulement dans une lettre?

374. Celui qui a pris dans un acte le titre d'héritier est tel vis-à-vis de tous.

375. Caractères généraux de l'acceptation tacite d'après le Code.

376. Le Code est plus précis sur ces caractères que ne l'était l'ancienne jurisprudence.

377. Suite.

378. Suite.

379. Quand l'habile à se porter héritier a fait un acte qu'il pouvait faire aussi en une autre qualité que celle d'héritier, sans y avoir pris d'ailleurs la qualité d'héritier, cet acte n'emporte point acceptation.

380. Il en est ainsi, encore qu'il eût été dans l'erreur touchant le droit qu'il croyait avoir de faire l'acte en une autre qualité que celle d'héritier.

suite à la succession de celui qui l'a faite seraient tenus du rapport.

397. Si l'héritier fait donation , il faut l'emploi des formes prescrites pour les actes de donation ; et il faut aussi l'emploi de ces formes quand il y a renonciation au profit d'un ou de plusieurs des cohéritiers seulement.

398. L'habile à succéder ne fait pas acte d'héritier en poursuivant le meurtre du défunt , mais il fait acte d'héritier en intentant l'action en indignité contre son cohéritier.

399. Quid de la procuration donnée à un tiers pour accepter ? Distinction.

400. L'héritier en même tems légataire qui se met de lui-même en possession de l'objet du legs fait acte d'héritier.

401. Quid de l'héritier créancier ou propriétaire d'une chose qui est dans la succession , et qui la prend de lui-même ?

402. En payant la dette du défunt , l'héritier, sous le Code, ne fait pas acte d'héritier quoiqu'il paye sans protestation ni réserve , et qu'il ne s'agisse pas d'une dette urgente : controversé.

403. Les actes de simple surveillance et d'administration provisoire n'emportent point acceptation , si l'on n'y a pas pris la qualité d'héritier.

404. Divers actes de cette espèce.

405. Quand l'héritier, en les faisant , craint de se compromettre, il peut se faire autoriser à les faire.

406. Droit de transmission au profit des héritiers de celui à qui la succession était échue , et qui est mort sans l'avoir acceptée ni répudiée.

407. Quoiqu'il eût renoncé , ses héritiers pourraient encore accepter si la succession n'avait pas déjà été acceptée par d'autres.

408. En acceptant ou en répudiant cette succession , les héritiers de celui à qui elle était échue acceptent par cela même la sienne.

409. *S'ils ne sont pas d'accord, la succession est acceptée, mais sous bénéfice d'inventaire.*

410. *Cela a lieu, et mal à propos, quoique, à raison du rapport dont l'héritier défunt eût été tenu, il eût mieux valu pour les héritiers renoncer.*

411. *Quid si, héritier aussi de celui de la succession duquel il s'agit, l'un des héritiers de l'héritier voulait l'acceptation pour obliger par là ses cohéritiers au rapport à la première succession ?*

412. *Les héritiers de celui à qui la succession était échue ne doivent pas le rapport de ce qui leur a été donné par le premier défunt.*

§. II.

Quelles personnes ont capacité pour accepter les successions qui leur sont échues.

413. *En général, toute personne appelée à une succession peut l'accepter.*

414. *La règle souffre plusieurs exceptions : texte de l'art. 776.*

415. *Formalités requises pour l'acceptation des successions échues à des mineurs ; l'acceptation ne peut avoir lieu que sous bénéfice d'inventaire.*

416. *La délibération du conseil de famille, exigée pour l'acceptation, n'est pas assujétie à l'homologation du tribunal.*

417. *Lorsque l'acceptation a été régulièrement faite, le mineur est lié par elle comme le serait un majeur.*

418. *Les mêmes dispositions s'appliquent aux interdits.*

419. *Ceux qui sont placés sous l'assistance d'un conseil judiciaire ne peuvent accepter qu'avec l'assistance de ce conseil.*

420. *Mais alors ils le peuvent purement et simplement comme sous bénéfice d'inventaire.*

421. *Comment s'acceptent les successions échues à des individus condamnés aux travaux forcés à tems ou à la réclusion.*

pendant la durée de leur peine, et celles échues à des bannis.

422. *Quid de celles auxquelles est appelé un individu condamné par contumace à une peine emportant ou n'emportant pas mort civile ?*

423. *Les successions échues aux femmes mariées ne peuvent être acceptées par elles que dûment autorisées de leur mari, ou, à défaut, de justice.*

424. *Cas dans lequel les époux étant mariés en communauté, la succession est purement mobilière.*

425. *Et, dans la même hypothèse, quand la femme ne veut pas accepter l'hérédité.*

426. *Et toujours dans la même hypothèse, quand le mari ne veut pas autoriser sa femme à accepter.*

427. *Cas dans lequel la succession est purement immobilière et que les époux sont également mariés en communauté.*

428. *Cas où, dans la même hypothèse, la succession est partie mobilière, partie immobilière, et que la femme est autorisée de son mari à l'accepter.*

429. *Ou, à son refus, qu'elle est autorisée de justice.*

430. *Cas où les époux sont mariés sous le régime exclusif de communauté.*

431. *Cas enfin où ils sont mariés sous le régime dotal proprement dit.*

432. *Sous quelque régime que les époux soient mariés, si le mari est mineur, la femme ne peut accepter qu'avec l'autorisation de justice.*

433. *Si c'est la femme qui est mineure, elle a besoin pour accepter, quand même son mari serait majeur, d'une autorisation du conseil de famille ; et la succession doit être acceptée sans bénéfice d'inventaire.*

434. *Quand la femme dûment autorisée a renoncé, et que le mari a exercé ses droits, le surplus de la part de la femme ne lui revient pas, il reste aux cohéritiers.*

§. III.

Des effets de l'acceptation pure et simple.

435. *L'effet de l'acceptation remonte au jour de l'ouverture de la succession.*

436. *Il en était de même dans le droit romain.*

437. *Mais chez nous l'hérédité n'est jamais censée jacente.*

438. *Quand l'un des cohéritiers renonce, les autres sont censés avoir eu le tout dès le principe.*

439. *L'héritier qui après avoir renoncé a ensuite accepté, parce que l'hérédité n'avait point encore été acceptée par d'autres, n'en est pas moins censé avoir acquis le droit du moment du décès du défunt.*

440. *Quoique n'ayant accepté que long-tems après l'ouverture, il a droit aux fruits depuis cette dernière époque, sauf ceux qui auraient été perçus par un possesseur de bonne foi.*

441. *Il profite aussi, quant à la possession, du tems intermédiaire, si elle n'a pas été interrompue par un tiers.*

442. *La prescription a pu courir à son profit, quoiqu'il n'eût pas encore accepté.*

443. *Elle a pu aussi courir contre lui, quoique la succession n'eût point été pourvue d'un curateur.*

444. *Chaque héritier est censé avoir succédé seul, et dès la mort du défunt, aux objets échus à son lot.*

445. *Par son acceptation, l'héritier se trouve irrévocablement soumis à l'obligation d'acquitter les charges de la succession en proportion de sa part héréditaire.*

446. *Il confond sa créance ou sa dette pour la même part.*

447. *En acceptant, l'héritier s'enlève la faculté de renoncer; il reste irrévocablement avec les effets de la saisine.*

448. *Transition au droit qu'a l'héritier de réclamer, dans certains cas, contre son acceptation.*

§. IV.

De la révocation de l'acceptation ou de la réclamation de l'héritier dans les cas déterminés par la loi.

qu'il aura intérêt à réclamer ; démonstration par l'analyse des diverses dispositions que peut contenir le testament.

462. *Il résulte de l'art.* 783 *que l'héritier qui a accepté purement et simplement est tenu aussi des legs même* ultrà vires.

463. *Secùs quand il lui est dû une réserve.*

464. *Le cohéritier de celui qui a été restitué contre son acceptation peut, mais sous une distinction, se dispenser de supporter la part de charges de ce dernier, en abandonnant aux créanciers et aux légataires la part qu'il aurait eue dans les biens.*

465. *L'héritier qui depuis la découverte du dol ou du testament a encore fait acte d'héritier ne peut plus réclamer.*

466. Quid *si des paiemens avaient été faits par l'héritier avant d'avoir connu la fraude ?*

467. *L'héritier qui veut se faire relever de son acceptation ou réclamer contre le testament découvert agira sagement s'il met en cause tous ceux qui peuvent avoir intérêt à combattre sa prétention.*

362. Il y a à voir sur cet objet :

1° De quelles manières on peut accepter une succession ;

2° Quelles personnes ont la capacité d'accepter les successions ouvertes à leur profit;

3° Quels sont les effets de l'acceptation pure et simple;

Et 4° de la révocation de l'acceptation dans les cas déterminés par la loi.

§. Ier.

De quelles manières on peut accepter une succession.

363. On peut définir l'acceptation d'une succession, l'acte par lequel une personne habile à se por-

ter héritière d'une autre morte naturellement ou
civilement, témoigne sa volonté de prendre à son
égard la qualité d'héritier, et, en conséquence, sa
volonté de succéder à ses droits et à ses obligations.

Il y a deux manières d'accepter les successions :

Ou purement et simplement,

Ou sous bénéfice d'inventaire. (Art. 774.)

Nous parlerons de l'acceptation sous bénéfice
d'inventaire à la section III de ce chapitre : les règles
qui en déterminent la forme et les effets ne peuvent
être confondues avec celles qui déterminent le mode
et les effets de l'acceptation pure et simple.

Quoique ces deux modes d'acceptation aient des
effets bien différens sous plusieurs rapports, ils ont
néanmoins des conditions communes, qu'il ne sera
pas inutile de retracer avant de nous occuper exclusivement de l'acceptation pure et simple.

364. Ainsi, l'on ne peut pas plus accepter bénéficiairement que purement et simplement une succession qui n'est point encore ouverte, parce que l'on
n'accepterait que le néant : *nulla est viventis hereditas* (1). L'art. 1130 repousserait une telle acceptation ; d'où il résulte que si, sur de faux bruits de
la mort d'une personne, son plus proche parent
s'est mis en possession de ses biens en qualité d'héritier, il n'a rien fait du tout, *nihil egit*, lors même

_____

(1) *Voy.* la L. 27, ff. *de acquir. vel omitt. hered.*

que la succession viendrait ensuite à s'ouvrir à son profit (1).

365. Et comme l'acceptation d'une succession est la manifestation de volonté de celui qui la fait, de se porter héritier de la personne décédée, il ne suffit pas que cette personne soit en effet décédée pour qu'on puisse valablement se porter son héritier, il faut de plus savoir qu'elle l'est réellement au moment de l'acte d'acceptation : des conjectures, une opinion probable même, ne suffiraient pas, il faut ce que les Romains appelaient *animi destinatio* (2).

Néanmoins, en pareil cas, la question se réduisant à une question de fait, elle se résoudrait ordinairement contre l'héritier qui voudrait revenir contre son acceptation, parce qu'on lui dirait qu'il n'a pu vouloir faire un acte vain, qu'il savait par conséquent que la succession était ouverte, comme elle l'était réellement. Mais dans le droit romain, la question avait, sous un autre rapport, une importance qu'elle n'a pas chez nous; car si l'héritier fût venu à mourir avant d'avoir acquis la certitude que celui de la succession duquel il s'agit était réellement décédé, son acceptation étant nécessaire pour acquérir l'hérédité, le droit ne passait pas à ses héritiers, excepté dans un petit nombre de cas (3);

(1) *Dictâ lege* 27, ff. *de acquir. vel omitt. heredit.*
(2) L. 32, ff. *eodem titulo.*
(3) *Voy. suprà*, n° 56, note.

tandis que chez nous, d'après l'art. 781, les représentans de l'héritier pourraient accepter de son chef, en admettant même que l'acceptation qu'il avait faite ne valût rien.

366. Pour que l'acceptation, quel qu'en soit le mode, soit valable, il faut aussi que la succession soit déférée à l'acceptant au moment où il l'accepte (1): d'où il suit que si, à cette époque, il était incapable de la recueillir, par exemple, parce qu'il était mort civilement, son acceptation serait nulle et ne le lierait point, quand bien même son incapacité serait venue à cesser par sa rentrée dans la vie civile (2). D'où il suit aussi que si une autre personne qui précédait celui qui a accepté était crue morte au moment de l'acceptation, tandis qu'elle ne l'était pas, l'acceptation serait nulle et de nul effet (3), ce qui doit s'entendre même en ce sens que, quand bien même cette personne viendrait ensuite à renoncer, et qu'ainsi la succession serait dévolue à celui qui l'avait acceptée auparavant, l'acceptation anticipée ne serait point obligatoire pour celui qui l'a faite, attendu qu'il ne pouvait la faire; car, de même qu'on ne peut accepter une succession qui n'est point encore ouverte, de même on ne peut accepter une succession à laquelle on n'est

---

(1) L. 21, §. 2, ff. *de acquir. vel omitt. heredit.*

(2) Ainsi jugé par arrêt de cassation, le 16 mai 1815. Sirey, 15, 1, 191.

(3) L. 21, §. 2, ff. *de acquir. vel omitt. heredit.*

pas appelé actuellement, quoiqu'on puisse y être
appelé par la suite (1) : *sed ita demùm pro herede
gerendo acquiret hereditatem , si jàm sit ei de-
lata* (2). L'art. 775 porte que nul n'est tenu d'accepter une succession qui *lui est échue*; donc, au
moment où la succession échoit réellement à celui
qui l'avait mal à propos acceptée auparavant, cet
individu a encore la liberté de la refuser. Il est vrai
que celui qui renonce est censé n'avoir jamais été
héritier (art. 785), et que l'acceptation remonte au
jour de l'ouverture de la succession (art. 777): d'où
l'on pourrait vouloir conclure que celui qui a accepté
avant la renonciation du parent qui le précédait,
est censé avoir accepté dans un tems où il pouvait
valablement le faire, puisqu'il est censé avoir été
le plus proche héritier, l'autre parent ne l'ayant
jamais été, et puisqu'aussi la succession était déjà
ouverte, qu'il savait qu'elle l'était, qu'il croyait
même qu'elle l'était à son profit. Mais ces raisons,
quelque spécieuses qu'elles soient, ne sont point
concluantes : l'acceptation est un acte de la volonté,
et cette volonté ne peut exister avec effet qu'autant
qu'elle est accompagnée du droit que l'on veut acquérir; or, à l'époque où elle se manifestait, le droit
n'appartenait point encore à celui qui la manifestait (3). Mais l'on sent que si, après la renoncia-

(1) L. 28, ff. *de acquir. vel omitt. heredit.*
(2) L. 21 , §. ff. *eodem tit.*
(3) M. Chabot est aussi de cet avis. Tom. II , pag. 401 de la cinquième édition de son *Commentaire.*

tion du parent plus proche, celui qui a accepté auparavant fait quelqu'acte d'héritier, il ne pourra plus revenir sur ses pas. S'il n'en a point fait, il peut encore accepter sous bénéfice d'inventaire, ou renoncer, comme accepter purement et simplement.

367. Et tout ce que nous venons de dire est applicable aussi au cas où le parent le plus proche est mort sans avoir accepté ou répudié, et que par la voie de la transmission, la succession à laquelle il avait droit a passé, en vertu de l'art. 781, au parent plus éloigné qui avait fait cette acceptation anticipée, et qui se trouve son héritier : il peut, comme dans le premier cas, mais du chef de son auteur direct, accepter purement et simplement, ou sous bénéfice d'inventaire, ou renoncer.

368. L'acceptation d'une hérédité ne peut non plus avoir lieu conditionnellement (1) : une telle acceptation serait contraire aux droits des créanciers, qui ne pourraient, tant que la condition ne serait point accomplie, demander à l'héritier le paiement de leurs créances, quoiqu'elles fussent échues.

Elle ne peut non plus avoir lieu jusqu'à une certaine époque, ou pour n'avoir effet qu'à partir

---

(1) L. 77, *de regul. juris.* La raison de cette décision, dans le droit romain, était que l'adition d'hérédité était un acte légitime, *actus legitimus,* et que les actes légitimes n'admettaient ni jour, ni condition, ni procureur. Même loi. Delà, *si quis ità dixerit : si solvendo hereditas est, adeo hereditatem, nulla aditio est.* L. 51, §. 2, ff. *de acquir. vel omitt. heredit.* Lacombe, au mot *Acte d'héritier.*

d'une certaine époque (1) : l'héritier acceptant est censé tel dès la mort du défunt, et il est tel à toujours si son acceptation n'est pas révoquée. On verra plus tard les conséquences de ce principe, quand nous parlerons des effets de l'acceptation au §. III de la présente section.

369. Enfin, l'on ne peut accepter lorsqu'on a légalement renoncé, si ce n'est dans le cas des art. 462 et 790, que nous expliquerons ultérieurement en traitant de la renonciation.

370. Tous les principes ci-dessus sont communs à l'acceptation bénéficiaire comme à l'acceptation pure et simple. Il s'agit de voir maintenant comment se fait cette dernière.

371. Elle se fait, d'après l'art. 778, de deux manières :

Ou expressément,

Ou tacitement.

« Elle est expresse, dit le même article, quand « on prend le titre ou la qualité d'héritier dans un « acte authentique ou privé ;

« Elle est tacite quand l'héritier fait un acte (2) qui « suppose nécessairement son intention d'accepter, « et qu'il n'aurait le droit de faire qu'en sa qualité « d'héritier. »

---

(1) Même loi 5ı, §. 2, ff. *de acquir. vel omitt. heredit.*

(2) Ce mot est pris *lato sensu*, pour signifier aussi bien les faits nus de gestion, comme, par exemple, la vente verbale de tel ou tel effet de la succession, que pour signifier les actes écrits.

Il n'y a pas d'autre manière d'accepter purement et simplement une hérédité.

372. Ainsi une déclaration verbale, même faite publiquement, de vouloir accepter la succession d'un *tel*, ne saurait être considérée comme une acceptation, fût-elle avouée en justice dans un interrogatoire sur faits et articles, ou autrement (1). Il ne serait même pas possible de déférer le serment sur un pareil fait, attendu que, fût-il avoué, il ne saurait être considéré comme une acceptation dans le vœu de la loi, et ce serait le cas de dire *frustrà probatur, quod probatum non relevat.* Les conséquences d'une acceptation de succession peuvent être telles, que le législateur n'a voulu la voir que dans des faits dont les caractères lui ont paru propres à témoigner de la volonté, et de la volonté réfléchie de celui qui l'a faite ; et une déclaration verbale n'offre pas ces caractères.

373. Mais lorsqu'on prend dans un acte le titre ou la qualité d'héritier, la volonté n'est plus douteuse, lors même que cet acte serait sous signature privée : comme un bail, une quittance, une reconnaissance et autre acte privé quelconque.

On (2) pense même qu'il y a acceptation formelle

---

(1) La discussion au conseil-d'état fait foi qu'on n'a voulu avoir aucun égard aux déclarations verbales ; et l'on a bien fait. On a ainsi prévenu des difficultés, et des dangers pour les habiles à succéder.

(2) Parmi les modernes, M. Chabot notamment, qui tire argument de la L. 65, §. 3, ff. *ad S. C. trebell.*

par une lettre écrite par l'héritier qui a pris le titre ou le nom d'héritier, à un légataire ou à un créancier de la succession, quoique généralement en jurisprudence on ne range point une lettre, une missive, au nombre des *actes* (1). On se fonde sur ce que le droit romain le décidait ainsi (2), et sur ce que la loi n'a entendu réprouver comme acceptations expresses que les déclarations verbales. La question, selon nous, dépendrait beaucoup des termes dans lesquels serait conçue la lettre, ainsi que du but que se proposait naturellement celui qui l'écrivait (3); d'où il suit que, dans le cas même où l'on ne serait point suffisamment autorisé à y voir une acceptation expresse, on pourrait y voir une acceptation tacite si la lettre réunissait les conditions voulues par la loi pour que cette sorte d'acceptation existe. Tel serait le cas où l'héritier, sans prendre positivement dans la lettre le titre ou la qualité d'héritier, demande-

---

(1) L'art. 1985, après avoir dit que le mandat peut être donné par acte public ou par écrit sous seing privé, ajoute, *même par lettre*. C'est donc parce qu'on a pensé qu'une lettre n'était point un écrit ou un acte sous-seing-privé; autrement cette addition eût été superflue.

(2) L. 65, §. 1, ff. *ad senat. trebell.*

(3) Chacun sait, en effet, que beaucoup de personnes, totalement étrangères à la connaissance des lois, s'appliquent inconsidérément, à la mort d'un parent, le titre *d'héritiers* de ce parent, avant même de connaître l'état de l'hérédité, voulant simplement dire par là que ce sont elles qui ont droit à la succession, comme étant ses plus proches parens : elles le disent parfois dans des lettres, comme elles le disent dans la conversation, comme la loi elle-même le dit dans plusieurs de ses dispositions à l'égard d'individus qui n'ont point encore pris qualité, qui ignorent même le décès. *Voy.* notamment l'art. 909-3° du Code de procédure.

VI. 28

rait néanmoins remise d'une partie du legs ou de
la dette, ou même simplement un terme pour le
paiement, ou proposerait ouvertement une trans-
action, ou contesterait formellement le droit comme
partie intéressée à le contester. Ce serait au surplus
un point laissé à la sagesse des tribunaux, comme
la plupart des questions de cette nature quand elles
sont à juger en fait.

374. Au reste, lorsque l'habile à se porter héritier a pris dans un acte authentique ou privé le
titre, le nom ou la qualité d'héritier, il n'est pas
seulement héritier par rapport à celui avec lequel
ou au profit duquel il a fait cet acte, il l'est par
rapport à tout le monde; sa qualité est une, elle est
indivisible (1). En conséquence tout créancier, tout
légataire pourra argumenter du fait de prise de
qualité dans cet acte authentique ou privé, parce
que ce fait n'est considéré que comme la simple
manifestation de la volonté de la personne de se
porter héritier, et d'être tel vis-à-vis de tous ceux
qui pourraient avoir intérêt à trouver en lui le représentant du défunt. Dès lors les créanciers et les
légataires, en cas de contestation sur le fait d'acceptation, auraient qualité et droit pour faire or-
donner un compulsoire des actes authentiques dans
lesquels ils auraient de justes raisons de croire (2)

(1) Ce principe peut fléchir quelquefois par la force de ceux de
l'autorité de la chose jugée, ainsi que nous l'expliquerons plus loin.

(2) Ce qu'apprécieraient, au surplus, les tribunaux d'après les

que l'héritier a pris le titre d'héritier, et qu'il a
passé avec telle ou telle personne; et ils se procu-
reraient comme ils le pourraient les actes privés
qu'ils supposeraient aussi renfermer la prise de cette
qualité.

375. Voilà pour l'acceptation expresse; elle offre
peu de difficulté; mais il n'en est pas ainsi de l'acceptation tacite, qui réside plutôt dans des faits
que dans des actes écrits.

Elle a lieu, avons-nous dit, quand l'héritier fait
un acte qui suppose nécessairement son intention
d'accepter, et qu'il n'aurait le droit de faire qu'en sa
qualité d'héritier.

Quelques personnes (1) ont vu dans ces mots, *et
qu'il n'aurait le droit de faire qu'en sa qualité d'héritier*, une seconde condition jointe à la première,
et cumulativement; tout comme si la loi eût dit:
Il ne suffit pas, pour qu'il y ait acceptation tacite,
que l'habile à succéder ait fait un acte qui suppose
nécessairement son intention d'accepter; il faut de
plus qu'il n'eût le droit de faire l'acte qu'en sa qualité d'héritier. Mais cette interprétation prête une
volonté absurde au législateur, et même des vues
contradictoires; car si, d'une part, comme on le suppose dans l'article, l'acte de l'héritier attestait *né-*

___

circonstances; car, en principe, je n'ai pas le droit de demander
communication des actes passés par des tiers; je n'ai pas le droit de
pénétrer le secret de leurs affaires.

(1) *Voy.* notamment M. Chabot sur cet art. 778.

cessairement son intention d'accepter, il n'importerait pas que celui-ci eût pu ou non le faire en une autre qualité que celle d'héritier, et même qu'il n'eût aucune qualité quelconque pour le faire (1), puisque ce que l'on recherche, c'est uniquement sa volonté d'accepter, ou de rester tout-à-fait en dehors de l'hérédité; et d'autre part il y aurait contradiction à supposer que l'acte a dû *nécessairement* être fait avec la volonté d'accepter dans un cas où cet acte pouvait, comme on le suppose, être fait aussi bien en une autre qualité qu'en celle d'héritier. Ces mots n'expriment donc point une seconde condition cumulative de l'acceptation tacite ; ils sont simplement démonstratifs des caractères que doit avoir l'acte pour qu'on puisse y voir que l'intention de l'héritier, en le faisant, a été nécessairement d'accepter l'hérédité : en d'autres termes, il faut pour cela que l'acte ne soit pas fait dans de telles circonstances qu'on pourrait à la rigueur supposer que l'héritier a entendu le faire en une autre qualité que celle d'héritier, dans un autre but que celui d'accepter la succession; et c'est ce doute que les rédacteurs du Code ont entendu écarter en ne voyant d'acceptation tacite que dans les cas où l'on ne pourrait supposer dans l'héritier d'autre intention, en faisant l'acte, que

---

(1) Comme la L. 88 , ff. *de acquirend. vel omitt. hered.* nous en offre un exemple, celui où un héritier se met, comme héritier d'une personne, en possession d'une chose qui appartient à un tiers, croyant qu'elle appartient au défunt.

celle de se rendre héritier, d'agir comme propriétaire du droit objet de l'acte.

376. L'article ainsi entendu, sa disposition finale
est une salutaire amélioration apportée aux anciens
principes.

Expliquons-nous.

Dans les anciens principes il fallait bien aussi,
comme aujourd'hui, pour qu'il résultât d'un acte
de l'habile à succéder acceptation de l'hérédité,
que cet acte dût faire supposer son intention à cet
égard : tout le monde était d'accord sur le principe;
mais quand on arrivait à l'application, alors on
disputait beaucoup sur les caractères que devait
avoir cet acte, c'est-à-dire que les uns exigeaient,
comme le Code, qu'il n'eût pu être fait par l'habile
à succéder dans une autre qualité qu'il aurait eue
aussi comme il avait celle d'héritier, par exemple,
comme copropriétaire avec le défunt du droit objet
de l'acte. Mais d'autres n'exigeaient pas absolument,
pour qu'il y eût immixtion, qu'il n'eût pu faire l'acte
que comme héritier du défunt, quoiqu'ils voulus-
sent aussi que son intention, en le faisant, fût présumée de l'avoir fait comme héritier. Voilà pourquoi
plusieurs décidaient, contre le sentiment de plusieurs autres, que le paiement d'une dette ordinaire (1) fait par l'héritier présomptif, sans protes-

---

(1) Car l'on faisait au sujet du paiement des dettes plusieurs exceptions, notamment en ce qui concernait les frais funéraires, qui
étaient censés avoir été payés, plutôt *pietatis caussâ*, qu'en qualité

tation qu'il entendait ne payer que comme tiers, emportait immixtion, quoique alors, comme aujourd'hui, on pût très-bien payer la dette d'autrui, même sans l'aveu du débiteur, et même sans celui du créancier.

Mais les auteurs du Code ont voulu écarter toute espèce de doute qui aurait pu s'élever sur l'intention qu'avait eue l'habile à succéder en faisant l'acte : les présomptions de fait, et résultant des circonstances où il se trouvait alors placé, n'ont point paru suffisantes pour reconnaître en lui la qualité d'héritier irrévocablement prise, à cause des conséquences qu'entraîne cette qualité; il faut qu'il n'ait pu vouloir faire l'acte en une autre qualité que celle d'héritier, c'est-à-dire comme propriétaire ou comme se croyant (1) propriétaire à titre d'héritier du droit ou de la chose qui est objet de l'acte.

377. Ainsi, il résulte de l'art. 778 bien interprété, et relativement à l'acception tacite, deux choses qui deviennent évidentes pour peu que l'on médite sa disposition.

La première, c'est que, lors même que l'acte fait par l'habile à succéder n'aurait pu être fait par lui qu'en qualité d'héritier, parce qu'aucune autre qualité ne lui donnait le droit de le faire, néanmoins cet acte n'emporte immixtion qu'autant qu'il

d'héritier. **Nous nous expliquerons** bientôt au sujet du paiement des dettes.

(1) *Voy.* le n° suivant.

fait *nécessairement* supposer que celui qui l'a fait
avait, en le faisant, l'intention de le faire comme
héritier, comme ayant droit à l'objet de l'acte, et
comme voulant agir et disposer, à ce titre, en qualité de propriétaire. Voilà pourquoi les actes purement conservatoires, quoiqu'en général ils ne
doivent être faits que par celui qui a intérêt à la
conservation des biens, par conséquent généralement par l'héritier, n'emportent point acceptation
par eux-mêmes, parce que ce ne sont pas des actes
de disposition; ils ne l'emporteraient qu'autant
qu'on y aurait pris le titre ou la qualité d'héritier;
mais alors ce serait parce qu'il y aurait acceptation
expresse, et nous ne parlons maintenant que de
l'acceptation tacite, de l'immixtion.

La seconde chose qui résulte de notre article,
c'est que, pour être réputé acceptant, l'héritier ne
doit pas *nécessairement* avoir le droit de faire l'acte
comme héritier, mais seulement qu'il ne doit pas
avoir une autre qualité que celle d'héritier, qui lui
donnerait aussi le droit de le faire, ce qui est bien
différent. De là, si l'habile à succéder dispose,
comme héritier, et par conséquent comme propriétaire, d'un bien que possédait le défunt, mais qui
appartient à un tiers, il fait évidemment un acte
qu'il n'a pas le droit de faire, puisque la disposition
du bien d'autrui est nulle (art. 1599); et cependant son intention d'accepter la succession n'est
point douteuse, car, vendre une chose dont on ne
peut se croire propriétaire que comme héritier d'un

tel, c'est évidemment vouloir se considérer comme propriétaire de l'objet, et par conséquent comme héritier, puisqu'il n'y a que le propriétaire qui puisse *licitement* vendre la chose, peu importe que dans les anciens principes on déclarât valable (à l'effet d'obliger le vendeur) la vente de la chose d'autrui, principes qui n'ont peut-être pas été autant changés par l'article 1599 qu'on pourrait le croire; cela n'empêchait pas que l'on ne regardât, et avec raison, un tel acte comme un acte d'acceptation (1). Il en est de même s'il se met comme héritier d'un tel en possession d'une chose qui appartient à autrui (2), par exemple, d'un terrain joignant un fonds de l'hérédité et qu'il prétend en faire partie.

378. Mais quelque évidente que pût paraître l'intention d'accepter, du moment que l'acte a pu être fait valablement par l'héritier en une autre qualité que celle d'héritier, la qualité dans laquelle il l'a fait est une qualité douteuse, et ce doute affaiblit la prétendue certitude de l'intention d'accepter l'hérédité, et s'interprète en faveur de l'auteur de l'acte; car, encore une fois, la loi actuelle a eu précisément en vue d'empêcher de commenter

---

(1) *Voy.* la note suivante.

(2) GERIT PRO HEREDE, *qui animo agnoscit successionem, licet nihil attingat hereditatem : undè si domum pignori datam, sicut hereditariam retinuit cujus possessio qualis qualis fuit in hereditate, pro herede gerere videtur : idemque est, et si alienam rem ut hereditariam possedisset.* L. 88, ff. *de acquir. vel omitt. hered.* L. 21, §. 1, *eodem tit.*

sur l'intention. En un mot, dans l'esprit du Code, la simple intention, toujours à cause du plus ou moins d'incertitude qui l'accompagne, n'est point, sans immixtion réelle, une acceptation d'hérédité; et *vice versâ*, la simple immixtion corporelle ne suppose pas *nécessairement*, comme on le décidait jadis dans quelques-unes de nos anciennes coutumes, l'intention d'accepter.

379. D'après cela, si l'habile à succéder jouit d'une chose qui était commune entre lui et le défunt, il n'y a pas lieu de dire qu'il a fait acte d'héritier (1), parce qu'il n'y a pas lieu de rechercher quelle a été, quelle a même pu être son intention, pourvu toutefois qu'il ne *dispose* pas au-delà de son droit (2). S'il était en société avec le défunt, le droit romain distinguait (3) : si l'héritier continuait une opération commencée du vivant du défunt, comme il le faisait dans un intérêt commun, il faisait par cela même acte d'héritier; mais si c'était une nouvelle opération, il en était autrement, parce que cette opération n'était point dans un intérêt commun, la société ayant été dissoute par la mort de l'un des associés, et celui-ci n'ayant acquis aucun droit à l'opération, puisqu'elle n'était point encore commencée de son vivant. M. Chabot fait toutefois observer, et nous croyons que c'est

(1) L. 78, ff. *hoc tit.*
(2) *Ibid.*
(3) L. 42, §. 1, *eodem tit.*

avec raison, que, dans notre droit, si l'opération
commencée avant le décès était indivisible dans
son exécution, ou était de nature à ne pouvoir être
interrompue à l'égard des tiers, ou s'il était de l'intérêt commun qu'elle fût continuée sans retard,
on devrait dire, surtout dans les sociétés de commerce, que la continuation de cette opération n'emporte point acceptation de l'hérédité. Et en effet,
l'héritier pouvait faire l'acte en une autre qualité
que celle d'héritier : or, d'après l'art. 778 et ce que
nous avons dit plus haut, la présomption légale
est qu'il a agi comme associé plutôt que comme
héritier, nonobstant la dissolution de la société,
puisque les opérations commencées se continuent
dans l'intérêt commun, suivant les art. 1868-1869
et 1870 analysés.

380. De plus, l'héritier ne ferait pas acte d'héritier s'il croyait de bonne foi avoir personnellement le droit de jouir et de disposer de la chose
qui appartenait au défunt. Par exemple, si un fils
qui a accepté la succession de sa mère se met,
après la mort de son père, arrivée peu de tems après
celle de la mère, en possession d'un bien qu'il croit
dépendre de la succession maternelle, et qui dépend néanmoins de l'hérédité paternelle, ou s'il
vend ce bien, il n'est pas censé pour cela, et en
admettant qu'il y a bien eu erreur de sa part, avoir
accepté cette dernière succession (1). Mais comme

(1) L. 87, au même titre.

ce sera lui qui argumentera de l'erreur dans laquelle il était à ce sujet, pour éviter d'être tenu comme héritier, il devra prouver qu'il était effectivement dans l'erreur; car elle ne se suppose pas; au contraire, chacun est naturellement présumé connaître ce qui lui appartient et ne disposer que de ce qui lui appartient. Ce n'est pas le cas de dire, comme à l'égard de l'acquéreur de la chose d'autrui, que la bonne foi est présumée. (Art. 2268.)

381. Toujours en vertu du principe qu'il faut, pour être réputé héritier à raison d'un acte, que cet acte n'ait pu être fait par l'héritier en une autre qualité que celle d'héritier, on doit décider aussi, lors même qu'on admettrait que le seul fait du paiement des dettes de la succession emporte acceptation, ce qui va être discuté tout à l'heure, que si l'habile à succéder était tenu de la dette solidairement avec le défunt, ou même s'il était simplement sa caution, le paiement qu'il a fait, quoique de toute la dette, n'est point une acceptation tacite, puisqu'il était personnellement obligé à la payer. En vain dirait-on, dans le cas où il n'était que caution, qu'il aurait pu opposer au créancier le bénéfice de discussion s'il n'y avait pas renoncé, et même le bénéfice de division s'il y avait d'autres cautions; car il n'était pas moins de plein droit obligé à toute la dette, et par conséquent en la payant il acquittait son obligation. D'ailleurs l'exercice du bénéfice de discussion ne se fait que sous des conditions que la cau-

tion ne peut pas toujours remplir, et souvent même il est de son intérêt de payer plutôt que d'user de ce bénéfice, quoiqu'elle pût l'invoquer. Ainsi l'acte de paiement ayant pu être fait aussi bien comme débiteur solidaire ou comme caution que comme héritier du défunt, on ne saurait, d'après l'art. 778, y voir un acte d'acceptation tacite.

382. Résumant ce qui précède, nous disons : Les actes qui emportent acceptation tacite sont ceux qui, après l'ouverture de la succession, connue de l'héritier, sont faits par l'habile à succéder sur des choses qu'il savait ou qu'il croyait être dépendantes de l'hérédité, et qui supposent d'ailleurs nécessairement sa volonté d'accepter, parce qu'il n'aurait pu les faire valablement dans une autre qualité que sa qualité d'héritier.

383. Mais quand bien même l'acte qu'il a fait serait ensuite annulé, soit pour vice de forme, soit pour incapacité de celui avec lequel il a traité, la qualité d'héritier n'en resterait pas moins à l'héritier, nonobstant la règle *quod nullum est, nullum effectum producit;* car cet acte n'atteste pas moins son intention de se porter héritier. Voilà pourquoi nous décidons, et avec le droit romain, qu'il fait acte d'héritier quand il vend une chose appartenant à un tiers et qui se trouvait dans la succession, ne pouvant se croire alors d'autre qualité pour faire cet acte que celle d'héritier, puisqu'il croyait que l'objet appartenait à l'hérédité.

Si ce principe recevait exception dans quelques cas, ces cas seraient rares, et ce ne serait qu'à raison de quelque circonstance particulière qui entraînerait à considérer l'acte absolument comme non avenu.

Parcourons rapidement quels sont les principaux actes qui emportent acceptation.

Nous parlerons ensuite de ceux qui peuvent donner lieu à quelque difficulté sérieuse sur le point de savoir s'ils emportent acceptation tacite.

Et nous dirons enfin un mot des actes purement conservatoires et d'administration provisoire.

384. Il est clair, quant aux premiers, que lorsque l'héritier dispose (1) à titre gratuit ou onéreux d'un objet de l'hérédité, sachant ou croyant qu'il en dépend, il fait acte d'héritier, puisqu'il fait ou croit faire acte de propriétaire (2).

385. Qu'il en est de même quand il hypothèque (3) les biens de la succession, ou qu'il consent

---

(1) Même par son testament. L. 86, §. fin. ff. *de acquir. vel omitt. hered.* L. 6, Cod. *de jure delib.* Mais nous ne pensons pas toutefois qu'on fût en droit de demander, de son vivant, la communication des testamens qu'il pourrait avoir faits, et dans lesquels on prétendrait qu'il a disposé de tout ou partie des biens qui composent la succession dont il s'agit : le testament d'un individu est un acte essentiellement secret pendant sa vie.

(2) *Pro herede enim gerere, est pro domino gerere.* §. 7, Instit. *de hered. qualit. et differ.*

Pro herede gerit qui rebus hereditariis, quasi dominus utitur. Ulp. *fragm. tit.* 22, §. 26.

(3) Mais de ce que la femme a une hypothèque générale sur les biens de son mari, même sans inscription (art. 2121 et 2134), il ne

sur ces mêmes biens une servitude, un droit d'usufruit ou d'usage, ou qu'il renonce à une servitude
établie au profit d'un fonds héréditaire, puisqu'il
faut être propriétaire, ou avoir au moins le consentement du propriétaire, pour pouvoir faire de tels
actes.

386. Il en est de même s'il forme contre un tiers
demande en délaissement d'un objet appartenant
à la succession, ou qu'il croit lui appartenir, ou
s'il forme une demande en nullité ou en rescision
d'un contrat passé par le défunt; ou s'il attaque le
testament de ce dernier (1), ou s'il transige avec
les légataires au sujet de leurs legs, ou sur un procès qui intéresse la succession; ou s'il acquiesce à
une demande judiciaire formée contre le défunt, ou
contre lui-même en qualité d'héritier, ou même s'il
procède simplement sur cette demande sans prendre le titre d'habile seulement à succéder, sans se
réserver le bénéfice d'inventaire; ou s'il forme
contre ses cohéritiers une demande en partage de
la succession (2), ou contre un tiers l'action en pé-

---

faudrait pas en conclure que si l'habile à succéder se mariait après
l'ouverture de la succession et avant d'avoir accepté l'hérédité, il serait, par le seul fait de son mariage, censé avoir accepté la succession;
car, à vrai dire, ce n'est pas lui qui consent l'hypothèque; c'est la
loi qui l'établit. D'ailleurs il n'a tacitement consenti qu'à l'hypothèque
des biens qu'il avait. Nous déciderions la même chose à l'égard des
inscriptions qui auraient été prises sur les biens de la succession en
vertu seulement de jugemens ou actes judiciaires, sans consentement
spécial de l'habile à succéder.

(1) L. 14, ff. *de bonor. possess.*
(2) L. 1, *princip.* et §. 1, et L. 36, ff. *famil. ercisc.*

tition d'hérédité (1); car il ne peut agir, sous le premier rapport, qu'autant qu'il reconnaît qu'il est en communauté avec ses cohéritiers, et par conséquent qu'autant qu'il entend avoir une part dans l'hérédité, ce qui est évidemment l'accepter; et, sous le second rapport, il ne peut demander qu'on lui restitue la succession qu'autant qu'il la regarde comme chose sienne. Toutefois nous n'entendons pas dire par là qu'il ne peut, en formant ces demandes, user du bénéfice d'inventaire : il serait injuste qu'il en fût privé par la circonstance que d'autres sont en possession de l'hérédité, ce qui l'oblige à former, pour ne pas perdre ses droits, ou la demande en partage, ou l'action en pétition d'hérédité; mais nous voulons dire que s'il intente purement et simplement l'une ou l'autre de ces actions, il fait par cela même acte d'héritier. Il doit donc auparavant faire sa déclaration qu'il n'entend accepter que sous bénéfice d'inventaire, et procéder ensuite en qualité d'héritier bénéficiaire.

387. L'habile à succéder fait encore acte d'héritier lorsqu'il se met en possession des biens de la succession (2); lorsqu'il les loue ou les af-

---

(1) Argument de tout le titre *de petit. hered.* au Digeste et au Code. Fachineus, *controver.* lib. 6, cap. 58. Mantica, *de conject. ult. volunt.* lib. 12, tit. 15, n° 12. Voet, *ad* Pandect. tit. *de acquir. vel omitt. heredit.*, n° 5.

(2) Mais non pas en prenant simplement les clefs, et même les titres de la succession, dans le cas toutefois où les scellés n'ont pas

ferme (1); lorsqu'il abat des bois, ou qu'il change la forme des fonds ou des édifices; qu'il vend, sans observer les formalités prescrites, les objets même sujets à dépérissement ou dispendieux à conserver (art. 796), ou qu'il exige, ou même reçoit simplement, ce qui est dû par les débiteurs de la succession (2), et par la même raison s'il poursuit ceux-ci en paiement (3), n'agissant ni dans l'un ni dans l'autre cas comme héritier bénéficiaire (4).

388. Tous ces actes et plusieurs autres encore sont évidemment des actes de propriétaire et par conséquent d'héritier, lorsque celui qui les fait entend bien les faire sur les choses de l'hérédité ou qu'il croit être de l'hérédité; tellement, dit Pothier, et après lui M. Delvincourt, que ses protestations de ne vouloir pas être héritier en les faisant seraient sans effet, parce qu'elles seraient contre la nature des choses.

été apposés; car il a pu le faire comme acte conservatoire, et c'est même probable. Ainsi jugé, dit M. Delvincourt, par arrêt du 20 mai 1674, rapporté au *Journal du Palais.* Rousseau de la Combe le cite pareillement.

(1) Sauf ce que nous dirons plus loin relativement aux locations d'appartemens suivant l'usage des lieux, pour un temps qui n'excède pas celui des baux faits sans écrit.

(2) L. 20, ff. *de acquir. vel omitt.*

(3) Voët, *dicto tit.*, n° 5.

(4) Car l'on sent que s'il a fait d'abord sa déclaration de ne vouloir accepter que sous bénéfice d'inventaire, il est censé agir en conséquence de cette qualité en recevant des débiteurs ou en les poursuivant, pourvu qu'il ne prenne pas dans les actes ou quittances le titre ou la qualité d'héritier, mais bien toujours celui d'habile

389. Il est même un cas où évidemment il n'agit pas comme propriétaire, et dans lequel cependant il se rend héritier pur et simple; c'est lorsqu'il détourne ou recèle quelque chose de l'hérédité, dans la vue de faire fraude à ses cohéritiers, ou aux créanciers ou légataires (art. 792). Dans le droit romain, et à l'égard de l'héritier *extraneus*, ce n'était point là un acte d'héritier (1), puisque par là il témoignait au contraire ne vouloir pas avoir la chose comme héritier. Mais l'héritier *sien*, *suus heres*, était, par ce fait, indigne du bénéfice d'*abstention*, et restait par conséquent soumis à tous les effets attachés à la qualité d'héritier (2). Or, comme chez nous les parens au degré appelé par la loi à l'hérédité sont héritiers de plein droit, ainsi que l'étaient les héritiers *siens* dans le droit romain, les résultats sont les mêmes sous ce rapport : dans notre législation, l'héritier qui a commis le fait de détournement ou de recel ne peut plus renoncer (même article), il ne peut pas davantage user du bénéfice d'inventaire (art. 801); comme l'héritier *suus*, en pareil cas, ne pouvait plus s'*abs-*

à succéder. En effet, en sa qualité d'héritier bénéficiaire, il doit administrer les affaires de l'hérédité, recevoir des débiteurs, empêcher les prescriptions de s'accomplir, etc.

(1) *Si quis extraneus rem hereditariam quasi subripiens vel expilans tenet, non pro herede gerit : nam admissum contrarium voluntatem declarat.* L. 21, ff. *de acquir. vel omitt. heredit.*

Non enim surriperet, quod jure posset apprehendere, si heres esse vellet, dit Pothier *ad Pandectas, hoc tit.*

(2) L. 71, §§. 3, 4, 5 et 6, *eodem tit.*

VI.

tenir de l'hérédité, c'est-à-dire d'être héritier avec toutes les conséquences attachées à cette qualité.

390. Dans tous les cas dont il vient d'être parlé, les créanciers, les légataires et les cohéritiers, qui ont tous ou qui peuvent avoir tous intérêt à ce que l'héritier soit tenu comme acceptant, pourront prouver le fait d'acceptation, même par témoins, quoiqu'il n'y ait aucun commencement de preuve par écrit. Bien que le Code ne dise pas expressément que l'acceptation d'une succession est un *quasi-contrat,* formé par l'héritier avec les créanciers du défunt, et mieux encore avec les légataires, ne parlant, sous cette dénomination, que de la *gestion d'affaires* et du *paiement de la chose non due,* néanmoins il n'est pas douteux que ce n'en soit un : on l'a toujours considéré ainsi. Or, dans les cas de quasi-contrats, du moins généralement, le fait peut être prouvé par témoins sans commencement de preuve par écrit, par la raison toute simple qu'il n'a pas été possible au demandeur, à celui qui exige l'exécution de l'obligation qui est résultée de ce fait, de se procurer une preuve écrite du droit qui en est né à son profit; ce qui rend inapplicables les règles que la preuve testimoniale n'est pas admissible sans commencement de preuve par écrit lorsqu'il s'agit d'une valeur de plus de 150 fr. (art. 1341, 1347 et 1348). Les créanciers, les légataires et les cohéritiers se trouvent parfaitement dans ce cas, puis-

qu'il s'agit ou qu'il peut s'agir d'un acte ou d'un fait auquel ils n'ont point pris part, qui leur est entièrement étranger.

391. L'héritier fait encore un acte d'héritier quand il fait donation, vente ou transport de ses droits successifs, soit à un étranger à la succession, soit à un ou plusieurs de ses cohéritiers, soit à tous indistinctement. (Art. 780.)

392. Et il en est ainsi, 1° de la renonciation, même gratuite, qu'il fait au profit d'un ou de plusieurs de ses cohéritiers ;

Et 2° de la renonciation qu'il fait même au profit de tous ses cohéritiers indistinctement, lorsqu'il en reçoit le prix. (*Ibid.*)

Qu'importe en effet, quand il *donne* ses droits successifs, qu'il les donne à tous ses cohéritiers indistinctement, ou qu'il les donne seulement à l'un d'eux ou à un étranger ? Il ne dispose pas moins de ce qu'il donne, et par conséquent il fait acte de propriétaire.

Qu'importe aussi, lorsqu'il renonce, s'il ne renonce qu'au profit de quelques-uns seulement de ses cohéritiers ? Il est clair qu'il veut les avantager, puisque eux seuls auront sa part, tandis qu'elle aurait accru à celle des autres, si la renonciation eût été pure et simple (art. 786) ; il dispose donc à leur profit, il fait donc acte d'héritier.

Enfin qu'importe encore qu'il fasse une renonciation au profit de tous ses cohéritiers indistincte-

ment en en recevant le prix, ou qu'il leur fasse
cession, vente ou transport de ses droits successifs?
En réalité, il en dispose; il ne reste pas étranger
à l'hérédité, puisqu'il en retire un lucre; et dès
lors il est héritier.

Ce n'est donc que dans le seul cas de renonciation au profit de tous les cohéritiers indistinctement, et sans que le renonçant en reçoive aucun
prix apparent ou caché, qu'il devient étranger à
la succession.

393. Mais il est évident, d'après notre art. 780,
qu'il devient étranger à l'hérédité, quoique l'acte
de renonciation, fait sans aucun prix apparent ou
caché, fût fait formellement au profit de tous les
cohéritiers indistinctement, puisque, dans cette
hypothèse d'une renonciation au profit de tous
les cohéritiers indistinctement, l'article ne reconnaît d'acceptation qu'autant que l'héritier reçoit le
prix de sa renonciation (1); or, il n'en reçoit

---

(1) Quelques personnes entendent cette disposition, « il en est
« de même de la renonciation qu'il fait même au profit de tous ses
« cohéritiers indistinctement, lorsqu'il reçoit le prix de la renoncia-
« tion, » en ce sens que c'est comme si le législateur eût voulu par
là prévoir uniquement le cas d'une renonciation pure et simple,
profitant ou pouvant profiter à tous les autres héritiers indistinctement, par cela qu'elle n'est pas faite au profit de quelques-uns
d'entre eux seulement, et qu'elle est sans aucun prix, cas dans
lequel elle ne saurait valoir comme acceptation. C'est bien assurément ce qui arrivera le plus fréquemment, car il n'y a pas d'utilité
de mentionner dans l'acte que la renonciation est faite au profit de
tous, le bénéfice d'accroissement opérant cet effet; mais il n'est pas
impossible que, de fait, cette mention ait eu lieu, et alors les observations que nous faisons au texte ont de l'importance.

aucun : on le suppose. Cette renonciation n'a donc que les mêmes effets que ceux qu'aurait une renonciation pure et simple, dans laquelle il ne serait pas fait mention des autres cohéritiers, ni du motif qui porte l'héritier à la faire.

Vainement dirait-on qu'une renonciation faite formellement au profit de tous les cohéritiers est la même chose qu'une donation des droits successifs, faite aussi au profit de tous indistinctement, puisque l'une et l'autre *profitent* à tous les cohéritiers, qu'il y a libéralité au profit de tous, et que cette libéralité vient de la même personne; car les effets sont bien différens, non-seulement par rapport à l'héritier, qui est héritier dans un cas et non dans l'autre, mais encore par rapport aux autres héritiers à son égard.

394. D'abord, s'il y avait *donation*, il serait dû des alimens à l'héritier donateur par ses cohéritiers donataires, s'il tombait dans le besoin, sinon la donation pourrait être révoquée pour cause d'ingratitude; elle pourrait l'être aussi pour les autres faits d'ingratitude prévus par la loi, pour inexécution des conditions qui y auraient été apposées, et même pour survenance d'enfans; elle pourrait aussi être réduite pour fournir les réserves dues aux parens du donateur : toutes choses qui n'auraient pas lieu, s'il n'y avait qu'une renonciation à l'hérédité.

395. De plus, Sempronius, Titius et Séïus sont

héritiers : Sempronius renonce, Titius accepte, et
Séïus donne ensuite ses droits successifs à l'un et
à l'autre ; Sempronius aura encore, nonobstant
sa renonciation, la moitié de ce que devait avoir
Séïus après cette renonciation, c'est-à-dire le quart
de la succession, au lieu que si Séïus eût fait une
renonciation, quoique au profit de tous ses cohéritiers indistinctement, Titius, dans l'espèce, aurait eu toute l'hérédité.

396. Quant au rapport à la succession de l'héritier qui a fait l'acte, il n'est pas douteux qu'il ne
fût dû par les autres héritiers, s'ils lui succédaient,
et s'il y avoit eu donation des droits successifs de
celui-ci à leur profit, comme il serait dû par celui
ou par ceux d'entre les héritiers au profit desquels
seulement l'héritier aurait renoncé, s'ils devenaient
ses héritiers ; car ils auraient tous reçu de lui un
avantage qui les soumettrait à l'application de l'article 843. Mais quand il ne s'agit que d'une renonciation faite au profit de tous indistinctement, et
faite cependant formellement à leur profit, ainsi que
la loi suppose qu'elle peut avoir lieu, on pourrait
croire qu'il y a avantage comme dans le cas de
donation directe et en forme, et, en conséquence,
qu'il y a lieu au rapport, puisque le rapport est dû
même de ce qui n'a été reçu qu'indirectement
(même article). Néanmoins telle n'est pas notre
opinion. La loi ne voit dans cette renonciation,
faite au profit de tous indistinctement et sans

aucun prix, qu'une renonciation pure et simple, qui fait supposer que le renonçant a entendu devenir étranger à l'hérédité. Tout en exprimant dans l'acte, ce qui sera rare, parce que cela est sans utilité, que la renonciation est faite au profit de tous les héritiers indistinctement, cependant il est fort possible que l'héritier ait été déterminé à la faire par d'autres motifs aussi que celui de vouloir conférer ainsi une libéralité à ses cohéritiers; la crainte qu'il n'y eût plus de passif que d'actif, ou que l'actif fût peu important, en comparaison des difficultés et de l'embarras que pouvait entraîner l'acceptation, a pu également le porter à faire cette renonciation.

397. Enfin, dans le cas de donation des droits successifs, même au profit de tous les cohéritiers indistinctement, il faut un acte notarié, avec minute et avec acceptation expresse, en un mot, l'emploi de toutes les formalités voulues pour la validité des donations.

Il faut même les remplir dans tous les cas où la renonciation est considérée comme une donation, c'est-à-dire lorsqu'elle est faite au profit d'un ou de plusieurs des cohéritiers seulement (1);

Tandis que la renonciation au profit de tous indistinctement se fait au greffe du tribunal de l'ouverture de la succession (art. 784), et elle pourrait même s'y faire, quoiqu'elle fût moyennant un prix.

_____

(1) Sic jugé en cassation, le 17 août 1815. Sirey, 15, 1 ; 413.

398. Voyons maintenant quelques actes à l'égard desquels il s'est élevé des doutes sur le point de savoir s'ils emportent acceptation d'hérédité , et sur lesquels il y a même eu d'assez vives controverses.

L'héritier fait-il acte d'héritier en poursuivant le meurtre du défunt ? Non, suivant l'opinion de M. Delvincourt (1), et cette opinion est fondée en raison : la qualité de plus proche parent suffit pour motiver la poursuite; il ne pourrait d'ailleurs y avoir aucun doute s'il ne s'agissait que de la simple dénonciation du meurtre, puisque ce serait là une mesure préliminaire, et même nécessaire pour n'être pas exclu comme indigne.

Mais en intentant l'action en indignité contre un cohéritier, il fait évidemment acte d'héritier, car il demande par cela même la succession.

399. D'après M. Chabot, la procuration donnée simplement par l'habile à succéder pour accepter la succession, et à plus forte raison pour accepter ou répudier suivant que le mandataire le jugera convenable dans l'intérêt du mandant, n'emporte point par elle-même acceptation; et si elle est révoquée avant que le mandataire en ait fait usage , l'héritier n'est pas lié.

_____

(1) Ce jurisconsulte tire aussi argument de la L. 20 , §. 5, ff. *de acquir. vel omittend. heredit.;* et il cite le sentiment conforme de Le Prêtre , *centur.* 1, chap. II, et de Lebrun, liv. 3, chap. VIII, sect. 2, n° 4.

Mais si la procuration est en même tems de faire spécialement tel acte, que l'héritier ne pourrait faire sans qu'il fût réputé acceptant, par exemple, de provoquer le partage, de vendre les biens, de poursuivre tel débiteur ou les débiteurs en général, etc., il en résulte, d'après le même auteur, acceptation de la succession, lors même que la procuration serait révoquée avant que le mandataire eût agi.

La raison de différence se tirerait de ce que lorsque la procuration n'est que simplement pour accepter, celui qui la donne témoigne bien, il est vrai, son intention à cet égard, mais il ne fait pas un acte d'héritier, puisqu'il indique seulement par là qu'il veut le devenir définitivement (1). Car il y aurait contradiction à donner à un autre le pouvoir de faire un acte que l'on ferait soi-même par le seul fait du pouvoir que l'on donnerait. Le mandant reste donc, en le donnant, dans la position qu'il occupe, c'est-à-dire d'un habile à succéder, puisque la seule intention aujourd'hui (2) ne fait pas l'hé-

_____

(1) Il l'est déjà en effet par le seul effet de la saisine.

(2) Nous disons *aujourd'hui*, parce que dans le droit romain et dans nos pays de droit écrit, l'intention, démontrée d'ailleurs par un fait quelconque, emportait acceptation ; et quant à la procuration donnée par l'héritier pour accepter, dans les principes du droit romain, elle n'avait pas pour effet d'opérer l'acquisition de l'hérédité par le mode de *l'adition* ou d'acceptation expresse, lors même que le mandataire l'eût mise à exécution; mais on pense qu'elle emportait acceptation tacite, qu'elle était par elle-même *pro herede gestio*, et que l'héritier en la révoquant, même avant qu'elle eût été mise à exécution, n'en restait pas moins héritier.

La première de ces propositions se démontre par la L. 90, *princip.*

ritier, ne vaut pas acceptation tacite; sans préjudice toutefois du cas où il aurait fait acceptation expresse en prenant dans le mandat le titre ou la qualité d'héritier; car alors il ne pourrait revenir sur ses pas, même en révoquant le mandat avant qu'il eût été mis à exécution, suivant la règle *semel heres, semper heres.*

Au lieu que lorsque la procuration porte aussi pouvoir spécial de faire telle ou telle chose que l'habile à succéder ne pourrait faire sans se rendre

---

ff. *de acquir. vel omitt. hered.* où il est dit : *per curatorem hereditatem adquiri non potest.* Cujas (observ. 1', cap. 34) fait remarquer, avec la plupart des autres interprètes, qu'il faut lire *per procuratorem*, que c'est la leçon des Basiliques, et la véritable. L'adition d'hérédité ne pouvait se faire par procureur, parce que c'était *actus legitimus.* L. 77, ff. *de regul. juris.* Tandis que rien n'empêchait de demander *la possession des biens* au Préteur par le ministère d'un mandataire, attendu que ce n'était point un acte légitime, et que les subtilités du droit civil n'étaient point généralement observées devant le Préteur. Et si la procuration avait été révoquée avant d'avoir été mise à exécution, il n'y avait rien de fait. La raison en est toute simple : le Préteur ne donnait pas la possession des biens à ceux qui ne la lui demandaient pas, ou qui n'avaient pas qualité pour la lui demander. De même quand un père de famille ou un maître avait donné ordre au fils ou à l'esclave institué héritier par un tiers, de faire adition d'hérédité, et qu'il révoquait son ordre avant qu'il eût été mis à exécution, il n'y avait rien de fait non plus, suivant la L. 25, §. 14, ff. *de acquir. vel omitt. hered.* Car ce n'était pas lui qui avait été institué; il ne devait devenir propriétaire de la succession que par le ministère de son fils ou de son esclave, et en vertu de l'ordre qu'il lui avait donné de faire adition. Or, tant que cet ordre n'avait pas été mis à exécution, le père ou le maître restait dans la même position qu'auparavant, et par conséquent il pouvait encore le révoquer : autrement il aurait fallu dire aussi que la mort du fils ou de l'esclave, arrivée avant qu'il eût mis l'ordre à exécution, n'eût point été un obstacle à ce que l'hérédité eût été acquise au père ou au maître, ce

héritier, il accepte par cela même l'hérédité (1); il ne peut pas, en effet, donner pouvoir de vendre, par exemple, un fonds de l'hérédité, sans se regarder comme propriétaire de ce fonds, et par conséquent sans accepter la succession dans laquelle il est compris; on trouve donc alors les deux choses exigées par l'art. 778 pour qu'il y ait acceptation tacite : 1° un acte qui suppose nécessairement l'intention, dans l'héritier, d'accepter l'hérédité; et 2° un acte qu'il n'aurait pu faire qu'en qualité d'héritier, d'héritier définitif, et qui veut être tel.

---

qui eût été absurde, puisque c'eût été dire que l'hérédité non encore acquise au véritable héritier était cependant acquise à celui en la puissance duquel il se trouvait.

Mais, et c'est par là que nous démontrons notre seconde proposition, lorsque le père ou le maître se trouvait institué avec le fils ou l'esclave, s'il lui donnait l'ordre de faire adition, il devenait par cela même et irrévocablement héritier, en vertu de l'institution qui le concernait : L. 26, *eod. tit.;* et il acquérait aussi la portion qui avait été assignée au fils ou à l'esclave, quand bien même il eût révoqué son ordre avant que cet ordre eût été mis à exécution; car, il ne pouvait pas être héritier pour partie seulement. Il résulte toujours de là que le mandat, ou si l'on veut l'ordre, *jussus,* d'accepter l'hérédité, emportait par lui-même acceptation; et cette acceptation ne pouvait être que l'acceptation tacite, *pro herede gestio,* puisque l'adition n'avait pas lieu par procureur.

Nous ne croyons cependant pas qu'il en dût être ainsi sous le Code, où l'intention fait moins facilement l'acceptation qu'elle ne la faisait dans les principes du droit romain : nous nous rangeons donc à cet égard à l'opinion de M. Chabot; et en adoptant sa distinction, nous ne voyons dans le mandat que le projet d'accepter, et non l'acceptation elle-même, tant que ce mandat ne renferme rien de spécial.

(1) *Pro herede gerit qui servis hereditariis cibaria mandat.* Ulp. *fragm.* tit. 22, §. 6. Pourvu, dit très-bien Pothier *ad Pandectas,* qu'il ne l'ait pas fait uniquement *custodiæ causâ.*

400. Si l'héritier est en même tems légataire d'un objet de la succession, et qu'il se mette de lui-même en possession de la chose léguée, suivant Pothier (1), dont M. Chabot adopte le sentiment, il y a acceptation, attendu que le légataire ne peut, en cette seule qualité, se mettre en possession de la chose léguée ; il faut qu'il en demande la délivrance aux héritiers.

401. Et quant à l'héritier créancier du défunt relativement à telle ou telle chose, et qui s'était mis en possession de la chose due, on n'était pas d'accord, dans les anciens principes, sur la question de savoir s'il n'avait pas, par cela même, fait acte d'héritier. Les uns (2), dont M. Chabot a suivi l'opinion, se décidaient par l'affirmative, attendu que la qualité de créancier ne donne que le droit de demander la délivrance de ce qui est dû, à ceux qui doivent la faire ; aussi le président Fabre décide-t-il dans son Code (liv. 6, tit. 12, défin. 1) que le fils qui s'est mis en possession des biens paternels pour recouvrer la dot de sa mère, a fait acte d'héritier, n'ayant pas eu le droit de le faire en qualité de créancier.

Mais Barthole, sur la L. 88, ff. *de acquir. vel omitt. hered;* Balde, sur la L. 1, Cod. *de repud. hered;* Furgole, *des Testamens,* chap. 10, sect. 1ʳᵉ, soutenaient au contraire, en général, que le créancier héritier ne fait pas acte d'héritier par cela seul qu'il se met en

(1) Traité *des successions*, chap. III, art. 1, §. 1.
(2) Comme Pothier, à l'endroit précité.

possession de la chose qui lui est due ; qu'il fait bien ce qu'il ne doit pas faire, mais qu'il ne fait pas ce qu'il doit faire pour être héritier, c'est-à-dire un acte qui suppose son intention d'accepter.

Dans le cas résolu par le président Fabre, on devrait, même sous le Code, porter une décision semblable à la sienne; car le fils ne s'était pas mis uniquement en possession de ce qui appartenait à sa mère, il s'était mis aussi en possession de ce qui appartenait à son père.

Mais, en généralisant la proposition, nous ne saurions partager, surtout dans les principes actuels, qui exigent, plus rigoureusement que les anciens, une manifestation évidente de l'intention de l'héritier pour qu'il y ait acceptation tacite; nous ne saurions, disons-nous, partager l'opinion suivant laquelle l'habile à succéder qui, créancier du défunt relativement à telle chose, se met en possession de cette chose uniquement, est censé avoir fait acte d'héritier. Il a tort de le faire, soit ; mais doit-on conclure de là que l'acte qu'il a fait suppose *nécessairement* son intention d'accepter? Non certainement; or, c'est ce qu'exige formellement le Code pour qu'il y ait acceptation tacite. Qu'importe après cela qu'il n'eût pas le droit de faire ce qu'il a fait? Dans le droit romain, qui cependant servait de base aux doctrines des anciens auteurs sur cette matière, dans le droit romain lui-même, l'héritier *extraneus* qui détournait des choses de l'hérédité faisait aussi ce qu'il ne devait pas faire, et néanmoins il ne faisait pas pour cela acte d'héritier (1).

Déciderait-on, en effet, que l'héritier qui avait, par exemple, prêté son cheval au défunt, ou qui le lui avait remis à titre de dépôt, fait acte d'héritier en le reprenant, parce qu'il en a besoin et qu'il n'a pas le tems d'attendre que les autres héritiers, qui sont peut-être au loin, qui n'ont pas plus accepté que lui, le lui restituent? Ce serait absurde, et cependant il n'avait pas non plus, d'après les principes purs, le droit de reprendre lui-même le cheval. Dans le cas de dépôt notamment, le déposant ou ses héritiers, s'il y avait eu de leur part des dépenses faites pour la conservation de la chose, auraient même eu le droit de la retenir jusqu'au remboursement de ces impenses (art. 1948). Sans doute que les partisans du système que nous combattons n'auraient pas été jusqu'à dire que dans un tel cas, ou autres analogues, l'héritier en reprenant simplement sa chose avait fait acte d'héritier; très-probablement ils auraient été retenus par la considération qu'il ne reprenait que ce qui lui appartenait (2): au lieu que dans les cas ordinaires de

---

(1) Voy. *suprà*, n° 389.

(2) Quoiqu'ils décidassent toutefois que l'héritier en même temps légataire pur et simple d'un corps certain, et qui en était, comme aujourd'hui, propriétaire à partir du décès du testateur, faisait acte d'héritier en se mettant de lui-même en possession du legs; mais il y avait une raison particulière : c'est que le légataire n'est propriétaire de la chose léguée que sous l'obligation d'en demander, lui ou ses représentans, la délivrance, afin que la loi sache du moins si toutes les conditions requises pour la validité du legs ont été rem-

créances, le créancier, dans les anciens principes, n'était point propriétaire de la chose due, tant qu'une tradition quelconque ne lui en avait pas été faite. Mais aujourd'hui, dans les obligations du corps certain, la propriété étant transférée par l'effet du seul consentement (art. 1138), il y aurait encore bien moins de raison de décider que l'héritier, acquéreur d'un objet déterminé, fait acte d'héritier en se mettant de lui-même en possession de cet objet. Nous adopterions donc plus facilement le sentiment de Furgole et autres, puisque, encore une fois, on ne peut pas dire que ce fait est un fait qui suppose *nécessairement* dans l'héritier l'intention d'accepter. On voit bien évidemment que c'était une peine qu'on infligeait à l'habile à succéder, comme la loi l'inflige à celui qui a diverti des objets de la succession (art. 792), et que ce n'était que par fiction qu'on lui imputait l'intention d'avoir voulu se rendre héritier pur et simple en prenant uniquement la chose qui lui était due; mais, hors le cas de fraude prévu par cet art. 792, l'acceptation ne saurait être considérée comme une peine.

402. Il nous reste encore à traiter sur ces cas douteux le plus délicat peut-être de tous, celui où l'héritier paye de ses propres deniers les dettes de la succession; car si c'était avec ceux de l'hérédité, il

---

plies; il n'y a d'exception que dans le cas d'un legs universel, quand encore il n'y a pas d'héritiers auxquels il est dû une réserve.

ferait acte d'héritier, puisqu'il aliénerait des choses héréditaires, attendu que celui qui paye une dette doit être propriétaire de la chose donnée en paiement (art. 1238), afin de rendre tel le créancier qui la reçoit.

Nous avons dit précédemment (1) que lorsqu'il était obligé solidairement avec le défunt, ou qu'il était sa caution, le paiement qu'il a fait, sans prendre dans l'acte ou la quittance la qualité d'héritier de ce dernier, n'emporte point acceptation; mais, suivant M. Chabot, si, obligé conjointement avec le défunt, sans solidarité, il paye au-delà de sa part dans la dette, il fait acte d'héritier, puisqu'il acquitte la dette de la succession, à moins qu'il n'ait payé *custodiœ causâ* (2). Par la même raison, si, sans être obligé avec le défunt, il paye la dette de celui-ci, il fait acte d'héritier, à moins que ce ne fût une dette de peu d'importance dont l'acquittement était urgent, et qu'en outre l'héritier n'ait payé qu'avec toutes réserves, attendu,

---

(1) Voy. *suprà*, n° 378 et suivans.

(2) Il semble même, selon cet auteur, que l'héritier ferait encore acte d'héritier quoiqu'il ne payât pas au-delà de sa part, s'il n'avait pas la précaution *de déclarer qu'il entend imputer ce qu'il paye sur ce qu'il doit personnellement;* car M. Chabot fait formellement mention de cette réserve dans cette même hypothèse , où il décide en effet que l'habile à succéder ne fait pas acte d'héritier ; mais cette doctrine est insoutenable, puisqu'on ne peut dire que ce qu'a fait l'héritier, il n'avait le droit de le faire qu'en sa qualité d'héritier , et qu'on ne peut pas dire davantage que cet acte fait nécessairement supposer en lui l'intention d'accepter.

dit-il, que tel était le droit à peu près général de nos anciennes coutumes.

Le même auteur convient toutefois que si l'héritier, en payant la dette de la succession, s'est fait subroger aux droits du créancier, il doit plutôt être considéré comme ayant voulu, en quelque sorte, acheter la créance, que libérer l'hérédité.

Pour être conséquent il faudrait décider la même chose dans tous les cas où il y a subrogation légale au profit de celui qui paye, puisque celui qui sait que la loi lui donne la subrogation n'a pas besoin de la stipuler; il est même censé l'avoir fait.

Enfin il convient aussi que l'héritier ne fait pas non plus acte d'héritier en payant un créancier de la succession qui exerce des poursuites, *pourvu qu'il déclare expressément dans un procès-verbal ou dans un acte authentique* (1), qu'il n'entend pas agir comme héritier, mais seulement *animo gerendi negotia hereditatis;* ou lorsqu'il paye un vendeur qui avait fait avec le défunt le pacte commissoire dans le cas des art. 1655 et 1656, avec la déclaration sus-mentionnée; ou quand il paye, toujours avec cette déclaration, les arrérages d'une rente constituée pour éviter le remboursement forcé dans le cas de l'art. 1912, ou les dettes dites dettes *criardes,* ou des legs modiques faits à des domestiques pour prier Dieu pour le défunt.

_____

(1) Et pourquoi pas aussi dans un acte sous seing privé, que l'on ferait enregistrer?

466   Liv. III. *Manières d'acquérir la Propriété.*

Toutes les restrictions que M. Chabot apporte
au principe qu'il a posé d'abord ne sauraient souffrir la moindre difficulté; mais le principe lui-
même est-il bien certain aujourd'hui? c'est l'unique
question que l'on peut se faire sur ce point.

M. Chabot ne s'est-il pas trop laissé préoccuper
des anciennes doctrines (1)? n'a-t-il pas perdu de
vue tout à coup ce qu'il avait dit lui-même, que « le
« Code exige la réunion de deux conditions pour
« qu'il y ait acceptation tacite : 1° un acte qui sup-
« pose *nécessairement* dans l'héritier son intention
« d'accepter; 2° un acte qu'il n'aurait le droit de
« faire qu'en sa qualité d'héritier? »

Quant à la première de ces conditions (2), bien
certainement elle ne se rencontre pas dans le paiement fait par l'habile à succéder : tous les jours on
paye la dette de son ami, de son parent; on paye
par intervention : les titres *de negotiis gestis* au
Digeste et au Code sont remplis de lois qui traitent
de ce cas, et plusieurs dispositions de nos Codes le
règlent également. Ce qu'on fait pour un étranger,
sans mandat de sa part, et par pure bienveillance,

(1) La coutume du Bourbonnais et plusieurs autres décidaient en effet
que l'habile à succéder qui payait la dette du défunt devenait généralement héritier. « Quand aucun habile à succéder, portait l'art. 325
« de cette coutume, paye créanciers, légats, ou fait autre acte d'hé-
« ritier, il est réputé héritier et ne peut plus répudier. »
C'était même, dit M. Chabot, le droit commun dans les pays coutumiers.
(2) Nous ne croyons cependant pas qu'il y en ait *deux*. Voy.
suprà, n° 375.

on peut donc bien le faire par honneur pour la
mémoire d'un proche parent, d'un père, d'autant
mieux que l'on doit naturellement songer, en pareil cas, que si l'on se détermine ensuite à accepter
la succession on aura fait sa propre affaire, ce qui
ne veut pas dire toutefois qu'on entend positivement la faire dès à présent, et que si on répudie
on se fera rembourser (du moins en partie si la
succession n'est pas suffisante) par ceux qui accep-
teront, puisque l'on aura tout au moins l'action
negotiorum gestorum contre eux. Quoi qu'il en soit,
on ne peut pas dire que l'intention était *nécessaire-*
ment d'accepter l'hérédité, puisqu'il pouvait y en
avoir une tout autre. Il y a sans doute, et nous l'a-
vouons nous-même, présomption que l'héritier a
plutôt entendu faire son affaire que celle d'une
succession à laquelle il aurait voulu rester ou devenir étranger ; mais la loi actuelle ne se contente
pas de simples préosmptions, de conjectures plus
ou moins fortes ; elle veut que l'acte fasse *nécessai-*
rement supposer que l'héritier a eu l'intention
d'accepter l'hérédité en le faisant ; et nous soute-
nons que cette supposition n'est point *nécessaire,*
qu'elle peut être fautive dans beaucoup de cas, ce
qui suffit pour dire que l'acte n'a point le caractère
déterminé par le Code.

Et quant à la seconde condition, pour nous servir de l'expression de M. Chabot, il est bien plus
évident encore qu'elle ne se rencontre pas dans le
seul fait du paiement, par l'habile à succéder, d'une

dette de la succession, puisqu'on peut très-bien payer la dette d'un tiers (art. 1236), même sans l'aveu du débiteur. Par conséquent, en payant la dette de la succession, l'habile à succéder n'a donc pas fait un acte qu'il n'aurait pu faire qu'en sa qualité d'héritier.

Sans doute dans les anciens principes l'on payait valablement aussi la dette d'un tiers sans son aveu, et nous convenons qu'on décidait généralement, surtout dans les pays de coutumes, que le paiement fait par l'habile à succéder sans qu'il y eût urgence, et même dans les cas d'urgence, mais sans déclaration qu'il n'entendait point se porter héritier, était un acte d'acceptation ; mais c'est qu'alors, et M. Chabot en convient lui-même, les règles sur l'acceptation tacite étaient moins positives qu'elles ne le sont aujourd'hui d'après le texte de l'art. 778.

Ainsi, dans le droit romain et dans les pays où l'on suivait chez nous ses dispositions, la seule intention, sans immixtion réelle, était une acceptation, et cette intention, les uns la voyaient dans un acte où les autres ne la voyaient pas aussi clairement. Dans plusieurs coutumes la seule immixtion réelle suffisait pour faire présumer l'intention.

Au contraire, aujourd'hui il faut que l'acte fasse *nécessairement* supposer qu'en le faisant l'habile à succéder a entendu se porter héritier; et pour bien s'assurer de cette intention, la loi ne la reconnaît que dans un acte que l'héritier n'a pu vouloir faire en une autre qualité que celle d'héri-

tier, parce qu'il n'en avait pas d'autre : or, le
paiement d'une dette offre si peu cette certitude
que, dans le droit romain lui-même, où l'on était
si facile à reconnaître la volonté de l'héritier de se
porter héritier en faisant tel ou tel acte, l'on ne
décidait la question d'acceptation par l'affirmative
qu'autant que l'héritier avait payé tout juste une
portion de la dette correspondante à sa part dans
la succession, parce que, disait-on alors, il est censé
avoir voulu par là affranchir sa part héréditaire :
plus ou moins n'emportait point acceptation; du
moins c'est ainsi que l'on interprète communément
la L. 2, Cod. *de jure deliber.* et la L. 8, Cod. *de inoff.*
testam. Et M. Chabot lui-même en convient, comme
il convient aussi que les principes du Code sont
plus certains, plus formels que ceux de l'ancienne
jurisprudence.

Au surplus, quoique nous soyons bien convaincu
que, dans l'esprit du Code, la question doive être
résolue en ce sens, nous conseillerons néanmoins
aux héritiers qui n'ont point encore accepté, de ne
payer aucune dette non urgente, et de ne payer
les autres qu'avec protestation de toute réserve du
droit d'accepter ou de renoncer ensuite : ils pré-
viendront ainsi des difficultés et des procès, qui
n'auraient plus lieu si notre sentiment finissait par
prévaloir.

403. Il convient enfin de jeter rapidement un
coup d'œil sur les actes qui n'emportent point ac-

ceptation, parce qu'on doit les considérer comme purement conservatoires, de surveillance, et d'administration provisoire.

L'héritier a le droit, non seulement d'accepter purement et simplement ou de renoncer, mais il a aussi celui d'accepter sous bénéfice d'inventaire : pour cela, la loi lui donne un certain délai, et pendant ce délai, des actes de conservation, de simple administration, peuvent devenir nécessaires; il a donc la faculté de les faire, tout en conservant la liberté de prendre ensuite le parti qu'il jugera convenable à ses intérêts : seulement il ne doit faire que des actes conservatoires et d'administration urgente, et ne prendre dans aucun la qualité ou le titre d'héritier; il doit se borner à prendre celui d'habile à succéder.

« Les actes purement conservatoires, de surveil- « lance et d'administration provisoire, dit l'art. 779, « ne sont pas des actes d'adition d'hérédité, si l'on « n'y a pas pris le titre d'héritier. »

Si on l'y avait prise cette qualité, comme l'acceptation serait expresse, il n'y aurait plus à rechercher si l'acte est de pure conservation, ou s'il fait nécessairement supposer que l'intention de l'héritier en le faisant a été de se porter héritier : tout doute à cet égard s'évanouirait.

404. L'on a toujours regardé le paiement des frais funéraires fait par l'héritier comme un acte

qui n'emporte point acceptation : l'héritier est censé
agir *pietatis causâ* (1).

Il peut, comme s'il avait déjà accepté bénéficiairement, mais en se faisant autoriser par la justice,
vendre en sa qualité d'habile à succéder les meubles dispendieux à conserver, les choses sujettes à
un prompt dépérissement, et les denrées; mais
cette vente doit être faite par officier public, après
les affiches et publications réglées par les lois sur
la procédure. (Art. 796.)

Il peut aussi, toujours en cette qualité et comme
administrateur de l'hérédité, interrompre les prescriptions qui courent au profit des débiteurs de
la succession ou des détenteurs des biens qui en
font partie ;

Prendre inscription hypothécaire sur les biens
des débiteurs de l'hérédité ;

Faire les réparations nécessaires et urgentes ;

S'opposer au déménagement des locataires qui
n'ont pas payé les loyers ;

Donner les congés qu'il serait utile de donner ;

Louer, pour les termes ordinaires des baux faits
sans écrit, les appartemens vacans ;

Intervenir dans les distributions de deniers qui
se feraient sur les débiteurs de la succession, et
pour cela former les oppositions nécessaires ou les
demandes à fin de collocation hypothécaire, etc.

---

(1) L. 14 , §. 8 , *de relig. et sumpt. funer.* et L. 20 , §§. 1 et 3 , ff.
de acquir. vel omitt. heredit.

405. Tous ces actes ne sont que de simples actes de conservation et d'administration provisoire. Mais quand l'héritier craint de se compromettre en en faisant d'autres : par exemple, comme dit M. Chabot, lorsqu'il s'agit de consentir des baux à ferme ou à loyer, ou même de renouveler ceux qui existent et qui vont expirer, il doit se faire autoriser par le tribunal à cet effet (1).

406. Lorsqu'une personne à qui une succession est échue est morte sans l'avoir répudiée ou sans l'avoir acceptée expressément ou tacitement (2), ses héritiers peuvent l'accepter ou la répudier de son chef. (Art. 781.)

C'est là l'effet du droit de *transmission*, qui n'avait lieu dans le droit romain que dans quelques cas seulement (3). Ce droit résulte de la *saisine*, dont il a été parlé plus haut (4); et nous le reconnaissons même aussi à l'égard de l'enfant naturel et du conjoint survivant, successeurs irréguliers, quoiqu'ils ne soient pas saisis de plein droit, qu'ils soient obligés de demander la délivrance ou de se faire envoyer en possession suivant les distinctions et formalités établies par la loi (art. 724); mais ils

---

(1) Mais il ne doit avoir, selon nous, aucune crainte quand il se borne à faire les locations d'appartemens pour les termes d'usage des baux faits sans écrit.

(2) Ce qui a lieu surtout quand deux ou plusieurs personnes respectivement appelées à la succession l'une de l'autre périssent dans le même événement. (Art. 720 , 721 , 722.)

(3) Voy. *suprà*, n° 56.

(4) N° 53 et suivans.

ne sont pas moins saisis du droit tel qu'il existe,
c'est-à-dire sous l'obligation de demander cette délivrance ou cet envoi; et ce droit, dont il faut bien
qu'ils soient saisis pour qu'ils puissent l'exercer,
ils le transmettent à leurs représentans, puisqu'il
est pécuniaire et non exclusivement attaché à la
personne.

Si la succession avait été acceptée par l'héritier,
il est clair que ses propres héritiers n'ayant que
les mêmes droits qu'il avait, ils ne pourraient la
répudier; ils pourraient seulement renoncer à la
sienne, dans laquelle s'est confondue la première,
s'ils ne l'avaient pas encore acceptée.

Et s'il avait lui-même renoncé à l'hérédité dont
il s'agit, ses héritiers, par l'effet du même principe, ne pourraient ensuite accepter cette hérédité, tout en acceptant la sienne. Ils n'ont ni plus
ni moins de droit que lui.

407. Toutefois, si la succession à laquelle leur
auteur a renoncé n'avait point encore été acceptée
par d'autres, à son refus, nul doute, et nonobstant
la généralité des termes de l'art. 781, qu'ils ne
pussent eux-mêmes, et comme exerçant les droits
qu'il avait encore, l'accepter de son chef, conformément à l'art. 790, qui modifie, sous ce rapport,
la disposition du premier de ces articles, suivant laquelle les héritiers de celui à qui une succession
est échue n'ont droit de l'accepter ou de la répudier qu'autant qu'il ne l'a pas lui-même répudiée

ou acceptée. Ils peuvent faire tout ce qu'il aurait
pu faire à cet égard; or, dans l'hypothèse, il eût
encore pu accepter.

408. Mais pour accepter ou répudier la succession dont il s'agit, les héritiers de celui qui est
mort sans avoir pris parti à ce sujet sont obligés
d'accepter la sienne; ils l'acceptent par cela même,
puisque ce n'est que de son chef qu'ils agissent

En effet, en répudiant la première hérédité, ils
aliènent un droit dépendant de la seconde; et en
l'acceptant ils font acte d'héritier à l'égard de cette
dernière, puisqu'ils exercent un droit qui en fait
partie; tellement que par cela seul qu'ils acceptent
ou répudient cette première hérédité, ils font acte
d'héritier à l'égard de celle de leur auteur direct
et immédiat à qui elle était échue; tandis que pour
celle dont il s'agit, ils peuvent la répudier ou l'accepter du chef de leur auteur, qui leur a transmis tous
ses droits, au nombre desquels était compris celui
d'accepter ou de répudier cette succession.

409. Mais la loi a prévu qu'ils pourraient n'être
pas d'accord sur le parti à prendre à ce sujet; que
les uns voudraient peut-être répudier, les autres
accepter purement et simplement, d'autres enfin
accepter sous bénéfice d'inventaire.

Anciennement on décidait la question par le
quid utiliùs, et généralement c'était pour l'acceptation bénéficiaire; mais ce n'était point une règle:
aussi s'est-il élevé souvent des difficultés sur ce

point (1). Le Code a voulu les prévenir en disant
que « si ces héritiers ne sont pas d'accord pour
« accepter ou pour répudier la succession, elle
« doit être acceptée sous bénéfice d'inventaire »
(art 782). On a cru par ce moyen satisfaire aux
espérances, peut-être bien fondées, de ceux qui
croient que l'hérédité est avantageuse, et mettre
à l'abri de tout préjudice ceux qui ont la crainte,
peut-être bien fondée aussi, qu'elle ne soit mauvaise.

410. Cependant, comme il pourrait arriver que
celui à qui la succession était échue eût été tenu au
rapport envers ses cohéritiers pour les avantages
qu'il avait reçus du défunt sans clause de préciput
ou de hors part (843), et par conséquent que ses
héritiers, en acceptant de son chef, même bénéficiairement, y seraient pareillement assujétis, tandis
qu'il eût peut-être mieux valu pour eux renoncer
à la succession et s'en tenir aux dons ou legs, on
sent que la question du *quid utiliùs* pourrait encore
avoir de l'importance si le Code ne l'avait pas
prévenue, et ce sera généralement en pareil cas
que les héritiers ne s'accorderont pas, du moins
sur l'acceptation bénéficiaire. De là, il peut arriver
que l'obstination, les faux calculs de l'un des héritiers de celui à qui la succession dont il s'agit était
échue, entraînent les autres dans une perte réelle,
en les obligeant au rapport dont aurait été tenu

---

(1) *Voy.* dans *le Nouveau Denizart*, au mot *Adition*, §. 4, et surtout
au mot *Héritier*, §. 10.

leur auteur, quand il eût mieux valu pour eux renoncer de son chef. La connivence de cet héritier avec les cohéritiers de son auteur immédiat, qui profiteraient ainsi de ce rapport, n'est pas moins à craindre, et cependant il serait bien difficile d'en empêcher l'effet, puisque la loi dit qu'en cas de dissidence entre les héritiers de celui qui avait recueilli la succession dont il s'agit, cette succession sera acceptée sous bénéfice d'inventaire : usant de son droit en optant pour l'acceptation, il ne pourrait donc que très-difficilement être accusé de connivence et de fraude, parce que, *is qui jure utitur, neminem lædit.*

411. Néanmoins nous aurions bien de la peine à croire que le législateur eût entendu par là favoriser aussi l'intérêt particulier de cet héritier, dans le cas où, appelé pareillement à la première succession avec le dernier décédé (1), celui-ci eût été tenu à un rapport qui serait plus avantageux pour l'héritier que le bénéfice de l'accroissement résultant de la renonciation pure et simple. La loi actuelle n'a eu en effet d'autre but que de prévenir des difficultés et des procès que pouvait faire naître l'entêtement de l'un ou de plusieurs des cohéritiers, ou le désir de n'être pas chargés des embarras d'une liquidation même bénéficiaire ; mais elle n'a pu vouloir favoriser l'intérêt des uns au détriment de

---

(1) Ce qui peut avoir lieu surtout par l'effet de divers mariages contractés dans la même famille.

celui des autres. En conséquence, si, conformément à l'article 782, les tribunaux ordonnaient que la succession dont il est question sera acceptée sous bénéfice d'inventaire, ils ne devraient le faire, d'après la règle que quiconque cause à autrui un préjudice par son fait est obligé à le réparer (article 1382), surtout, comme dans l'espèce, pour en tirer un bénéfice; ils ne devraient le faire qu'en accueillant la demande faite par les cohéritiers d'être rendus indemnes du tort réel que pourrait leur occasioner l'obligation de rapporter ce qui avait été donné à leur auteur, eux offrant de leur côté d'abandonner à l'héritier qui veut absolument que la succession soit acceptée, tous les avantages qui pourraient résulter de cette même succession à laquelle ils veulent renoncer. Si cette décision n'est pas fondée sur le texte de l'article 782, elle est du moins fondée sur l'esprit du droit commun et sur les principes de l'équité.

412. Au surplus, si les héritiers, collectivement, de celui à qui la succession était échue, et qui l'acceptent de son chef, même bénéficiairement, sont tenus aussi de son chef du rapport dont il aurait été tenu lui-même, si c'eût été lui qui eût accepté l'hérédité, il n'en est pas ainsi au sujet des avantages qu'auraient reçus de celui de la succession duquel il s'agit l'un ou plusieurs de ces héritiers et même tous, s'ils ne sont point eux-mêmes héritiers directs de ce dernier; car le rapport n'est dû que

par l'héritier qui vient à la succession, ou par ceux qui y viennent de son chef ou par le bénéfice de la représentation (art. 781, 843 et 848 analysés et combinés); or, dans l'espèce, les héritiers de l'héritier ne sont pas directement les héritiers du premier décédé; ils ne le sont que parce qu'ils sont ceux du dernier décédé, et comme représentans de celui-ci. Ils ne viennent pas à sa succession comme ses héritiers personnels, mais bien comme héritiers d'un autre. Qu'importe après cela que l'article 846 soumette au rapport le donataire qui n'était pas le successible du donateur, c'est-à-dire son héritier présomptif au moment de la donation, mais qui se trouve son successible au jour de l'ouverture de la succession, et qui l'accepte? Le cas est bien différent, puisqu'ici le donataire se trouve héritier du donateur, tandis que dans le premier il ne l'est pas. Il n'y a donc pas lieu de dire, avec quelques personnes, que le rapport n'est pas dû parce que les dons et legs sont censés faits avec dispense de rapport, ce qui rend applicable, selon ces personnes, l'article 847; car il est plus exact de dire que le rapport n'est pas dû, parce que ceux qui ont reçu les avantages ne sont point les héritiers du donateur. Il est vrai que cet article dit que « les dons et legs faits au fils de celui qui se « trouve successible à l'époque de l'ouverture de « la succession, sont toujours réputés faits avec « dispense du rapport; » mais c'est pour dire en-suite que « le père venant à la succession du do-

« nateur n'est pas tenu de les rapporter. » L'on a voulu par là prévenir un doute, que nous expliquerons quand nous traiterons spécialement *des rapports.* Quoi qu'il en soit, le rapport, dans notre espèce, n'est pas dû parce que les donataires ne sont pas les héritiers du donateur ; d'où il suit qu'il n'y a pas besoin de dire, ni même de supposer, que c'est parce que les dons ont été faits avec dispense du rapport.

§. II.

Quelles personnes ont capacité pour accepter les successions qui leur sont échues.

413. En général toute personne à qui il est échu une succession a capacité pour l'accepter, par l'effet du principe que toute personne peut contracter, si elle n'en est pas déclarée incapable par la loi (art. 1123) ; car, par l'acceptation d'une hérédité, l'héritier contracte, sinon formellement, du moins tacitement, envers les créanciers du défunt et ses légataires, l'obligation de payer les dettes et d'acquitter les legs.

414. Mais précisément parce que celui qui accepte une succession se soumet à cette obligation, la loi n'a pas permis d'accepter l'hérédité à ceux-là même à qui elle n'a pas permis de contracter : tels sont en général les mineurs, les interdits et les

femmes mariées non autorisées (art. 1124). Elle a tracé, quant aux mineurs et aux interdits, des formalités propres à prévenir le danger qui aurait pu résulter pour eux d'une acceptation faite sans discernement; et elle a voulu, quant aux femmes mariées, qu'elles se fissent autoriser de leur mari, ou, à son défaut, par la justice, comme pour les contrats proprement dits.

Ainsi « les femmes mariées ne peuvent pas vala-« blement accepter une succession sans l'autorisa-« tion de leur mari ou de justice, conformément « aux dispositions du chapitre VI du titre du Ma-« riage. » (Art. 776.)

« Les successions échues aux mineurs et aux « interdits ne pourront être valablement acceptées « que conformément aux dispositions du titre de la' « Minorité, de la Tutelle et de l'Émancipation.»(*Ibid.*)

415. Parlons d'abord des successions échues aux mineurs ou aux interdits.

Quant aux mineurs, il n'y a, relativement à l'acceptation d'une hérédité, aucune distinction à faire entre les mineurs émancipés et ceux qui sont encore en tutelle.

Il n'y en a pas davantage à faire entre l'acceptation bénéficiaire et l'acceptation pure et simple. L'acceptation bénéficiaire pourrait aussi, dans certains cas (1), causer un préjudice au mineur, en

_____

(1) Ainsi que nous l'avons déjà dit au titre *de la Tutelle*, tome III, n° 576.

le soumettant à l'obligation du rapport, quand il valait peut-être mieux pour lui renoncer et s'en tenir à ce qui lui avait été donné, au moins jusqu'à concurrence de la quotité disponible (art. 845), que d'accepter et de rapporter à la masse ce qu'il avait reçu du défunt, ou se priver ainsi du droit de réclamer les legs qui lui auraient été faits par le testament de ce dernier ; car, même pour les legs, on ne peut les réclamer en se portant héritier qu'autant qu'ils ont été faits expressément par préciput. (Art. 843.)

En conséquence, la succession ne doit être acceptée par le tuteur ou par le mineur émancipé (1), que d'après une délibération conforme du conseil de famille ; et l'acceptation ne peut avoir lieu que sous bénéfice d'inventaire. (Art. 461, 484 et 776 analysés et combinés.)

416. La délibération du conseil de famille, qu'elle ait pour objet d'autoriser l'acceptation ou la renonciation, n'a pas besoin d'être homologuée par le tribunal (2) : la loi ne prescrit point cette homologation comme elle le fait pour les aliénations d'immeubles, les constitutions d'hypothèque,

---

(1) Ce dernier, au moyen de la délibération, n'a pas besoin de l'assistance de son curateur pour accepter bénéficiairement la succession, mais il en aura besoin pour provoquer la division ou défendre à la demande en partage, ce qui est en effet bien différent (art. 840). Au surplus, il convient, pour prévenir toute difficulté, que le mineur, lorsqu'il fera sa déclaration au greffe, soit assisté de son curateur, et que ce curateur signe aussi la déclaration.

(2) *Voy.* tom. III, n° 577.

les emprunts et les transactions (art. 457, 458, 467, 483 et 484 combinés); ce qui prouve qu'elle ne l'a point jugée nécessaire.

417. Et lorsque l'acceptation a été régulièrement faite, le mineur est lié par elle comme un majeur le serait lui-même : seulement il est nécessairement héritier bénéficiaire; mais, à ce titre, il serait soumis au rapport s'il y avait lieu, quoiqu'il fût plus avantageux pour lui d'être renonçant. Les précautions prises par la loi, les conditions qu'elle exige pour l'acceptation des successions échues aux mineurs, sa volonté que l'hérédité ne soit acceptée que sous bénéfice d'inventaire, tout atteste qu'elle a entendu que, lorsque l'acceptation serait faite conformément à ses dispositions, elle aurait, ainsi qu'une donation dûment acceptée (art. 463), le même effet qu'à l'égard du majeur; qu'il n'y aurait pas lieu pour le mineur à s'en faire relever en vertu de l'art. 1305, attendu qu'il ne s'agit pas d'un acte passé par lui en sa seule qualité de mineur, mais d'un acte qui, fait suivant les formes protectrices de la loi, est censé fait par un individu jouissant de toute la capacité requise pour le faire (1). (Art. 1314 par argument *à fortiori.*)

418. Tout ce qui vient d'être dit s'applique au cas où la succession est échue à un interdit pour démence. Les lois sur la tutelle des mineurs sont applicables à celle des interdits (art. 509); et spé-

---

(1) *Voy.* au même tom. III, nᵒˢ 574, 577, 579, 594, 598, 592 et 595.

cialement en matière d'acceptation de succession, l'art. 776, comme on l'a dit, met sur la même ligne les interdits et les mineurs.

419. Quant à ceux qui sont simplement placés sous l'assistance d'un conseil judiciaire pour prodigalité ou faiblesse d'esprit, les art. 499 et 513, qui leur défendent de plaider, transiger, emprunter, recevoir un capital mobilier et en donner décharge, d'aliéner et de grever leurs biens d'hypothèque, sans l'assistance de ce conseil, ne parlent pas, il est vrai, nommément de l'acceptation ni de la répudiation d'une succession; mais il n'est pas douteux que l'assistance du conseil ne soit nécessaire pour un tel acte. Accepter une succession, c'est s'obliger envers les créanciers et les légataires du défunt, et la répudier, c'est aliéner un droit; or, sous l'un comme sous l'autre rapport, celui qui a été jugé incapable de disposer librement de ses biens, de continuer à être le *moderator rei suœ*, est par cela même jugé incapable de faire seul, et sans l'assistance du guide qui lui a été donné, un acte d'une aussi grande importance.

420. Il faut toutefois remarquer que cet individu n'est point interdit, par conséquent qu'on ne saurait lui appliquer les lois sur les interdits, et spécialement celle qui veut que toute succession échue à une personne mise en état d'interdiction pour cause de démence soit acceptée sous bénéfice d'inventaire, si le conseil de famille juge utile d'auto-

riser le tuteur à accepter : d'où nous concluons
que si l'acceptation a eu lieu purement et simplement, mais avec l'assistance du conseil, elle a les
mêmes effets que celle qui aurait été faite par un
individu avec pleine capacité; car l'assistance du
conseil a précisément pour objet de suppléer à
l'insuffisance de cette capacité chez celui auquel il
a été donné; à tel point que faits avec cette assistance, les actes les plus importans, comme les aliénations d'immeubles, les transactions, etc., sont
valables, quoique faits sans aucune des formalités
prescrites pour les actes qui intéressent des interdits proprement dits.

Mais il est du devoir de ce conseil de ne prêter
son assistance que pour faire une acceptation bénéficiaire : c'est toujours le parti le plus sûr.

421. Suivant l'art. 29 du Code pénal , « quicon-
« que aura été condamné à la peine des travaux
« forcés à tems ou de la réclusion, sera de plus,
« pendant la durée de sa peine, en état d'interdic-
« tion légale; il lui sera nommé un curateur pour
« gérer et administrer ses biens dans les formes
« prescrites pour la nomination des tuteurs aux
« interdits. »

C'est-à-dire par un conseil de famille , puisque
c'est un conseil de famille qui nomme le tuteur
d'un interdit. (Art. 505 Cod. civ.)

Ce curateur n'étant nommé que pour gérer et
administrer les biens comme un tuteur ordinaire,

il faut en conclure que, pour accepter ou répudier une succession échue au condamné pendant la durée de sa peine, il doit se faire autoriser par une délibération d'un conseil de famille dûment composé, et que l'acceptation, si ce conseil estime qu'il convienne d'accepter, doit être faite sous bénéfice d'inventaire, comme à l'égard d'une succession échue à un interdit pour démence, auquel la loi assimile évidemment l'interdit pour crime, en ce qui concerne l'administration des biens.

Les mêmes dispositions, ni aucune autre analogue, n'étant établies contre le banni, il s'ensuit qu'il reste dans les termes du droit commun. En conséquence, c'est lui qui a seul qualité, par lui-même ou par un mandataire, pour accepter les successions qui s'ouvriraient à son profit pendant la durée de son bannissement, qui ne peut être moindre de cinq ans ni excéder dix années. (Art. 32, *C. P.*)

422. Souvent il s'ouvre une succession à laquelle est appelé un individu condamné par contumace à une peine qui emporte mort civile, ou à une peine qui n'emporte pas cette mort.

Dans ces cas une première question est à décider, celle de savoir si le condamné qui est absent peut avoir des droits à l'hérédité, et en conséquence s'il doit y être représenté, ou s'il y a lieu, au contraire, d'appliquer la disposition de l'art. 136 portant que, « s'il s'ouvre une succession à laquelle soit « appelé un individu dont l'existence n'est pas re-

« connue, elle sera dévolue exclusivement à ceux
« avec lesquels il aurait eu le droit de concourir,
« ou à ceux qui l'auraient recueillie à son dé-
« faut. »

Au titre *de la Mort civile* (1), nous avons dit, au
sujet du condamné par contumace à une peine emportant mort civile, que, pendant les cinq ans qui
lui sont donnés pour purger la contumace, il est
privé, non pas de la jouissance, mais de l'exercice
des droits civils, en vertu de l'art. 28 du Code; que
s'il s'ouvre une succession à laquelle il soit appelé,
*et que son existence ne soit pas méconnue par ceux
qui y viendraient avec lui ou après lui,* cette succession serait recueillie par le directeur des domaines et des droits d'enregistrement de son domicile, d'après les art. 466 et 472 du Code d'instruction criminelle, pour en être rendu compte ensuite
à qui il appartiendra.

Mais nous généralisons ici la proposition et nous
parlons indistinctement, que la condamnation soit
à une peine emportant ou non mort civile, n'importe, car la décision doit être la même.

D'abord, il est évident que si les cohéritiers du
contumace, ou ceux qui viendraient à l'hérédité à
son défaut, ne méconnaissent point son existence,
l'administrateur de ses biens le représente dans
cette hérédité, accepte pour lui s'il y a utilité de le
faire, et reçoit sa part dans le partage s'il y a lieu

(1) Tome. 1er, n° 228.

d'y procéder avant la comparution du condamné en justice. L'acceptation doit aussi avoir lieu sous bénéfice d'inventaire.

Mais il est possible que les cohéritiers du contumace ne reconnaissent pas son existence, et c'est dans cette supposition qu'au même endroit, où nous ne voulions pas encore agiter la question de savoir quel serait l'effet de leur refus, nous disons (par note) que ces mots, *et que son existence ne soit pas méconnue par ceux qui viendraient avec lui ou après lui,* sont par nous ajoutés par rapport à l'article 136 du Code civil, n'entendant alors rien préjuger à cet égard. Et arrivant à l'explication de cet article (1), nous disons enfin qu'il est applicable en principe aussi bien au cas où l'absence de celui qui est appelé à une succession par son degré de parenté n'est pas encore déclarée au moment de l'ouverture du droit, comme au cas où elle l'est déjà; mais qu'à cet égard il ne suffit pas aux cohéritiers, pour pouvoir prendre à eux seuls toute l'hérédité, de dire qu'ils ne reconnaissent point l'existence de l'absent; qu'il faut de plus que cette existence ne soit réellement pas reconnue, et que c'est là un point laissé à la sagesse du tribunal, dont la décision doit dépendre des circonstances particulières de la cause, des motifs de l'absence, s'ils étaient connus, du tems qui se serait écoulé depuis la disparition ou les dernières nouvelles, ainsi que

---

(1) Même vol., n°s 535 et surtout 536.

des habitudes de l'individu. Or, les motifs de la
disparition d'une personne poursuivie pour crime
sont assez sensibles, et la présomption de sa mort
est beaucoup moins grave qu'à l'égard de tout autre
qui s'est éloigné de ses foyers. D'ailleurs il est très-
possible qu'on ait acquis la certitude qu'il existait
au moment de l'ouverture de la succession : la
preuve peut en être fournie de plusieurs manières,
et nul doute alors que l'art. 136 ne fût point applicable, et que le préposé de la régie ne dût être
admis à exercer les droits du contumace dans l'hérédité dont il s'agit.

Mais si la disparition datait depuis long-tems au
moment où vient à s'ouvrir cette hérédité, et si l'on
n'avait eu d'ailleurs aucune nouvelle positive sur
le sort du contumace; s'il s'était passé surtout quelque événement dans lequel on pourrait croire qu'il
a été enveloppé, nous ne voyons pas pourquoi l'on
n'appliquerait point cet art. 136, puisque sa disposition est générale, et n'excepte pas le cas où l'absent est poursuivi pour crime : seulement les motifs de sa disparition, et qui l'empêchent de donner
de ses nouvelles et de reparaître, étant connus,
c'est une circonstance qui doit rendre les tribunaux
plus difficiles à admettre la prétention de ses cohéritiers de partager à eux seuls la succession, mais
voilà tout. Et dans l'hypothèse où cette prétention
serait rejetée, nous croyons que s'il s'écoulait, sans
qu'on eût des nouvelles du contumace, tout le
tems à l'expiration duquel l'absence pourrait être

déclarée dans les cas ordinaires, ils seraient alors en droit de demander compte de la portion que le receveur de la régie aurait reçue au nom de l'absent (sauf à la restituer si le cas y échéait), à moins qu'il ne fût prouvé que le contumace a réellement survécu à celui de l'hérédité duquel il s'agit et a pu lui succéder parce qu'il n'était point frappé de mort civile à l'époque du décès de ce dernier.

423. Enfin, quant aux successions auxquelles sont appelées des femmes mariées, celles-ci, comme il a été dit plus haut, ne peuvent valablement les accepter qu'avec l'autorisation de leur mari ou de justice. (Art. 776 précité.) (1)

Il n'y a aucune différence à faire, à cet égard, à raison des divers régimes sous lesquels les femmes se trouveraient mariées, quoiqu'il puisse y en avoir beaucoup quant aux obligations qui résulteraient, pour les maris, de l'acceptation de l'hérédité, suivant que, mariés en communauté, ce seraient eux, et non la justice, qui auraient donné l'autorisation.

424. Ainsi, quand les époux sont mariés en communauté, il faut distinguer si la succession est purement mobilière, ou si elle est purement immobilière, ou enfin si elle est en partie mobilière et en partie immobilière.

____

(1) Sur ce qui concerne l'autorisation maritale, ou judiciaire, dans quels cas elle est nécessaire à la femme, comment elle se donne ou s'obtient, et quel est l'effet du défaut d'autorisation, *voy.* ce qui a été dit au titre *du Mariage*, tome II, n° 441 à 519.

Si elle est toute mobilière, et qu'elle soit acceptée avec l'autorisation du mari, elle tombe dans la
communauté (article 1401), à moins de stipulation contraire dans le contrat de mariage, par
exemple, s'il y avait simplement communauté réduite aux acquêts (article 1498). Par conséquent,
les créanciers de l'hérédité peuvent poursuivre leur
paiement tant sur les biens de la communauté
(art. 1411), que sur les biens particuliers de la
femme (art. 1419 et 1486), et même sur ceux du
mari (art. 1484 et encore 1419), quoique le mobilier de cette succession eût été constaté par un
bon et fidèle inventaire, et que le mari, poursuivi
sur ses propres biens ou sur ceux de la communauté, représentât identiquement ce mobilier.

425. Si la femme, dans ce cas, ne veut pas personnellement accepter la succession, le mari peut
l'accepter comme exerçant, en sa qualité de chef
de la communauté, un droit qui appartient à cette
même communauté (art. 1401, 1421, et surtout
818). Il n'a même pas besoin pour cela d'argumenter de la disposition de l'art. 788, qui donne
aux créanciers de l'héritier qui renonce à leur préjudice, la faculté de se faire autoriser par justice à
accepter de son chef jusqu'à concurrence du montant de leurs droits; il tient directement de la loi,
à raison de sa qualité de chef de la communauté,
celui d'accepter une succession qui doit en faire

partie, comme il peut en provoquer le partage sans
le concours de sa femme.

Mais alors celle-ci ne pourrait être poursuivie à
raison des dettes de l'hérédité que comme *commune
en biens*, et non sur ses biens personnels ; par conséquent, elle ne pourrait l'être durant la communauté, ni après sa dissolution si elle y renonçait ; et
dans le cas même où elle accepterait cette communauté, elle ne serait encore tenue, soit vis-à-vis des
héritiers de son mari, soit vis-à-vis des créanciers,
envers lesquels elle ne s'est point personnellement
obligée, puisqu'elle n'a point accepté la succession,
qu'elle n'a pas voulu l'accepter, et que nul n'est
héritier qui ne veut, que jusqu'à concurrence seulement de son émolument dans ladite communauté,
pourvu qu'elle eût fait un bon et fidèle inventaire
des biens dont elle se composait. (Art. 1483.)

Il faudrait même le décider ainsi, non seulement
dans le cas où la femme aurait expressément déclaré dans un acte qu'elle ne veut point accepter
cette succession, mais encore dans le cas où le mari
l'aurait simplement acceptée comme exerçant à cet
égard les droits de la communauté, bien mieux, en
déclarant dans un acte que c'est comme exerçant
les droits de sa femme. Il est vrai que, d'après
l'art. 1428, c'est lui qui exerce, sous ce régime, les
actions mobilières qui appartiennent à cette dernière, et que dans notre espèce la succession est
toute mobilière, d'où l'on pourrait vouloir conclure que la femme est censée avoir accepté par

son ministère, et en conséquence qu'elle est censée
tenue envers les créanciers de l'hérédité sur ses
propres biens, comme dans le cas où c'est elle-même
qui accepte, dûment autorisée à cet effet. Il n'en
est cependant pas ainsi, du moins selon notre opinion. Le pouvoir du mari ne va pas jusque-là.
Accepter une succession, quoiqu'on suppose (1)
qu'elle est toute mobilière, est autre chose qu'exercer une action mobilière; les conséquences de l'exercice d'une telle action peuvent être toutes prévues
d'avance, mais celles de l'acceptation pure et simple
d'une hérédité sont incalculables. La loi a donc
pu raisonnablement donner au mari, sous le régime
de la communauté, l'exercice des actions mobilières
qui appartiennent en propre (2) à sa femme, sans
vouloir pour cela lui donner le moyen d'obliger
personnellement cette dernière envers les créanciers et les légataires d'une succession. Elle lui
donne bien également le pouvoir de contracter
des obligations sans le concours de sa femme, mais
celle-ci n'est obligée par ces actes qu'en qualité de
commune en biens, ce qui est très-différent. Or,
par l'acceptation de la succession dont il s'agit, le
mari peut bien s'obliger personnellement envers

_____

(1) Car elle peut renfermer des immeubles sans qu'on le sache.

(2) Il faut en effet entendre cela des actions qui sont propres à la
femme, car si ces actions étaient tombées dans la communauté, le mari
les exercerait comme chef de cette même communauté, en vertu des
principes généraux qui la régissent (art. 1421 et autres), et il n'y aurait
pas eu besoin que la loi lui donnât à cet égard un pouvoir spécial,
comme elle le fait dans l'art. 1428.

les créanciers et les légataires, mais il ne peut obliger sa femme que comme il l'obligerait dans les autres cas : il faut donc, pour qu'elle le soit aussi personnellement, qu'elle accepte elle-même, expressément ou tacitement, mais dûment autorisée, ou qu'elle donne pouvoir spécial à son mari, ce qui revient au même ; car c'est à elle que la succession est échue, et nul n'est héritier qui ne veut.

426. Si c'est le mari qui ne veut pas accepter, tandis que la femme, pour faire honneur à la mémoire de son parent, ou pour d'autres motifs, veut le contraire, la justice ne doit pas lui donner indistinctement l'autorisation nécessaire à cet effet. Si la femme avait stipulé la reprise de ses apports en cas de renonciation à la communauté (1)(art. 1514), et que l'hérédité présentât quelque avantage, comme la femme aurait alors un intérêt personnel, indépendamment de son intérêt comme commune en biens, l'autorisation devrait lui être accordée ; mais alors elle seule se trouverait obligée envers les créanciers et les légataires, pourvu encore que le mari n'eût pas confondu le mobilier de cette succession dans la communauté sans un inventaire préalable (art. 1416). Si l'inventaire avait eu lieu, le mari serait à l'abri de toute poursuite de leur part en

---

(1) Et, par la même raison, si le mobilier de cette succession n'entrait point en communauté par l'effet d'une clause d'exclusion, ou par l'effet d'une stipulation de communauté réduite aux acquêts, la femme aurait-elle aussi un intérêt *personnel* à accepter la succession.

leur en abandonnant le contenu; et ces créanciers et légataires, en cas d'insuffisance de ce mobilier, poursuivraient leur paiement sur les autres biens de la femme même pendant la communauté, mais à la charge de respecter la jouissance qu'en a le mari pendant son cours. Ils ne pourraient se venger que sur la nue propriété desdits biens. (Art. 1417, 1426).

Dans la même hypothèse, si la femme n'avait pas stipulé la reprise de ses apports, comme elle n'aurait d'autre intérêt à ce que la succession fût acceptée que son intérêt de femme commune en biens, la justice devrait plus difficilement lui accorder l'autorisation; car, dans ce cas, le refus du mari n'est rien autre chose que le refus de faire acquérir à la communauté des objets qui y entreraient de plein droit, et sans reprise pour la femme, sans aucun droit particulier pour celle-ci. C'est donc de sa part un acte d'administrateur des biens qui composent la communauté, et dans ces sortes d'actes, la justice ne doit pas contrecarrer son pouvoir, tant qu'il n'en abuse pas. Si elle croyait néanmoins devoir donner à la femme l'autorisation que celle-ci sollicite, elle ne devrait le faire qu'avec la condition que la femme acceptera bénéficiairement, afin que la nue propriété de ses biens ne fût pas compromise, ce qui est toujours fâcheux pour le mari.

427. Dans le second cas, où la succession est purement immobilière (1), il n'y a pas de difficulté.

_____

(1) Ce qui sera bien rare, mais enfin l'art. 1412 le suppose.

Si la femme accepte avec l'autorisation de son mari, elle s'oblige personnellement : les créanciers peuvent poursuivre leur paiement sur les immeubles de la succession, ce qui va sans dire, et ils peuvent aussi le poursuivre sur les autres biens personnels de la femme, sans être obligés de réserver la jouissance de ces biens au mari. (Art. 1413).

Mais si la succession n'a été acceptée par la femme que comme autorisée en justice au refus du mari, les créanciers, en cas d'insuffisance des immeubles de la succession, ne peuvent se pourvoir sur les autres biens de la femme qu'en respectant la jouissance qui en appartient au mari. (*Ibid.*)

Et si la femme ne veut pas accepter, sa renonciation ne peut préjudicier à ce dernier ; elle ne pourrait d'ailleurs la faire qu'autant qu'elle serait dûment autorisée à cet effet ; or, la justice ne peut lui donner l'autorisation que sous la réserve de la jouissance du mari sur les biens de la succession, si la nue propriété suffit pour en acquitter les dettes et les charges.

428. Dans le troisième cas, où la succession est partie mobilière, partie immobilière, les dettes dont elle est grevée ne sont à la charge de la communauté que jusqu'à concurrence de la part contributoire du mobilier dans ces dettes, eu égard à sa valeur, comparativement à celle des immeubles (art. 1414); mais ce n'est pas ce dont il s'agit maintenant, c'est uniquement de l'acceptation de la succession et de

496 Liv. III. *Manières d'acquérir la Propriété.*

ses effets par rapport à la femme à qui elle est échue, et par rapport au mari, suivant qu'elle a été acceptée par la femme autorisée de celui-ci, ou, à son refus, par la justice, ou bien qu'elle a été acceptée seulement par le mari.

Aussi cette contribution de la communauté dans les dettes de la succession ne fait-elle point obstacle à ce que les créanciers poursuivent leur paiement, non-seulement sur les biens de l'hérédité indistinctement, mais encore sur ceux de la communauté, lorsque la succession a été acceptée par la femme du consentement de son mari; sauf les récompenses telles que de droit (art. 1416). Par conséquent, ils peuvent aussi poursuivre leur paiement sur les autres biens personnels de la femme, puisque, par son acceptation, elle s'est valablement obligée envers eux; et aussi sur les biens du mari, parce qu'il est toujours tenu sur ses biens personnels des dettes de la communauté, sauf son recours contre la femme ou ses héritiers, s'il y a lieu (art. 1484). Or, ici la dette est dette de communauté par cela seul que le mari a autorisé sa femme à accepter cette succession, dont une partie devait y entrer activement, ce qui rend applicable également l'art. 1419, à tel point que le mari ne pourrait prétendre, après la dissolution de la communauté, et en invoquant l'art. 1485, n'être tenu envers les créanciers de la succession que pour moitié des dettes, sur le fondement que ces dettes étaient personnelles à la femme, et que cet article porte : « Le mari n'est tenu

« que pour moitié des dettes personnelles à la femme,
« et qui étaient tombées à la charge de la commu-
« nauté; » car cette disposition doit s'entendre des
dettes que la femme avait contractées *avant* le mariage et qui sont tombées à la charge de la communauté en vertu de l'art. 1409, et non de celles qu'elle
a contractées pendant son cours, soit dans le cas
prévu à l'art. 1419, soit dans celui maintenant en
question. En un mot, l'autorisation du mari donnée
à l'acceptation de la femme rend indistinctement,
par rapport aux créanciers, dettes de la communauté les dettes de cette succession, parce que
cette hérédité étant partie mobilière, partie immobilière, la communauté en acquiert par cela même
une portion, et que les créanciers ne peuvent faire
une ventilation à ce sujet, comme les époux ou
leurs représentans pourront la faire entre eux;
aussi l'art. 1416 précité est-il formel à cet égard. Il
a d'ailleurs réservé les récompenses telles que de
droit.

429. Mais si la succession n'a été acceptée par
la femme que comme autorisée en justice, au refus du mari, il faut distinguer : ou le mobilier a
été constaté par un bon et fidèle inventaire avant
d'être mis avec celui de la communauté, ou il ne
l'a pas été.

Dans la première hypothèse, les créanciers ne
peuvent poursuivre leur paiement que sur les biens
tant mobiliers qu'immobiliers de ladite succession,

et, en cas d'insuffisance, sur la nue propriété des autres biens de la femme. (Art. 1417.)

Dans la seconde, ils peuvent en outre poursuivre leur paiement sur les biens de la communauté (art. 1416, second alinéa), et par conséquence de ce qui a été dit plus haut, sur ceux du mari.

Ainsi que dans le cas où la succession est purement mobilière, le mari, au refus de sa femme de consentir à accepter celle dont il s'agit, peut également l'accepter jusqu'à concurrence des droits de la communauté dans ladite succession; et en faisant l'inventaire dont il vient d'être parlé, il n'obligera point la communauté, si ce n'est jusqu'à concurrence de la consistance du mobilier qui y est entré par cette cause, c'est-à-dire sous l'obligation de le représenter aux créanciers et légataires, sauf ensuite à lui à régler avec les autres héritiers qui profitent de la renonciation de la femme, la part contributoire du mobilier dans les dettes, eu égard à la valeur de ce mobilier comparée à celle des immeubles, et la part aussi que doit y supporter sa jouissance de ces immeubles, puisque les autres héritiers ne profitent que de la nue propriété (1). En un mot, la femme peut bien ne pas vouloir accepter une succession qui lui

_____

(1) Et encore, si la femme eût été tenue au rapport, le mari serait obligé d'en faire raison aux autres héritiers, sinon pour le tout, au moins proportionnellement à la valeur des objets qu'il retire, comparée à celle des objets auxquels la femme a renoncé et sur lesquels il n'a aucun droit.

est échue, et se soustraire par là à l'obligation personnelle d'en payer les dettes, parce que nul n'est tenu d'être héritier malgré lui ; mais sa renonciation, même en la supposant faite avec l'autorisation de la justice, ne peut préjudicier aux droits du mari.

430. D'après cela, si la femme est mariée sous le régime exclusif de communauté, il est clair, 1° que c'est à elle (1), dûment autorisée de son mari, ou, à son refus, autorisée de justice, à accepter ou à renoncer, que la succession soit purement mobilière ou purement immobilière, ou mobilière et immobilière tout à la fois, n'importe ; 2° qu'elle ne peut, par son refus de se porter héritière, priver son mari des droits que lui donne la loi, ou ses conventions matrimoniales, et qui consistent à jouir de tous les biens qui échoiront à la femme pendant le mariage, à la charge de les restituer à elle ou à ses héritiers lorsqu'il se dissoudra, ou dans le cas de séparation judiciaire (art. 1530 et 1531). Aussi le mari pourrait-il provoquer, sans le concours de sa femme, un partage

---

(1) Cela n'est pas contraire à l'art. 1531, suivant lequel le mari, sous ce régime, conserve l'administration des biens meubles et immeubles de la femme, et, par suite, le droit de *percevoir tout le mobilier qui lui échoit pendant le mariage*, tout comme celui qu'elle apporte en dot, à la charge de le restituer à la dissolution du mariage ou après la séparation de biens qui viendrait à être prononcée ; car il ne résulte pas de là que le mari ait la puissance de faire acquérir à sa femme une succession dont elle ne veut pas, et de la soumettre à l'obligation d'en supporter les charges : *nul n'est héritier qui ne veut.*

provisionnel des objets dont il a le droit de jouir
(art. 8,8). Et ce qu'il faut bien remarquer, c'est
que si le mari ne peut forcer sa femme à accepter
la succession, d'autre part celle-ci n'y peut renoncer sans son autorisation ou celle de justice.

43,. Ce que nous venons de dire est applicable
aussi au cas où les époux seraient mariés sous
le régime dotal proprement dit, dans le cas où
la dot s'étendrait aux biens de la succession échue
à la femme, parce qu'elle comprendrait les biens
à venir. (Art. 1542.)

432. Mais quel que soit le régime sous lequel les
époux sont mariés, si le mari est mineur, l'autorisation de la justice est nécessaire à la femme pour
accepter la succession comme pour y renoncer,
bien que cette succession eût déjà été ouverte,
mais non encore acceptée, au moment du mariage.

433. Et *vice versâ*, si la femme est mineure, le
mari ne peut seul valablement l'autoriser, à l'effet
qu'elle puisse s'obliger personnellement envers les
créanciers et les légataires, quand bien même il
serait majeur ; il faut une délibération du conseil
de famille, et la succession doit être acceptée sous
bénéfice d'inventaire, conformément à la seconde
disposition de l'article 776 ; car, par son mariage,
la femme, sans doute, a bien été émancipée, (article 476), mais elle n'a pas cessé d'être mineure :
or, la loi veut indistinctement que toute succession
échue à des mineurs ne puisse être acceptée que

d'après une délibération conforme du conseil de famille, et sous bénéfice d'inventaire. Ainsi ce n'est point à l'autorisation judiciaire qu'il faut recourir en pareil cas. Le mari tient lieu à sa femme de curateur, et voilà tout : seulement, s'il a intérêt à ce que la succession soit acceptée quand le conseil de famille est d'un avis contraire, il peut, ainsi qu'il a été dit plus haut, exercer tous ses droits, nonobstant la renonciation ; et pour prévenir toute difficulté, il peut se faire autoriser en justice à cet effet, en vertu de l'article 788. Mais nous ne croyons pas cette autorisation nécessaire : l'art. 818, déjà cité plusieurs fois, nous paraît formel à cet égard.

434. Nous ne pensons pas non plus, avec un auteur, que, dans le cas où la femme a renoncé à la succession, dûment autorisée à cet effet, elle ait droit à ce qui resterait de sa part après le paiement des dettes et charges, et le prélèvement de ce qui pouvait revenir à sa communauté ou à son mari, quoique la succession eût déjà été acceptée par d'autres. La part du renonçant accroît indistinctement à celle de ses cohéritiers : ce principe ne reçoit de modification que lorsque la renonciation préjudicie aux droits d'autrui, et seulement jusqu'à concurrence de ces mêmes droits. (Article 788.)

§. III.

Des effets de l'acceptation pure et simple.

435. L'effet de l'acceptation remonte au jour de l'ouverture de la succession (art. 777). Et à cet égard il n'y a aucune différence entre l'acceptation bénéficiaire et l'acceptation pure et simple.

436. Dans le droit romain aussi l'effet de l'acceptation remontait au jour de l'ouverture de la succession : *Heres quandòque, adeundo hereditatem, jàm tunc à morte successisse defuncto intelligitur.* L. 54 ff. *de acquir. vel omitt. heredit.*

On ne pouvait en effet, pas plus que chez nous, être héritier d'une personne pour un tems sans l'être pour un autre tems, soit antérieur soit postérieur : la qualité d'héritier est indivisible : *semel heres, semper heres.*

437. Mais chez nous, et à cause de la *saisine* (article 724), la succession n'est jamais censée *jacente,* et la possession du défunt passe à l'héritier sans intermittence : c'est la même qui se continue dans la personne de l'héritier; tandis que dans le droit romain, à l'égard des héritiers dits *volontaires,* soit *ab intestat,* soit en vertu d'un testament, l'acquisition de l'hérédité par l'acceptation ne donnait pas, seule, à l'héritier la possession du défunt, il fallait de plus qu'il prît lui-même corporellement possession des

choses héréditaires (1), ou de celles que possédait le défunt et qui appartenaient à un tiers. Aussi était-ce une nouvelle possession, à laquelle toutefois l'héritier pouvait joindre celle de son auteur pour prescrire, et même le temps pendant lequel l'hérédité avait été jacente (2), ce qui faisait, au surplus, que les résultats étaient à peu près les mêmes que chez nous, du moins sous ce rapport.

438. Puisque l'effet de l'acceptation remonte au jour de l'ouverture de la succession, que c'est par conséquent comme si l'héritier eût accepté à l'instant même où s'est opérée cette ouverture, il en résulte :

1° Que si le cohéritier renonce, comme il est censé n'avoir jamais été héritier (art. 785), celui qui a accepté, soit avant, soit après la renonciation du premier, est censé avoir été héritier pour le *tout* à partir de l'ouverture de la succession, sauf l'application de l'art. 788 en faveur des créanciers du renonçant, s'il y a lieu.

439. 2° Que si l'héritier ou tous les héritiers qui ont renoncé veulent ensuite accepter, en vertu de l'art. 790, parce que la succession n'a pas encore été acceptée par d'autres, leur acceptation, nonobstant leur renonciation primitive, n'est pas moins

(1) *Voy.* notamment les LL. 23, *princip.*, et 3o, §. 5 , ff. *de acquir. vel amitt. possess.*

(2) L. 4o, L. 44, §. 3 , ff. *de usurp. et usucap.* L. 6, §. 2, ff. *pro emptore.*

censée dater du moment du décès de celui de l'hérédité duquel il s'agit.

44o. 3° Que l'héritier qui n'accepte que long-
temps après l'ouverture de la succession n'en á pas
moins droit aux fruits depuis le décès, conformément à cette règle du droit romain : *fructus enim
omnes augent hereditatem, sive antè aditam hereditatem, sive post aditam, accesserint.* L. 20 §. 3 ff. *de
heredit. petit.;* mais toutefois avec cette différence
que chez nous le possesseur de bonne foi d'une
hérédité fait les fruits siens (art. 138), comme le
possesseur de bonne foi d'une chose particulière
(art. 549); tandis que dans la législation romaine
il était obligé de rendre, avec l'hérédité, ceux dont
il s'était enrichi (1).

441. 4° Qu'il profite, quant à la possession, du
temps intermédiaire, si toutefois elle n'a pas été
interrompue, parce qu'un autre aurait possédé la
chose pendant l'an et jour, paisiblement, publiquement et à titre non précaire. (Art. 23 Cod. de
procéd.)

442. 5° Que les prescriptions auront pu s'accomplir à son profit pendant ce temps intermédiaire, attendu que les tiers qui avaient intérêt à
les interrompre pouvaient le faire, soit en poursuivant l'habile à succéder lui-même, qui aurait

(1) *Voy.* sur ce point ce qui a été dit au tome Ier, n° 583 et suivans, en parlant de la *pétition d'hérédité.*

été alors forcé de prendre un parti, soit, s'il était inconnu, en faisant nommer un curateur à la succession vacante, contre lequel ils auraient exercé leurs droits. (Art. 8r3.)

443. 6° que, *vice versâ*, les prescriptions ont pu courir contre lui, encore qu'il eût été absent, inconnu, et que la succession n'eût pas été pourvue de curateur comme succession vacante (art. 2259); sauf, à l'égard des prescriptions ordinaires, les suspensions pour cause de minorité (art. 2252), et spécialement dans celle de dix et vingt ans à l'effet d'acquérir, la prolongation du tems requis, si l'héritier a été absent. (Art. 2265 et 2266.)

De là, il peut arriver qu'un débiteur de la succession, ou le détenteur d'un immeuble qui en dépend, opposerait efficacement la prescription à Paul, si celui-ci, déjà majeur lors de l'ouverture de la succession, se portait héritier, tandis qu'il ne le pourrait pas si, au refus de Paul d'accepter, Antoine, mineur, ou qui a été absent, acceptait à sa place. Et il n'y aurait pas lieu, pour le tiers, d'attaquer la renonciation de Paul comme frauduleuse, comme faite en vue de mettre obstacle à l'exercice du moyen de prescription; car nul n'est tenu d'accepter une succession qui lui est échue (art. 775), sauf le droit réservé par l'art. 788 aux créanciers du renonçant, et le tiers n'est point de cette qualité. Celui qui renonce est censé n'avoir jamais été héritier (art. 785): sa part accroît de plein droit à ses cohéritiers, et s'il est seul de son degré la succession est dévolue à l'héritier du degré subséquent (art. 786), qui est aussi censé héritier du jour où elle s'est ouverte.

444. 7° Que tous les objets (1) échus à son lot sont censés lui avoir appartenu en totalité à partir de la mort du défunt, quoique le partage n'ait eu lieu que long-temps après, et par réciprocité, ou pour mieux dire, par application directe du principe, il est censé n'avoir jamais eu aucun droit sur les objets échus aux lots de ses cohéritiers (art. 883). Chez nous le partage est simplement *déclaratif* de la propriété dans la personne de chacun des héritiers; tandis que dans le droit romain il était *translatif* de cette propriété : il opérait un échange avec toutes ses conséquences.

445. 8° Que par son acceptation pure et simple, l'héritier ne pouvant plus renoncer, se trouve soumis à l'obligation de payer les dettes du défunt et d'acquitter les legs qu'il a faits, pour une portion, en principe général, correspondante dans chaque dette ou dans chaque legs à sa part dans la succession. (Art. 870, 873 et 1220) (2).

_____

(1) *Corporels*; car les créances (et les dettes) se divisent de plein droit entre les héritiers (art. 1220); elles ne figurent donc dans le partage que comme objet de *cession*, que les héritiers se feraient réciproquement, soit que le partage eût lieu judiciairement, soit qu'il eût lieu extra-judiciairement. L. 3, ff. *famil. ercisc.* C'est ainsi qu'il faut entendre l'art. 832; mais nous reviendrons plus tard sur ce point pour déduire les conséquences de la distinction.

(2) Mais nous aurons ultérieurement quelques observations à faire

446. 9° Que s'il était créancier ou débiteur du défunt, sa dette ou sa créance s'est trouvée éteinte par confusion, à partir du décès de ce dernier, ou jusqu'à concurrence de sa part héréditaire s'il n'est héritier que pour partie (art. 13oo); ce qui n'empêche toutefois pas de la compter fictivement pour faire le calcul de la réserve qui lui serait due dans le cas où le défunt aurait disposé *ultrà modum* (1), suivant ce que nous dirons dans la suite. Car la confusion éteint plutôt l'action que le droit lui-même (2).

447. 10° Enfin, par son acceptation l'héritier s'est enlevé le droit de pouvoir renoncer, à moins qu'il ne soit dans l'un des cas où la loi l'autorise à reclamer et qu'il n'use du bénéfice de ses dispositions. Il a confirmé la vocation de la loi. Jusque-là il était sans doute héritier, puisque l'effet de la saisine était de l'investir du droit, et qu'il n'y pouvait prétendre que comme représentant du défunt, comme son héritier, en un mot; mais il avait la faculté de renoncer et de faire supposer par là qu'il n'avait jamais été héritier. Car, si d'une part celui qui accepte est censé avoir été héritier à partir du décès du défunt (art. 777); d'autre part, celui qui renonce est censé n'avoir jamais été héritier (arti-

sur la rédaction de ces articles, en les combinant ; car elle est loin d'être la même dans les trois.

(1) LL. 6 et 14, Cod. *ad legem falcid.*

(2) *Potiùs eximit personam ab obligatione, quàm extinguit obligationem;* attendu qu'on ne peut pas se poursuivre soi-même.

cle 785); et dans les deux cas, toujours par l'effet du principe que l'on n'est point héritier d'une personne pour un temps, à une époque seulement; on l'est pour toujours, ou on ne l'est pas du tout. En acceptant, l'héritier s'est donc enlevé la faculté de renoncer, et voilà tout; il n'a pas, à proprement parler, acquis un droit puisqu'il l'avait déjà, et qu'il l'avait si bien qu'il eût pu le transmettre à ses propres héritiers (art. 781), même en mourant sans avoir su que ce droit était ouvert à son profit, comme dans le cas où il serait mort dans le même événement avec le défunt (art. 720). Ces principes serviront de base à l'une des interprétations que l'on donne de l'art. 789, qui porte : « La faculté « d'accepter ou de répudier une succession se pres- « crit par le laps de temps requis pour la pres- « cription la plus longue des droits immobiliers. »

C'est-à-dire par trente ans (art. 2262). Mais n'anticipons pas.

448. Puisque l'acceptation a des conséquences qui peuvent être si graves pour celui qui l'a faite, il était juste que la loi lui ouvrît une voie pour la faire rescinder ou révoquer dans les cas où elle n'a pas été l'effet d'une volonté libre, ou que, par le fait même du défunt, elle ne serait pour lui d'aucune utilité réelle, bien mieux, qu'elle lui serait préjudiciable : c'est ce qui va être expliqué dans le paragraphe suivant.

§. IV.

De la révocation de l'acceptation, et de la réclama-
tion de l'héritier, dans les cas déterminés par
la loi.

449. L'acceptation d'une succession peut être
attaquée par celui qui s'est porté héritier dans les
deux cas spécifiés à l'art. 783, mais toutefois avec
des effets différens, ainsi qu'on le verra dans le
cours de l'explication.

« Le majeur, porte cet article, ne peut attaquer
« l'acceptation expresse ou tacite qu'il a faite d'une
« succession que dans le cas où elle aurait été la
« suite d'un dol pratiqué envers lui : il ne peut ja-
« mais réclamer sous prétexte de lésion, excepté
« seulement dans le cas où la succession se trouve-
« rait absorbée ou diminuée de plus de moitié par
« la découverte d'un testament inconnu au moment
« de l'acceptation. »

450. On voit que l'article parle du *majeur ;* mais
ce n'est pas assurément pour exclure le mineur du
droit de se faire restituer contre une acceptation
qui lui préjudicierait et qui n'aurait été que la suite
d'un dol pratiqué envers lui ; ce ne serait point du
tout le cas de l'adage qui *dicit de uno, negat de al-*
tero : et pour le démontrer nous ne dirons pas que
l'article ne s'occupe que des acceptations pures et
simples, et par conséquent qu'il laisse les bénéfi-

ciaires dans les termes du droit commun; car bien certainement le majeur lui-même qui n'aurait accepté, même bénéficiairement, que par suite d'un dol pratiqué envers lui, par exemple, par un cohéritier, dans la vue de l'amener à rapporter ce que le défunt lui avait donné en avancement d'hoirie, pourrait également se faire restituer contre son acceptation. Mais nous dirons qu'en parlant nommément du majeur, on avait en vue les formalités prescrites pour l'acceptation des successions échues aux mineurs ; on songeait que, ne pouvant avoir lieu que sous bénéfice d'inventaire, elle ne devait leur causer aucun préjudice, parce qu'en effet communément elle ne peut leur en causer aucun, et que le législateur statue sur ce qui arrive le plus communément. Mais si au contraire elle leur en causait une véritable et qu'elle n'eût été que la suite de manœuvres pratiquées, par exemple, par un cohéritier auprès des membres du conseil de famille, pour leur faire croire à l'existence de créances chimériques ou éteintes, ou à l'acquittement de dettes encore existantes (1), le tout dans la vue d'amener ainsi ses cohéritiers mineurs à accepter l'hérédité, quoique bénéficiairement, et à rapporter ainsi à la masse les avantages qui leur avaient été faits par le défunt; nul doute alors, quand bien même aucun des membres du conseil de famille

(1) *Dolus est omnis calliditas, fallacia, machinatio, ad circumveniendum, decipiendum, fallendumque alterum adhibita.* L. 1, §. 2, ff. de dolo malo.

n'aurait colludé avec lui, que les mineurs ne pussent faire rescinder leur acceptation pour reprendre les avantages qu'ils avaient reçus, au moins jusqu'à concurrence de la quotité disponible. Ils y seraient admis, *non tanquàm minores, sed tanquàm decepti.*

451. Et ce que l'on dit ici des mineurs s'applique également aux interdits.

452. L'art. 783 ne parle pas davantage du cas où l'héritier n'aurait accepté que par suite de violences ou contraintes exercées envers lui (1); et néanmoins il n'est pas douteux non plus que ce ne fût, comme le dol, une cause d'annulation de l'acceptation (2). D'ailleurs la violence renferme le dol : *metus dolum in se recipit.* L'art. ı ı ı ı n'exige même pas, pour qu'il y ait lieu d'attaquer l'acte pour cette cause, que la violence ait été exercée par celui au profit duquel l'engagement a été contracté; quoique exercée par un tiers sans complicité de la partie, elle n'en est pas moins une cause de nullité.

En sorte que, lors même que ce ne serait aucun des créanciers ou des légataires qui en serait auteur ou complice, l'héritier n'en pourrait pas moins inconstestablement se faire relever de son acceptation, de manière à être considéré comme n'ayant jamais été héritier. Ce que la loi décide en matière

---

(1) Ou envers son descendant, son ascendant ou son conjoint. (Art. ı ı ı 3.)

(2) L. 85, ff. *de acquir. vel omitt. hered.*

de contrats en général qui n'ont été consentis que par suite de violence, est nécessairement applicable à l'acceptation d'une hérédité qui n'a eu lieu que par la même cause, puisque le consentement libre et pur y est aussi essentiel que dans les contrats proprement dits : *nul n'est héritier qui ne veut.*

453. Dans les contrats en général, le cas de dol se régit par d'autres principes. Il faut, pour qu'il soit une cause de nullité de l'engagement, 1° qu'il en ait été la cause, c'est-à-dire qu'il soit évident que sans les manœuvres cet engagement n'eût pas existé, ce qui est un point à apprécier par le juge; 2° que ces manœuvres aient été pratiquées par l'autre partie (art. 1116), ou du moins qu'elle en ait été complice : sinon, le dol ne donne lieu qu'à une action en dommages-intérêts contre celui qui nous a causé un tort quelconque par sa mauvaise foi ou sa malice, conformément à l'article 1383.

Et cette distinction entre le cas de dol et celui de violence dans les contrats en général, a donné lieu à la double question de savoir,

1° Si, en matière d'acceptation d'hérédité, l'héritier trompé par tout autre qu'un créancier ou un légataire de la succession, sans complicité de la part de ceux-ci, peut se faire relever de son acceptation, en établissant qu'elle n'a été que la suite de manœuvres pratiquées par un tiers pour lui nuire;

ou s'il n'a, au contraire, qu'une action en dommages-intérêts contre celui qui l'a trompé;

Et 2° si, trompé par un ou plusieurs créanciers
ou légataires, il peut se faire relever de son acceptation d'une manière absolue; ou s'il n'en doit être
relevé que par rapport à ceux qui l'ont trompé, et
sauf, en outre, son action en dommages-intérêts
contre eux, à raison du préjudice qu'elle peut lui
causer à l'égard des autres créanciers et légataires.

454. Sur la première question, M. Chabot convient bien que, lors même que la violence aurait
été exercée par un tiers, sans complicité de la part
d'aucun créancier ou légataire de la succession,
elle n'en serait pas moins, pour l'héritier violenté,
une juste cause de rescision de son acceptation;
que l'art. 1111 le veut ainsi et avec raison, attendu
que, par qui que ce soit que la violence ait été
exercée, il n'en est pas moins vrai que l'héritier
n'a pas librement consenti, que son consentement
est vicieux, et, à ce titre, qu'il doit être annulé.
Mais dans le cas où l'héritier ne peut alléguer que
le dol, dit le même auteur, il faut, pour que ce dol
puisse être une juste cause de la rescision de l'acceptation, qu'il ait été pratiqué par un ou plusieurs
des créanciers ou des légataires de la succession,
parce que, aux termes de l'art. 1116, le dol doit
avoir été pratiqué *par l'une des parties* pour être
une cause de nullité de l'engagement.

Et cependant, sur la seconde question, ce jurisconsulte, par une inconséquence bien facile à apercevoir, dit qu'il n'est pas nécessaire, pour que l'acceptation soit rescindée dans son entier, dans tous ses effets, que tous les créanciers et les légataires aient été auteurs (ou complices) du dol; qu'il suffit qu'il ait été commis par un ou plusieurs d'entre eux, créanciers ou légataires, n'importe, par la raison que l'héritier est alors dans le cas de l'art. 1116, le dol ayant été commis par *l'une des parties;* en second lieu, parce que ce dol est la cause de l'acceptation, ce qui est le cas prévu à l'art. 783; et enfin parce que l'acceptation est indivisible.

Mais le premier de ces raisonnemens est également applicable au premier cas, à celui où le dol a été commis par un tiers; car il est évident que le créancier ou le légataire qui l'a commis n'est une *partie* que dans ses rapports avec l'héritier qu'il a trompé, et qu'il est absolument un *tiers* à l'égard des autres créanciers ou légataires : son intérêt n'a rien de commun avec le leur; il n'y a surtout aucun rapport possible entre l'intérêt d'un légataire et celui d'un créancier, puisque les créanciers doivent toujours être payés de préférence aux légataires, quand l'actif ne suffit pas pour payer les uns et les autres. D'après cela, l'héritier devrait bien sans doute pouvoir se faire relever de son acceptation par rapport à celui qui l'a trompé, ce qui n'est pas l'objet de la question, mais il ne devrait point, dans le système de M. Chabot, pouvoir le faire par rapport aux autres qui, étant étrangers au dol, ne peuvent être considérés comme *parties* dans le quasi-contrat formé par l'acceptation, afin, en appliquant l'art. 1116, de dégager l'héritier aussi envers eux.

Et quant à la seconde raison, que c'est le dol du créancier ou du légataire qui est la cause de l'acceptation, elle est la même lorsque c'est un étranger à la succession qui l'a commis.

Enfin la troisième, que l'acceptation est indivisible, a la même force dans un cas que dans l'autre, puisque l'héritier trompé par un tiers, et qui demande à être relevé de son acceptation, ne serait pas héritier pour partie seulement; il cesserait de l'être entièrement, et serait censé ne l'avoir jamais été. Le principe de l'indivisibilité de la qualité d'héritier ne serait donc pas plus violé dans ce cas que dans l'autre.

Aussi ne pouvons-nous adopter la distinction de M. Chabot (1). Nous croyons que la disposition de l'art. 783 est spéciale, et qu'elle devait l'être : le majeur, porte cet article, ne peut attaquer l'ac-

_____

(1) M. Delvincourt fait également cette distinction en soutenant que l'art. 783 n'est même point une dérogation au principe général consacré en matière de dol par l'art. 1116; parce que si le dol a été commis par un individu étranger à la succession, ce qui est difficile à supposer, observe ce jurisconsulte, l'héritier aura contre lui une action en dommages-intérêts; que s'il a été commis par un créancier ou légataire, on est précisément dans le cas prévu à cet art. 1116, attendu que le quasi-contrat formé par l'héritier avec les créanciers et les légataires a été la suite du dol ou des manœuvres pratiquées par *l'une des parties* avec lesquelles ce quasi-contrat a eu lieu, et que ce même article n'exige pas, pour que la nullité de l'en-

ceptation expresse ou tacite qu'il a faite d'une succession, que dans le cas où cette acceptation *aurait
été la suite d'un dol pratiqué envers lui.* Ainsi, l'on
n'exige pas, comme dans l'art. 1116 à l'égard des
contrats en général, que le dol, pour qu'il soit
une cause de restitution, ait été pratiqué *par l'une
des parties.* La disposition est absolue, sans aucune
distinction ni limitation; et cela devait être du
moment qu'on admettait la rétractation de l'acceptation d'une hérédité pour cette cause.

En effet, on conçoit que la loi, dans les contrats
en général, ait exigé que le dol eût été commis
par la partie au profit de laquelle l'engagement
a été contracté, pour qu'il fût une cause d'annulation de cet engagement, quoique, quand il
s'agit de violence, il est indifférent qu'elle ait été
exercée par un tiers ou par la partie elle-même,

---

gagement puisse être demandée, que le dol ait été pratiqué par toutes
les parties, mais par l'une d'elles.

Nous ne pouvons nous rendre à cette interprétation ; cet article
porte : « Le dol est une cause de nullité de la *convention* lorsque
« les manœuvres pratiquées par l'une des parties sont telles qu'il
« est évident que sans ces manœuvres *l'autre partie* n'aurait pas *con-*
« *tracté.* »

Ainsi, 1° il s'agit ici de *convention*, de *contrat*, tandis que l'acceptation d'une hérédité ne peut être regardée que comme un quasi-
contrat : c'est un fait purement volontaire de l'homme, un fait licite,
dont il résulte un engagement envers des tiers, et voilà tout, ce qui
démontre que l'art. 1116 n'a point été fait pour ces sortes d'enga-
gemens; 2° ces mots, *l'autre partie*, mis par opposition à ceux-ci,
l'une d'elles, font voir que le législateur statue dans la supposition que
c'est celui ou ceux qui réclament l'exécution de la convention qui
ont commis le dol : aussi ne se sert-il pas du mot *personne*, mais bien
de celui de *partie*.

si d'ailleurs elle a les caractères voulus par la loi pour pouvoir vicier le contrat : c'est la faute de celui qui s'est laissé tromper par le tiers, de lui avoir mal à propos accordé sa confiance, et la loi a assez fait pour lui en lui donnant une action en dommages - intérêts contre celui qui l'a trompé, sans annuler encore le contrat de la partie qui n'a point participé au dol; tandis que lorsqu'il s'agit de violence, il n'y a aucune faute à imputer à celui qui en a été victime, et son engagement doit être rescindé, puisqu'il n'a donné qu'un consentement apparent.

Mais une acceptation de succession qui n'a été que la suite d'un dol pratiqué envers l'héritier doit se régir par d'autres règles : par qui que ce soit que ce dol ait été pratiqué, l'acceptation est nécessairement vicieuse : le consentement de l'héritier à devenir héritier n'existe point, du moins il n'existe pas tel que la loi le voulait, libre et pur ; or, c'est cependant de ce consentement que les créanciers et les légataires veulent inférer l'obligation de l'héritier envers eux, puisqu'ils n'ont pas spécialement contracté avec lui.

Autre chose est donc un débiteur trompé par un tiers, et qui demande à celui avec lequel il a fait un contrat, l'annulation de ce contrat, et un héritier qui, dans le même cas, demande simplement que l'on considère comme nul, à cause du vice dont il est infecté, l'acte duquel on veut inférer qu'il est devenu irrévocablement héritier.

Dans le premier cas, celui qui se plaint du dol voudrait anéantir un contrat qu'a formé l'autre partie, à laquelle il n'y a rien à reprocher.

Dans le second, l'héritier ne demande rien autre chose si ce n'est que l'on considère comme non avenu ce qu'il n'a fait que par suite des manœuvres pratiquées pour le tromper et lui nuire; il ne demande pas l'annulation d'un contrat fait de bonne foi par un autre; il demande uniquement que les créanciers et les légataires de la succession se considèrent, à son égard, comme étant dans la même position qu'avant l'acte duquel ils veulent inférer l'acceptation de l'hérédité; ce n'est point leur ouvrage personnel qu'il attaque, c'est uniquement le sien, et auquel ils n'ont point eux-mêmes concouru : ce qu'il prétend, c'est que cet acte n'ait pas pour lui les effets, qu'il ne produise pas les conséquences d'une acceptation libre et volontaire, puisqu'il n'est pas le résultat d'une volonté libre et spontanée. Les deux cas sont donc bien différens.

455. Tout ce qu'on pourrait dire, et par application de l'art. 1116, c'est que si l'acte duquel est résultée l'acceptation, par exemple, un acte de novation, de délégation, etc., et qui a été la suite du dol d'un tiers, a eu lieu avec l'un ou plusieurs des créanciers ou des légataires de la succession, sans qu'ils aient été complices du dol, cet acte est obligatoire pour l'héritier et à leur profit, mais

sans que pour cela les autres créanciers ou légataires qui y sont étrangers, et qui ne l'invoquent
que dans ses conséquences, comme acceptation
d'hérédité, pussent prétendre que l'héritier, qui
ne l'a consenti que par suite d'un dol, n'a pas le
droit de le faire considérer maintenant comme non
avenu sous ce rapport. Il y aurait alors à examiner
si le principe de l'indivisibilité de qualité dans
l'héritier est tellement absolu qu'il ne fléchit jamais, et cet examen, dans l'espèce, ne serait pas
défavorable à l'héritier; car il est bien certain,
ainsi que nous aurons occasion de le démontrer
dans la suite, notamment en expliquant l'art. 800,
que, de ce qu'un habile à succéder aurait été condamné comme héritier pur et simple, par un jugement en dernier ressort, par exemple par un
jugement de juge de paix, qui prononce en
dernier ressort jusqu'à concurrence de 50 fr.,
il ne s'ensuivrait pas qu'il fût irrévocablement
héritier par rapport à un autre créancier ou légataire, et même par rapport à un autre objet que
celui qui a été la matière du procès, l'autorité de
la chose jugée n'ayant de force qu'entre les parties
et uniquement en ce qui concerne l'objet du jugement (art. 1351): hors de là, le jugement ne peut
plus être invoqué, parce que *res inter alios judi-
cata, aliis nec nocet nec prodest.* Il pourrait donc
fort bien se faire, d'après cela, que l'héritier, par
l'effet du jugement rendu contre lui, fût réputé
héritier vis-à-vis de celui qui l'a obtenu, sans

cependant qu'il fût tel par rapport à tout autre,
ou par rapport à tout autre objet. Et par la même
raison, il n'y aurait pas d'empêchement à ce que
celui qui se serait spécialement obligé envers tel
ou tel créancier ou légataire de la succession,
dans un acte consenti par suite du dol d'un tiers,
fût irrévocablement tenu de l'exécution de cet
acte, et néanmoins qu'il fût en droit de se faire
relever de son acceptation par rapport à tout autre
créancier ou légataire, bien mieux, par rapport à
celui-là même envers lequel il s'est spécialement
obligé, mais pour tout autre objet que celui qui a
fait la matière de l'acte dont il s'agit; sauf ensuite,
s'il était tenu de l'exécuter, son recours contre
ceux qui prendraient l'hérédité à son défaut, et
jusqu'à concurrence de ce dont elle aurait profité
par suite de cet acte.

Cependant tel n'est même pas notre avis. Nous
croyons que, lors même qu'on devrait décider
que l'héritier ne peut se faire relever du chef du
dol, il le peut du moins pour fausse cause de son
obligation envers ce créancier ou ce légataire; car
il n'a fait la novation, la délégation ou autre acte,
qu'en considération de sa qualité d'héritier, mais
qualité qu'il ne prenait que par suite du dol pratiqué envers lui pour l'amener à accepter, et qui
est la cause réelle de son acceptation. Son engagement n'a donc point de cause véritable; celle qu'il
a n'est que le résultat d'une erreur, par conséquent elle est fausse : or tout engagement sur une

fausse cause est sujet à annulation. (Art. 1131.)

Ce qui n'empêcherait toutefois pas, selon nous, que les actes ainsi faits de bonne foi par les créanciers ne dussent être exécutés par ceux qui prendraient la succession, ainsi que le décidait le droit romain à l'égard des actes qui avaient été faits de bonne foi par un pupille dûment autorisé de son tuteur, et qui avait ensuite obtenu, nonobstant son immixtion, la faculté de s'abstenir (1).

456. Le second cas où l'héritier qui a accepté peut réclamer contre son acceptation, c'est, dit l'article que nous analysons, la découverte d'un testament inconnu au moment de l'acceptation, et qui absorberait ou diminuerait de plus de moitié la succession : dans ce cas il peut réclamer sous *prétexte* (c'est-à-dire pour cause) de lésion. Et comme ce n'est que pour ce motif, ainsi que la rédaction de l'article l'indique clairement, il s'ensuit qu'il ne doit être relevé des effets de son acceptation que par rapport à ce qui lui cause cette lésion, c'est-à-dire par rapport aux dispositions de ce testament inconnu qui, en laissant les dettes à sa charge, parce qu'il est obligé envers les créanciers par son acceptation, lui enlèverait néanmoins les biens, ou du moins en grande partie. C'est au surplus ce qui sera mieux compris par le développement de ce point, assez difficile d'ailleurs.

---

(1) L. 44, ff. *de acquir. vel omitt. hered.* L. 6, §§. 1 et 2, ff. *de rebus auct. jud. poss.*

On ne parle pas ici de l'*erreur*, parce qu'elle se
confond avec la lésion. Elle ne peut en effet être
autre chose qu'une fausse appréciation de la bonté
de l'hérédité, et la loi n'a voulu qu'elle fût un
motif pour l'héritier de réclamer, que dans le cas
où il ne lui a pas été possible de connaître l'existence du fait qui devait rendre son droit sans utilité
réelle pour lui, et même tout-à-fait désavantageux.

457. Avant de nous expliquer sur cette cause de
réclamation, introduite par le Code civil dans la législation, et qu'invoquera rarement l'héritier, lors
même qu'un testament viendrait en effet à être
découvert depuis l'acceptation, et que ce testament
contiendrait des dispositions importantes, nous
ferons observer que ce serait à lui de prouver qu'il
en ignorait l'existence. C'est bien là, si l'on veut,
un fait négatif, mais comme il peut facilement se
transformer en affirmation d'un fait positif contraire, la découverte du testament à telle époque,
dans telle circonstance, ce fait tombe très-bien
en preuve. Il n'y a donc pas de raison de s'écarter
des règles ordinaires, suivant lesquelles tout demandeur doit justifier du fait sur lequel il fonde sa
demande. Il en doit être de ce cas comme de celui
où l'héritier veut être relevé de son acceptation
pour cause de dol.

458. Dans le droit romain (1), le Préteur restituait,

(1) *Voy.* Le §. 5, INSTIT. *de hered. qualit. et diff.*

contre leur acceptation, les mineurs de vingt-cinq ans qui avaient témérairement accepté une hérédité désavantageuse; et l'empereur Adrien releva même par un décret un majeur de vingt-cinq ans, à raison de dettes considérables et inconnues au moment de l'acceptation. Il paraît que cette décision, rendue d'abord sur un cas particulier et en faveur spécialement d'un individu, fut ensuite étendue à tous ceux qui se trouvaient dans un cas semblable; car Gordien décida ensuite que les militaires seulement jouiraient de ce bénéfice, ce qui fait bien supposer que jusqu'alors d'autres avaient pu l'invoquer. Quoi qu'il en soit, Justinien a même voulu que, bien que les militaires eussent négligé de faire l'*inventaire* dont il a introduit le bénéfice (1), afin, dit-il, que l'héritier puisse accepter sans crainte, parce qu'il ne sera, au moyen de cet inventaire, jamais tenu au-delà des forces de l'hérédité; Justinien, disons-nous, a voulu que les militaires ne pussent jamais être poursuivis sur leurs propres biens, même par les créanciers (2).

Quant à la découverte d'un codicille qui aurait grevé de legs ou fidéicommis plus ou moins considérables l'héritier testamentaire ou *ab intestat* qui avait déjà accepté la succession, elle n'était dans aucun cas une cause de rescision de l'acceptation, par la raison toute simple que ce codicille pouvait

---

(1) Par la L. *Scimus* au Code, *de jure deliberandi.*
(2) *Ibid.*

bien, il est vrai, priver l'héritier d'une partie des
avantages auxquels il s'attendait, mais non lui faire
perdre quelque chose de ses propres biens, parce
que le défunt n'avait pu le grever au-delà de ce
dont il était honoré. Il avait même, en vertu de
la loi *Falcidia* (1), le droit de faire une retenue du
quart sur les legs et les fidéicommis lorsqu'ils excé-
daient les trois quarts de l'hérédité, ou même simplement les trois quarts de sa part héréditaire. C'est
ce qu'on appelait *la quarte falcidie.*

Justinien, avons-nous dit, a imaginé le bénéfice d'inventaire pour rendre en quelque sorte superflu le *jus deliberandi*, qui était un espace de
tems accordé par le Préteur à l'héritier pour voir
s'il lui convenait, ou non, d'accepter l'hérédité ;
ce qui ne l'a toutefois pas empêché de le conserver
pour ceux qui le préféreraient à la charge de faire
l'inventaire, sinon prescrit, du moins fortement
conseillé par cet empereur.

Par cette institution il a entendu laisser les ma-
jeurs non militaires exposés à toutes les suites
d'une acceptation téméraire qu'ils auraient faite,
au lieu d'user du moyen qu'il leur a offert.

Il les a même privés du bénéfice de la quarte
falcidie (2).

Enfin, postérieurement, il a décidé (3) que l'hé-

(1) Ce n'était toutefois qu'un *plébiscite.*
(2) §. pénult. de la même loi *Scimus.*
(3) Par sa novelle 1re, cap. 2.

ritier qui n'aurait pas fait l'inventaire, et avec toutes les formalités tracées à cet effet, serait même tenu des legs *ultrà vires,* dérogeant ainsi au principe que l'héritier ne peut être plus grevé qu'il n'est honoré.

Et ces décisions de Justinien étaient assez généralement suivies dans nos pays de droit écrit, du moins par la plupart des parlemens dans le ressort desquels il était observé.

Néanmoins, on a quelquefois relevé l'héritier pour dettes considérables dont il ne pouvait, d'après les circonstances, soupçonner l'existence au moment de son acceptation; et plus souvent encore on l'a dispensé de payer les legs au-delà de l'actif net de l'hérédité, quoiqu'il n'eût pas fait inventaire, pourvu d'ailleurs qu'il n'eût pas encore confondu dans son patrimoine l'argent, les denrées et les autres effets mobiliers de la successsion.

Ces notions, comme on va le voir, ne seront point sans utilité pour l'intelligence de notre art. 783, dans la disposition que nous expliquons maintenant.

459. C'est parce qu'on ne les avait pas tout-à-fait perdues de vue que l'on proposa au Conseil d'État, lors de la discussion élevée sur cet article, d'affranchir l'héritier des suites de son acceptation pour cause de *dettes* considérables et inconnues au moment où elle avait eu lieu; c'était, comme on le voit, le rétablissement des décisions d'Adrien et de Gordien, toutefois avec cette importante différence, qu'au

lieu d'être un privilège, c'eût été le droit commun.

Mais la proposition fut rejetée, sur le motif que cela donnerait lieu à des difficultés, à des procès difficiles à juger en point de fait; que d'ailleurs l'héritier qui a des craintes peut accepter sous bénéfice d'inventaire; que s'il ne le fait pas, il doit s'imputer son imprudence et le tort qu'elle peut lui causer.

Mais, d'abord, ce dernier motif pouvant tout aussi bien s'appliquer au cas de la découverte d'un testament qu'à celui de la découverte de dettes, ne prouve rien contre la justesse de la proposition, précisément parce qu'il serait destructif de celui qui a fait admettre que l'héritier pourrait réclamer dans le premier de ces cas.

En outre, que l'on dise tant que l'on voudra qu'un héritier est censé connaître, lorsqu'il accepte une succession, quelle était la manière dont le défunt gouvernait ses affaires, sa prudence et son économie, ou sa trop grande propension à la dépense et aux opérations hasardeuses, tandis qu'un testament étant un acte ordinairement secret, l'héritier ne pouvait aisément en avoir connaissance : on répondra que dans telle ou telle circonstance, l'homme le plus circonspect peut y être trompé; aucun sujet de crainte a bien pu ne pas se présenter à son esprit, au lieu que la supposition de l'existence d'un testament serait assez naturelle dans les mêmes circonstances, par la raison toute simple que l'on tient plus facilement son testament secret, que l'on ne peut bien souvent tenir ses dettes cachées : ce qui

a pu porter l'héritier à penser qu'il pourrait bien y
en avoir un, tandis qu'il ne se figurait pas que si
le défunt avait eu des dettes considérables, la connaissance, ou du moins le soupçon de ces mêmes
dettes, eût pu lui échapper.

Ce ne serait donc pas sans motif que l'on pourrait dire à l'héritier, qui allègue la découverte d'un
testament pour en faire le fondement de sa réclamation, ce que l'on a dit au Conseil d'État pour
faire écarter la proposition relative à la découverte
de dettes : c'est votre faute de n'avoir pas accepté
sous bénéfice d'inventaire ; vous pouviez très-bien
prévoir qu'il pourrait exister un testament, d'autant
mieux qu'il y en a fréquemment, que l'on ne fait
pas connaître à ses héritiers pour ne pas perdre
leur affection, ni se priver de leurs soins.

Quoiqu'il en soit de ces observations, il est certain que l'apparition de dettes cachées, détachée
d'ailleurs de toute circonstance de manœuvres frauduleuses pratiquées envers un héritier pour l'amener à accepter une succession obérée, n'est point
aujourd'hui une cause de rescision de l'acceptation
de l'hérédité ; et nous allons démontrer que ce ne
sera que bien rarement que la découverte d'un testament qui diminuerait la succession de plus de
moitié donnera lieu elle-même à une réclamation
de sa part. Mais pour arriver plus facilement à cette
démonstration, il convient d'abord d'établir la proposition suivante.

460. L'héritier qui n'a point été circonvenu par des manœuvres dans son acceptation, ne peut pas s'en faire relever vis-à-vis des créanciers, sur le motif de la découverte d'un testament qui lui enlèverait même toute l'hérédité : il ne peut réclamer pour la lésion qu'il éprouverait que contre les dispositions qui la lui feraient éprouver, en d'autres termes contre les légataires seulement (1).

Et en effet, la découverte d'un testament ne fait rien aux créanciers, ce testament ne change rien à leurs droits. Ils doivent toujours être payés avant les légataires, parce que *nemo liberalis, nisi liberatus*, à tel point que dans le cas où la succession eût été acceptée sous bénéfice d'inventaire, si des légataires avaient été payés, les créanciers qui ne s'étaient pas fait connaître par leurs oppositions auraient encore pendant trois ans depuis l'apurement du compte et le paiement du reliquat, une action en répétition contre ces mêmes légataires. (Art. 809.)

D'après cela, comment l'héritier pourrait-il se prétendre dégagé envers eux des suites de son acceptation, qui a été libre et volontaire, comme on le suppose ? Dans ce système le testament pourrait être pour lui une bonne fortune, quoique ses dispositions s'élevassent bien au-delà de la moitié de la succession et même de la succession entière, ce qui serait absurde.

_____

(1) C'est aussi l'opinion de M. Delvincourt.

Car, que l'on suppose une hérédité ayant pour 100,000 fr. de biens, mais pour 200,000 fr. de dettes, et cela se voit tous les jours; un testament inconnu se découvre, il renferme pour soixante, quatre-vingts, cent mille francs de legs; il est clair que si l'héritier peut s'en faire le motif d'une action en rescision de son acceptation, même vis-à-vis des créanciers, ce testament est pour lui le moyen de se libérer de 200,000 fr. de dettes, qu'il devait très-légitimement, par l'abandon des seuls biens de la succession, qui ne s'élèvent qu'à 100,000 fr. seulement.

Dans l'état des choses, il ferait un véritable bénéfice, tout comme si un créancier lui faisait remise de sa créance, quand le motif de la loi, en l'autorisant à réclamer, est la lésion que lui ferait éprouver la découverte d'un testament inconnu au moment de son acceptation, ce qui n'est réellement pas soutenable. Il ne doit donc pouvoir réclamer que contre l'acte qui le léserait, et non à l'égard de dettes qu'il s'était bien librement soumis à payer, puisqu'il n'a pas jugé à propos d'user du bénéfice d'inventaire.

Objecterait-on que le propre des rescisions est de remettre les choses dans leur état primitif; que l'art. 783 établit au profit de l'héritier, dans les cas qu'il prévoit, une sorte de restitution *in integrum?* Nous répondrions que cela est vrai sans doute dans un de ces cas, mais non dans l'autre.

Cela est vrai quand l'acceptation n'a été que le résultat de manœuvres frauduleuses pratiquées contre l'héritier, parce qu'alors étant aussi bien

VI. 34

viciée par rapport aux créanciers que par rapport
aux légataires, elle doit être rescindée à l'égard de
tous.

Au lieu que lorsque l'héritier a accepté librement et sans fraude, il s'est trouvé par cela même
valablement engagé envers tous les créanciers (ainsi
qu'envers les légataires dont le droit était alors
connu) : l'événement postérieur qui l'expose à un
préjudice, la découverte d'un testament, étant le
seul fait dont il puisse raisonnablement se plaindre,
la loi n'a pu vouloir le restituer que contre les
conséquences de ce même fait; ce qui ne donnera
pas lieu de dire pour cela que l'on divise ainsi la
qualité d'héritier en scindant les obligations qu'elle
comporte, en considérant toujours l'héritier comme
tel vis-à-vis des créanciers, et non vis-à-vis des légataires mentionnés dans le testament découvert;
car il est simplement relevé, à l'égard de ces derniers, de l'obligation qu'il avait prise sur lui par
son acceptation; mais il ne conserve pas moins sa
qualité d'héritier dans son entier. Il était bien de
principe aussi dans le droit romain que l'héritier
ne pouvait pas être tel pour partie seulement; de
là la règle *hereditas adquiri pro parte nequit;* et
néanmoins quand un des héritiers se faisait restituer contre son acceptation, ce qui le faisait regarder comme n'ayant jamais été héritier, par conséquent ce qui faisait aussi considérer, par l'effet
du droit d'accroissement, qui ne pouvait même
être refusé, le cohéritier comme seul héritier; néan-

moins, disons-nous, ce cohéritier était admis à
abandonner aux créanciers la part du restitué dans
les biens pour se dispenser de payer la part que
celui-ci eût eue à supporter dans les dettes (1). Or,
l'héritier peut également, si bon lui semble, abandonner aux légataires les biens ou ce qui en reste
dettes soldées, pour se dispenser de payer leur legs;
mais quant aux créanciers, il s'était obligé envers
eux, et un événement qui leur est tout-à-fait indifférent, qui est sans aucune influence sur leurs
droits, ne doit point le dégager à leur égard.

Que l'on remarque bien d'ailleurs l'économie de
la loi : « Le majeur ne peut *attaquer l'acceptation*
« expresse ou tacite qu'il a faite d'une succession
« que dans le cas où cette acceptation aurait été la
« suite d'un dol pratiqué envers lui. »

Ainsi, dans ce cas, c'est bien l'acceptation qu'il
attaque ; et s'il l'attaque avec succès, comme alors
il n'y a plus d'acceptation, il est clair qu'il ne se
trouve plus obligé envers personne à raison de
cette hérédité. C'est bien une véritable restitution
in integrum.

« Il ne peut jamais *réclamer sous prétexte de lé-*
« *sion*, excepté seulement dans le cas où la succes-
« sion se trouverait absorbée ou diminuée de plus
« de moitié *par la découverte d'un testament in-*
« *connu* au moment de l'acceptation. »

---

(1) L. 61, ff. *de acquir. vel omitt. hered.*, à laquelle n'est pas contraire la L. 98 au même titre.

Mais réclamer sous prétexte de lésion par suite
de la découverte d'un testament inconnu, ce n'est
pas évidemment la même chose qu'attaquer l'acceptation; c'est uniquement réclamer contre l'acte
qui fait éprouver cette lésion, par conséquent c'est
réclamer contre les légataires au profit desquels il
a été fait, et voilà tout; c'est dire à ceux-ci : Si j'a-
vais connu le testament qui vous donne le droit
d'agir contre moi au moyen de mon acceptation,
je n'aurais pas accepté, et la loi vient me secourir
à cause de mon erreur. Mais ce langage ne peut se
tenir à des créanciers envers lesquels l'héritier s'est
obligé bien librement, et envers lesquels il ne peut
alléguer le motif d'erreur, puisque la loi ne l'a point
admis.

Qu'importe, après cela, que *hereditas adquiri
pro parte nequit* (1)? l'héritier, encore une fois,
n'acquiert pas pour cela l'hérédité pour partie; il
n'est pas seulement héritier vis-à-vis des créanciers,
et non vis-à-vis des légataires du testament découvert; seulement la loi, par des raisons d'équité, le
relève de son obligation envers ceux-ci. Tel est,
nous le croyons, le véritable sens de cette disposition de notre art. 783.

Mais précisément parce qu'il se trouve encore
obligé envers les créanciers, il ne peut être forcé
d'abandonner les biens aux légataires tant que les
premiers ne seront pas intégralement payés avec

(1) *Tàm passivè, quàm activè.*

le produit de ces mêmes biens. Les legs seraient d'ailleurs sans effet si les dettes surpassaient l'actif, comme nous l'avons supposé dans l'espèce donnée d'abord comme exemple.

461. Cela posé, il est évident que l'héritier n'a aucune réclamation à élever au sujet de la découverte d'un testament qui lui enlèverait toute l'hérédité par un legs universel, et cela, soit que les dettes s'élevassent au-delà des forces de la succession, soit qu'elles fussent bien au-dessous.

En effet, dans la première hypothèse, le legs étant réduit à rien, le légataire n'en voudra pas, et alors c'est, du moins sous le rapport de ce legs, comme si le testament n'existait pas. Il ne peut pas même y avoir de difficulté réelle entre lui et l'héritier ; car s'il veut invoquer le legs et la remise des biens, l'héritier lui dira de payer au préalable les dettes, puisque le légataire universel doit les acquitter, d'après la règle *bona non intelliguntur, nisi ære alieno deducto.* Que si ce légataire prétendait ne devoir les acquitter que jusqu'à concurrence de l'actif, usant à cet égard des effets du bénéfice d'inventaire (1), l'héritier serait toujours bien fondé, quoiqu'il ne lui fût pas dû de réserve, et qu'en pareil cas le légataire universel soit saisi (art. 1006), à ne lui point relâcher la possession

----

(1) Et nous croyons bien qu'il en aurait le droit : l'acceptation de l'héritier n'a pas pu le lui ravir.

des biens tant qu'il ne serait point déchargé des
obligations qu'il a contractées envers les créanciers
par son acceptation (1).

Si les dettes ne s'élevaient pas à la totalité des
biens, le legs universel ne nuirait à l'héritier qu'en
ce sens qu'il lui enlèverait le surplus de ce qui
serait resté dettes payées; mais il ne lui ferait
éprouver aucun préjudice dans ses propres biens,
puisque le légataire serait tenu de payer toutes ces
dettes. Il serait même également tenu de payer les
legs particuliers laissés par le testament dans lequel
il a été institué, et même par d'autres testamens
déjà connus, du moins jusqu'à concurrence des
forces de la succession; ce qui empêcherait pareillement l'héritier, dans l'état des choses, d'éprouver d'autre perte que la privation des avantages
qu'il eût pu avoir sans le testament découvert.

Ces observations sont également applicables au
cas où ce testament contiendrait des legs à titre
universel, par exemple, des trois quarts de la succession; car le légataire à titre universel contribue

---

(1) Du moins tant que lui légataire ne rapporterait pas à l'héritier
sa décharge d'autant de dettes qu'il y a de biens dans la succession.
Ce serait une liquidation à faire entre eux. Mais pour cela il faut
supposer, puisqu'en fait les dettes surpassent l'actif, que le légataire
universel tient à avoir les biens, et que l'héritier, de son côté,
n'exige pas qu'ils soient vendus, pour que leur produit serve d'abord
à l'acquittement des dettes. Quant au surplus, il resterait à sa charge
personnelle, et non à celle du légataire universel qui n'a point voulu
être privé des avantages de l'acceptation bénéficiaire, et qui n'a pas
dû en effet en être privé.

au paiement des dettes en proportion de la part qui lui a été attribuée (art. 1012). En sorte que, lors même que ces legs seraient des dix-neuf vingtièmes de l'hérédité, l'héritier n'aurait point d'intérêt à réclamer au sujet de la découverte du testament, quoique l'art. 783, en ne faisant aucune distinction entre les diverses espèces de legs qui peuvent avoir lieu, semble lui en supposer un quand les dispositions de ce testament lui enlèvent plus de la moitié de l'hérédité, puisque dans ce cas il lui donne formellement le droit de réclamer.

En effet, admettons une succession ayant un actif de 100,000 fr. et un passif de 80,000 fr., ou de 120,000 fr., n'importe, et un legs à titre universel des trois quarts de l'hérédité.

Dans l'hypothèse où il n'y aurait que 80,000 fr. de dettes, il resterait encore 20,000 fr. de biens libres, dont par conséquent l'héritier, que nous supposons toujours quant à présent non réservataire, conserverait encore 5,000 fr., ce qui lui ôterait, comme de raison, toute envie de réclamer.

Dans l'hypothèse de 120,000 fr. de dettes, le legs des trois quarts des biens enlevant 75,000 fr. de l'actif à l'héritier, soumettrait le légataire à payer à tout le moins 75,000 fr. de dettes.

Nous n'avons pas même besoin, pour le décider ainsi, d'agiter la question de savoir si le légataire à titre universel n'est de plein droit, et quoiqu'il n'ait pas *déclaré*, en acceptant, n'accepter que sous bénéfice d'inventaire, tenu des dettes que jusqu'à concurrence de son émolument (1); car précisément son émolument est de 75,000 fr. dans l'espèce. Le testament découvert ne causerait donc encore en réalité aucun préjudice à l'héritier.

Et en admettant même qu'il contînt en outre des legs à titre particulier, par exemple, pour 15,000 fr., nous ne voyons pas encore comment il pourrait faire éprouver un préjudice à l'héritier dans ses propres biens, puisque le légataire à titre universel, même d'une portion de la simple quotité disponible, contribue aussi au paiement des legs à titre particulier (art. 1013). Par conséquent il contribuerait au paiement de ces legs pour les trois quarts; et si, dans notre espèce, les dettes ne s'élevaient qu'à 80,000 fr., il resterait encore à l'héritier le quart de 5,000 fr. ou 1,250 fr.; si elles dépassaient l'actif de l'hérédité, les dispositions testamentaires demeureraient sans effet sur sa réclamation.

Enfin, supposons que le testament découvert ne contienne que des legs à titre particulier. Sur ce cas il y a une première question à se faire. Doit-on, pour juger si le testament diminue de plus de moitié la succession, et en conséquence pour savoir

___

(1) Question qui sera discutée plus tard, et dont la solution négative serait favorable à l'héritier, et lui donnerait lieu de s'applaudir de la découverte du testament, loin de pouvoir se plaindre qu'elle lui fait éprouver une lésion, puisque le légataire payant les trois quarts de toutes les dettes, c'est-à-dire, 90,000 fr., il déchargerait ainsi l'héritier de 15,000 fr. sur les 20,000 que celui-ci devait perdre en définitive.

si l'héritier est autorisé à *réclamer sous prétexte de lésion*, défalquer préalablement les dettes, d'après la règle *bona non intelliguntur, nisi ære alieno deducto?*

Non certainement, car autrement à quoi bon aurait-on fixé la quotité de plus de moitié comme étant le *minimum* du préjudice à raison duquel il pourrait réclamer ? Et, en effet, ainsi qu'on vient de le voir, ce n'est pas dans le cas où le testament contiendrait un legs universel ou des legs à titre universel, qu'il causerait à l'héritier un préjudice dans ses propres biens ; ce ne serait pas non plus dans le cas où il contiendrait des legs particuliers qui, réunis aux dettes, n'atteindraient point l'actif de l'hérédité, ni enfin dans celui où il renfermerait des dispositions particulières qui s'élèveraient même aux dix-neuf vingtièmes de la succession, s'il n'y avait pas de dettes, puisque dans ces deux dernières hypothèses il y aurait encore un bénéfice quelconque pour l'hérédité. Or, une loi qui ouvrirait une réclamation dont on n'aurait point d'intérêt à faire usage, bien mieux quand il existerait un intérêt tout contraire, serait une loi insignifiante, et même absurde.

Ainsi, en supposant une succession de 100,000 fr. d'actif, et de 60,000 fr. de passif, il est évident, si l'on déduit d'abord les dettes, que, lors même qu'il serait grevé de 39,000 fr. de legs à titre particulier, par conséquent bien au-delà de la moitié de l'hérédité entendue de la sorte, l'héritier aurait

encore intérêt à exécuter le testament, plutôt que
d'abandonner aux légataires les 40,000 fr. qui res-
teraient de biens après les dettes payées, puisqu'il
perdrait de la sorte 1,000 fr. Ce n'est donc point
ce que la loi a pu avoir en vue en lui donnant le
droit de réclamer pour cause de lésion.

Au lieu qu'en ne déduisant pas les 60,000 fr.
de dettes, on sent très-bien l'intérêt qu'aurait l'héritier à être admis à réclamer dans le cas où les
legs et les dettes combinés excéderaient l'actif,
quoique les premiers ne fussent pas de la moitié
de cet actif : par exemple, si, dans cette succession de 100,000 fr., il y a 80,000 fr. de dettes, et
30,000 fr. de legs, il est clair, en admettant pour
le moment, ce que nous allons au surplus examiner, que l'héritier qui n'a point déclaré accepter bénéficiairement est tenu des legs comme des
dettes *ultrà vires*, bien qu'il eût fait d'ailleurs inventaire; il est clair, disons-nous, que l'héritier
aurait intérêt à réclamer contre le testament, quoiqu'il ne lui enlevât point la moitié des biens dont
se compose l'hérédité. Mais il n'en a pas le droit;
il eût fallu pour cela que ce testament eût contenu des dispositions dont la valeur eût dépassé,
de quelque faible quotité que c'eût été, il est
vrai, mais eût dépassé la moitié de ces mêmes
biens. Toute lésion quelconque n'a pas paru suffisante au législateur; il n'a eu égard qu'à celle qui
résulterait de la découverte d'un testament inconnu
absorbant ou diminuant de plus de moitié l'hérédité.

C'est donc avec raison que nous avons dit, en commençant ces explications, que la découverte d'un testament, quelles que soient les dispositions qu'il renferme, ne donnera lieu à l'héritier de réclamer que dans un bien petit nombre de cas pour motif de lésion.

462. Mais il nous paraît résulter de cette disposition de l'art. 783 un effet bien autrement important, et qui eût mérité assurément d'être l'objet d'une décision spéciale et formelle; nous voulons parler de l'obligation de l'héritier qui a accepté purement et simplement, d'acquitter tous les legs, ainsi que les dettes, même *ultrà vires* (1), quoiqu'il n'eût point confondu les objets de l'hérédité dans ses biens propres, ou qu'il ne les y eût mêlés que d'après un inventaire exact.

En effet, l'héritier ne pouvant réclamer pour cause de lésion qu'autant qu'un testament inconnu lui enlève plus de la moitié de l'hérédité, il résulte évidemment de là deux choses :

La première, c'est qu'il ne peut réclamer lorsque ce testament ne lui enlève pas plus de la moitié de la succession, quelque préjudice qu'il pût d'ailleurs lui causer.

La seconde, c'est que quand bien même un tes-

_____

(1) M. Delvincourt pense comme nous, qu'il résulte de l'art. 783 que l'héritier qui a accepté purement et simplement est tenu *ultrà vires* des legs comme des dettes, s'il n'est pas dans un des cas où la loi vient à son secours.

tament enlèverait à l'héritier toute la succession
par des dispositions particulières (1), si ce testament ne lui était point inconnu au moment de
l'acceptation, il n'en pourrait faire le motif d'une
réclamation.

D'après cela, il reste avec sa qualité et toutes
les conséquences qui y sont attachées; or, ces conséquences sont l'obligation d'acquitter *toutes les
charges de la succession* (art. 724), du moins dans
la proportion de sa part héréditaire, s'il a des cohéritiers (art. 870, 1220); et les legs sont au
nombre de ces charges.

Objecterait-on que l'on ne doit considérer
comme charges de l'hérédité que les seuls legs que
le défunt a pu laisser, et qu'il n'a pu en laisser
valablement au-delà de la valeur de son patrimoine, dettes déduites? Mais on répondrait que s'il
en était ainsi, l'art. 783, dans la disposition que
nous venons d'expliquer, n'aurait aucun sens; car
à quoi bon accorderait-on à l'héritier le droit de
réclamer pour cause de lésion par suite de la dé-

_____

(1) Nous disons *particulières*, parce que, ainsi qu'on vient de
l'expliquer, les dispositions universelles ou à titre universel emportent
obligation de payer les dettes et les legs à titre particulier, du moins
jusqu'à due concurrence de la force des institutions ; et d'ailleurs
elles ne s'étendent point au-delà de ce qui est réellement contenu
dans l'hérédité, ce qui fait qu'elles sont sans danger pour l'héritier
légitime qui a accepté purement et simplement : elles peuvent bien
lui enlever le bénéfice, mais non lui faire perdre quelque chose de
ses propres biens, à la différence des legs de sommes, de quantités
ou de choses qui consisteraient *in genere*; car les objets de tels legs
ne sont pas plus dans la succession qu'ailleurs.

couverte d'un testament qui lui enlève plus de la
moitié de la succession, si ce testament ne devait
lui causer aucune lésion? or, il ne lui en causerait
aucune dans ce système; il ne pourrait même avoir
d'autre effet, sous ce rapport, que celui de lui
fournir un *prétexte* pour se faire relever de son
acceptation à l'égard des créanciers, auxquels cet
acte est totalement indifférent, ce qui, ainsi que
nous l'avons démontré, serait absurde.

  Il faut, au contraire, pour que cet article ne soit
pas une disposition insignifiante, un hors-d'œuvre
dans la loi, nécessairement supposer que, par la
découverte de ce testament, l'héritier est exposé
à un préjudice, non pas celui qui consisterait uniquement dans la privation de tout ou partie des
biens après les dettes payées, ou au moins déduites,
car l'héritier ne manquerait ainsi que de gagner, et
il ne s'agit pas ici de dommages-intérêts, qui se composent, il est vrai, en général, du *lucrum cessans*,
comme du *damnum immergens;* mais bien du préjudice qui consisterait dans l'obligation de payer
les legs contenus dans ce testament, quoique les
biens, après la défalcation des dettes s'il y en avait,
fussent insuffisans pour cela. La chose ne peut pas
être entendue autrement pour que la loi ait un
sens raisonnable. Donc si l'héritier ne peut éviter
ce préjudice qu'autant qu'il est dans l'un des cas où
il a droit de réclamer, et qu'il réclame en effet pour
la lésion qu'il éprouve, dans les autres il est obligé
de subir toutes les conséquences de son acceptation.

Et, nonobstant le principe que l'héritier ne doit pas être plus grevé qu'il n'est honoré, Justinien avait bien fini par décider que, s'il n'égligeait de faire l'inventaire, avec toutes les formalités prescrites à cet effet, il serait tenu des legs *etiam ultrà vires;* et l'on suivait généralement sa décision dans nos pays de droit écrit. Il est vrai que nous supposons même que l'héritier a fait inventaire, ou du moins qu'il n'a nullement confondu les effets de la succession avec ses biens propres; mais nous n'en sommes pas moins conséquent dans notre opinion, puisque ce qui, dans notre droit actuel, rend l'héritier héritier bénéficiaire, ce n'est pas seulement l'inventaire, comme sous Justinien, c'est la déclaration de n'accepter que sous bénéfice d'inventaire, en se conformant d'ailleurs aux conditions prescrites par le Code à cet effet; ce qui revient à ceci : Sous Justinien, l'héritier qui n'usait point du bénéfice d'inventaire, pour n'avoir point fait l'inventaire, était tenu des legs *etiam ultrà vires;* sous le Code, et sauf le cas où il peut réclamer pour cause de lésion par suite de la découverte d'un testament qui lui enlèverait plus de la moitié de la succession, cet héritier qui, en acceptant, n'a point fait usage du bénéfice d'inventaire, pour n'avoir pas fait la déclaration prescrite par la loi, est également tenu des legs *ultrà vires.* Sous ce point de vue il y a parité absolue; la différence ne consiste que dans les conditions requises par l'une ou l'autre législation pour l'acceptation bénéficiaire.

463. Mais on ne peut toutefois appliquer cette décision au cas où l'héritier qui a accepté serait du nombre de ceux qui ont droit à une réserve ; car le défunt, eût-il disposé d'une manière immodérée, le réservataire ayant, aux termes de l'article 921, le droit de demander sa réserve, même par voie d'action contre les donataires entre-vifs, s'il y avait lieu, et à plus forte raison celui de la retenir par ses mains vis-à-vis des légataires, qui doivent s'adresser à lui pour obtenir la délivrance de leurs legs, il est clair que ces mêmes légataires, qui ne peuvent rien exiger au-delà de la simple quotité disponible, peuvent encore moins, s'il est possible, prétendre au-delà des forces de la succession elle-même, dont elle est une partie, et une partie toutes dettes déduites. (Art. 922.)

Il est certain, d'une part, que, pour avoir droit à la réserve, il faut être héritier ; la jurisprudence de la Cour de cassation ne permet plus le doute à cet égard ; et, d'autre part, aucune disposition du Code ne prescrit à celui à qui elle est due de n'accepter, pour l'avoir, que sous bénéfice d'inventaire (1), lorsque le défunt a disposé au-delà de

---

(1) C'est aussi la remarque que fait M. Delvincourt ; seulement cet auteur pense, contre le sentiment de Ricard (*des Donations*, part. 3, n° 994 et suiv.), que le réservataire est tenu de faire inventaire, parce qu'il est obligé, dit-il, pour faire réduire les libéralités, de prouver qu'il n'a pas trouvé dans la succession de quoi compléter sa réserve, et que cette preuve ne peut se faire que par un inventaire.

Mais nous répondons à cela que tant que l'héritier réservataire n'a

la quotité disponible, ou même au-delà des forces
de toute l'hérédité. Il doit seulement ne pas confondre les effets de la succession, par exemple,
l'argent comptant, les denrées, ou les autres objets
mobiliers, avec ses biens propres; mais cette confusion ne résulte pas nécessairement de l'acceptation
expresse ou tacite de l'hérédité.

Le réservataire a donc bien pu se porter héritier
pur et simple, s'il a voulu s'exposer à payer les dettes
etiam ultrà vires; mais il n'est point pour cela privé
de sa réserve, et par conséquent du droit de faire
réduire toutes dispositions quelconques qui excéderaient la quotité disponible, en se conformant,
à cet égard, à l'ordre tracé par la loi. C'est qu'en
effet les legs et les dettes sont des choses bien différentes.

Nous ne nous dissimulons pas, au surplus, ce que
paraît, au premier coup d'œil, avoir d'extraordinaire la diversité de nos décisions sur ce cas, où
l'héritier est du nombre de ceux au profit desquels
la loi a établi une réserve, et le cas contraire; mais
si l'on y réfléchit, l'on demeurera convaincu qu'il
n'y a point d'inconséquence dans ces décisions si
différentes, tout en restant persuadé qu'en rédigeant ainsi l'art. 783, les auteurs du Code ne
songeaient probablement pas à cette disparité de
position entre les divers héritiers légitimes qui ont

pas confondu les objets de l'hérédité dans son patrimoine, comme on
le suppose, il est encore à même de faire constater les forces de la
succession, quoiqu'il ait déjà accepté depuis plus ou moins de tems.

accepté la succession purement et simplement,
vis-à-vis des légataires dont les legs excéderaient
la masse des biens, toutes dettes déduites.

Mais cette différence, disons-nous, résulte nécessairement de ce que, d'une part, d'après cet art. 783,
à la disposition duquel, certes, nous sommes loin
d'applaudir, l'héritier est tenu des legs à titre parti-.
culier, comme des dettes, même *ultrà vires*, s'il ne
peut se faire relever de son acceptation pour cause
de dol ou de violence, ou du moins réclamer pour
cause de lésion, et contre les légataires seulement,
par suite de la découverte d'un testament inconnu
au moment où il a accepté; tandis que, d'autre
part, l'héritier réservataire a un droit particulier,
celui de demander la réduction de toutes les dispositions qui excèdent la quotité dont le défunt a
pu disposer, droit qu'il peut exercer, quoiqu'il
ait accepté purement et simplement, comme lorsqu'il a accepté sous bénéfice d'inventaire, puisque
la loi ne distingue pas, et ne devait pas en effet
distinguer.

464. Nous avons dit que, suivant le droit romain,
lorsqu'un héritier avait obtenu la rescision de son
acceptation, son cohéritier pouvait, pour se dispenser de payer sa part dans les dettes, et qui avait
par conséquent accru à la sienne, abandonner celle
qu'il avait dans les biens : il avait l'option (1).

_____

(1) Il est vrai que les lois romaines statuent à cet égard par rapport
à un mineur qui a obtenu pour cause de minorité la rescision de son

Et il ne paraît pas que l'on fît à cet égard une différence entre le cas où ce cohéritier avait accepté avant le restitué, et le cas contraire. Mais, selon l'opinion de plusieurs des auteurs (1) qui ont écrit sur le Code civil, cette distinction mériterait d'être faite.

Ainsi, disent-ils, si le cohéritier avait déjà accepté au moment où a accepté celui qui s'est ensuite fait relever, il n'a pas l'option que déférait le droit romain; l'accroissement s'est opéré à son égard, aussi bien passivement qu'activement, c'est-à-dire avec toutes ses conséquences, et même malgré lui, parce qu'il s'opère, soit que l'héritier le veuille, soit qu'il ne le veuille pas; c'est un des effets attachés à la qualité d'héritier (art. 786), puisque celui qui renonce est censé n'avoir jamais été héritier (Art. 785).

Mais si le cohéritier, ajoutent-ils, n'a accepté que postérieurement à celui qui s'est fait relever, ou s'il a accepté simultanément avec lui, par exemple, en vendant conjointement un bien de la succession (2),

---

acceptation; mais la raison est absolument la même quand il s'agit d'un majeur qui a été relevé de la sienne pour une des causes exprimées par la loi.

(1) Notamment de MM. Delvincourt et Chabot.

(2) Il faut supposer qu'il n'a pas jugé à propos d'attaquer son acceptation; car s'il eût connu le dol pratiqué envers son cohéritier qui acceptait avec lui en même tems, et qu'il n'eût point averti celui-ci de la fraude, ou s'il eût eu connaissance de l'existence du testament, et qu'il ne l'en eût point prévenu, cette réticence serait, en quelque sorte, une participation à la fraude, une fraude elle-même, et le rendrait indigne du bénéfice de l'option dont nous parlons; il subirait toutes les conséquences du droit d'accroissement.

comme ce cohéritier peut alléguer qu'il n'a lui-même accepté que parce qu'il voyait qu'un autre en avait déjà fait autant, ou en faisait autant, voulant bien, pour faire honneur à la mémoire du défunt, se soumettre à quelques sacrifices, mais n'entendant pas néanmoins en faire de plus considérables que ne lui permettait sa position, alors il peut user de l'option que conféraient les lois romaines à l'héritier, dans le cas où un cohéritier avait été relevé de son acceptation.

Cette distinction nous paraît juste, avec cette modification toutefois que si le cohéritier ignorait au moment où il a accepté, l'acceptation du restitué, il ne pourrait user de l'option dont il s'agit, puisqu'il ne pourrait dire qu'il n'a lui-même accepté que parce qu'un autre en avait déjà fait autant.

465. Au surplus, dans le cas où l'héritier qui a été circonvenu, ou qui ignorait l'existence d'un testament, aurait fait un acte d'héritier depuis la découverte du dol ou du testament, ce nouvel acte purgerait le vice dont l'acceptation primitive pouvait être entachée, et rendrait l'héritier non recevable à se plaindre désormais. Il en serait de ce cas comme de l'approbation tacite donnée par l'exécution volontaire à un contrat proprement dit, à une époque où ce contrat pouvait valablement être ratifié, approbation qui rend ensuite la partie non recevable à revenir contre son engagement (Art. 1115 et 1338).

Mais il faudrait pour cela que le nouvel acte
attestât clairement la volonté, dans l'héritier, de
vouloir renoncer au droit de revenir ou de réclamer
contre son acceptation ; que cet acte ne fût pas simplement une dépendance, une conséquence, pour
ainsi dire, de celui qui avait été fait avant la découverte de la fraude ou du testament. C'est ainsi que
dans le droit romain (1), dont on suivait d'ailleurs
la décision sur ce point dans notre ancienne jurisprudence (2), parce qu'en effet elle est tout-à-fait
raisonnable ; c'est ainsi, disons-nous, que dans le
droit romain un mineur qui avait imprudemment
accepté une hérédité, et qui, parvenu à sa majorité,
avait fait quelques actes, mais qui n'étaient qu'une
dépendance de ceux qu'il avait faits en minorité,
n'était pas pour cela déchu du droit de se faire restituer contre son acceptation ; et la raison est absolument la même à l'égard du majeur qui avait en
sa personne une juste cause de réclamer contre la
sienne. On sent, d'après cela, qu'il y aurait beaucoup à considérer de quelle nature est le nouvel acte ;
s'il y avait ou non urgence à ce qu'il fût fait ; s'il l'a
été surtout avec ou sans protestation de toutes réserves de la part de l'héritier, du droit de pouvoir
réclamer contre son acceptation, déclarant ne le

(1) L. 3, §. 2, ff. *de min. vigenti quinque annis.*
(2) Lebrun, liv. III, chap. VIII, sect. II, n° 32 et 33 ; et
liv. IV, chap. II, sect. II, n° 57 et suivans. Lacombe, aux mots :
Acte d'héritier, n° 7 ; *Restitution*, sect. II, n° 17 ; et *Renonciation*,
sect. II, n° 4.

faire que dans l'incertitude de l'admission de sa réclamation, etc.

466. Si des paiemens de dettes ou de legs portés
dans un testament déjà connu avaient eu lieu de la
part de l'héritier avant la découverte de la fraude
pratiquée envers lui pour l'amener à accepter la
succession, ceux qui auraient reçu ces paiemens
pourraient être contraints à les restituer. Vainement
opposeraient-ils qu'ils n'ont reçu que ce qui leur
était dû. car la rescision de l'acceptation ayant pour
effet de faire considérer le restitué comme étranger
à la succession, il serait vrai de dire que celui qui
leur a fait ces paiemens ne leur devait rien, ce qui
rendrait applicable l'art. 1377 dans sa première disposition (1). Mais si ceux à qui ces paiemens ont été
faits avaient, par suite de ces mêmes paiemens,
supprimé leur titre, alors ce serait la seconde disposition de l'article précité qui régirait le cas, et la
répétition n'aurait pas lieu. Il ne resterait à l'héritier que son recours tel que de droit contre la succession.

467. Enfin, pour terminer nos observations sur
cet art. 783, nous dirons que l'héritier qui voudra
se faire relever de son acceptation, ou réclamer

---

(1) *Voy.* La L. 19, §. 1, ff. *de condict. indeb.* la L. 65 au même
titre, et surtout la L. 6, §. 2, ff. *de rebus auct. judic. possid.* où le
jurisconsulte décide qu'un pupille qui a obtenu la rescision de l'acceptation qu'il avait faite d'une hérédité, peut réclamer la restitution des choses qu'il avait payées, en qualité d'héritier, même avec
l'autorisation de son tuteur.

contre le testament découvert (1), agira sagement
s'il met en cause tous ceux qui peuvent avoir intérêt à combattre sa prétention, afin de faire déclarer le jugement commun avec eux ; il préviendra
de cette manière de nouvelles difficultés, et les effets
de la règle que la chose jugée n'a d'autorité qu'entre
les parties et leurs héritiers respectifs (Art. 1351).

SECTION II.

De la renonciation aux successions.

SOMMAIRE.

468. *Transition de l'acceptation à la renonciation : division de
la section.*

§. Ier.

**Des conditions et formalités requises pour la validité de la
renonciation.**

469. *Le Code établit que la renonciation à une succession ne se
présume pas. Dans quelques coutumes l'acceptation ne se
présumait pas d'avantage : conséquences.*

470. *Conséquences des principes du Code relativement aux frais
de poursuites dirigées contre l'héritier après les délais
pour faire inventaire et délibérer.*

---

(1) On voit que nous distinguons les deux cas , parce que, suivant
ce que nous avons dit plus haut, la découverte d'un testament ne
donne pas lieu à l'héritier d'attaquer son acceptation ; elle doit être
maintenue à l'égard des créanciers ; aussi *sa réclamation pour cause de
lésion*, n'est-elle, par le fait, qu'une exception contre les légataires
dénommés dans ce testament.

§. II.

Des effets de la renonciation.

5o3. *La renonciation régulièrement faite est, en général, irré-*
   vocable : limitations que souffre la règle.

5o4. *Quels sont, en général, ceux qui peuvent avoir intérêt à*
   méconnaître la renonciation quand il y a eu acceptation.

5o5. *L'héritier qui a renoncé peut encore accepter, pourvu que la*
   faculté n'en fût pas prescrite et que la succession n'eût pas
   déjà été acceptée par d'autres qui auraient eu le droit
   d'accepter à son refus ; le Droit romain était contraire.

5o6. *Il était contraire aussi sous un autre point de vue : quand*
   un mineur avait répudié, quoi qu'un autre eût déjà accepté
   à son refus, ce mineur pouvait encore se faire restituer
   contre sa renonciation, et secùs sous le Code civil.

5o7. *Conséquences du principe que l'héritier qui a renoncé ne*
   peut accepter qu'autant que la succession n'a pas encore
   été acceptée par d'autres héritiers.

5o8. *L'héritier qui reprend la succession doit respecter tout ce*
   qui a été valablement fait durant la vacance : consé-
   quence quant à la prescription.

5o9. *Le curateur à la vacance, s'il en a été nommé un, doit*
   compte de sa gestion à l'héritier qui a repris la succession.

5io. *Les créanciers de celui qui a renoncé au préjudice de leurs*
   droits peuvent se faire autoriser en justice à accepter à sa
   place, jusqu'à concurrence du montant de leurs créances.

5ii. *Il n'y a pas à rechercher si la renonciation a été faite en vue*
   de faire fraude aux créanciers : il suffit qu'elle leur fasse
   par elle-même réellement préjudice.

5i2. *Les créanciers postérieurs à la renonciation ne peuvent*
   l'attaquer ; et, dans certains cas, les créanciers anté-
   rieurs ne seraient pas fondés à le faire.

5i3. *Ceux-là seuls des créanciers du renonçant auxquels la re-*
   nonciation préjudiciait se distribuent le produit des biens
   de sa part dans l'hérédité.

5i4. *Ceux qui n'ont pas d'acte ayant déjà date certaine au mo-*
   ment de la renonciation peuvent être écartés de la distri-
   bution.

515. *Si le renonçant eût été tenu au rapport dans le cas où il aurait accepté, ses créanciers qui attaquent sa renonciation y seraient aussi tenus par voie d'imputation.*

516. *Les cohéritiers n'abandonnent pareillement les biens de la part du renonçant que déduction faite de ce qu'il devait supporter dans les dettes et dans les legs, et seulement jusqu'à concurrence du montant des droits des créanciers.*

517. *Les cohéritiers peuvent écarter la demande des créanciers du renonçant en les payant; ils peuvent aussi demander que son insolvabilité leur soit justifiée.*

518. *Comment procèdent les créanciers qui attaquent la renonciation.*

519. *Quand la succession n'a pas encore été acceptée par d'autres héritiers, les créanciers quelconques du renonçant peuvent, en exerçant ses droits, reprendre l'hérédité en son lieu et place.*

520. *Il en est de même si l'héritier débiteur n'a pas encore renoncé; et ses créanciers peuvent provoquer le partage des biens.*

468. Après avoir traité de l'acceptation des successions, l'ordre des idées amène à parler de la renonciation qui peut y être faite. Mais ce que nous avons dit sur le premier point abrégera nécessairement les développemens que nous aurons à donner sur le second.

Dans un premier paragraphe nous parlerons des conditions et formalités voulues par la loi pour que la renonciation soit valable.

Et dans un second, des effets de la renonciation.

§. Ier.

Des conditions et formalités requises pour la validité de la renonciation.

469. Le Code établit en principe que la renonciation à une succession ne se présume pas (art. 784); d'où l'on peut tirer la conséquence que l'intention d'accepter est présumable.

Au lieu que dans quelques coutumes, notamment dans celles de Poitou et de Normandìe, l'héritier n'était pas, il est vrai, présumé renoncer, car il n'eût point, par cela même, transmis le droit d'accepter à ses propres héritiers dans le cas où il serait venu à mourir avant d'avoir fait acte d'acceptation, tandis qu'au contraire il le transmettait, comme sous le Code ; mais il n'était point obligé de répondre aux demandes des créanciers et légataires tant qu'il n'avait pas encore jugé à propos d'accepter, parce que ces coutumes portaient expressément que celui qui ne voulait pas être héritier *n'était pas tenu de renoncer.*

On ne pouvait donc, d'après cela, le poursuivre utilement tant qu'il n'avait pas pris la qualité d'héritier : la saisine, dans ces coutumes, ne produisait que les effets qui peuvent être favorables à l'héritier et à ses propres représentans, et non ceux qui peuvent leur être contraires ; et de ce système, ainsi qu'on l'a fort bien observé, il résultait d'assez graves inconvéniens dans la pratique : les créanciers ne savaient d'abord à qui s'adresser, et quelquefois cet état de choses durait très-long-temps; pendant ce temps ils se trouvaient exposés à diriger une demande frustratoire contre des héritiers appelés par la loi, et qui ensuite n'acceptaient pas, quoiqu'ils n'eussent agi qu'après les délais pour faire inventaire et délibérer.

470. Dans les principes du Code, au contraire, et qui sont ceux que l'on suivait dans la plupart de nos pays coutumiers, l'héritier attaqué pendant les délais pour faire inventaire et délibérer n'est point, il est vrai, obligé de répondre de suite à leurs demandes; il peut user de l'exception dilatoire consacrée par l'art. 174 du Code de procédure, et l'instruction de la demande est suspendue. Mais après l'expiration des délais, il peut être attaqué comme héritier, parce qu'il l'est en effet tant qu'il n'a pas renoncé : il est au moins héritier présumé, puisque la renonciation à une succession ne se présume pas; et suivant l'art. 799, il doit comme nous l'avons dit (1), supporter personnellement les frais faits contre lui, à moins qu'il ne justifie qu'il n'a pas connu le décès, ou que les délais ont été insuffisans à cause de l'éloignement des biens, ou à raison des contestations survenues, auquel cas les frais restent à la charge de la succession, soit qu'il

_____

(1) Voy. *suprà*, n° 53 et suivans.

renonce, soit qu'il accepte bénéficiairement. Au
lieu que lorsqu'il est attaqué dans les délais pour
faire inventaire et délibérer, il peut, à l'expiration
de ces délais, se faire renvoyer purement et simplement de la demande en renonçant, et alors les
frais faits légitimement restent à la charge de la
succession, ou bien accepter bénéficiairement, cas
dans lequel aussi les frais ainsi que les dettes elles-
mêmes restent à la charge de l'hérédité, du moins
en ce sens que l'héritier se libère envers les créanciers et les légataires en leur en abandonnant les
biens, ou jusqu'à due concurrence.

Toutes ces décisions sont la conséquence des
trois principes combinés, 1° que l'héritier est saisi
de plein droit des biens, droits et actions du défunt, sous l'obligation d'acquitter toutes les charges
de la succession (art. 724); 2° que la renonciation
à une succession ne se présume pas (art. 784);
mais 3°, que nul n'est tenu d'accepter une succession qui lui est échue (art. 775): ce qui démontre
que tant que cette renonciation n'est pas faite, l'héritier, comme représentant du défunt, est tenu des
dettes dont il était tenu lui-même, et doit, d'après
cela, supporter personnellement les frais légitimes
faits à ce sujet, puisqu'ils ont pu l'être; sauf, comme
il vient d'être dit, l'application des règles rélatives
au bénéfice d'inventaire.

Ainsi, l'héritier a évidemment intérêt à renoncer au plus tôt après l'expiration des délais pour
faire inventaire et délibérer, s'il a connu le décès,

et s'il entre d'ailleurs dans ses vues de renoncer; il préviendra de cette manière des frais inutiles, et les créanciers et légataires, avertis par la renonciation, qui doit être publique (art. 784), sauront ou devront savoir que ce n'est plus à lui qu'ils doivent s'adresser. S'ils le font, ils devront s'imputer les frais frustratoires qu'ils auront faits.

L'application de ces principes ne présentera pas de graves difficultés lorsque les plus proches parens n'auront pas renoncé; mais elle sera moins facile dans le cas contraire; et c'est ici que se place une question que nous avons indiquée précédemment (1), celle de savoir si, après la renonciation de l'héritier du premier degré, celui du degré subséquent, auquel la succession est dévolue faute d'autres héritiers à ce premier degré, ou parce que tous ceux qu'il y avait ont également renoncé (art. 786), a, depuis la renonciation qui lui a fait passer le droit, les délais pour faire inventaire et délibérer, de manière à ne pouvoir être condamné même simplement aux frais, s'il est poursuivi durant ces délais? et de plus, si ces délais ne doivent commencer à courir pour lui que du moment où il a connu la renonciation.

Il est certain que le parent qui n'était point appelé par la loi au moment de l'ouverture de la succession, parce qu'il y en avait d'autres plus proches, ne pouvait rien faire tant que ceux-ci restaient

---

(1) *Voy.* n° 59.

investis du droit, tant qu'ils ne renonçaient pas.
Il ne pouvait lui-même renoncer d'avance et dans
la supposition que la succession lui serait dévolue
par leur renonciation, car on ne peut renoncer à
une succession qu'autant qu'elle est acquise : or,
dans l'espèce, elle ne devait être acquise à ce parent
que par la renonciation de ceux qui le précédaient
par le degré de parenté. La renonciation, comme
l'acceptation, ne peut avoir lieu conditionnellement
et par anticipation : elle ne peut être faite que lorsque le droit est positivement acquis.

D'après cela, l'héritier du degré subséquent ne
peut, relativement aux poursuites des créanciers dirigées contre lui, mais uniquement sous ce rapport,
être considéré comme devenu héritier que du jour
seulement où a eu lieu la dernière renonciation qui
lui a fait passer la succession, nonobstant la double
règle que celui qui renonce est censé n'avoir jamais
été héritier, et que c'est celui qui vient après qui
se trouve l'être et avoir été saisi, comme l'était
le premier, au moment du décès du défunt. Il a
aussi personnellement le droit de n'accepter que
sous bénéfice d'inventaire, ou de renoncer comme
les autres; et pour pouvoir accepter sous bénéfice
d'inventaire, les délais donnés par la loi à ce sujet
lui sont également nécessaires.

Ainsi, quand l'art. 795 dit que l'héritier a trois
mois pour faire inventaire, *à compter du jour de
l'ouverture de la succession*, cela ne peut s'entendre
que des cas ordinaires, ceux où les héritiers pré-

somptifs au jour du décès sont ceux qui se portent héritiers, et non pas du cas où, au contraire, ils renoncent, et que par leur renonciation la succession passe à ceux du degré subséquent. La loi statue à cet égard dans la supposition qu'elle a fait d'abord, que ceux du premier degré acceptent, puisqu'elle ne présume pas la renonciation (article 784). Le délai ne peut donc commencer à courir à l'égard de l'héritier du degré subséquent que du jour seulement où le droit lui a été acquis par l'effet de la dernière renonciation de ceux qui le précédaient; car la première faisait seulement passer la part des renonçans à leurs cohéritiers. Tout autre système serait nécessairement injuste, puisqu'il soumettrait un parent éloigné, que son degré de parenté n'appelait nullement d'abord à l'hérédité qui n'a peut être pas même connu le défunt, ou le décès de celui-ci, ou du moins qui ne supposait pas que les héritiers plus proches renonceraient, à l'obligation de payer des frais qu'il ne pouvait éviter sans être privé des avantages du droit commun, nous voulons parler du bénéfice d'inventaire, et précisément quand ce parent est d'autant plus digne de faveur, qu'en pareil cas la succession est très-probablement mauvaise.

De plus, nous pensons que ce délai ne doit commencer à courir que du jour où l'héritier du degré subséquent a connu la dernière renonciation, et non pas nécessairement à partir du jour où elle a eu lieu. En effet, on doit assimiler l'ignorance où il serait au sujet de cette renonciation, à l'ignorance

dans laquelle aurait été l'héritier du premier degré
touchant le décès : c'était la renonciation de celui-
ci qui faisait passer la succession au degré subséquent, comme c'était le décès qui la faisait passer
au premier degré : or, d'après l'art. 799, l'héritier,
en cas de poursuites dirigées contre lui, peut,
même après avoir obtenu une prorogation des délais
légaux, s'affranchir de ces frais et les laisser à la charge
de la succession, en justifiant qu'il n'a pas eu connaissance du décès, ou que les délais ont été insuffisans à cause de l'éloignement des biens ou des
difficultés survenues ; par la même raison l'héritier
du degré subséquent attaqué par les créanciers ou
les légataires après les trois mois et quarante jours
à compter de la dernière renonciation, peut aussi
éviter la condamnation aux frais s'il justifie qu'il
n'a pas connu plus tôt cette renonciation. Vainement objecterait-on que les renonciations ont été
faites au greffe du tribunal de l'ouverture de la
succession, et qu'étant ainsi rendues publiques,
l'héritier du degré subséquent a pu facilement les
connaître et prendre son parti dans les trois mois
et quarante jours à compter de la dernière ; car on
répondrait que, précisément, parce que la renonciation à une succession ne se présume pas, il n'a pas
dû sentir la nécessité de faire des démarches à cet
égard, surtout quand la succession s'est ouverte
au loin ; il serait même possible qu'il eût ignoré le
décès lui-même. D'ailleurs il était peut-être précédé par plusieurs degrés qui ont tous renoncé, et

ne songeait probablement pas que cette succession viendrait jamais se placer sur sa tête. On ne peut pas raisonnablement exiger d'un individu qu'il aille tous les jours au greffe du tribunal dans le ressort duquel une succession s'est ouverte, pour savoir si tous ceux qui le précédent ont renoncé.

Ces difficultés sur le cas de dévolution d'un degré au degré subséquent ne s'élèvent pas lorsqu'il y a simplement lieu à l'accroissement de la part d'un renonçant à celle de son cohéritier. Ce dernier, en admettant qu'il n'eût pas déclaré n'accepter que sous bénéfice d'inventaire, attaqué après les délais pour faire inventaire et délibérer, devrait encore tous les frais faits légitimement, quand bien même il n'aurait pas connu la renonciation de son cohéritier, à moins qu'il ne justifiât qu'il n'a pas connu le décès, ou que les délais ont été insuffisans à cause de l'éloignement des biens ou des difficultés survenues. Il ne pourrait prétendre qu'il n'en doit supporter qu'une part correspondante à la part dont il avait d'abord été saisi ; car il se trouve, par la renonciation du cohéritier, l'avoir été pour le total de l'hérédité, ou de la moitié affectée à sa ligne si la succession, comme échue à des ascendans ou à des collatéraux, s'est divisée entre les lignes paternelle et maternelle. (Art. 733.)

A plus forte raison, elles n'ont pas lieu, non plus, ces difficultés, quand la succession est attribuée en tout ou partie à l'enfant naturel, ou qu'elle l'est au conjoint survivant; car ces successeurs irréguliers n'étant point saisis, ils ne représentent pas le défunt, et ne succèdent à ses biens qu'autant qu'ils le *demandent* : le créancier qui les poursuivrait auparavant, à quelque époque que ce fût depuis l'ouverture de l'hérédité, s'exposerait donc à supporter les frais, s'ils répudiaient le droit; et l'État qui aurait recueilli les biens par droit de déshérence, ne devrait même pas les frais faits ainsi mal à propos contre des individus qui n'étaient point les représentans proprement dits de la personne du défunt, qui avaient simplement le droit de demander la délivrance de ses biens, et qui n'ont pas voulu user de ce droit. C'était aux créanciers à faire nommer, en attendant, un curateur à la succession vacante, contre lequel ils auraient poursuivi leur paiement.

471. Cela posé, voyons maintenant quelles sont les formalités et conditions requises pour la validité de la renonciation, et nous traiterons ensuite de ses effets. Il faut,

1° Qu'elle soit faite au greffe du tribunal dans le ressort duquel la succession s'est ouverte;

2° Qu'elle soit faite depuis l'ouverture de l'hérédité, et par celui qui sait que l'hérédité est ouverte à son profit;

3° Par celui qui est capable de disposer de ses droits, ou par son représentant;

4° Qu'elle soit pure et simple, et de tout le droit du renonçant;

5° Que la succession n'ait point déjà été acceptée

par lui, sauf le cas où il aurait été relevé de son acceptation;

6° Enfin que la faculté de répudier ne soit pas prescrite.

472. Sur le premier point, nous disons que la renonciation doit être faite au greffe du tribunal dans le ressort duquel elle s'est ouverte (art 784); et ce tribunal est celui de l'arrondissement dans lequel le défunt avait son domicile réel, le lieu où il avait fixé le siége de son principal établissement (art. 102 et 110), et non pas le lieu où il n'avait qu'une simple résidence de fait, quelque longue qu'eût été cette résidence.

Anciennement, la renonciation pouvait être faite devant un notaire quelconque, ce qui la rendait incertaine pour ceux qui avaient le plus d'intérêt à la connaître; aussi notre article 784 dit-il, en indiquant ainsi une disposition nouvelle à ce sujet : « Elle *ne peut plus* être faite qu'au greffe du tri- « bunal de première instance dans l'arrondissement « duquel la succession s'est ouverte. »

Elle doit être inscrite sur un registre tenu à cet effet. (*Ibid.*)

Il suffit que la déclaration consignée sur ce registre soit reçue par le greffier et signée du renonçant ou de son fondé de pouvoir.

Le pouvoir doit être spécial, puisque c'est un acte d'aliénation, et que le mandat conçu en termes généraux n'embrasse que les actes d'administration; que s'il s'agit d'aliéner ou d'hypothéquer, ou de quelque autre acte de propriété, le mandat doit être exprès (art. 1988). Mais la loi ne dit nulle part, comme elle le dit dans d'autres cas (1), que la procuration doit être en forme authentique (2). On reste donc à cet égard dans les termes du droit commun, d'après lequel le mandat peut être donné aussi bien par acte sous seing privé que par acte authentique (art. 1985). Il faut toutefois, en quelque forme qu'il soit donné, qu'il demeure annexé au registre qui contient la déclaration de renonciation, afin que le renonçant ne puisse ensuite prétendre, en supprimant l'acte, qu'il n'avait pas donné le pouvoir de renoncer. Et si l'on disait que la simple annexe de la procuration au registre ne présente elle-même pas une garantie suffisante contre la possibilité de cet inconvénient, en ce que l'acte peut s'égarer ou être remis par fraude au renonçant, nous répondrions qu'il faudrait alors aller jusqu'à dire que la procuration ne doit pas seulement être authentique, comme sont toutes celles qui sont délivrées en brevet par les notaires, mais qu'il doit y en avoir minute, comme dans le cas d'acceptation d'une donation par un fondé de pouvoir (art. 933); mais la loi ne prescrit rien de semblable au sujet d'une renonciation à succession. Cet in-

---

(1) Notamment dans l'art. 36, pour les actes de l'état civil ; dans l'art. 933, pour l'acceptation des donations.

(2) Ainsi que le prétend M. Chabot, qui ne s'appuie, il est vrai, d'aucun texte ni d'aucune autorité pour le décider ainsi.

convénient pourrait d'ailleurs exister dans une foule de cas, et elle autorise néanmoins les notaires à délivrer les procurations en brevet (1).

473. *Il faut que la renonciation soit faite depuis l'ouverture de la succession, et par celui qui sait que l'hérédité est ouverte à son profit :* de là, celui qui croyait que telle personne était morte quand elle ne l'était pas alors, et qui aurait renoncé à sa succession dans cette fausse persuasion, ne serait pas lié par cette renonciation, quand bien même la personne serait ensuite venue à mourir immédiatement après qu'elle aurait eu lieu (2).

Du principe qu'il faut que l'hérédité soit ouverte pour qu'on puisse valablement y renoncer, il suit qu'on ne peut aujourd'hui renoncer, même par contrat de mariage, à la succession d'un homme vivant, ni aliéner les droits éventuels que l'on peut avoir à cette succession. (Art. 791.)

L'art. 1130 est encore plus formel, s'il est possible : il ne permet même pas de faire une convention quelconque sur succession non ouverte, même avec le consentement de celui de la succession duquel il s'agit.

Mais anciennement, dans nos pays coutumiers, dans la plupart du moins, on faisait valablement re-

(1) *Voy.* la loi du 25 ventôse an XI, sur *le Notariat.*
(2) Le droit romain exige même que l'héritier soit certain d décès pour pouvoir renoncer valablement comme pour pouvoir accepter. L. 23, ff. *de acquir. vel omitt. heredit.* En conséquence, *si quis dubitet vivat testator, nec ne, repudiando nihil agit.* L. 13, §. 1, *eodem tit.*

noncer les filles à la succession de leurs père et mère, par leur contrat de mariage, moyennant une dot quelconque, qu'on leur constituait. Dans quelques localités c'était même une véritable exhérédation; car on pouvait arracher la renonciation pour le plus modique objet, pour un *chapeau de fleurs*, qui servait de prétexte à cette expulsion des filles de l'hérédité paternelle ou maternelle ; et cette jurisprudence, touchant la validité des renonciations faites par les filles dans leur contrat de mariage, avait même fini par envahir les pays de droit écrit, du moins ceux de plusieurs des parlemens qui suivaient ce droit. C'était un criant abus, qui se liait à ce système d'après lequel le droit de masculinité et de primogéniture, prédominait en matière d'hérédité; système que la féodalité elle-même n'avait introduit qu'à l'égard des biens appelés *biens nobles* ou *fiefs*, mais que, par imitation, on avait ensuite étendu aux autres biens, au moyen des renonciations des filles, des institutions d'héritier en faveur des aînés, et quelquefois par l'exhérédation des deux sexes pour des causes infiniment trop multipliées. Le Code a proscrit toute renonciation quelconque tant que la succession ne serait pas encore ouverte; il a également interdit l'exhérédation formelle, en laissant toutefois aux ascendans et aux descendans la faculté de disposer d'une quotité de leurs biens, qui varie en raison du nombre et de la qualité des héritiers au profit desquels il a établi une réserve; et enfin il n'a permis l'ins-

titution d'héritier, même par contrat de mariage,
au profit de l'aîné des enfans du donateur, comme
au profit de tout autre, que seulement pour la quotité de biens dont on pourrait disposer par d'autres
voies.

474. Les principes du Code, relativement à la
prohibition de faire aucune convention sur une
succession non encore ouverte, même avec le consentement de celui de la succession duquel il s'a-
git, sont encore plus sévères que ceux du droit
romain.

Suivant ce droit, il n'était pas, à la vérité, permis, en général, de pactiser sur une succession
future (1), parce qu'on y voyait des dangers pour
celui de la succession duquel il s'agissait, et qu'une
telle convention renfermait d'ailleurs, en quelque
sorte, *votum mortis alicujus*, ce qui paraissait,
avec raison, contraire aux mœurs et au bon
ordre; mais il était du moins permis de le faire
avec son consentement, non pas en ce sens qu'il
se trouvât lui-même lié par ce consentement, et
ne pût, en conséquence, disposer de ses biens
suivant les règles ordinaires, mais en ce sens que
s'il persévérait dans sa volonté jusqu'à sa mort,
la convention recevait son exécution (2); ce qui
n'aurait même pas lieu sous notre Code civil.
(Article 1130.)

---

(1) L. 4 , Cod. *de inutil. stipul.*
(2) L. ult. Cod. *de pactis.*

Les pactes sur successions mutuelles étaient également réprouvés, et par les mêmes motifs, comme ils le sont chez nous ; mais, par un privilége spécial, inconnu dans nos mœurs, on dérogeait à la règle en ce point (comme en tant d'autres), en faveur des militaires en expédition, *in procinctu* (1).

475. Au surplus, le principe consacré par nos art. 791 et 1130, qu'on ne peut aliéner les droits éventuels qu'on peut avoir à la succession d'un homme vivant, que tout pacte sur une pareille succession, même avec le consentement de celui qui doit la laisser, est nul et de nul effet ; ce principe, disons-nous, quelque absolu qu'il puisse paraître, reçoit néanmoins deux modifications.

La première se trouve dans l'art. 918, ainsi conçu : « La valeur en pleine propriété des biens « aliénés, soit à charge de rente viagère, soit « à fonds perdu, ou avec réserve d'usufruit, à « l'un des successibles en ligne directe, sera im- « putée sur la portion disponible ; et l'excédant, s'il « y en a, sera rapporté à la masse. Cette impu- « tation et ce rapport ne pourront être demandés « par ceux des autres successibles en ligne directe « qui *auraient consenti* à ces aliénations, ni, dans « aucun cas, par les successibles en ligne collaté- « rale. »

Ainsi, c'est le *consentement* donné par les autres

---

(1) L. 19, Cod. *de pactis.*

successibles en ligne directe, qui s'oppose à ce qu'ils
puissent demander au cohéritier acquéreur, le
rapport, à la masse, des biens aliénés à son profit
de l'une des manières spécifiées à cet article, pour
tout ce qui excéderait la quotité disponible ,
comme il s'oppose à ce qu'ils puissent demander
l'imputation sur cette même quotité. Ils sont évidemment par là déchus d'un droit qu'ils auraient
eu sans leur consentement, puisque la loi voit un
avantage indirect au profit de l'héritier acquéreur,
dans le choix du mode d'aliénation que l'on a suivi :
sans cela elle n'aurait pas prescrit, hors le cas du
consentement des autres successibles en ligne directe, le rapport, à la masse, de l'excédant de la
quotité disponible; car les conventions faites sans
fraude entre le défunt et l'un de ses héritiers, et qui
ne présentaient aucun avantage indirect au moment où elles ont eu lieu, sont exécutées comme
entre étrangers, et elles n'assujétissent l'héritier à
aucun rapport (art. 853). Celle dont il s'agit est
donc une aliénation d'une partie des droits éventuels que pouvaient avoir sur la succession ceux
qui ont donné leur consentement à l'aliénation.

La deuxième modification nous paraît résulter
de la disposition de l'art. 1076, dans le cas où l'ascendant fait, entre ses enfans ou descendans, le
partage de ses biens par acte entre-vifs.

En effet, cet acte suppose une acceptation de la
part des descendans, puisque l'article porte que
« ces partages pourront être faits par actes entre-

« vifs ou testamentaires, avec les formalités, con-
« ditions et règles prescrites pour les donations
« entre-vifs et testamens; » et son effet est irrévocable, d'après les art. 894, 932 et 1076 combinés.

Il est vrai qu'on peut dire que, suivant ce même
article 1076, seconde partie, le partage fait par
acte entre-vifs ne peut comprendre, comme les
donations entre-vifs proprement dites (art. 943),
que les biens présens seulement; que c'est par conséquent une donation entre-vifs ordinaire ; d'où
l'on conclurait que ce n'est point là une convention sur succession future, ni dès lors une modification à la règle qui prohibe toute convention
sur pareille succession , et toute aliénation des
droits éventuels qu'on pouvait y avoir ; mais on répondrait que ce n'est point un acte de donation
entre-vifs proprement dite, dont les effets soient
absolument les mêmes que ceux des donations de
cette qualité, car c'est un *partage*, quoique fait
d'après les formalités, conditions et règles prescrites pour ces sortes de donations : d'où il suit
que s'il n'a pas été fait entre tous les enfans existans au jour du décès de l'ascendant donateur et
les descendans de ceux prédécédés, par exemple,
parce qu'il en est survenu depuis que ce partage a
eu lieu, il est par cela même, non pas révoqué,
mais nul de plein droit, et il peut en être provoqué
un nouveau dans la forme légale, même par ceux
qui avaient été compris dans le premier (art. 1078).

Or, une donation entre-vifs proprement dite faite par un individu ayant déjà enfans, comme dans l'espèce, ne serait point révoquée par la survenance d'un ou plusieurs autres enfans (art. 960): elle pourrait seulement être réduite, dans les cas de droit, pour fournir aux réserves. Donc ce partage, fait par acte entre-vifs, est une véritable convention sur succession future, du moins sur les droits éventuels qu'on pouvait avoir dans les biens qui l'auraient composée, quoiqu'il ne puisse comprendre que les biens présens : aussi peut-il, comme les autres partages, être attaqué pour lésion de plus du quart (art. 1079), et dans le cas aussi ou il résulterait des dispositions faites par préciput et du partage lui-même, cumulativement, que l'un des copartagés aurait un avantage plus grand que la loi ne le permet (*ibid.*), ce qui n'a pas lieu, comme on le sent très-bien en matière de donations entre-vifs de biens présens, proprement dites, puisque chacun des donataires doit, à ce titre, se contenter de ce qu'il a reçu, sans s'occuper de ce qui a pu être donné à d'autres.

476. Pour que la renonciation soit valable il faut, avons-nous dit, *qu'elle soit faite par celui qui est capable de disposer de ses droits ou par son représentant* : de là il suit que les mineurs, les interdits, les femmes mariées non autorisées, ne peuvent eux-mêmes renoncer à une hérédité, puisque ce serait l'aliénation d'un droit acquis, et

qu'il faut d'ailleurs, en principe, pour la renonciation, la même capacité que pour l'acceptation ; car si cette dernière soumet l'héritier à l'obligation d'acquitter les dettes du défunt, la première aussi lui fait perdre les droits qu'avait celui-ci.

En conséquence, le tuteur du mineur non émancipé ou de l'interdit renoncera pour lui, mais en vertu d'une délibération conforme du conseil de famille.

Le mineur émancipé pourra renoncer avec (1) ou sans l'assistance de son curateur, mais toujours d'après une délibération de ce conseil.

La femme mariée le fera avec l'autorisation de son mari, ou à défaut, avec celle de justice, mais dans ce cas, sauf les droits du mari, ainsi qu'il a été expliqué sur l'acceptation.

Celui qui est placé sous l'assistance d'un conseil judiciaire devra être assisté de son conseil.

En un mot, ce qui a été dit pour l'acceptation des successions échues à des personnes qui sont privées de *l'exercice* des droits civils pour une cause quelconque, s'applique, en général, à la renonciation à ces mêmes successions.

477. *Il faut que la renonciation soit pure et simple, et de tout le droit du renonçant.*

(1) Quoique, au moyen de la délibération du conseil de famille qui autorise la renonciation, et dont expédition est représentée au greffier du tribunal, l'assistance du curateur à la déclaration faite au greffe par le mineur émancipé ne nous paraisse par nécessaire, néanmoins elle peut prévenir des difficultés.

De même qu'on ne peut valablement accepter une succession conditionnellement, par exemple sous cette condition : si elle est avantageuse (1); de même on ne peut y renoncer conditionnellement, par exemple sous cette autre condition : si elle est démontrée mauvaise par la liquidation.

Et puisqu'on ne peut, non plus, accepter seulement pour une partie du droit (2), c'est dire par cela même qu'on ne peut renoncer pour partie. Et ce serait renoncer pour partie, si, héritier pour une portion seulement, je déclarais dans un acte qui emporterait acceptation, ou bien au greffe, que je n'entends être héritier que pour cette portion, quand bien même mes cohéritiers viendraient à répudier la leur; que je ne veux point profiter du droit d'accroissement, mais que je ne veux pas non plus m'exposer aux charges qui y sont attachées. Cette déclaration serait sans effet, parce que l'acceptation ne peut être conditionnelle, ni avoir lieu pour partie seulement du droit; et je resterais acceptant avec le bénéfice d'accroissement et toutes ses charges, si, en effet, mes cohéritiers renonçaient. (3).

---

(1) Voy. *suprà*, n° 368.

(2) L. 1, ff. *de acquir. vel omitt. hered.*

(3) L. 53, §. 1, *eodem tit.* Nous avons cependant vu plus haut, n° 464, un cas où le droit d'accroissement n'a pas lieu avec toutes ses conséquences malgré l'héritier en ce sens du moins que celui-ci peut, lorsque son cohéritier qui avait accepté avant lui, s'est fait restituer contre son acceptation, abandonner aux créanciers et légataires la portion de cohéritier pour se dispenser de supporter les charges attachées à cette même portion.

478. Il faut aussi *que la succession n'ait point été acceptée par l'héritier, sauf le cas où il aurait été relevé de son acceptation.*

En acceptant l'héritier confirme l'obligation qui résultait pour lui de l'effet de la saisine, de représenter le défunt, aussi bien passivement qu'activement (art. 724), de satisfaire aux charges de l'hérédité pour une part correspondante à celle qu'il aurait dans les biens; et cet engagement une fois pris, cet appel à la vocation de la loi une fois entendu, il n'est plus au pouvoir de l'héritier d'en éluder les effets, sauf le cas où il est en droit de se faire restituer contre son acceptation, parce qu'elle n'aurait pas été l'effet d'une volonté libre. On doit dire de l'acceptation d'une hérédité ce que l'on dit des conventions ordinaires, des contrats proprement dits: *ineundi sunt voluntatis, initi sunt necessitatis.*

479. Et quand bien même on pourrait naturellement supposer, dans tel ou tel cas, que l'héritier n'entendait point accepter l'hérédité, néanmoins s'il a fait ce qui lui était interdit, il peut encore être déclaré héritier nonobstant la renonciation formelle qu'il ferait ensuite : c'est lorsqu'il a diverti ou recélé sciemment et de mauvaise foi des effets de la succession (art. 792). Alors il reste héritier pur et simple, sans pouvoir prétendre aucune part dans les objets divertis ou recélés. (*Ibid.*)

Il est puni de la peine du talion; il voulait faire

fraude à ses cohéritiers, et ses cohéritiers auront à eux seuls les effets dont il avait cherché à les priver.

On sent, au surplus, que s'il était seul héritier, comme un fils unique qui succède à son père, la soustraction n'ayant eu pour but que de faire fraude aux créanciers et aux légataires, parce que l'héritier se proposait de n'accepter ensuite que sous bénéfice d'inventaire, ou peut-être de renoncer, la seule peine qui lui serait infligée dans ce cas serait de rester héritier pur et simple, nonobstant toute renonciation ultérieure, et, comme tel, d'être tenu des dettes et charges de l'hérédité même *ultrà vires*, mais voilà tout; car il ne saurait perdre sa *part* dans un objet par rapport auquel son droit n'était point d'une *part* quelconque, mais bien de la totalité. D'ailleurs personne n'aurait qualité pour demander à ce qu'il en fût privé.

480. Si c'était un mineur *capax doli* qui eût diverti ou recélé des objets de la succession, il ne serait pas pour cela déchu du bénéfice d'inventaire, ni même du droit de renoncer, attendu qu'il ne peut se priver ni de l'un ni de l'autre; mais suivant M. Chabot, dans le cas où ce mineur aurait des cohéritiers, il devrait être puni de la perte de sa part dans les objets divertis ou recélés, parce que le mineur n'est point restitué contre ses délits ou quasi délits (art. 1310), et que, sous ce rapport, il devrait être traité comme le majeur lui-même. Nous

sommes bien de cet avis en général, mais nous pensons aussi qu'on pourrait décider autrement dans certains cas, à raison de la nature des objets, surtout de leur importance, et de diverses autres circonstances.

481. Si l'héritier majeur qui a diverti ou recélé des objets de l'hérédité renonce ensuite, sa part accroît à celles de ses cohéritiers, si ceux-ci le veulent ainsi, et aiment mieux se contenter de la restitution, à la masse, des objets détournés ou recélés; car il ne peut revenir contre sa propre renonciation et argumenter de son propre délit pour prétendre qu'elle était nulle, comme faite après un acte d'acceptation.

Mais s'il avait payé quelque dette ou quelque legs, les autres héritiers qui profitent de la renonciation lui devraient indemnité.

482. Si ce n'était que depuis une renonciation régulière que l'héritier eût diverti ou recélé des objets de la succession, il est bien clair qu'il ne pourrait pas s'en prévaloir pour soutenir qu'il a ainsi détruit l'effet de sa renonciation et qu'il est encore héritier; mais, de plus, on doit décider avec M. Chabot, qui s'appuie du sentiment de Domat et de Lebrun, qu'il n'y a pas lieu non plus de prétendre contre lui que, par ce fait de divertissement ou de recel, il est devenu héritier pur et simple, car il ne pouvait pas détruire l'effet de sa renonciation; il a agi comme spoliateur de l'hérédité, et voilà tout:

aussi les peines portées contre les spoliateurs lui seraient-elles justement appliquées.

En disant que *les héritiers* qui ont diverti ou récelé des effets d'une succession sont *déchus* de la faculté d'y renoncer, qu'ils *demeurent* héritiers purs et simples, nonobstant leur renonciation, l'art. 792 suppose évidemment qu'au moment du divertissement ou du recel la renonciation n'a pas encore eu lieu, puisqu'autrement il ne pourrait, avec quelque raison, parler des *héritiers* comme auteurs de ce fait, attendu que celui qui a renoncé n'est plus héritier (art. 785). Il serait également inexact de dire, à l'égard de celui qui a renoncé, qu'il *demeure* héritier, puisqu'il avait déjà cessé de l'être, expression qui convient très-bien, au contraire, à celui qui n'a point encore renoncé, et qui *demeure* en effet ce que la saisine l'a fait, héritier. Enfin si les héritiers sont *déchus* du droit de renoncer, c'est donc parce qu'ils n'avaient pas encore exercé ce droit.

Telle était aussi la disposition du droit romain. La L. 71, §. 9, ff. *de acquir. vel omitt. heredit.*, distingue parfaitement, à l'égard de l'héritier *suus*, qui l'était de plein droit, comme le sont chez nous tous les héritiers réguliers placés dans le degré appelé par la loi, le cas où cet héritier *suus* a détourné des effets de la succession et qu'il *s'abstient* ensuite, du cas, au contraire, où, après son *abstension*, il fait un divertissement ou un recel : dans le premier, il reste ce qu'il était, parce qu'il ne peut plus *s'abstenir*, et en conséquence, comme représentant du défunt, il demeure soumis aux charges de l'hérédité; dans le second, son *abstension* subsiste, mais il est considéré comme spoliateur de l'hérédité. Ces principes doivent également s'appliquer sous le Code.

483. Enfin il faut *que la faculté de répudier ne soit pas prescrite.*

« La faculté d'accepter ou de *répudier* une suc-
« cession, porte l'art. 789, se prescrit par le laps de
« tems requis pour la prescription la plus longue
« des droits immobiliers, » c'est-à-dire, d'après l'article 2262, par trente ans : toutefois sans préjudice des suspensions telles que de droit, pour minorité ou autre cause.

Il est peu de dispositions dans le Code, il n'en est peut-être pas, qui aient donné lieu à un plus grand nombre d'interprétations différentes.

484. Suivant quelques personnes, cet art. 789 doit s'entendre en ce sens, que la faculté d'accepter *ou* de répudier l'hérédité se prescrit cumulativement, et contre l'héritier qui n'en a pas fait usage : qu'ainsi, après les trente ans, l'héritier, faute d'avoir accepté, faute par conséquent de qualité, ne pourra poursuivre les débiteurs de la succession qui se trouveraient n'avoir point encore préscrit par l'effet d'un long terme stipulé, ou d'une condition accomplie depuis moins de trente ans (article 2257), ni les détenteurs quelconques des biens de l'hérédité qui ne les auraient point encore acquis par le moyen de la prescription, parce qu'ils

les posséderaient depuis moins de temps que celui exigé par la loi pour l'acquisition par ce mode; mais que cependant cet héritier négligent, qui n'a point usé de la faculté de renoncer qu'il avait pendant trente ans, reste ce que l'avait fait la saisine, c'est-à-dire héritier, et, comme tel, soumis aux obligations du défunt et aux autres charges de l'hérédité, qui, par telle ou telle cause, ne seraient point encore éteintes par la prescription, sans pouvoir invoquer le bénéfice d'inventaire, attendu que ce n'est qu'un mode d'acceptation, et que le droit d'accepter est prescrit comme celui de renoncer. En un mot, l'héritier serait ou ne serait pas héritier, suivant qu'il serait de l'intérêt de celui qui agirait contre lui ou contre lequel il agirait.

On fait à cette interprétation deux objections, dont l'une ne nous paraît pas très-grave, mais dont l'autre doit évidemment la faire rejeter.

On dit que c'est diviser ainsi la qualité d'héritier, et que cependant les qualités sont indivisibles (1); qu'il répugne à la raison de considérer le

---

(1) Cette objection ne nous paraît pas invincible. Il peut en effet fort bien arriver, comme nous l'avons déjà dit (n° 455), et comme nous le démontrerons plus clairement encore dans la suite, qu'un individu soit tenu pour héritier à l'égard de l'un, sans cependant qu'un autre soit autorisé à prétendre pour cela qu'il l'est également par rapport à lui, nonobstant ce qu'on voudrait induire de contraire de l'art. 800; car la chose jugée ne fait loi qu'entre les parties (art. 1351). On a vu au tom. III, n°ˢ 102 et 103, plusieurs décisions qui ont consacré ce principe même en matière de *filiation*, matière dans laquelle la qualité est sans contredit plus indivisible encore que partout ailleurs, s'il est possible.

même individu comme héritier vis-à-vis de l'un, quand il serait défendeur à la demande d'un créancier ou d'un légataire, tandis qu'il ne serait pas tel à l'égard d'un autre, quand il agirait contre un débiteur héréditaire.

On dit surtout que ce système est rempli de dangers, auxquels la loi n'a pu vouloir nous assujétir en nous accordant l'avantage qui résulte de la saisine, c'est-à-dire cet avantage qui consiste principalement dans le droit de transmission, au profit de nos héritiers, des successions qui nous sont échues et que nous n'avons ni acceptées ni répudiées avant notre mort; car son bienfait se tournerait en une charge grave qui nous ferait regretter que les principes, si différens du droit romain à cet égard, n'eussent pas été adoptés de préférence.

Et en effet, chacun de nous serait exposé à se voir ruiner par suite du décès d'un parent mort en pays étranger, dont il n'a peut-être pas plus connu l'existence que la mort, et par conséquent à la succession duquel il ne pouvait, de fait, renoncer. Et si l'on disait que ce cas sera rare, ce ne serait pas répondre à l'objection, puisqu'il peut très-bien se réaliser. D'ailleurs, il peut être plus fréquent qu'on ne se l'imagine, si l'on songe qu'au moyen des renonciations des parens les plus proches, et ainsi de suite de degré en degré, un parent d'un degré très-éloigné va se trouver saisi; et ce parent, qui n'avait peut-être eu aucune relation avec le défunt,

qui ne le connaissait peut-être même pas, ou qui
savait qu'il y avait des héritiers beaucoup plus proches que lui, et même à plusieurs degrés, avant
que la succession pût venir se placer sur sa tête,
n'a pas songé à s'enquérir si ces divers parens, qu'il
ne connaissait peut-être pas davantage, avaient
tous renoncé, pour en faire autant à son tour. Ceux
qui le précédaient avaient d'ailleurs trente ans pour
renoncer, et il ne pouvait les forcer à prendre un
parti, ni renoncer d'avance et avant que la succession fût venue le trouver par la renonciation de
tous les autres (1); en sorte que si celle du dernier
eût été faite au dernier moment, comme elle eût
été faite en temps utile, et que celui qui l'aurait
faite aurait été censé n'avoir jamais été héritier, il
ne lui serait resté aucun temps quelconque (car
presque rien, dans l'ordre moral, ce n'est rien)
pour faire la sienne également en temps utile, c'est-
à-dire dans les trente ans; à moins que l'on ne dît
que le délai en pareil cas ne doit courir que du
jour de la renonciation du dernier qui avait droit
de renoncer; mais alors on ferait la loi au lieu de
se borner à l'interpréter; car, d'une part, le délai
pour renoncer commence évidemment à courir du
jour de l'ouverture de la succession, même dans le
système maintenant en question, et, d'autre part,

---

(1) Pas plus qu'un substitué ne peut valablement renoncer tant que
l'institué lui-même n'a pas répudié : or, les héritiers à des degrés
divers sont, par la force de la loi, substitués à ceux qui les précèdent
et qui répudient.

tout héritier qui renonce dans le délai fixé est censé
n'avoir jamais été héritier, et la succession a passé
soudainement au degré subséquent, s'il n'y avait
point de cohéritier. (Art. 786.)

Les dangers de ce système ne permettent donc
pas de l'adopter (1), du moins sans modification,
si l'on croyait devoir s'y tenir.

485. Une seconde manière d'interpréter cet article 789 consisterait à dire qu'après les trente ans
depuis l'ouverture de la succession, l'héritier ne
peut plus, il est vrai, former une demande en
partage contre ses cohéritiers qui ont accepté, quoique depuis moins de trente ans, ni contre les héritiers du degré ultérieur qui ont pris les biens à sa
place, quoique aussi depuis moins de trente ans,
attendu qu'il n'avait lui-même que trente ans pour
accepter de préférence à tout autre, et qu'il leur
enlèverait ainsi un droit acquis; mais que si personne n'a accepté, cet héritier étant encore héritier
par l'effet de la saisine, puisqu'il ne s'est dépouillé
de sa qualité par aucune renonciation, rien ne l'empêche de poursuivre les débiteurs héréditaires et
les tiers détenteurs des biens qui, par telle ou telle
cause, n'ont pas encore prescrit leur libération

---

(1) Aussi nous réformons en ce point la décision que nous avons
donnée à cet égard, transitoirement il est vrai (et seulement comme
démonstration de la proposition que la qualité d'héritier n'est pas
toujours nécessairement indivisible), dans notre traité *des Contrats*,
tom. IV, n° 1191.

ou acquis la propriété des biens par la possession pendant le temps déterminé par la loi. Par conséquent il resterait encore soumis à l'obligation d'acquitter les charges héréditaires qui ne seraient point éteintes par la prescription.

Cette interprétation, comme on le voit, se rapproche de la précédente, en ce que l'héritier ne pourrait, après les trente ans, faute de qualité, c'est-à-dire faute d'acceptation dans ce laps de temps, attaquer les cohéritiers ou les héritiers du degré ultérieur qui auraient accepté et pris les biens à sa place, et aussi en ce que, si d'autres n'avaient pas accepté, les créanciers et légataires, dont le droit ne serait pas prescrit, pourraient encore l'attaquer avec effet. Mais elle en diffère en un point important, c'est qu'elle reconnaît dans l'héritier le droit de pouvoir encore poursuivre les tiers détenteurs et les débiteurs héréditaires qui n'ont point prescrit : véritable inconséquence, puisque s'il a ce droit, il doit l'avoir également vis-à-vis des héritiers du degré subséquent, attendu que ces derniers ne devaient pas s'immiscer dans une succession qui ne leur était pas dévolue. Car si, par le seul effet de la saisine, l'héritier se trouve tellement héritier, que sa renonciation seule, et sa renonciation en temps utile, peut le dépouiller de sa qualité, comme on le suppose quand il agit envers les tiers détenteurs et les débiteurs de la succession; par la même raison il ne doit pouvoir perdre sa qualité, et par suite son droit vis-à-vis des

héritiers du degré ultérieur qui ont pris les biens
à sa place depuis moins de trente ans, et même
vis-à-vis des cohéritiers, que par une renonciation
régulière. Ajoutons que ce système présente les
mêmes dangers que le précédent, en laissant l'héritier, qui n'a peut-être pas non plus connu le décès
du défunt, mort peut-être en pays lointain, ou les
renonciations successives qui auraient été faites
par les degrés qui le précédaient, exposé à l'obligation de payer les dettes d'une succession qui, en
pareil cas, sera presque toujours mauvaise.

486. Une troisième opinion tend à faire considérer le successible qui n'a pas renoncé dans les
trente ans, comme héritier pur et simple, et avec
tous les effets attachés à la qualité d'héritier. Ceux
qui la professent ne voient dans le laps de temps
écoulé sans renonciation que la perte de la faculté
de renoncer, parce que, selon eux, et à raison de
la saisine, l'acceptation n'est rien autre chose que
la manifestation de l'intention de ne vouloir pas
user de la faculté de renoncer, et non pas l'acquisition de l'hérédité, puisqu'elle était déjà acquise
et devenue transmissible dans la personne de l'héritier, avant même qu'il sût qu'elle s'était ouverte
à son profit.

Ainsi, selon les partisans de cette interprétation,
ces mots de notre article, *la faculté d'accepter ou
de répudier*, etc., signifieraient que la faculté d'accepter, à l'effet de se priver du droit de renoncer,

ou celle de renoncer, à l'effet de se dépouiller du droit déjà acquis, mais dont on peut ne pas vouloir, se prescrit par trente ans.

On pourrait peut-être fortifier cette interprétation par un argument tiré de la place qu'occupe cet art. 789, qui se trouve à la section des *renonciations*, tandis qu'il eût été mieux placé à celle de *l'acceptation*, si l'on eût jugé que l'acceptation était nécessaire au parent saisi pour devenir héritier.

Et quant à l'objection tirée du principe que *n'est héritier qui ne veut*, on y répond en disant que ce principe sera parfaitement observé si l'héritier saisi, et qui n'a encore point accepté, renonce, comme il en a le droit, mais toutefois en le faisant dans le délai fixé à cet effet ; et que, puisque la renonciation à une succession ne se présume pas, par conséquent que la volonté de conserver un droit acquis se présume au contraire, on doit dire que si l'héritier ne détruit pas ces deux présomptions par une manifestation d'intention dans les délais fixés par la loi, il demeure ce que l'avait fait la saisine, c'est-à-dire héritier.

Enfin, dans ce système, on répond à cette autre objection tirée de ce que la loi n'a établi que deux manières d'accepter une succession, dont aucune ne se rencontre dans le silence gardé pendant trente ans par le successible; on y répond en disant que, sans doute, pour pouvoir, dans les trente ans, perdre la faculté de se dépouiller de la saisine, et du titre d'héritier qui en est la suite, il est nécessaire d'accepter de l'une ou de l'autre de ces manières, sans cela l'on pourrait encore renoncer; tandis qu'on ne le peut plus après avoir accepté. Mais cela ne veut pas dire, ajoute-t-on, qu'après les trente ans on ait encore besoin d'accepter pour ne pouvoir plus renoncer, puisqu'on ne peut plus renoncer, ni même accepter.

Ce système d'interprétation renferme, pour les héritiers, le même danger que les deux précédens; et fût-il la véritable expression de la lettre de la loi, il ne faudrait encore point l'adopter sans tempérament, quoique nous convenions qu'il est moins défavorable à l'héritier que le premier, puisqu'il lui donne du moins action pour avoir les biens qui ne sont point encore prescrits, en quelques mains qu'ils se trouvent, et pour poursuivre les débiteurs héréditaires. Il est même aussi moins désavantageux que le second.

487. Mais justement effrayés des conséquences que ces divers systèmes pourraient entraîner, et que nous venons de signaler, parmi les partisans de ce dernier, les uns (1) accordent encore à l'héritier, après les trente ans, le bénéfice d'inventaire, de manière que tout en définitive serait à son avantage (2). Sa négligence, qu'évidemment la loi a

___

(1) Notamment M. Chabot.

(2) Sauf qu'il serait toutefois assujéti au rapport, quand cependant il pourrait être plus avantageux pour lui d'être tout-à-fait étranger à la succession. Mais l'obligation du rapport sera bien rare en pareille circonstance.

voulu punir, en disant que la faculté *d'accepter*
ou de répudier se prescrit par trente ans, ne lui
causerait en réalité aucun préjudice, du moins en
ce qui concerne l'objet de la question : comment
doit-il être considéré après les trente ans ?

D'autres, dont le sentiment s'éloignerait moins
des principes sur lesquels repose ce troisième système, n'accordent à l'héritier le bénéfice d'inventaire que dans le cas seulement où il prouverait
qu'il n'a pas connu à temps la dévolution qui s'é-
tait opérée à son profit, soit immédiatement à cause
de son degré de parenté, soit médiatement par l'effet des renonciations de ceux qui le précédaient;
laissant aux tribunaux à juger ce point d'après
les circonstances de la cause, mais généralement
d'après des preuves évidentes qu'il n'a pas, en
effet, connu suffisamment à temps la dévolution
pour faire sa renonciation dans les trente ans. Ils
disent, au surplus, que ce serait seulement *æqui-
tatis causâ*, que l'héritier pourrait invoquer ce
bénéfice, attendu que ce n'est qu'un mode d'acceptation, prescriptible par conséquent comme l'acceptation elle-même, et que, dans l'espèce, il n'y
a plus d'acceptation possible, précisément parce
qu'il ne peut plus y avoir de renonciation.

488. Enfin, on interprète encore d'une autre
manière cet art. 789. On convient bien que le parent au degré appelé par la loi est héritier *ipso
jure*, par le seul effet de la maxime de notre droit

français, *le mort saisit le vif ;* mais on soutient que cette règle, introduite dans notre jurisprudence en faveur des héritiers, afin que, à la différence des principes de la législation romaine, ils pussent transmettre la succession à leurs propres successeurs, quoiqu'ils ne l'eussent point appréhendée avant leur mort, ne doit pas être tournée contre eux, ainsi qu'elle le serait évidemment dans les divers systèmes ci-dessus. On convient aussi sans peine que l'acceptation s'analyse en définitive en la privation du droit de renoncer, et que tant qu'il n'y a pas eu de renonciation, l'héritier est considéré comme héritier, puisque, attaqué après les délais pour faire inventaire et délibérer, il doit les frais légitimement faits contre lui, à moins qu'il ne justifie qu'il n'a pas connu le décès ou que l'éloignement des biens ne lui a pas permis de faire plus tôt l'inventaire, ou que des difficultés ont empêché qu'il ne pût répondre aux demandes des créanciers. Mais on soutient que ces effets sont relatifs à l'héritier qui est encore dans les trente ans, parce qu'il est encore dans le délai utile pour se porter héritier, parce que la faculté *d'accepter* l'hérédité n'est point encore prescrite contre lui, et que le droit résidant encore dans sa personne, il y réside avec toutes ses conséquences tant qu'il n'est pas abdiqué.

En effet, dit-on dans cette opinion, à quoi bon, si l'héritier est tel dans les trente ans pour n'avoir pas répudié, et encore tel après les trente ans pour

avoir gardé le silence, à quoi bon avoir déclaré par
une disposition expresse que la faculté *d'accepter*
ou de répudier se prescrit par trente ans ? Il fallait
dire tout simplement que la faculté de *répudier* se
prescrit par trente ans ; c'eût été dire par cela même
que l'héritier, faute de renonciation dans ce délai,
resterait avec la qualité d'héritier, telle qu'il l'avoit
reçue de la loi.

Cette interprétation, qui consiste à dire que c'est
simplement l'alternative qu'il avait de prendre un
parti ou l'autre, d'accepter pour être déchu du droit
de renoncer, ou de renoncer pour être dévesti de
la qualité d'héritier et se soustraire à ses conséquences, cette interprétation, ajoute-t-on, est évidemment frivole ; car l'on ne conçoit pas comment
la prescription pourrait avoir lieu *contre* l'héritier,
à l'effet de le priver du droit *d'accepter,* et uniquement pour le priver du droit de renoncer, quand
par cela même il ne renoncerait pas, puisque dans
ce système il reste toujours héritier.

Ne serait-il pas plus vrai de dire, au contraire,
que, tout en déclarant les héritiers saisis de plein
droit, nos lois néanmoins n'ont entendu établir la
saisine que dans leur intérêt, ou, si l'on veut, dans
celui de leurs représentans, afin que l'hérédité fût
transmissible à ceux-ci, si les premiers mouraient
sans l'avoir encore acceptée, voulant à cet égard s'éloigner des principes généraux de la législation romaine, mais voulant aussi laisser aux héritiers la liberté
d'user ou de ne pas user du droit, et fixant pour cela

un délai, passé lequel ils seraient censés n'avoir point
répondu à l'appel qui leur était fait, tout comme s'ils
avaient renoncé expressément, et précisément parce
qu'ils auraient perdu la faculté d'accepter ? N'est-on
pas autorisé à croire que s'il est vrai que la renonciation à une succession ne se présume pas, cela
n'est pas également vrai quand l'héritier a laissé
passer trente ans sans toucher aux biens ; car aussi
nemo res suas jactare presumitur ? Et cette règle,
la renonciation à une succession ne se présume pas,
n'a-t-elle pas été imaginée dans notre ancienne jurisprudence coutumière précisément par opposition à celle qui était suivie dans quelques coutumes,
comme en Normandie et en Poitou, d'après laquelle l'habile à succéder n'était pas présumé avoir
la volonté d'accepter, à tel point, ainsi que nous
l'avons dit, qu'on ne pouvait le poursuivre, même
après les délais pour faire inventaire et délibérer,
tant qu'il n'avait pas accepté ? Quoi qu'il en soit, si
cette interprétation n'est pas celle qui ressort le plus
clairement du texte de cet art. 789, nous sommes
persuadé que c'est celle qui est le plus en harmonie avec l'esprit général de la loi, car enfin nul n'est
héritier qui ne veut ; et cependant, d'après les divers systèmes que nous venons d'exposer, l'on pourrait se trouver héritier sans avoir connu ni le décès
ni même la parenté, et sans avoir eu un temps
quelconque pour pouvoir renoncer. Il est impossible que la loi ait pu le vouloir ainsi ; l'équité re-
pousse trop fortement de tels systèmes. D'autre

part aussi il ne serait pas conforme aux principes
de reconnaître encore dans celui qui n'a pas usé de
la faculté d'accepter dans les trente ans, le droit de
pouvoir réclamer les biens. Il nous paraît donc
plus raisonnable de le considérer, dans cet état de
choses, comme étranger à l'hérédité, pour n'avoir
pas voulu répondre à la vocation de la loi, qui
était renfermée dans la saisine.

§. II.

Des effets de la renonciation.

489. L'héritier qui renonce est censé n'avoir jamais été héritier. (Art. 785.)

En conséquence, il conserve contre la succession tous les droits qu'il avait contre le défunt, et
qui auraient été éteints par confusion s'il n'eût pas
renoncé : la saisine est censée n'avoir jamais eu
lieu à son égard ; il est réputé avoir toujours été
étranger à l'hérédité.

490. La part du renonçant accroît ou se réunit
à celles de ses cohéritiers : s'il est seul de son degré,
ou si tous ceux du même degré renoncent, l'hérédité est dévolue au degré subséquent. (Art. 786.)

491. La part du renonçant n'accroît toutefois
pas à celles de ses cohéritiers indistinctement : elle
accroît seulement aux cohéritiers de la ligne à laquelle il appartient, si la succession, comme dévolue

à des ascendans ou à des collatéraux, se divise
en parts égales, moitié pour la ligne paternelle,
moitié pour la ligne maternelle (art. 733); et dans
cette hypothèse, elle n'accroîtrait aux héritiers de
la ligne opposée que dans le seul cas de dévolution d'une ligne à l'autre par suite du défaut de
successibles dans l'une d'elles, c'est-à-dire dans celle
du renonçant (*ibid.*). En un mot, la part du renonçant passe, ou par droit d'accroissement ou par
droit de dévolution, à celui ou à ceux qui l'auraient
eue d'après les règles précédemment expliquées,
s'il n'avait pas existé au jour du décès du défunt,
puisque sa renonciation fait supposer qu'il n'a jamais été héritier.

492. Ainsi, le défunt décédé sans descendans,
ni frères ni sœurs, ni descendans d'eux, a laissé, par
exemple, son père, et dans la ligne maternelle son
aïeul et son aïeule : cette dernière renonce; sa part
qui eût été du quart de toute l'hérédité si elle eût
accepté, accroît à celle de l'aïeul, qui par ce moyen
aura moitié. (Art. 746.)

Si l'aïeul renonce également, et qu'il y ait un bisaïeul dans la même ligne, la moitié affectée à cette
ligne appartient tout entière à ce bisaïeul. (*Ibid.*)

Si, dans la même espèce, il n'y a pas d'autres ascendans maternels que l'aïeul et l'aïeule renonçans,
ou si tous ceux qui existent renoncent, la part attribuée à cette ligne est dévolue aux plus proches collatéraux de la même ligne (art. 753); mais alors le père

VI.   38

a l'usufruit du tiers des biens auxquels il ne succède pas en propriété. (Art. 754.)

Si, au lieu d'ascendans dans cette ligne maternelle, il n'y a que des collatéraux, par exemple des oncles ou des cousins nés du même père et de la même mère, ou de pères ou mères différens, n'importe, comme la moitié affectée à cette ligne se partage par tête entre les plus proches parens (article 753), la part du renonçant accroît à celles des autres du même degré; et s'il est seul de son degré, ou si tous ceux du même degré renoncent comme lui, elle passe aux successibles du degré subséquent; que s'il n'y en a pas, ou si tous ceux qui existent renoncent pareillement, le père, dans l'espèce, a la totalité des biens par l'effet de la dévolution d'une ligne à l'autre quand l'une d'elles manque entièrement soit par défaut de parens, soit par suite de la renonciation de tous ceux qui existent.

493. La chose est également facile à comprendre lorsque la succession est échue à des descendans. Peu importe que ces descendans soient frères ou sœurs consanguins ou utérins, ou qu'ils soient germains : la *germanité* ne donne aucun privilége dans la succession des ascendans, mais seulement dans celle des frères ou sœurs. Tout ce que la loi exige pour y être admis, c'est d'être issu du défunt, d'être capable, non indigne, en degré utile de son chef ou par le bénéfice de la représenta-

tion, et de n'avoir pas renoncé. En un mot, des frères germains n'ont pas plus de droit sur la succession de leur père, que le frère simplement consanguin; ils sont seuls, il est vrai, appelés à la succession de leur mère, comme ce dernier l'est à celle de la sienne, mais voilà tout.

Ainsi, quand l'un des enfans renonce à la succession de son père ou de sa mère, sa part accroît à celles de ses frères et sœurs ou descendans d'eux. Elle ne passerait point à ses enfans, parce qu'on ne représente pas les personnes vivantes, mais celles qui étaient mortes naturellement ou civilement au jour de l'ouverture de la succession (article 744), et que d'ailleurs vouloir représenter un renonçant, ce serait vouloir représenter un individu qui n'a plus de droit : aussi, comme nous l'avons déjà fait observer (1), c'est sans utilité que l'art. 787 dit qu'on ne vient jamais par représentation d'un héritier qui a renoncé.

Et quand bien même le renonçant n'eût pas été en concours avec des frères ou sœurs, mais bien avec des enfans ou descendans de ceux-ci prédécédés, ses enfans n'auraient encore aucun droit à l'hérédité, lors même qu'ils se trouveraient à un degré de parenté plus proche. Car les descendans de frères ou sœurs représentant leurs père ou mère, ou aïeuls, ils prendraient la place de ces derniers, et se trouveraient par ce moyen plus proches en degré.

_____

(1) Voy. *suprà*, n° 131.

Si tous les frères ou sœurs renoncent, leurs enfans recueillent l'hérédité à leur place ; mais ils
succèdent par tête (même art. 787) : en sorte que
s'ils sont, par exemple, quatre nés d'un renonçant,
deux d'un autre, et un seul d'un troisième, la succession se divisera, non pas en trois parts égales,
dont l'une se diviserait entre les quatre premiers,
une autre entre les deux seconds, et la dernière
serait à l'enfant unique : elle se divisera en six parts
égales.

494. Il n'y a pas non plus de difficulté lorsque la
succession est déférée à des frères ou sœurs germains
ou descendans d'eux. La part du renonçant accroît à
celles des autres frères ou sœurs, ou de leurs représentans. Si tous ceux du premier degré renoncent,
la succession se partage par tête entre leurs enfans (*ibid.*); et si l'un de ces mêmes enfans était
prédécédé ayant laissé des enfans, qui seraient les
petits-neveux de celui de la succession duquel il
s'agit, ces petits-neveux représenteraient fort bien
leur père prédécédé, pour avoir la part qu'il aurait
eue, quoique ce dernier n'eût pu représenter le
sien, qui avait renoncé. La représentation a lieu à
l'infini en faveur des enfans et descendans des frères
et sœurs, soit qu'ils viennent à la succession concurremment avec des oncles ou tantes, soit que
tous les frères ou sœurs du défunt étant prédécédés, la succession se trouve dévolue à leurs descendans en degrés égaux ou inégaux (art. 742).

Dans l'espèce, elle n'a lieu, il est vrai, que jusqu'au point où elle a été coupée; mais on ne voit pas pourquoi elle n'aurait pas lieu jusqu'à ce point (1).

Cela n'est pas contraire à la disposition de notre art. 787, qui porte que si tous les cohéritiers renoncent, les enfans viennent de leur chef et succèdent par tête; car nous n'entendons pas que ces petits-neveux, que nous admettons à représenter leur père, aient chacun une part égale à celle de l'enfant de l'autre frère qui a également renoncé; nous ne leur accordons à eux tous que la part qu'aurait eue leur père s'il eût survécu et qu'il eût accepté; et, sous ce rapport, la succession se partage aussi en réalité par tête.

Notre décision n'est point non plus contraire à l'art. 734, suivant lequel, en rapprochant cet article de celui qui le précède, dans toute succession échue à des ascendans ou à des collatéraux, la division une fois opérée entre les lignes paternelle et maternelle, il ne se fait plus de subdivision, mais la moitié dévolue à chaque ligne appartient à l'héritier ou aux héritiers les plus proches en degré, sauf le cas de la représentation; car précisément nous sommes dans ce cas, puisqu'il s'agit de descendans de frères ou sœurs, qui soutien-

---

(1) C'est aussi ce que nous avons dit sur le cas où deux frères indignes, seuls enfans du défunt, ont, l'un un enfant, l'autre des petits-enfans d'un enfant prédécédé : nous appelons ces derniers à représenter leur père pour venir conjointement avec l'enfant de l'autre indigne. Voy. *suprà*, n° 133.

nent qu'ils ont le droit de représenter leur père, qui n'est ni indigne ni renonçant, quoiqu'il fût le fils d'un renonçant. S'il vivait, il serait admis; ses enfans doivent donc pouvoir prendre sa place, comme ils l'auraient prise s'il eût été au premier degré, et qu'il eût été prédécédé et non indigne. La raison est absolument la même que dans les cas ordinaires; aussi ne voyons-nous pas que la loi ait fait aucune distinction, ni explicitement, ni implicitement. La représentation a été coupée, il est vrai, par la renonciation de leur aïeul, mais la loi ne dit pas qu'elle ne peut plus avoir lieu dans les degrés ultérieurs : elle se borne à dire qu'on ne peut pas représenter celui qui a renoncé, et ce n'est pas ce dont il s'agit : ses petits-enfans ne demandent pas à le représenter, ce qui leur donnerait tout ce qu'il aurait eu lui-même s'il eût accepté; ils demandent seulement à représenter leur père prédécédé.

Et ce que nous disons à cet égard serait applicable, par la même raison, au cas où le défunt n'aurait laissé qu'un seul frère qui aurait renoncé ayant des enfans et des petits-enfans d'enfans prédécédés. Si ces petits-enfans n'étaient pas admis à représenter leurs père ou mère, si la succession devait appartenir exclusivement à leurs oncles ou tantes, la renonciation de leur aïeul profiterait évidemment, et à leur préjudice, à ces mêmes oncles ou tantes, qui se trouveraient, de cette manière, avantagés indirectement, et qui, à ce titre, devraient le rapport à la succession de cet aïeul, s'ils l'acceptaient. Mais il n'en doit pas être ainsi : la représentation doit être admise, pour attribuer aux petits-enfans du renonçant la part qu'aurait eue leur père dans un partage par tête, s'il ne fût pas prédécédé.

495. Au surplus, ce n'est pas dans tous les cas de successions déférées à des collatéraux que la part du renonçant accroît aux parens de sa ligne : elle n'accroît pas à ceux qui ne sont pas de sa *qualité.*

Ainsi, quand le défunt a laissé un frère utérin et un frère consanguin, si ce dernier renonce, la part qu'il aurait eue ne passera pas aux collatéraux paternels; elle restera au frère utérin qui, se trouvant seul, a la totalité des biens, à l'exclusion de tous ascendans autres que les père et mère, et des parens collatéraux (art. 750). *Vice versâ*, si c'est le frère utérin qui renonce, la part qu'il aurait eue accroît à celle du frère consanguin.

496. Mais comme nous l'avons dit précédemment (n° 144), si le renonçant laissait un enfant capable de succéder et qui voulût accepter, l'accroissement ne se ferait pas au profit du frère du côté opposé, quoique l'enfant ne pût représenter son père qui a renoncé; car il s'agirait d'une succession déférée à des individus qui ne sont rien l'un à l'autre, d'une succession qui devrait, comme échue à des collatéraux, se partager en deux parts égales, moitié pour les parens de la ligne paternelle,

moitié pour ceux de la ligne maternelle, conformément à l'art. 733. Or, l'enfant du renonçant,
quoique neveu du défunt, tandis que l'autre parent
est son frère, devrait avoir la part attribuée à sa
ligne, attendu qu'ici la proximité du degré n'est pas
la seule cause de préférence, la *qualité* des héritiers
étant différente. Des enfans de frères ou sœurs,
quoique ces derniers eussent renoncé, excluraient
très-certainement les ascendans autres que les père
et mère du défunt : l'art. 750, en leur donnant ce
droit, n'exige pas qu'ils *représentent* leurs père ou
mère ; il l'attache, ce droit, à leur seule qualité de
descendans de frères ou sœurs : par la même raison
doivent-ils avoir vis-à-vis d'un frère du défunt qui
n'est point leur parent, et en vertu de leur seule qualité d'enfans de frère, la part attribuée à la ligne
dans laquelle ils se trouvent. On conçoit que le frère
consanguin exclue l'aïeul maternel, *et vice versá;*
nous l'avons dit nous-même : parce que les frères
ou sœurs, même d'un seul côté, et leurs descendans, ont paru plus favorables que les ascendans
autres que les père et mère ; mais on ne concevrait
pas également pourquoi un enfant de frère serait
exclu par un autre frère du défunt, étranger à cet
enfant, par cela seul que celui-ci ne peut représenter son père ; car la représentation ne doit pas
lui être nécessaire, puisqu'il ne concourt pas avec
un parent *de sa qualité,* et que dans les successions
déférées aux frères et sœurs ou à leurs descendans,
c'est aussi bien la qualité que le degré qui détermine

la préférence; raison pour laquelle les germains prennent part dans les deux lignes, tandis que les utérins ou les consanguins ne prennent part que dans la leur.

497. Au reste, s'il y avait deux frères consanguins et deux frères utérins, la part de celui d'entre eux qui renoncerait accroîtrait seulement à celui de sa *qualité;* et soit que les père et mère du défunt existassent encore tous deux, ou qu'ils fussent tous deux prédécédés, ou que l'un d'eux seulement eût survécu, le droit d'accroissement serait réglé d'après le même principe : s'ils existaient l'un et l'autre, ils auraient la moitié franche de la succession; si l'un d'eux seulement existait, il en aurait le quart (art. 748 et 749); et la moitié ou les trois quarts restans appartiendraient aux frères consanguins ou utérins qui accepteraient l'hérédité, et qui partageraient entre eux cette moitié ou ces trois quarts en deux parts égales, moitié pour les parens de la ligne paternelle, moitié pour ceux de la ligne maternelle, ainsi qu'il est dit aux art. 751 et 752.

498. Enfin, si le défunt laisse pour héritiers tout à la fois des frères ou sœurs consanguins, des frères ou sœurs utérins, et des frères ou sœurs germains, la renonciation d'un consanguin profite bien aussi aux germains comme aux autres consanguins, mais elle ne profite pas aux utérins. Et *vice versá,* la renonciation d'un utérin profite bien à ceux de

cette qualité ainsi qu'aux germains, mais elle ne
profite pas aux consanguins : le partage ne se fait
pas moins d'abord en deux portions égales, moitié
pour les parens de la ligne paternelle, et moitié
pour ceux de la ligne maternelle (art. 733); seulement ceux de la ligne du renonçant se trouvent,
avec les germains qui prennent part dans les deux
lignes (*ibid.* et 752), avoir un moins grand nombre
de concurrens, et par conséquent une part plus
forte; d'où résulte aussi que si tous les consanguins ou tous les utérins renonçaient, la part qu'ils
auraient eue resterait tout entière aux germains.
Mais si c'est un germain qui renonce, c'est une tête
de moins dans le partage de la part affectée à la
ligne paternelle, comme dans le partage de la part
affectée à la ligne maternelle : par conséquent tous
ceux qui prennent part dans chacune de ces lignes
profitent de la renonciation.

499. Lorsqu'il y a des enfans naturels, il importe de voir, quant au bénéfice de l'accroissement, avec qui ces enfans sont en concours.

Si c'est avec des enfans légitimes, et qu'un de
ceux-ci renonce, l'accroissement profite à tous les
enfans indistinctement; par exemple, trois enfans
légitimes et deux naturels, et une succession de
30,000 fr. : un des légitimes renonce. D'après ce qui
a été établi précédemment (1), chaque enfant na-

_____

(1) Voy. *suprà*, n° 272 et suivans.

turel ayant droit au tiers de ce qu'il eût eu s'il eût
été légitime, aurait eu par cela même 2,000 fr. ou
le quinzième de la succession. Mais comme l'un des
enfans légitimes renonce, il aura le tiers du quart,
ou de la portion qu'il aurait eue s'il eût été légitime, c'est-à-dire 2500 fr.; et chacun des deux autres
enfans légitimes 12,500 fr., au lieu de 8,666 fr. 66 c.
seulement qu'il aurait eus s'il n'y avait pas eu de
renonciation. Et si l'on suppose que c'est un des
enfans naturels qui renonce, l'autre enfant de cette
qualité aura bien également 2,500 fr. ou le tiers du
quart, mais chacun des légitimes aura 9,166 fr.
66 c.; tandis que sans la renonciation de cet enfant
naturel, ils n'eussent eu chacun que le tiers de
26,000 fr., ou 8,666 fr. 66 c.

500. Si les enfans naturels sont en concours avec
des ascendans ou des frères ou sœurs (1), la renonciation d'un ascendant, ou d'un frère, ou d'une
sœur, ne profite point aux enfans naturels, qui
n'ont toujours que moitié de l'hérédité; et celle de
l'un de ces enfans ne profite pas, *vice versâ*, aux
ascendans ou aux frères ou sœurs : elle ne profite
qu'aux autres enfans naturels, qui ont également

(1) Ou descendans d'eux. Voy. *suprà*, n° 288, où, contrairement à
la jurisprudence, nous décidons, avec la plupart des interprètes du
Code, que l'enfant naturel en concours avec des enfans de frères ou
sœurs n'a que la moitié de la succession, et non pas les trois quarts,
attendu que ces enfans de frères ou sœurs *représentent* leurs père ou
mère.

droit, a eux tous, à cette moitié, quel que soit leur nombre.

Il en est de même si les enfans naturels sont en concours avec des parens collatéraux : la renonciation de l'un de ceux-ci laisse toujours le quart entier de la succession aux parens légitimes, n'y en eût-il qu'un seul dans une ligne et point dans l'autre; et celle de l'un des enfans naturels laisse également aux autres, quel qu'en soit le nombre, les trois quarts entiers de l'hérédité.

Mais si l'ascendant ou les ascendans, le frère ou la sœur, ou tous les frères ou sœurs, renoncent, l'enfant ou les enfans naturels profitent de la renonciation en ce sens que, ne se trouvant plus en concours qu'avec des collatéraux, ils ont droit aux trois quarts au lieu de la moitié; comme ils auraient droit à la totalité si tous les parens quelconques renonçaient. (Art. 757, 758, 785 analysés et combinés.)

501. Nous avons dit que lorsqu'un héritier renonce, sa part accroît à celle de ses cohéritiers de sa ligne, si la succession se divise par lignes, et que s'il est seul de son degré, elle passe au degré subséquent; mais on a demandé si ceux de l'autre ligne ne peuvent pas prétendre, quand le renonçant a reçu un don ou un legs sans clause de préciput ou de hors part, que l'hérédité ne doit se diviser par lignes qu'à la charge par les héritiers qui sont de celle de ce renonçant d'imputer le don ou le legs sur la part

qui leur est attribuée, comme s'il eût pris ou reçu tout ou partie de ce qui devait lui revenir dans cette même ligne?

La raison de douter si cette imputation ne doit pas avoir lieu, c'est que la renonciation de l'héritier pourrait fort bien n'être que le résultat d'un concert entre lui et les cohéritiers de sa ligne, pour se dispenser du rapport, et pour profiter et les faire profiter de l'objet de la libéralité, au préjudice des héritiers de l'autre ligne. Mais la raison de décider que l'imputation ne peut être exigée, c'est que le rapport n'est dû que par celui qui vient à la succession, par *l'héritier* à son cohéritier (art. 843 et 857): or, dans l'espèce, le renonçant est censé n'avoir pas été héritier, par conséquent ce qui est succession *ab intestat* ne doit pas moins se diviser, suivant les règles ordinaires, par portions égales, moitié pour les héritiers de la ligne paternelle, moitié pour ceux de la ligne maternelle (1).

502. Il faut remarquer, au surplus, ainsi que nous avons déjà eu occasion de le dire, que les héritiers ne peuvent refuser la part du renonçant, pour s'en tenir aux portions qui leur étaient primitivement déférées : ils ne peuvent, tant qu'ils n'ont pas encore pris parti, accepter ou répudier que pour le tout; l'accroissement se fait *etiam invito.*

---

(1) *Sic* jugé par la Cour de Paris, le 1er juillet 1811. Sirey 1811, 2, 398.

Et s'ils ont déjà accepté, ils ont dû prévoir les conséquences de leur acceptation, que leur cohéritier pourrait renoncer, et que sa part, d'après la loi et la nature des choses (car le défunt ne peut pas être représenté en partie seulement), accroîtrait aux leurs.

503. La renonciation régulièrement faite au greffe du tribunal, par celui qui avait capacité pour la faire, est irrévocable sous les seules limitations qui suivent :

1° Elle pourrait être rescindée si elle n'avait été que la suite de violences exercées contre celui qui l'a faite, ou d'un dol pratiqué envers lui par ceux qui devaient en profiter, ou par l'un d'eux, et même par un tiers (1).

2° Tant que la prescription du droit d'accepter n'est pas acquise contre les héritiers qui ont renoncé, ils ont la faculté d'accepter encore la succession, si elle n'a pas été acceptée par d'autres héritiers ; sans préjudice néanmoins des droits qui peuvent être acquis à des tiers sur les biens de la succession, soit par prescription, soit par actes valablement faits avec le curateur à la succession vacante. (Art. 790.)

---

(1) *Voy.* plus haut, n° 453 et suiv., pour le cas où l'acceptation a été le résultat de manœuvres pratiquées contre l'héritier, et où nous établissons qu'elle n'en peut pas moins être attaquée quoique le dol ait été commis par un étranger à l'hérédité. La raison est la même quant à la renonciation.

3° Les créanciers de celui qui renonce au préjudice de leurs droits peuvent se faire autoriser en justice à accepter la succession du chef de leur débiteur, en son lieu et place, jusqu'à concurrence du montant de leurs créances. (Art. 788.)

504. Nous allons analyser chacune de ces deux dernières limitations, nous référant, quant à celle relative au cas de dol ou de violence, à ce qui a été dit sur l'acceptation entachée des mêmes vices.

Nous ferons néanmoins observer auparavant que la renonciation faite par un héritier peut être attaquée par tous ceux qui ont intérêt et droit de prétendre qu'il avait déjà accepté lorsqu'il a renoncé, et en conséquence qu'il doit être considéré comme héritier nonobstant sa renonciation postérieure.

Tels sont, en général :

1° Les créanciers de la succession, afin de l'avoir pour obligé, du moins jusqu'à concurrence de sa part héréditaire ;

2° Les légataires de sommes, de quantités ou de choses léguées *in genere* (1), afin qu'il soit obligé envers eux de la même manière ;

3° Les cohéritiers, afin de n'être tenus que pour

---

(1) Car pour les légataires universels ou à titre universel, ou même à titre particulier, mais de corps héréditaires, il est clair qu'ils n'ont pas d'intérêt à attaquer sa renonciation, puisque, lors même que personne n'accepterait à sa place, ils auront toujours ce qui leur a été légué, et qui se trouve par cela même dans la succession, et qu'ils ne peuvent rien avoir au-delà de ce qui s'y trouve.

une part moindre des dettes et des legs de sommes, de quantités ou de choses léguées *in genere.*

505. La disposition qui permet à l'héritier d'accepter la succession après y avoir renoncé, pourvu que la faculté d'accepter ne soit pas prescrite, et que d'ailleurs elle n'ait pas encore été acceptée par d'autres héritiers, est une dérogation au droit romain, suivant lequel l'héritier qui avait renoncé à une succession, soit testamentaire, soit *ab intestat,* perdait tout droit à cet égard, quand bien même elle n'avait pas encore été acceptée par d'autres, pourvu que la renonciation eût été faite à l'époque où elle pouvait avoir lieu, c'est-à-dire depuis son ouverture, connue de l'héritier, et depuis l'accomplissement de la condition, aussi connu de lui, si l'institution était conditionnelle (1).

506. Nous avons aussi dérogé à ce droit en sens inverse. Ainsi, d'après l'art. 462 (2), « dans le cas « où la succession a été répudiée au nom du mineur « par le tuteur dûment autorisé (3), *et qu'elle n'a* « *point été acceptée par un autre,* elle peut être re- « prise, soit par le tuteur autorisé à cet effet par « une nouvelle délibération du conseil de famille (4),

(1) L. 13 , ff. *de acquir. vel omitt. heredit.*
(2) Dont les dispositions ont été expliquées au tom. III , n° 577 et suivans.
(3) Et , par la même raison , par le mineur émancipé, d'après une délibération du conseil de famille.
(4) Par le même motif , elle peut l'être également par le mineur devenu émancipé , en vertu d'une nouvelle délibération du conseil de famille.

« soit par le mineur devenu majeur, mais dans l'é-
« tat où elle se trouve lors de la reprise, sans pou-
« voir attaquer les ventes et autres actes qui au-
« raient été légalement faits durant la vacance. »
D'où il suit que si elle a été acceptée par un autre,
le mineur ne peut plus la reprendre; au lieu que
dans le droit romain le mineur de vingt-cinq ans,
ou l'impubère, pouvait, toutefois en se faisant
restituer contre la renonciation qu'il avait faite
avec l'autorisation de son tuteur ou de son curateur (1), recouvrer l'hérédité et se la faire rendre
par celui qui l'avait acceptée à son refus (2).

Cette différence tient à ce que, dans les principes de cette législation, les mineurs étaient, en
général, aussi bien relevés *de prætermissis, quàm de
factis et gestis :* aussi bien pour ce qu'ils avaient
manqué de gagner ou de conserver par leur négligence ou imprudence, ou par celle des personnes
sous l'autorité desquelles ils étaient placés, que
pour ce qu'ils avaient aliéné ou perdu par des actes
ou des faits positifs; tandis que dans la nôtre, les
mineurs, au contraire, ne sont généralement point
restitués *de prætermissis,* sauf que les longues prescriptions ne courent pas contre eux.

507. Comme l'héritier, mineur ou majeur, qui
a répudié l'hérédité, ne peut la reprendre qu'au-

(1) LL. 1 et 2, Cod. *si minor ab hered. se abst.*
(2) *Voy.* le titre, au Code, *si tutor vel curator intervenerit.*

tant qu'elle n'a pas été acceptée par d'autres héritiers, il suit :

1° Qu'il est en droit de la reprendre si, en effet,
elle n'a point encore été acceptée, lors même que
les autres héritiers n'auraient encore point renoncé.

2° Que si un cohéritier de sa ligne, paternelle
ou maternelle, a accepté, le renonçant ne peut
revenir contre sa renonciation libre et volontaire,
parce qu'il ne peut enlever à l'héritier acceptant
le bénéfice de l'accroissement, qui s'est opéré de
plein droit par l'effet de la renonciation (art. 786);
attendu d'ailleurs que l'acceptation du cohéritier
était indivisible dans ses effets, et que puisqu'il eût
été tenu de la part de dettes dont était grevée la portion du renonçant, il serait injuste, et contraire à la
règle *quem sequuntur incommoda, eumdem debent
sequi commoda*, de le priver de l'avantage de l'accroissement, s'il y en a.

Cela ne saurait souffrir la moindre objection sérieuse dans le cas où l'acceptation de l'un des héritiers serait postérieure à la renonciation de l'autre,
puisque alors évidemment elle aurait été faite, de
l'hérédité dans l'état où elle se trouvait, c'est-à-dire
avec un héritier de moins, vu que celui qui renonce est censé n'avoir jamais été héritier; mais
encore cela ne saurait souffrir de difficulté, quoique l'acceptation de l'un fût antérieure à la renonciation de l'autre, et que l'acceptant n'eût pas,
depuis cette renonciation, fait une acceptation spé-

ciale de la part du renonçant : car une succession
ne s'accepte pas en plusieurs fois; la loi ne le suppose même pas : le droit d'accroissement qu'elle
établit rend superflue et inutile toute acceptation
postérieure : celle qui a eu lieu a par cela même eu
lieu avec toutes ses conséquences légales, tant
avantageuses que désavantageuses, pour celui qui
l'a faite.

3° Que même si, faute d'autres héritiers dans la
ligne du renonçant, la part attribuée à cette ligne
avait été, par l'effet de la renonciation, dévolue à
l'autre ligne, dont les héritiers ou l'un d'eux, mais
en degré utile, se trouvaient avoir accepté au moment où le renonçant voudrait reprendre l'hérédité, avant ou depuis la renonciation, n'importe,
cette acceptation ferait obstacle à ce que le renonçant pût en effet reprendre la succession.

Mais 4° si la succession n'avait été acceptée que
par un parent, soit de la ligne du renonçant, soit
de l'autre ligne, non placé dans l'ordre successible,
du moins quant à la part du renonçant, parce qu'il
y en avait d'autres, ou même un seul, à qui l'hérédité était déférée de préférence, et qui n'avaient
point renoncé, cette acceptation étant nulle, elle
ne s'opposerait point à ce que le renonçant pût encore reprendre l'hérédité.

En effet, suivant ce que nous avons dit plus
haut (1), une personne ne peut valablement ac-

(1) Voy. *suprà*, n° 366, et au tom. III, n°. 578.

cepter une succession qu'autant qu'elle lui est dévolue au moment où elle l'accepte, c'est-à-dire,
qu'autant que, d'une part, cette succession est ouverte, et, d'autre part, que celui qui accepte est appelé par la loi à la recueillir comme plus proche à
cette époque, soit par le degré de parenté, soit
par la renonciation de ceux qui le précédaient.

Et cette décision ne resterait pas moins vraie,
encore que le parent qui précédait celui qui avait
accepté eût ensuite renoncé, et fût par là censé
n'avoir jamais été héritier; quand bien même, en
outre, cette dernière renonciation aurait eu lieu
avant la rétractation de celui qui est revenu sur
ses pas, pourvu d'ailleurs que le parent qui a accepté n'eût pas fait acte d'héritier depuis cette renonciation. Car l'acceptation qui n'a point été
faite en temps utile est, comme la renonciation
dans le même cas, absolument sans effet.

5° Que si deux cohéritiers présomptifs, dans la
même ligne, avaient renoncé à l'hérédité, et qu'elle
n'eût point encore été *utilement* acceptée par d'autres à leur place, le premier des deux qui révo-
querait sa renonciation, empêcherait l'autre de
reprendre la succession (1); car ce dernier la
trouverait par cela même acceptée, avec le droit
d'accroissement qui était attaché à son acceptation,
ce qui rendrait inapplicable la disposition, plutôt
de faveur que de droit pur, de l'art. 790.

----

(1) Comme l'observe très-bien M Chabot.

6° Qu'il est indifférent, pour faire obstacle à cette disposition, que celui qui a accepté, et qui avait le droit de le faire, ait accepté sous bénéfice d'inventaire, ou purement et simplement. On accepte une succession de deux manières, porte l'art. 774 : ou purement et simplement, ou sous bénéfice d'inventaire; ce qui rend sans force l'argument que l'on voudrait tirer de la place qu'occupe l'art. 790. D'ailleurs l'acceptation sous bénéfice d'inventaire ne soumet pas moins, de droit commun, celui qui l'a faite à l'obligation du rapport envers ses cohéritiers; enfin, puisque ce mode d'acceptation est tout en faveur de l'héritier qui veut en user, on ne pourrait, sans blesser tous les principes, le tourner contre lui, à l'effet de le considérer comme non avenu, en ce sens qu'il serait encore permis au renonçant de reprendre l'hérédité.

8° Enfin, si l'enfant naturel ou le conjoint survivant s'étaient fait envoyer en possession, à défaut de parens au degré successible dans l'une et l'autre ligne, le droit de l'héritier qui a renoncé serait également éteint. Peu importe que, d'une part, l'art. 790 ne déclare ce droit évanoui qu'autant que la succession n'a pas été acceptée par *d'autres héritiers*, et, d'autre part, que les enfans naturels et le conjoint ne soient pas *héritiers* dans la véritable acception du mot. Ce qu'a évidemment voulu la loi, en empêchant le renonçant de pouvoir reprendre la succession quand elle avait déjà

été acceptée par *d'autres héritiers*, c'a été de protéger les droits légitimement acquis; or, l'enfant
naturel et le conjoint avaient celui de se faire envoyer en possession, puisqu'il n'y avait pas d'autres
parens que celui qui avait renoncé, et qui, par
cela même, était censé ne pas exister. En ce qui
concerne la succession, l'expression *héritiers*, em-
ployée dans cet article, est une expression générique. D'ailleurs si la loi eût entendu faire exception à l'égard de l'enfant naturel et du conjoint,
qui auraient eu déjà obtenu l'envoi en possession, et
les obliger de remettre les biens au renonçant qui
veut maintenant accepter, elle eût dû aussi obliger
cet héritier à respecter les actes faits par les tiers
avec cet enfant naturel ou ce conjoint, pendant
leur possession, comme elle l'astreint à respecter
ceux qui ont été faits avec le curateur pendant la
vacance; or, elle n'en parle pas : c'est donc parce
qu'elle n'a pas entendu qu'on pourrait leur enlever
les biens par une rétractation de renonciation.

Cependant, nous n'oserions décider la même
chose lorsque ce serait l'État qui, après la renonciation de l'héritier, aurait pris les biens faute
d'autres parens dans l'une et l'autre ligne. D'après
ce qui a été dit plus haut, il est clair que, s'il y avait
eu un parent dans l'ordre successible, quoiqu'il eût
été inconnu au moment où l'État aurait pris les
biens, l'existence de ce parent, tant qu'il n'aurait
pas eu renoncé, aurait fait obstacle à ce que le fisc
fût réellement appelé : son envoi en possession ne

reposant que sur une erreur ne ferait point obstacle au droit de l'héritier renonçant, de reprendre les biens ; aussi, dans cette hypothèse, la question ne saurait souffrir, selon nous, de graves difficultés. Elle n'en pourrait souffrir que dans le cas de dévolution réelle et non erronée, au profit de l'État ; eh bien ! dans ce cas-là même, nous la déciderions contre le fisc ; autrement notre article 790 ne recevrait presque jamais son application, puisque, à défaut d'héritiers, ou lorsque les héritiers ont renoncé, c'est lui qui prend les biens comme biens vacans et sans maître, et par droit de déshérence.

5o8. Quand, après une renonciation, l'héritier qui l'a faite accepte l'hérédité, parce qu'il est encore en droit de le faire, cet héritier, avons-nous dit, doit respecter les actes légalement faits par le curateur à la succession vacante et les droits acquis à des tiers par prescription, ou autrement : à tel point (1) qu'il ne pourrait, s'il avait été mineur durant sa renonciation, prétendre, à ce titre, que la prescription n'a pas couru contre lui pendant sa minorité au profit des débiteurs de l'hérédité ou des tiers détenteurs des biens qui la composent, nonobstant le double principe, que l'effet de l'acceptation remonte au jour de l'ouverture de la succession (art. 777), et que la prescription ne court pas contre les mineurs (art. 2252) ; car, dans ce cas, c'est plutôt contre la succession vacante qu'elle a

(1) Ainsi que nous l'avons déjà dit, tom. III, n° 579.

couru ; et celui, quel qu'il soit, même un mineur (art. 462), qui reprend l'hérédité à laquelle il avait renoncé, est tenu de respecter tout ce qui s'est légalement fait durant la vacance : or, la prescription court légalement contre une succession vacante, même non pourvue de curateur (Art. 2258).

509. L'héritier est bien obligé de respecter ce qui a été fait pendant la vacance par le curateur, mais toutefois lorsque les actes ont été valablement faits, lorsque le curateur s'est conformé aux dispositions de la loi en les faisant ; et il a action contre ce curateur, s'il en a été nommé un, pour lui faire rendre compte de sa gestion.

510. La dernière modification que souffre le principe posé plus haut, que la renonciation régulièrement faite est irrévocable, a lieu, comme on l'a dit, en faveur des créanciers de celui qui a renoncé à leur préjudice, lesquels peuvent se faire autoriser en justice à accepter la succession au lieu et place de leur débiteur (Art. 788) (1).

Dans ce cas la renonciation n'est annulée qu'en faveur des créanciers, et jusqu'à concurrence seulement de leurs créances ; elle ne l'est pas au profit de l'héritier qui a renoncé (*Ibid.*).

_____

(1) Il en était autrement en droit romain, L. 6, §. 2, ff. *de his quæ in fraud. credit. facta sunt.* L'action paulienne ou révocatoire n'avait jamais lieu à l'égard des choses que le débiteur avait négligé d'acquérir : comme une hérédité, un fidéicommis et un legs.

511. Mais il n'y a pas à rechercher s'il a renoncé, ou non, en vue de leur faire fraude, croyant que son patrimoine était, ou non, en état de faire face à ses dettes; il suffit qu'il ait renoncé à leur *préjudice*, comme le dit textuellement la loi : or, il peut y avoir préjudice pour les créanciers de l'héritier dans la renonciation de celui-ci, sans néanmoins qu'il ait eu réellement l'intention de les frauder : par exemple, au moment où il a renoncé, un de ses débiteurs, qui lui devait de fortes sommes, venait de faire faillite, et il l'ignorait encore, ou c'était un armateur qui venait de perdre un navire chargé d'une riche cargaison, ou un manufacturier dont la fabrique venait d'être incendiée , sans qu'il connût alors l'événement , et autres cas semblables, dans lesquels le droit romain ne donnait point, il est vrai, l'action révocatoire, parce qu'il fallait pour cela le concours de deux choses : diminution du patrimoine du débiteur par l'effet de l'acte, ce qui faisait que ce débiteur cessait par là d'être solvable en tout ou partie, et intention de la part de celui-ci en faisant l'acte, de frauder ses créanciers; *consilium et eventus* (1). Mais notre art. 788 n'est pas moins applicable, quoique l'intention de faire fraude aux créanciers n'eût pas existé chez le débiteur au moment de sa renonciation.

---

(1) LL. 1 et 10, ff. *quæ in fraudem , etc.;* et encore fallait-il, lorsque l'acte était à titre onéreux, que celui qui avait traité avec le débiteur qui devenait insolvable par cet acte, eût été complice de sa fraude. Mêmes lois , et autres.

A la vérité, l'art. 1167, en donnant aux créanciers le droit d'attaquer les actes faits par leur débiteur en *fraude* de leurs droits, semble exiger
pour cela que le débiteur ait eu réellement l'intention de les frauder. Tout en admettant cette
interprétation comme vraie en principe général,
nous n'entrerons néanmoins dans aucune discussion sur ce point maintenant; nous nous bornons,
quant à présent, à dire qu'en matière de renonciation à succession il faut s'en tenir à la disposition
textuelle de l'art. 788, qui n'exige pas, pour que
les créanciers du renonçant puissent attaquer sa
renonciation, qu'il ait renoncé en *fraude* de leurs
droits, mais qui dit simplement que la renonciation
faite à leur *préjudice* peut être attaquée par eux
jusqu'à concurrence du montant de leurs créances.

512. Comme il faut toutefois qu'elle ait eu lieu
à leur préjudice, on doit tirer de là la conséquence
que les créanciers postérieurs ne pourraient l'attaquer; car il serait impossible de dire avec quelque vérité qu'elle a eu lieu à leur préjudice. Aussi
dans le droit romain, ceux des créanciers d'un
débiteur qui avait fait des actes frauduleux ne
pouvaient les attaquer lorsqu'ils n'étaient devenus
créanciers que postérieurement auxdits actes (1).
Nous dirons même que les créanciers antérieurs
à la renonciation ne pourraient l'attaquer si, nonobstant cette renonciation, il restait encore suffi-

_____

(1) L. 10, §. 1, ff. *quæ in fraud. credit.*

samment de biens à leur débiteur pour faire face
à toutes ses obligations existantes alors, quand ce
débiteur n'est devenu insolvable que depuis, par
des revers de fortune. Cela n'eût pas été douteux
non plus dans le droit romain, quant à l'exercice
de l'action révocatoire. On ne peut dire en effet
que la renonciation a eu lieu au *préjudice* des
créanciers du renonçant, puisqu'il ne cessait pas
d'être solvable en la faisant, comme dans le cas supposé au n° précédent.

Objecterait-on que s'il n'eût pas renoncé, l'hérédité se trouverait dans son patrimoine, et servirait
à payer ses créanciers antérieurs à la renonciation ?
Mais alors il n'y aurait plus de raison pour s'arrêter :
d'après le même principe, tout créancier antérieur
à un acte par lequel son débiteur a diminué son
patrimoine, devrait pouvoir attaquer cet acte, quoiqu'alors il ne lui préjudiciât réellement pas ; et par
cela seul qu'un individu aurait quelques dettes, il
se trouverait, de fait, placé dans l'impuissance de
contracter, d'aliéner, de disposer, puisque personne, dans la crainte qu'il ne devînt ensuite insolvable avant d'avoir payé ces mêmes dettes, n'o-
serait traiter avec lui ; il n'y aurait plus de sécurité.
Mais les lois qui ont, avec raison, voulu protéger
les droits des créanciers, n'ont jamais entendu lier
ainsi les débiteurs ; elles se sont contentées d'autoriser l'annulation des actes faits au préjudice de
ces mêmes droits, par conséquent les actes qui
causaient eux-mêmes ce préjudice.

513. Et ceux-là seuls auxquels la renonciation préjudiciait se distribuent les biens qui composent la part du renonçant dans l'hérédité, jusqu'à concurrence du montant de leurs créances.

Ce n'est point leur accorder un privilége sur les créanciers postérieurs; car ce ne sont pas les biens du débiteur commun qu'ils réclament, puisqu'il y a renoncé, et que sa renonciation n'était faite qu'au préjudice d'eux seulement.

514. Et puisque, aux termes de l'article 1328, les actes sous seing privé n'ont de date certaine contre les tiers que du jour où ils ont été enregistrés, du jour de la mort de celui ou de l'un de ceux qui les ont souscrits, ou du jour où leur substance est constatée dans des actes dressés par des officiers publics, tels que procès-verbaux de scellé ou d'inventaire, il s'ensuit que le créancier porteur d'un acte qui n'avait pas acquis date certaine de l'une des manières ci-dessus, à l'époque où la renonciation a eu lieu, ne peut l'attaquer, ni s'adjoindre à ceux qui l'attaqueraient pour prendre part à la distribution qui se ferait du produit des biens composant la part du renonçant.

515. Si le renonçant avait reçu un don ou un legs qu'il eût dû rapporter ou laisser dans la succession au cas où il aurait accepté, et dont la délivrance lui a été faite, nul doute que ses créanciers, qui attaquent sa renonciation, ne dussent faire ce rapport, au moins fictivement, par imputation,

sur ce qui pouvait lui revenir : ils acceptent en son lieu et place, par conséquent ils sont tenus de remplir l'obligation dont il aurait été tenu : ils ne peuvent avoir plus de droit qu'il n'en avait.

516. S'il y a des dettes, ou des legs à titre particulier de sommes, de quantités ou de choses léguées *in genere,* il est clair aussi que les créanciers qui attaquent la renonciation doivent souffrir, sur les biens de la part du renonçant, la défalcation de la portion de dettes et de charges dont il aurait été tenu, et que par sa renonciation il a rejetée sur ses cohéritiers : il n'y a de biens que dettes et charges déduites. Il serait d'ailleurs injuste que les cohéritiers fussent obligés de payer cette part de dettes et charges, pour exercer ensuite leur recours contre un homme que l'on suppose insolvable.

Ces diverses défalcations une fois faites, le surplus des biens composant cette part sera abandonné aux créanciers antérieurs à la renonciation, et encore seulement jusqu'à due concurrence du montant de leurs créances.

517. Au surplus, les cohéritiers peuvent écarter la demande en annulation de la renonciation en payant ces créanciers; et lorsque la somme de dettes du renonçant ne dépassera pas la valeur de la portion de biens qui lui serait revenue, toutes défalcations faites, ce sera même le meilleur parti, puisqu'ils éviteront une liquidation plus ou moins

semée de difficultés, et l'intervention d'étrangers dans les affaires de la succession.

Nous ne doutons même pas, et tels étaient les principes admis dans le droit romain pour que les créanciers pussent exercer l'action paulienne (1), que les cohéritiers ne soient en droit d'exiger, avant que la renonciation puisse être annulée, que le débiteur renonçant soit discuté dans ses biens. En disant que les créanciers d'un héritier qui a renoncé peuvent attaquer la renonciation faite à leur *préjudice*, la loi n'accorde par cela même l'action en annulation qu'à la charge de cette discussion, puisqu'elle seule peut démontrer si, en effet, la renonciation a eu lieu à leur préjudice ; car celui qui serait encore solvable malgré l'acte que ses créanciers voudraient attaquer, ne leur aurait évidemment pas fait préjudice par cet acte. Et dans ce cas la *discussion* du débiteur n'est pas un *bénéfice*, comme celle requise par une caution à l'égard du débiteur principal (art. 2021); c'est tout simplement la démonstration, de la part des créanciers du renonçant, qu'ils sont dans le cas prévu par la loi, que la renonciation a été faite par leur débiteur à leur préjudice, parce qu'elle l'a rendu insolvable en tout ou partie : d'où nous concluons que les cohéritiers ne sont point obligés d'en

---

(1) *Ità demùm revocatur quod fraudandorum creditorum causâ factum est, si eventum fraus habuit : scilicet si hi creditores quorum fraudandorum causâ fecit,* BONA IPSIUS VENDIDERUNT. L. 10, §. 1, ff. *quæ in fraud. credit.*

avancer les frais, ni d'indiquer tels ou tels biens.

518. Les créanciers qui attaquent la renonciation présentent requête au tribunal pour obtenir l'autorisation d'accepter ensuite au lieu et place de leur débiteur, et jusqu'à concurrence du montant de leurs créances; la requête doit être signifiée aux cohéritiers, afin qu'ils aient à contredire, s'il y a lieu, et s'ils l'estiment convenable. En conséquence ils doivent être assignés pour voir déclarer la renonciation annulée dans l'intérêt des créanciers; mais quand la succession se divise par lignes, il n'est généralement besoin de mettre en cause que les cohéritiers de la ligne du renonçant.

519. Si la succession n'avait point encore été acceptée par ces cohéritiers, les créanciers du renonçant n'auraient pas besoin de les mettre en cause; ils n'auraient pas même besoin, selon nous, de se pourvoir en justice pour faire annuler la renonciation et accepter la succession jusqu'à concurrence du montant de leurs créances; ils exerceraient le droit que l'article 790 accorde à leur débiteur, de reprendre la succession; et tous les créanciers quelconques du renonçant, soit postérieurs, soit antérieurs à la renonciation, pourraient accepter à sa place, en vertu de l'art. 1166. Dans ce cas, les créanciers antérieurs ne seraient pas préférés aux créanciers postérieurs, puisque tous exerceraient un droit qui appartient au débiteur commun. On suivrait les règles ordinaires,

suivant lesquelles tous les biens d'un débiteur sont le gage commun de ses créanciers, qui s'en distribuent le prix entre eux par contribution, à moins qu'il n'y ait des causes légitimes de préférence. (Art. 2093).

520. Il en serait de ce cas comme si la succession n'avait point encore été répudiée par le débiteur : dans cette hypothèse, tous ses créanciers indistinctement pourraient exercer, à l'égard de cette succession, comme à l'égard de tout autre droit non exclusivement attaché à la personne, celui qu'il a d'accepter l'hérédité, et ils n'auraient pas besoin pour cela d'obtenir l'autorisation de la justice; cette autorisation n'est prescrite que pour faire annuler une renonciation faite par l'héritier. Aussi peuvent-ils provoquer le partage contre les autres héritiers, afin de faire vendre ensuite les objets échus au lot de leur débiteur, et être payés sur le prix provenant de la vente.

FIN DU SIXIÈME VOLUME. (*)

(*) *Nota.* L'abondance des matières contenues dans ce tome nous oblige de réserver pour le suivant l'explication des sections III et IV de ce chapitre, qui ont pour objet *le bénéfice d'inventaire,* et *les successions vacantes.* Nous avons été déterminé par le désir de faire ces deux volumes sur les *successions,* d'un nombre de feuilles à peu près égal.

TABLE

DES MATIÈRES.

LIVRE III.

DES DIFFÉRENTES MANIÈRES DONT ON ACQUIERT LA PROPRIÉTÉ.

VI.   40

CHAPITRE III.

FIN DE LA TABLE.

www.ingramcontent.com/pod-product-compliance
Lightning Source LLC
Chambersburg PA
CBHW060824220326
41599CB00017B/2274